증보

유 · 아동 상담의 기초

-아동 상담의 실제 준비를 위하여-

차영희

창지사

국립중앙도서관 출판시도서목록(CIP)

유·아동 상담의 기초 : 아동 상담의 실제 준비를 위하여
= Counseling for Children / 지은이: 차영희. -- 증보판.
-- 서울 : 창지사, 2014
p. ; cm

ISBN 978-89-426-0749-5 93370 : ₩19000

아동 상담[兒童相談]

186.3-KDC5
158.3-DDC21 CIP2013026697

머리말

상담의 이론과 방법이 서로 다른 관점에서 인간의 본질을 연구하고 각각 자신의 전문용어를 발전시키며 그 분야를 전문화시키는 데 많은 발전이 있는 것으로 보여진다. 심리학과 상담 이론이 과거로부터 현재에 이르기까지 이론적 틀에 따라 차이가 있는 것으로 보여지며 상담 공부를 시작하는 독자들이 참고할 수 있는 교재나 관련 서적들은 그런대로 쉽게 찾아볼 수 있다. 그러나 아동을 대상으로 상담을 하고사 하는 독자들에게는 이렇다할 책이 그다지 많지는 않은 것 같다.

교육자로서 상담전문가로서 활동을 하고 있는 필자는 아동 상담을 하고자 하는 분들에게 상담의 전반적인 내용을 소개하는 책이 필요함을 인식하게 되었고, 개인적 경험을 바탕으로 아동 상담의 기본 내용을 구성하였다. 본 책은 아동상담자나 교사, 학부모에게 아동 상담에 필요한 정보를 제공하는 데 그 목적이 있다. 아동 현장에서 활동하는 전문가나 상담자에게 도움을 주고 싶은 의욕은 대단했으나 아동 상담 전문 영역의 배경을 구조화하는 데 있어서 책의 구성과 내용은 의욕과는 별도로 보여진다.

Part 1에서는 아동상담자를 위해서 상담의 기본 이해와 아동 상담의 이해, 아동 상담의 절차를 소개하여 아동 상담의 이해를 돕고자 하였고, 투사적 검사의 평가를 통해 아동에 대한 정보를 얻고자 문장완성 검사, 인물화 검사, 집- 나무- 사람 검사, 동적 집- 나무- 사람 검사, 동작성 가족화 검사, 풍경구성법 빗속의 사람 그리기, 난화 상호 이야기법을 제시했고 Part 2에서는 아동 상담에서 필자가 가장 많이 활용하고 있는 행동주의 상담, 아들러 상담, 인간 중심의 상담을 소개했고 Part 3에서는 여러 가지 이론적 접근을 응용하여 적용한 놀이요법, 모래 놀이요법, 집단 상담을 소개했다.

교사 또는 아동상담자는 본 책을 통하여 유 · 아동의 부적응 행동을 적응 행동으로 향상시키는 데 있어서 필요한 정보를 얻을 수 있으며 현장에서 유익하게 활용할 수 있을 것이다. 부족한 부분을 보강하였지만, 앞으로도 정진할 것을 약속드리며, 필자 능력의 한계를 보완하기 위해서 독자들의 조언과 질책을 조심스럽게 기다리며 앞으로 좋은 책이 될 수 있도록 노력하겠다.

끝으로 본 책의 출판을 맡아주신 창지사 김기섭 사장님과 편집부 여러분의 수고에 감사드린다.

2013. 12.
저자

Part 1. 유 · 아동을 위한 상담의 개요

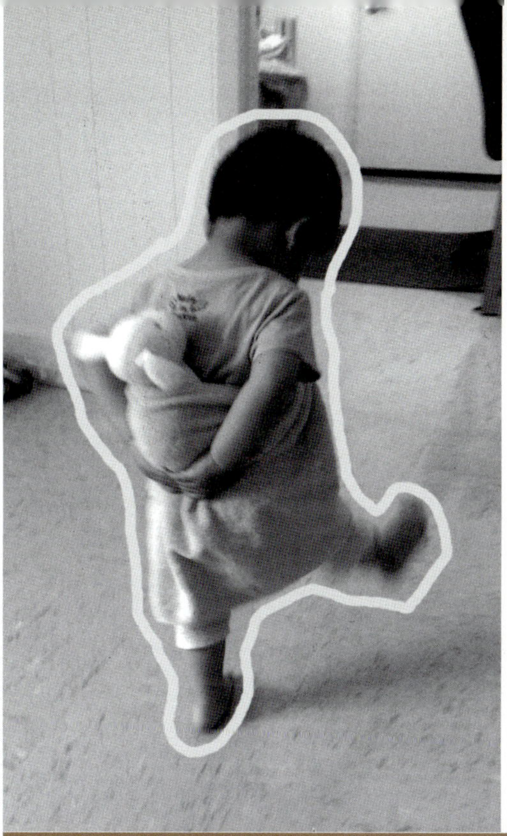

PART 1 유 · 아동을 위한 상담의 접근

C·H·A·P·T·E·R·1

상담의 기본 이해

1. 상담의 개념

1) 상담의 정의

상담의 정의는 '이런 것이다' 라고 간결하고도 명확하게 설명하기란 쉽지 않지만 흔히 상담은 어려움을 겪고 있는 사람의 문제를 해결해 주는 전문적 절차로 이해되고 있다. 상담자란 도움이 필요한 사람에게 전문적인 훈련을 받아 도움을 주는 사람이며, 내담자란 도움이 필요하여 도움을 받기 위해 찾아가거나 의뢰되는 사람을 말한다.

이장호(1994)는 상담이란 도움이 필요한 사람이 전문적인 훈련을 받은 사람과의 관계에서 자기의 생활과정상의 문제를 해결하고, 생각 · 감정 · 행동 측면의 인간적 성장을 위해 노력하는 학습과정으로 정의한다. 정원식, 박성수와 김창대(1999)는 상담이란 개인적인 문제를 해결하도록 할 뿐만 아니라 다른 문제가 제기될 때 이를 적극적으로 다루며 행복과 성공을 이루어낼 수 있는 힘을 북돋워주는 전문적인 인간 봉사 활동으로 보았다.

이동렬과 박성희(2000)는 상담이란 내담자와 상담자가 1 : 1의 개인적이고 전문적인 인간관계를 맺음으로써 내담자가 자신의 문제를 해결한다든지 환경에 보다 유능하게 대처할 수 있는 새로운 행동을 익히는 체계적인 활동이라고 하였다.

홍경자(2001)는 상담이란 내담자가 상담자와의 관계에서 촉진적인 의사소통을 통하여 내담자가 개인적인 문제에 대한 자기 이해와 자기 지도력을 터득하도록 도와주는 과정이다. 현재의 문제를 효과적으로 해결하고 미래에 일어날 수 있는 삶의 문제에 대한 조망과 해결 능력을 갖게 되어 자기 효능감과 자존감을 느끼도록 인도하는 일련의 학습과정이라고 하였다.

일반적으로 상담의 정의는 '전문적 훈련을 받은 상담자가 언어적 및 비언어적 방법으로 여러 가지 부적응 문제를 가지고 있는 내담자의 적응 능력을 향상시키는 일' 이라고 할 수 있다. 상담이 무엇인지를 분명히 이해하지 않고 아동 상담이 무엇인지를 이해하기는 어렵다. 상담훈련 중 또는 사례연구회 때 상담자들의 상담 사례 내용을 보면 상담과정에 있어서 일관성이 없음을 찾아볼 수 있을 것이다. 상담자 자신이 무엇을 하고 있는지 또는 어떻게 진행해야 될 것인지를 잘 알지 못하고 상담 현장을 접하게 되었다는 느낌을 가질 수 있을 것이다.

상담자가 내담자를 대하면서 명심해야 할 것은 내담자를 만나서 도움을 주는 전문가로서의 상담자의 임무이다. 상담과정에서 상담자의 모든 자극과 반응은 내담자의 과제를 해결하는 데 반드시 도움이 되어야 상담이라고 할 수 있을 것이다.

2) 상담의 과정

상담의 과정은 초기, 중기, 종결 단계로 이해하는 것이 중요하다.

초기에는 상담 신청, 즉 접수 면접에서 내담자를 이해할 수 있다. 내담자가 원하는 과제가 무엇인지를 구체적으로 정리할 필요가 있으며 상담 진행과정의 방향과 예상되는 성과를 미리 알려줌으로써 상담의 동기를 높게 할 수 있다. 그리고 일반적인 인간관계와 상담관계의 차이를 부모나 내담자에게 가르쳐야 하는데, 이러한 것을 상담에서는 상담의 구조화라고 일컫는다. 상담은 내담자의 과제를 해결하기 위한 조건부 만남의 관계이므로 시간, 장소, 기간, 상담료 등을 알려주어 상담의 효율성을 높여야 한다.

상담의 중기에는 상담의 목표를 달성하기 위해 구체적인 상담 활동을 하게 된다. 내담자는 자신에 대해 더 깊은 이해를 하게 되며, 자기 탐색이 이루어지면서 통찰력을 통한 문제 해결 능력이 이루어지는 과정을 겪게 된다. 내담자에게 적절한 상담방법이 선택될 수도 있고, 내담자의 환경과 주변인들을 대상으로 상담방법이 선택될 수도 있으며, 주로 합의된 상담목표 또는 상담 과제가 중점적으로 다루어진다.

상담의 종결은 목표 달성이 이루어졌다고 확인될 경우 종결 여부에 대한 평가를 한다. 성취된 목표에 대해서는 어떻게 성취되었는지 달라진 방식으로 무엇을 얻게 되었는지 등을 확인한다. 한편 성취되지 않은 목표에 대해서는 상담을 더 지속하는 것이 바람직하다. 문제에 따라서는 한꺼번에 종결하는 것이 아니라 상담 회기의 간격을 1주에서 2주 혹은 3주로 늘리다가 서서히 종결에 이른다.

3) 상담과 생활지도, 심리치료

상담이란 우리가 일상생활에서 자주 듣는 결혼 상담, 법률 상담, 장학금 상담에서 사용되는 상담의 용어와는 다른 뜻으로써 행동양식이나 성격적 측면, 내면의 자아양식의 변화를 가져오는 전문적 상담을 말한다. 상담과 혼용되거나 중복되는 의미로 사용되는 말이 생활지도와 심리치료이다. 생활지도는 학교 장면이나 가정에서 사용되는 전문 용어로 볼 수 있다. 생활지도는 학생들이 학교 내·외에서 당면하는 발달상의 문제를 돕기 위해 마련되는 교육 영역에서의 계획적 지도 활동을 의미한다. 따라서 생활지도의 대상은 학교의 경우 학생이며 가정에서는 자녀가 해당된다. 학교에서의 생활지도는 교육 지도 활동의 한 부분이라고 할 수 있다.

상담과 심리치료의 부분에 있어서는 의견이 다양하다. 어디까지가 상담이며, 어디서부터를 심리치료로 보느냐에 대해서는 학문 영역에 따라 또는 문화와 제도의 차이로 인하여 달리 주장을 하기 때문에 현재는 이렇다고 결론을 내릴 수 있는 상황은 아닌 듯하다. 상담자가 상담자의 영역에서 심리치료까지 다루고 있으며, 심리치료자 역시 상담을 하고 있기 때문에 이 둘의 관계는 중복되고 있는 것만은 분명하다.

여러 영역의 전문가들이 이 문제에 대해 각 전문 영역의 견해를 강조하면서 상담과 심리치료 사이에 큰 차이를 두지 않고 교육을 해 오고 있는 게 일반적인 추세라고 보여진다. 비록 우리나라에서는 상담이 의료 행위에 포함되어 있지는 않다고 하더라도 법적인 것을 제외하고는 둘 사이에서 명백한 차이를 구분하기가 어렵기 때문에 학회 나름대로 주장을 해오는 것으로 보여진다. 상담의 목표는 주로 교육적, 예방적, 발달적인 데 비해 심리치료는 교정적, 치료적인 특성을 지닌다고 알려져 있다.

상담(counseling)과 심리치료(psychotherapy)를 구별해서 사용해야 하는가? 아니면 혼용해서 사용해도 되는 것인가? 학문을 하는 사람이면 누구나 외국 저널을 접하는 게 자연스러운 현상이며, 접하는 사람이 어떠한 학문적 배경을 갖고 있느냐에 따라 똑같은 전문 용어를 번역하는 뜻도 다르다.

똑같은 용어라도 우리나라에서는 의료 행위를 하는 의학도들에게는 'therapy'를 치료라고 표현하는게 자연스런 현상이다. 특히 교육학 분야, 상담학 분야, 아동학 분야 등에서는 의학계의 인정 여부와 관계 없이 치료라는 용어를 자연스럽게 사용하고 있으나 치료 범위의 인정 범위가 법적으로 허용되기까지 용어 사용에 대한 신중함이 요구된다. 그러나 상담을 처음 접하는 분이나 어떠한 지위를 향상시키려는 경우에 치료라는 용어를 더욱 강조하는 듯하다.

우리나라에서는 심리치료가 의료 행위에 속하지 않지만 치료학회 등은 여기저기 많이 알려져 있다. 하지만 서양에서는 심리치료가 의료 활동으로 인정되었으며 의료보험 혜택을 받을 수 있고 심리치료 활동이 공식적인 자격으로 인정되었기에 치료 행위에 포함시켜 활동하는 게 당연할 것이다(김계현, 2004). 그러나 우리 사회에서는 상담 활동과 치료 행위가 분리된 상황이므로 의료계로부터 강한 항의가 있을 수 있으므로 우리 모두는 이 용어를 선별해서 사용해야 할 것이다.

우리나라에서 상담의 대상은 정상인이면서 부적응적 문제를 지닌 자이며 예방적 · 발달적 · 교육적 관점에서 주로 상담이 이루어지고 있으며 광의로 심리치료적 부분까지 다루어지고 있다. 환자가 주요 대상인 치료 상담은 임상적 · 의학적 장면, 즉 병원에서 이루어진다. 이들의 관계가 분명하든 분명하지 않든 인간의 문제를 다루는 것만은 공통 과제이며, 대체로 정보 및 의사 결정을 요하는 문제, 행동양식 및 태도의 변화를 요하는 문제, 심리적 갈등의 문제, 성격 기능의 장애로 구별했을 경우 생활지도, 상담 · 심리치료의 상호관계는 다음의 그림과 같이 나타낼 수 있다(이장호, 1989).

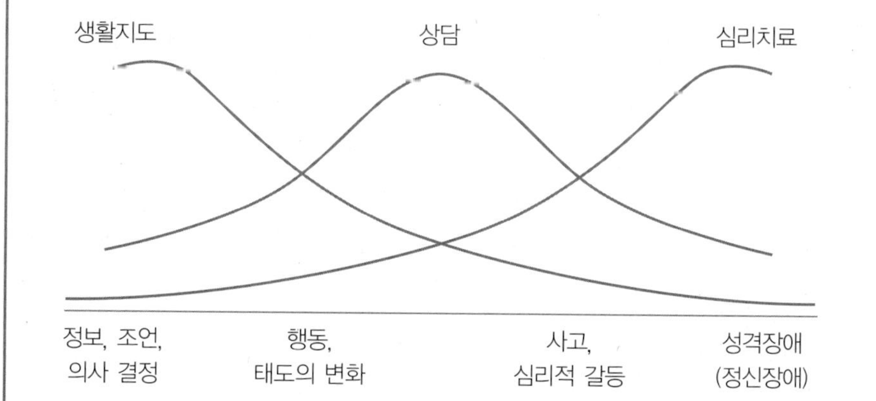

[그림 1-1] 생활지도 · 상담 · 심리치료 영역의 비교(이장호, 1989)

[그림 1-1]을 보면 세 영역은 서로 한계가 명확한 것이 아니라, 중복되는 부분이 있으며 상담 영역에서는 생활지도 및 심리치료 영역을 같이 다루고 있음을 알 수 있다. 상담의 전체 문제 영역을 살펴보면 생활지도와 심리치료 영역이 반 이상으로 볼 수 있기 때문에 세 분야를 비교하는 준거는 '누가 하느냐' 일 것이다. 생활지도는 교육학 · 상담학 등 관련 분야의 학사 및 석사가, 전문적인 상담은 해당 전공의 석사 또는 박사가, 심리치료는 주로 임상심리학 전공의 석사 및 박사와 정신과 의사가 함께 하는 일이라는 것이다. 그런데 최근에는 사회복지학

전공분야에서 상담을 적극적으로 개입하고 있는 실정이다.

인간의 정의적 · 인지적 · 행동적 문제를 다루려면 학위만으로는 그 성취도를 가늠할 수 없기 때문에 상담 관련 학회들이 제각각 전문적 · 윤리적 책임을 다할 수 있도록 전문가의 자격 기준을 제시하여 상담능력을 키워나갈 수 있도록 교육 및 훈련 시간을 제시하고 관리하고 있다. 그러므로 적절한 훈련을 받고 전문적 책임을 다할 수 있는 상담자라면 사회적 요청이 있을 경우 생활지도 및 심리치료 영역의 문제들도 다룰 수 있는 것이다(이장호, 1989).

[표 1-1] 생활지도 · 상담 · 심리치료

	생활지도	상담 (심리 상담)	심리치료
대 상	학생, 아동, 청소년	학생, 아동, 청소년, 성인	학생, 아동, 청소년, 성인
호 칭	내담자, 학생	내 담 자	환자, 내담자
영 역	개인 문제, 사회 문제, 교육 문제, 진로 문제	개인 문제, 사회 문제, 교육 문제, 진로 문제	심리장애
기 능 환 경	교육, 학교, 가정 환경	교육, 예방, 발달, 치유 학교, 개업 상담실	치료 의학적 환경

[표 1-1]은 생활지도 · 상담 · 심리치료의 이해를 돕기 위해서 대상, 고객의 호칭, 다루는 문제 영역, 주요 기능과 주요 환경을 제시하고 있다.

2. 상담접근법 탐색

우리는 상담이나 심리치료를 하려고 할 때, 처음부터 문제 해결을 위한 처치를 가하지는 않는다. 상담자는 문제 해결을 위해서 내담자가 자기를 표현하고 탐색하는 중에 내담자가 무엇을 변화시키고 싶어하는가를 알아차려야 한다. 변화시키고자 원하는 그 무엇을 성취하도록 돕는 일을 계획하면서 내담자가 호소하는 문제 행동이나 증상에 대하여 어떤 상담방법을 어떻게 적용하는 게 가장 적절한 개입인가를 연구하게 된다. 적절한 상담 이론의 접근법이 무엇인지를 알기 위해서는 내담자의 문제 행동에 대한 정보, 내담자와 관계하고 있는 주변의 인적 · 물적 환경에 대한 자료 수집을 잘 해야 한다. 상담 신청 시 유용한 정보를 많이 얻는 게 좋으나 불필요한 정보는 오히려 시간만 낭비할 수도 있다. 필요한 정보를 체계적으로 수집해야 하는데, 상담과정 중에도 필요한 정보를 얻을 수 있다.

상담자가 내담자를 도와주는 방식은 문제 접근방법에 따라 다르며, 상담 접근방식도 내담자 개인에 따라 각각 다른 방법이 적용된 학습 상황이 된다.

정신분석을 선호하는 상담자는 아동기의 심리성적 발달에 초점을 두고 내담자의 생활사를 추적하게 될 것이며, 무의식에서의 억압된 갈등을 의식적으로 자각하도록 하는 과정에서 감정과 사고의 표현을 격려하며 통찰을 이끌어내는 데 역점을 둔다. 행동주의 상담을 선호하는 상담자는 문제를 개인의 역사 속에서 찾으려 하기보다 문제 행동을 환경과의 관계 속에서 찾게 된다. 환경적 유발인자가 행동을 어떻게 결정하는가를 살피고 현재의 중요한 행동과 관심에 반응하고 이를 수정하기 위해 행동적으로 참여하는 실천자가 된다. 내담자의 행동 변화를 목적한 바대로 이룩하기 위해서 상담 절차를 충분히 탐구해야 하고, 어떤 종류의 수단을 써야 할 것인가를 미리 탐색한다. 인간 중심 상담을 선호하는 상담자는 인간을 자아 실현하려는 욕구가 있는 존재로 가정하고, 내담자 자신이 가진 자원을 일깨워 주며 잠재력을 개발해 주는 방법을 선택함으로써 내담자가 자신의 사고 · 감정 · 행동을 재조직하여 더욱 통합적으로 기능하는 인간이 되는 것을 돕는다.

상담자는 어느 한 이론적 접근만을 선택할 필요는 없다. 내담자에게 가장 적합한 이론이 무엇인지를 찾아내어 여러 이론적 접근을 절충하여 상담을 진행할 수 있다. 어느 특정 접근법을 선택하든 절충적 접근법을 선택하든 그 형태는 상담자의 전문적 훈련 배경과 함께 내담자의 문제 영역을 충분히 다룰 수 있고 도움을 줄 수 있는 정도에 따라 결정되는 것이 바람직하다.

3. 아동 상담

상담의 기본 원리들은 아동 상담이나 성인 상담 모두 같지만 상담의 방법 혹은 도구에서는 차이가 있다. 상담의 궁극적인 목적은, 즉 내담자들이 독립적인 사람으로 성장 · 발전하는 것이며 자아 개념 형성과 유지를 위해서는 중요한 타인들의 영향이 크다. 아동 상담은 발달 잠재력이 풍부한 아동을 대상으로 이루어지는데 아동에 관한 발달적 이해와 상담과정에서의 순발력과 인내력이 필요하며 아동 자신에게 영향력을 미치는 환경적 요소를 고려하여 아동의 문제를 접근해야 한다. 그리고 부모(가족)와 교사에게 아동의 문제, 의사소통 방식, 상담 방법을 이해시키고 상담을 받은 뒤에도 그들이 아동과 건강한 관계를 맺고 적절한 개입을 할 수 있도록 해야 할 것이다.

특히 부모의 영향을 많이 받는 아동의 경우 부모의 변화 없이 아동의 변화가 유지되기를 기대한다는 것은 어렵다. 부모의 변화 혹은 부모의 협력하에 아동 상담은 효과를 발휘하므로 반드시 부모 상담이나 부모 교육을 병행한다. 가끔 아동의 문제를 가지고 상담을 신청하지만 부모가 상담의 대상이 되는 경우가 있다. 부모가 적응하지 못하고, 부모가 건강하지 못한데 아동이 건강할 수가 없다. 대부분 부모들은 자신이 문제가 아니라 아동이 문제인 것으로 지각을 한다. 아동의 변화에 적절한 적응을 못하고 부모 자신의 기준에 맞추어 헤아리다 보면 어려움이 발생하므로 아동 상담은 반드시 부모 교육이 병행되면서 이루어질 필요가 있다.

아동 상담을 효과적으로 진행하기 위해서는 첫째, 아동의 인지 발달 수준과 부모에의 의존성을 이해해야 한다. 아동에게는 아동의 인지적 언어 발달 능력의 특성을 고려하여 비언어적 의사소통인 놀이, 그림, 신체 활동 등 여러 가지 매체를 통하여 접근하는 것이 바람직하다. 특히, 아동의 경우에는 놀이활동의 맥락에서 문제를 다룰 필요가 있으며 동시에 가족과 그 환경들을 함께 다루어야 한다. 일반적으로 상담은 언어수단을 매체로 이루어지나 언어적 상호작용 외에 비언어적 매체를 활용하여 문제를 접근해 가는 추세이기도 하다.

둘째, 아동은 부모와 양육자, 교사에 의해 의뢰되는 경우가 대부분이므로 아동 자신의 문제가 무엇인지를 모른다. 그러므로 아동 자신이 스스로 원하지 않는 변화를 강요당하고 있다고 느낄 수 있음을 이해해야 한다. 때때로 아동은 낯선 상담 상황을 원하지 않기 때문에 상담을 거부하기도 한다. 물론 청소년의 경우와 성인의 경우도 예외는 아니지만 적어도 그들은 자신의 문제를 예측해 볼 수 있는 능력을 갖추고 있다. 그러나 아동의 경우는 문제 자체조차 인식하기가 어렵다.

셋째, 아동의 경우에는 상담 목표를 설정할 때 부모(의뢰자)와 협의하는 경우가 대부분이므로 아동은 이에 대해 어떠한 반대도 할 수 없는 입장이며 그 목표를 모를 수도 있다. 왜냐하면 부모(의뢰자)와 상담자가 아동에게 좋은 것이 무엇인지를 잘 알고 있다고 가정하기 때문에, 경우에 따라 상담 시작부터 바람직한 변화를 이끌고자 아동의 자발적인 협조가 이루어지지 않을 수도 있음을 이해해야 한다.

넷째, 어린 아동일수록 논리적인 사고는 어려우며 변화되어지는 정서와 행동을 적절한 언어로 표현하는 데 어려움이 있기 때문에 성인과 아동의 인지적 틀이 다름을 이해하고 상담과정을 진행해 가야 한다. 즉, 아동의 정서 · 행동의 표현을 이해하는 능력을 갖추어 아동의 상담과정을 이끌어야 할 것이다.

다섯째, 여러 가지 상담의 이론과 방법을 적용할 경우에 똑같은 이론이라도 아동에게 적용하는 방법과 성인에게 적용하는 방법은 차이가 있어야 함을 알아야 한다. 아동의 언어 발달 능력은 미숙하면서 개방적이므로 아동들에게 적용되는 방법은 기존 이론의 원리와 방법들을 현실에 맞게 구체적 방법으로 변형하여 아동의 인지 · 정서 발달 단계에 적절하게 수정 · 적용시킬 필요가 있다.

4. 인간의 감정 이해

상담자가 상담의 뚜렷한 목표를 가지고 상담을 진행할 때 내담자가 겪는 심리적 고통이나 성숙한 개인의 모습을 보일 때는 상담자 자신이 이해할 수 있는 만큼 내담자를 충분히 이해할 수 있어야 한다. 상담자로서 내담자를 있는 그대로 받아들여 체험하기 위해서는 내담자를 투명하게 읽을 수 있어야 한다. 그렇게 하기 위해서는 내담자와 상담자 사이에 오가는 감정들을 이해할 필요가 있다.

감정 또는 정서(emotion)는 외부 자극에 대한 반응으로 경험하게 되는 느낌을 말한다. 감정은 주로 외부 자극에 의해 유발되지만 때로는 내부 자극(예 기억, 상상, 생각 등)에 의해서 유발되는 경우도 있다. 인간의 감정은 매우 다양하며 대부분 인간관계에서 발생되어지는 것으로써 상담관계에서는 내담자의 감정을 이해하는 것이 매우 중요하다.

감정은 크게 3가지 요소, 즉 정서적 체험, 생리적 반응 그리고 행동준비성으로 구성된다. 감정의 첫째 요소는 유쾌함-불쾌함 또는 좋음- 싫음을 포함하는 주관적인 정서적 체험이다. 이러한 감정은 개인이 추구하는 목표와 관련된 사건에 대한 평가에 의해서 유발된다. 일반적으로 목표 달성이 진전되고 있다고 평가될 때는 긍정적인 감정을 느끼는 반면, 목표 달성이 방해받고 있다고 평가될 때는 부정적인 감정을 느낀다. 둘째 요소는 감정은 생리적 반응을 수반한다는 것이다. 특별한 감정은 그에 상응하는 자율신경계의 생리적 반응을 동반하게 된다. 예컨대, 불안을 느끼게 되면 근육이 긴장되고 심장이 빨리 뛰며 소화기 활동이 위축된다. 마지막으로 감정의 핵심적 요소는 행동준비성(action readiness)이다. 특별한 감정을 느끼게 되면, 그와 연관된 특정 행동들을 표현하게 되는 압력을 느끼게 됨으로써 그러한 행동을 할 준비를 한다. 예컨대, 두려움을 느끼면 피하고 싶은 행동을 준비하는 반면, 분노를 느끼면 상대방을 공격하는 행동을 준비한다. 특정한 행동과 감정의 연합은 오랜 진화과정에서 생존과 적응을 위해 형성되어 온 것으로 생각된다. 이러한 행동준비성은 감정을 유발한 사건에 대해서 효과적인 대처를 하도록 돕는 감정의 핵심적 기능이라고 할 수 있다(권석만, 2004).

감정은 흔히 기본감정과 복합감정으로 구분된다. 기본감정은 모든 인간에게 공통적으로 나타나는 원형적 감정을 뜻하는 반면, 복합감정은 기본감정의 조합에 의해 파생되는 감정을 뜻한다. 기본정서의 수는 학자마다 달리 주장되고 있는데, 플루치크(Plutchik, 1980)는 8개의 기본정서를 주장하고 있다. 이러한 기본정서는 공포(fear), 분노(anger), 기쁨(joy), 슬픔(sadness), 수용(acceptance), 혐오(disgust), 기대(expectancy), 놀람(surprise)이다. 또한 이러한 기본정서들이

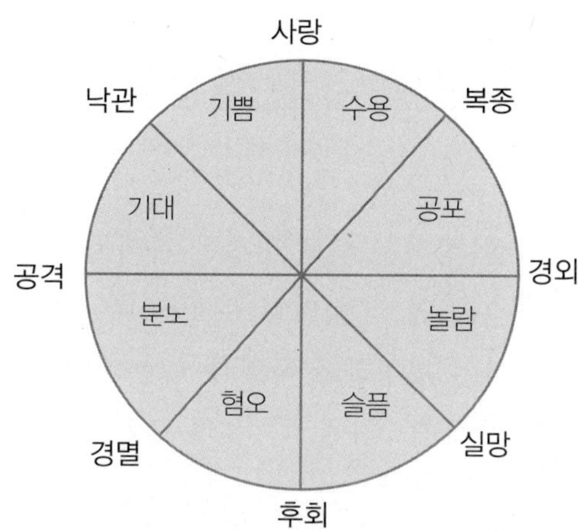

[그림 1-2] Plutchik의 정서바퀴(민경환, 1995)

혼합되면 복합정서들이 산출된다. 예를 들면, 기쁨+수용=사랑, 놀람+슬픔=실망, 혐오+분노=경멸, 기대+기쁨=낙관 등이다. 이러한 감정의 관계를 보여주는 Plutchik의 정서바퀴(emotion wheel)가 [그림 1-2]에 제시되어 있다. 8개의 기본정서들은 인접성의 정도에 따라 유사성의 정도가 결정되며, 바퀴의 양극에 있는 정서들은 서로 반대되는 관계의 정서들임을 표시한다.

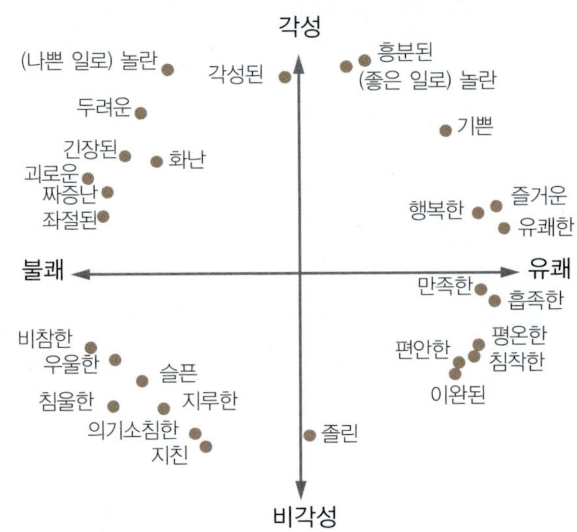

[그림 1-3] Russell의 감정의 2차원과 개별 정서들의 위치(민경환, 2002; Russell, 1980)

인간이 경험하는 다양한 정서는 서로 밀접한 관계를 맺고 있는데, 이를 체계적으로 분류하고 노력을 기울인 러셀(Russell, 1980)은 28개의 정서단어들을 사람들에게 유사성에 근거하여 평정하게 하였다. 그는 다차원기법을 사용하여 자료를 분석한 결과, 정서는 크게 2차원, 즉 유쾌-불쾌 차원과 각성-비각성 차원 상에 배열될 수 있다는 것을 발견하였으며 [그림 1-3]은 다양한 정서단어들이 2차원 상에 공간적으로 배열된 위치를 나타내고 있다.

5. 감정 단어

상담자가 내담자를 대할 때에 가식이나 왜곡없이 생각이나 느낌에 진솔하고 충실해야 한다. 상담자는 그것을 더하거나 빼지 않고 있는 그대로 경험한 것을 표현할 수 있어야 한다. 내담자에게 느낀 것을 표현하려면 긍정적 내용뿐만 아니라 부정적 내용도 있는 그대로 보고 경험한 것을 이해하기 위해서 감정의 단어를 익혀두면 도움이 된다.

김계현(2004)이 제시한 감정 단어를 유쾌와 불쾌로 나누어 정리해 본다.

(1) 유쾌 단어

① 기쁘고 즐거움 : 희(喜), 락(樂)

기쁘다	좋다	만족스럽다
괜찮다	행복하다	편안하다
황홀하다	짜릿하다	끝내준다
살맛난다	흐뭇하다	상쾌하다
기분 좋다	날아갈 듯하다	즐겁다
최고로 좋다	자유롭다	상큼하다
안심된다	시원하다	마음이 확 열린다
신난다	명랑하다	산뜻하다
마음이 가볍다	흥이 난다	평화롭다
몸둘 바를 모를 정도로 황홀하다		

② 사랑/좋아함 : 애(愛), 정(精), 호(好)

사랑스럽다	사랑을 느낀다	반했다
사랑받은 느낌이다	존경하고 싶다	존경받은 느낌
용기가 있다	고맙다	열망, 열정적이다

보살핌을 받는 느낌	관심이 간다	감사하다
인정받은 느낌	매력적이다	평화스럽다
다정하다	가깝게 여겨진다	유혹받은 느낌
정적이다	다정하다	따뜻하다
이해받았다	친절하다	도와주고 싶은 느낌
착하다	아량있다	멋있다

③ 편안함 : 안정

편안함	느긋함	차분함
마음편한	진정된	평화로운
조용한	고요함	침착함
안전함	정리됨	자유
방향감	확신	

(2) 불쾌 단어

① 화나고 미워함 : 노(怒), 오(惡), 증(憎)

화난다	신경질난다	핏대난다
분하다	격분을 느낀다	울화가 치민다
눈에 핏발이 선다	귀찮다	골치 아프다
억하심정(이해할 수 없는)	미치겠다	열받는다
속이 부글부글 끓는다	짜증난다	괘씸하다는 느낌
답답하다	배신감	배반당하는 느낌
경멸을 느낀다	환멸을 느낀다	도전당한 느낌
'개같은' 느낌	무시당한 느낌	속상하다
뭔가 저지르고 싶다	부정적으로 되고 싶다	세상이 싫다
맘에 안든다	억울하다	불쾌하다
서운하다	반감을 느낀다	불만이다

나쁘다	유감스럽다	역겹다
안 좋다	적개심을 느낀다	밉다
혐오감을 느낀다	싫다	약오른다
싫증난다	토할 것 같다	떫다
괴롭히고 싶다	구역질난다	그저 그렇다
지겹다	죽겠다	숨막힌다
욕해주고 싶다	성질난다	고통을 느낀다
마음을 닫고 싶다	아프다	방해를 느낀다
조종당한 느낌	뾰로통한 느낌	밥맛 떨어진다
증오심	공격적이 된다	한 맺힌다

② 슬픔과 우울 : 애(哀), 우(憂), 비(悲)

슬프다	우울하다	불행하다
외롭다	상처받았다	가슴 아프다
절망스럽다	'안됐다' 는 느낌	서럽다
앞이 안 보인다	불쌍하다	측은하다
버림받은 느낌	가엽다	가슴이 찢어진다
혼자인 느낌	실패감	공허감
가슴이 저민다	좌절감을 느낀다	소외감
속 썩는다	침울함	울적한
외로운	비탄	아무 소용 없다는 느낌

C·H·A·P·T·E·R·2

아동 상담의 이해

1. 아동 상담을 이해하기 위해서

정상적인 아동 발달은 인지적, 신체적, 정서적 그리고 사회적 변화 단계들을 포함한다. 어른들도 받아들이기 힘든 사회의 변화로 인한 스트레스와 갈등을 정상적인 발달 과제에 포함시키면 아동들 또한 그다지 행복하지만은 않다. 우리는 아동들이 타고난 기질이나 개인의 신체적 지적 능력에 기인한 개인차를 고려하여 아동들 간의 다양성을 인정해야 한다.

읽기, 쓰기, 셈하기 등 인지적 기술을 익히고 또래의 아동들과 어울리는 사회적 기술을 습득하는 데 있어서 실수나 실패를 거듭한다면 부적응으로 인한 열등감을 가질 수 있으며 자신감을 잃게 될 것이다. 그렇기 때문에 아동들은 자신들의 개인적 관심들을 찾아서 활동을 하는 경우에는 성공적인 경험을 가져야 하므로 따뜻하고, 사랑이 넘치고, 안정된 가정환경이 필요하다. 안정된 가정환경에서 부모와의 애착 관계는 아동이 사회적 관계를 형성하는 데 밑거름이 된다. 그러나 시대의 변화에 따른 가정환경에서의 애착 관계가 약화되는 현상이 나타나고 있으므로 부모나 아동 또는 모두에게 정서적 지원이 더욱 필요하게 되었다.

아동들이 사회적 · 정서적으로 건강하게 잘 살아가도록 돕는 아동 상담은 부모 · 교사의 협력이 병행되어야 하며 성인과 달리 심리적 · 신체적으로 미분화된 상태에서 부모의 양육 방식에 따라 자라기 때문에 부모의 협력은 매우 중요하다. 교육과 훈련을 받은 상담자가 자신이 할 활동 범위를 잘 정리해 현장에서 활용한다고 했을 때 찾아오는 대상이 누구일 것인가? 내담자가 병원을 찾지 않고 상담자를 찾는 경우 내담자가 원하는 것은 무엇일까? 이러한 점을 탐구해 볼 필요가 있다. 상담에서 내담자라고 부르는 이유는 내담자는 이미 문제 해결의 잠재 능력을 갖고 있다는 인간관에서 상담을 시작하고 적응을 할 수 있도록 돕기 때문이다. 본 내용에서는 병원에서의 상담이 아니라 학교나 유아교육기관에서의 상담 대상을 기준으로 상담이라는 용어를 사용하는 것을 원칙으로 하고, 경우에 따라서는 예방적 차원에서 광의로 치료 및 요법의 용어를 혼용하여 사용한다.

2. 아동의 주변 변화 이해

과거의 아동들은 안정되고 편안한 대가족 환경 속에서 자라면서 부모는 물론 할아버지, 할머니의 사랑을 받았고, 삼촌, 고모 등과 함께 살면서 귀여움을 독차지하며 주변 어른들의 안정적인 애정을 받을 수 있었다. 그러나 현대 사회의 가정은 그렇지 못하는 경우가 대부분이다. 할아버지, 할머니와 떨어져서 살고 있으며 손자·손녀들은 그들을 잘 모르는 경우도 있을 것이다. 고모와 삼촌들은 자신들의 개인적 삶을 살기에도 바쁘며 아버지는 가족을 위한 경제적 활동을 위해 많은 시간을 보내고 밤에는 모임이나 지역 행사에 참석해야 한다. 또 대부분의 취학 아동을 둔 어머니들은 가사일은 물론 가정의 경제를 돕기 위해 일하는 시간을 갖는 추세이다. 최근에는 다소 높은 이혼율과 불의의 사고로 인한 한부모가 증가하고 있으며, 한부모는 아버지, 어머니 모두의 역할을 해야 하므로 부모의 부담이 가중되어 아동을 차분하게 돌볼 시간이 거의 없다.

아동들은 자신들이 필요로 하는 보살핌과 지도를 받기 위해, 자신들의 이야기를 들어줄 대상을 찾고 싶지만 함구하고 있는지도 모른다. 그리고 성인 세계의 복잡함과 근심에서 아동들은 벗어나 있기 때문에 경제적 걱정, 사회적 압력과 관련된 문제가 없으므로, 책임도 필요 없는 시기로 부모들은 이해할 수 있다. 그러나 아동들은 학교와 학원을 오가며 4~5개의 과목을 수강하고 있는 실정이며,

힘겨운 과제를 해야 할 형편이어서 불행하다는 표현을 하고 있다. 어느 초등학교 5학년 아이의 자살 일기를 소개해 보면 "왜 어른보다 어린아이인 내가 …… 자유 시간이 적은 걸까? 내 아이디는 '불행' …… 바닷속 물고기처럼 자유로워지고 싶다 ……"는 내용은 어른들에게 커다란 충격을 주는 신호탄임을 알 수 있다. 이처럼 아동들은 성인들이 생각한 만큼 단순한 생활을 하고 있지는 않다.

아동들은 스트레스, 혼란스러움, 성공에 대한 부담 등 성장과정에서 발생하는 여러 두려움들을 강하게 느끼고 있다. 어떤 아동들은 부모의 이혼으로 인한, 계부모와 그리고 새로운 형제와 새로운 가정을 접하게 되는 사실, 또는 새로운 곳으로의 이사 등으로 동요할 수 있으며 불만감이 심해질 수 있다. 때때로 자살을 문제의 해결책으로 보는 사례가 종종 알려지고 있는 실정이다.

3. 아동 상담의 필요성

아동의 발달과정에는 신체 및 운동 발달, 인지 발달, 언어 발달, 정서 발달, 사회성 발달이 수반된다. 거의 대부분 아동은 이러한 변화에 적응하는 데 어려움을 경험하며, 이때 수반되는 갈등이나 긴장이 문제를 일으킬 수 있기 때문에 발달과정상 겪는 어려움을 극복하기 위해서 아동 상담은 예방적·발달적 관점에서 반드시 필요하다.

성인들이 아동의 고통을 알고 여러 가지 적응장애를 빨리 발견하여 도움을 줄 수 있는 경우에는 다행한 일이다. 그러나 커지는 고통을 자라면서 있을 수 있는 일이라고 간과해 버린다면 그 아이는 일생 동안 불행한 삶을 살아갈 수밖에 없을지도 모른다. 교사나 부모의 의사와 관계없이 아동이 성장·발달해 나가는 과정에 있어서 많은 부적응 행동이 나타나는 아동기 문제는 죽을 때까지 지속될 수 있고 사회적 문제로까지 번질 수 있다. 그리하여 예방과 발달 면에서 아동의 문제를 이해하고 해결하도록 돕는 일은 매우 중요한 일이다. 아동들은 자신들에게 진솔한 경청의 기회가 주어지고, 편안한 상담 분위기가 이루어지면 효율적인 문제 해결 능력자로서의 의사 결정자가 될 수 있다. 물론 아동 행동 변화에 대한 전략은 문제의 심각성, 아동과 성인과의 관계, 가정환경, 상담자의 상담 능력 등과 같은 많은 변인들에 의해 좌우된다.

한편 베니질버젤드(Bernie Zilbergeld)는 '미국의 퇴보(The Shrinking of America)' 에서 "정신치료의 효과가 실제로는 우리가 기대한 것보다 더 작다고 결론지었다. 그러나 한 가지 분명한 사실은 정신치료나 상담이 자기존중감을 확실히 향상해 준다는 점이었다"라고 한다(홍경자, 2001). 상담의 효과가 지속될 수도 또는 지체될 수도 있으나 대부분 내담자들은 상담을 통해 자기존중감을 얻으므로 상담은 필요하다. 특히 아동 상담이 격려와 지지를 바탕으로 이루어지고 있음을 감안할 때 아동 상담은 더욱 필요하다.

환경 조건이 좋지 못한 일반 아동이나 문제 아동이라고 불리워지는 아동이 자기 스스로 적응하기까지는 상담이나 적절한 부모의 도움이 필요함을 필자는 경험을 통해서 알 수 있었다.

부모가 이혼함으로써 갈등과 좌절을 겪어야 했던 한 아동의 경우 상담(놀이요법)과정을 18회기 경험하더니 어느 정도 정서적 안정을 되찾아 학교를 결석하거나 지각하는 횟수가 줄어들었다. 이 아동의 경우에 난화기법을 활용하였는데, 난화를 그린 후 처음에는 깨진 달걀을 찾았지만, 18회기 경험 이후에는 아동이 현실 세계의 적응 방향을 보여주는 단서로써 학교라는 건물을 찾고, 걸어가고 있는 모습이라고 하였다.

언어 발달의 문제, 즉 말더듬으로 인하여 읽기 능력을 보여주지 못한 한 아동의 경우 상담관계를 10회기 정도 경험하더니 조금씩 읽어가는 모습을 발견할 수 있었다. 이 경우에 책을 볼 때마다 격려와 지지로 일관성 있게 반응해 주었더니 긴장과 불안이 감소되어 나타난 것으로 보여진다. 지속적인 격려를 보냈는데도 표현을 보이지 않는 경우에는 중도에 포기하고 싶을 정도로 힘들었지만, 9회기째 조금 나아진 단서가 보이더니, 10회기째 읽는 모습을 볼 수 있었다.

반사회적 행동 문제, 즉 도벽의 습관이 있다고 의뢰되어진 한 아동에게 모래 놀이요법을 진행하면서 자신이 표현한 행동들 중 바람직한 표현 행동에 대해서만 인정해 주고, 기대감을 보였더니 모래 놀이요법을 시도한 20회기 동안에는 도벽의 모습이 나타나지 않았다. 상담 종결 후 4개월째 다시 도벽 증상이 나타났다는 소식을 들었을 때, 애석한 마음이었지만 상담 종결 이후에도 간헐적으로 상담관계가 유지되어야 함을 재확인하였다. 필자는 아동 상담의 실시 경험을 통하여 아동의 부적응 행동은 아동 자신의 내재적 자아 실현의 욕구가 잘못된 방향으로 표출되고 있는 것이며, 자아 실현의 욕구가 바람직한 행동을 통해서 달성되어야 함에도 그렇지 못한 경우가 종종 발생하고 있음을 알 수 있었다.

따뜻한 사랑과 인정을 받지 못해 운동 능력을 보여주지 않거나, 어른이 요구하는 수준에 도달하도록 재촉을 받아 인지 능력의 한계로 인한 좌절을 경험하거나, 감정표현을 거절당하여 억제하여야만 하는 아동의 경우에는 아동이 자신의 문제를 해결할 수 있는 기회를 제공받아야 할 것이다.

4. 아동상담자의 역할

상담은 이론으로만 하는 것이 아니고, 그 이론을 중요시하는 상담자에 의하여 진행되는 것이다. 상담자가 자신의 역할을 어떻게 생각하느냐에 따라 상담의 전제과정이 결정되지만 궁극적으로는 아동이 독립적으로 성장 · 발전하도록 돕는 조력자로서의 역할이다.

조력자의 역할을 충분히 발휘하기 위해서는 아동 발달과정을 충분히 이해해야 하며 정성스럽게 잘 들어주고 상담의 여러 영역을 섭렵해서 실질적인 훈련을 받아야 한다. 그렇게 함으로써 아동의 신체 · 인지 · 정서 · 운동 발달 능력을 고려한 상담 절차를 계획 및 조정할 수 있으며, 상담시 호소하는 문제 행동들이 아동의 발달적 수준에서 정상적인 모습이거나 발달과정상 나타날 수 있는 행동 특징임을 알 수 있기 때문이다.

이처럼 상담자의 역할에 대한 견해는 다양하다. 내담자(아동)의 이야기를 잘 들어주는 '경청자', 내담자(아동)의 이야기를 공감해 주는 '공감자', 내담자(아동)의 감정에 충실한 '반영자', 내담자(아동)의 온갖 문제를 조언하면서 해결해 가는 '문제해결사'이면 될 것인가? 상담자들은 다양한 역할에 대하여 그들의 생각과 가장 잘 맞는 모델을 선택하여 그들 자신의 상담자 '상'을 만들어 가야 할 것이다.

한편 상담자는 내담자(아동)의 불안, 우울, 대인관계의 어려움 등의 증상을 다루는 데 있어서 그 증상이 호전되기도 하지만, 열정적인 상담을 진행했음에도 불구하고 그 증상이 지속되는 것을 알때는 당황스러울 것이다. 특정한 증상이 변화되건 변화되지 않건 간에 내담자가 자신을 더 괜찮고 가치 있고 능력 있는 사람으로 인식하게 해 준다는 점에서 상담자는 이미 내담자를 도운 것이다. 상담자는 내담자의 자기인식은 상담자가 보이는 지속적 긍정적 관심으로 인해 변하게 됨을 알고 있으므로 그 역할이 더 중요하다.

아동상담자는 초보상담자가 범하기 쉬운 실수를 저지르게 된다. 상담과정에서 아동이나 그 의뢰인이 제기하는 모든 문제에 대해 정답을 말해 주어야 한다고 생각하는 경향이 있으며, 아동이 어리기 때문에 상담자는 여러 영역에 관한 지식을 가르쳐 주어야 하는 것으로 생각하기 쉽다. 따라서 상담자는 아동에게 필요한 온갖 지식과 정보를 주어야 한다고 생각할 가능성이 높다. 아동에게 도움이 될 것이라고 어떤 문제에 대해서 대답을 준다면 이는 아동을 독립적이며 자주적인 사람이 되지 못하도록 방해하는 일이 된다. 결과적으로 상담의 궁극적인 목적에 위반되는 것이다.

상담을 시작하려고 하는 사람들은 상담이란 말이 그 개인과 목적에 따라 크게 다르기 때문에 상담자의 역할에 대한 나름대로의 자신에 대한 견해를 냉정히 검토하고 분명한 어떤 '상'을 확립해야 한다. 일반 교사들은 생활지도 담당자로서보다 교과전문가 역할을 수행하는 경우가 많으며, 상담 활동이 매우 중요함을 알고 있다. 특히 아동의 학습을 진단하고, 특별한 처치가 필요한 아동을 찾아내어 전문가에게 의뢰하고, 아동의 효과적인 학습 습관을 발달시키는 과정을 수행해야 한다.

또한 다양성과 급격한 변화 속에서 아동이 생존하고 성장하려면 용기, 책임감, 협동심, 도덕적 자율성, 높은 자아존중감이 필요하듯이 이들이 현대사회에서 최대한으로 성공할 수 있도록 이러한 품성에 역점을 두고 인성적 자질이 길러지도록 도와주어야 한다.

특히 아동의 문제가 다양화되고 있는 현대에는 반드시 전문학교상담자(school counselor)가 학교에 상근하여 아동들의 정서적 문제, 학업 문제 등을 다루어 줄 수 있어야 한다. 우리나라에서는 각 시·도 교육청에 전문상담교사가 배치되어 각급 학교에서 필요로 하는 상담을 상시 실시하고 있다. 전문적 지식을 가진 상담자는 아동이 원하는 방향을 토대로 자발적 변화를 일으킬 수 있는 환경적 조건을 제공하며 아동 자신과 환경에 대한 이해를 높여주고 합리적인 행동양식을 선택할 수 있도록 도와주어야 한다.

5. 아동 탐색

광범위한 영역에서 내담자의 정보를 얻어내기 위해서는 구조적인 평가 질문지, 투사적 검사, 자기보고식 질문지, 구조화된 면접, 성장과정을 알아보는 질문지를 사용할 수 있다. 여기서는 상담신청서에 적혀진 내용을 기준으로 상담을 진행한다고 전제하고 상담자가 탐색할 수 있는 것을 제시하고자 한다.

1) 물리적 환경과 심리적 환경

부적응 행동의 원인을 알기 위해서는 현재의 물리적 환경과 심리적 환경(physical environment and psychological environment)을 점검해 본다. 부적응 행동이 발생하기 직전에는 어떤 상황이었는가? 즉, 그 부적응 행동이 일어난 현재의 환경을 분석하여 지도해 가는 것이 효과적이다. 아동 상담 시 현재의 행동에 큰 영향을 끼친 과거의 상황이나 사건도 중요하지만 지금의 행동과 직접적으로 관련 있는 현재의 환경에 대한 중요성을 인지하고 접근하는 게 적절하다. 왜냐하면 과정의 원인을 단정지을 수 있다고 할지라도 그 원인을 상담 상황에서 제거하거나 개선을 위한 접근은 쉽지 않기 때문이다.

아동들이 활동하는 물리적 환경은 환경 자체가 매우 중요한 어떤 행동을 하도록 고무하거나, 억제시킬 수 있다. 예를 들면, 공간을 거의 분리하여 놓지 않고 개방된 영역이 넓은 큰 교실에서 아동은 목적 없이 뛰고 싶어할 것이며, 이야기 나누기 시간에 아동들이 몰려 있어 비좁다면 아동들끼리 서로 밀치는 현상이 나타날 것이다. 또 아동의 키높이 보다 높은 선반 위에 아동에게 필요한 자료를 둔다면 아동은 교사에게 의존하는 행동을 보이며 의존적인 습관이 길러질 수도 있다. 동생과 싸움이 잦은 아동의 가정환경을 살펴보았더니 동생이 가지고 놀 수 있는 장난감의 위치가 형만이 닿을 수 있는 높이에 있었다면 동생이 원하는 장난감을 형 혼자서 가지고 놀 경우 싸움이 일어날 수밖에 없는데, 이때의 싸우는 행동을 문제 행동으로 보기에는 미흡하다.

'아동 중심 환경' 이라는 관점에서 아동의 행동을 계속적으로 관찰해 보면 변화될 필요가 있는 것이 아동이 아닌 물리적 환경인 경우가 대부분이므로 아동의 최소한 욕구를 충족시켜 주는 여건이 조성되어야 할 것이다. 유아교육기관이나 학교에서의 설비 및 교구는 아동에게 흥미를 불러일으킬 수 있게 고안되고 설치되어야 하며 건강과 안전 요소에 각별한 주의가 필요하므로 정상적인 성장을 할 수 있는 환경인가를 탐색한다.

아동들에게는 따뜻하고 안정된 심리적 양육환경이 중요하다. 누구에게인가 관심이나 인정을 받고 사랑을 받고자 하는 욕구가 강한 아동에게는 더더욱 심리적 환경이 중요하다.

태아의 경우를 살펴보면 모체 안에서 자라면서도 여러 가지 환경 요인의 영향을 크게 받는 것으로 알려지고 있다. 심한 긴장이나 불안 등 모체의 정서적 동요는 태아의 신체 발육에 이상을 가져올 만큼 직접적으로 영향을 끼친다고 한다(Elkind & Weiner, 1978). 아동이 자신과 관계하고 있는 인적 환경 속에서 친밀감을 획득하지 못하고 적응이 불안한 환경에서는 원만한 사회적 상호작용을 이루지 못한다. 그러므로 아동에게는 열정적, 온정적, 원숙한 사랑으로 가득 찬 애정의 관계가 형성된 인적 환경이 중요하다. 즉, 아동상담자는 아동이 안정적 애착 관계를 형성할 수 있는 양육환경에서 성장했는가를 살필 수 있어야 한다.

부모의 양육방식, 아동이 가족 내에서 차지하는 위치, 아동의 스트레스 대응방식, 아동의 좌절방식 등을 찾아 아동의 문제가 직접적으로 환경의 영향을 받는지의 여부와 그 정도 등을 확인하여 현재의 아동 문제의 심리적 반응을 관찰하는 게 중요하다.

2) 발달 단계 특징의 이해

프로이트(Freud)의 성격 이론, 에릭슨(Erikson)의 심리사회적 발달 이론, 피아제(Piaget)의 인지 발달 이론, 매슬로우(Maslow)의 욕구 이론, 로렌츠(Lorenz)의 각인 이론, 보울비(Bowlby)의 애착 이론 등은 아동의 정상적인 발달 및 성장과 관련하여 아동이 가진 문제들을 개념화하고 진단할 때 중요한 틀을 제공해 주므로 이들 이론에 대한 충분한 이해가 있어야 한다. 발달 단계별 아동의 행동 특성은 상담자에게 상담의 접근 방향을 제시해 주며, 발달 단계별 발달적 과업의 이해는 상담의 목표를 제시해 줄 것이다. 각 발달 단계에는 독특한 특성 · 욕구 · 행동 등이 있으므로 상담자의 목표와 기대는 각 아동의 능력선에 있어야 한다. 아동상담자는 이론적 근거를 바탕으로 손상된 면을 찾아내고 욕구가 충분히 만족되지 못한 역기능적인 발달 단계나 수준을 밝혀 낸 다음 개입하는 데 필요한 과정을 제공하거나 가설을 세울 수 있다.

부모가 상담을 의뢰한 경우에는 대부분 아동이 문제가 있다고 생각하는 경우이다. 문제 아동 또는 아동 문제라고 호소하는 내용들을 보면 인간 발달 단계에서 살펴볼 때, 아동의 발달적 수준에서는 정상적인 행동 특성인 경우가 많다. 발달적 변화에 따른 독특한 행동으로써 마땅히 수용되어야 할 행동이다. 심각한 정신 병리적 행동을 제외하고는 상담 영역에서 다루지 않더라도 아동 발달 단계에 따른 행동 특성에 대한 풍부한 지식을 갖추고 있으면 거의 대부분 이해될 수 있는 문제이다. 아동의 발달 능력을 고려하여 상담자의 목표나 기대가 선정되는 것이다. 부모와 분리가 어려운 아동의 경우 아동 개개인마다 분리 개별화가 완성되는 시기와 그 정도가 모두 다르기 때문에 일률적으로 판단할 수는 없지만, 한국의 대도시 분위기에서는 부모와 떨어지더라도 정신적으로 안정된 상태로 활동을 할 수 있는 나이는 만 4~5세 전후로 알려져 있다.

아동교육전문가나 아동상담자는 유아나 아동의 보편적인 발달 기준의 적합성에 대해 다음과 같은 질문을 함으로써 유 · 아동에게 도움을 줄 수 있다.

보편적인 발달 기준의 적합성

1. 유 · 아동 자신이 괴롭거나, 타인에게 유해한 결과를 초래하는 것이 있는가?
   부모나 교사가 위 유아 · 아동의 고통을 제대로 알아차렸는가?
2. 정상적인 상황에서 보다 더 나은 기능을 발휘할 수 있고 더 잘 할 수 있는 데 못하는 경우인가?
3. 또래 유 · 아동들과 비교할 때 아주 다르거나 차이가 나는 것 가운데 문제가 있을 수 있는 것이 발견되는가?
4. 발달과정 탐색
   - 성장 발달과정이 늦은 경우인가?
   - 발달과정에서 결함이 생긴 것인가?
   - 어떤 단계에서 후퇴하여 그 다음 과정으로 넘어가지 않으면 안 되는 경우인가?
   - 신체적인 발달 문제가 정신적 측면에 영향을 준 것이 파악되는가?
   - 부모가 문제에 대해 바르게 인식하고 있는가?
   - 부모가 양육 태도의 변화를 수용하는가?
   - 유아나 아동에게 현재 드러난 어느 부분이 기질적인가?
   - 어느 부분이 기능적인가?

3) 정서 발달 이해

아동은 주 양육자인 부모에게서 보살핌과 정서적 상호작용을 경험하면서 주위 세계가 우호적인지 적대적인지를 이해하고 반응한다. 영아기 때부터 정서적 즐거움이나 재미가 없으면 주의집중이 일어나지 않고 학습도 잘 이루어지지 않기 때문에 아동기 정서 발달의 이해도 중요하다.

아동기를 이해하기 위해서는 일차 정서(primary emotions)인 기쁨(미소, 웃음), 분노(욕구좌절 때 울음), 공포(불안)와 이차 정서(secondary emotion)인 당황, 수치, 죄책감, 자부심의 정서가 어떤 경우에 행동으로 나타나는지를 민감하게 살필 수 있어야 한다.

4) 기질 발달 이해

기질(temperament)이란 개인의 성격을 구성하는 정서적 · 행동적 특성으로 사람마다 서로 다르게 나타나는 독특한 특성으로서 선천적이다.

태어날 때부터 순한 아이는 순응적이어서 낯선 사람도 잘 따르며 새로운 자극이나 환경의 변화에 잘 적응하고 안정적이며 온화한 감정을 나타낸다. 반면 까다로운 아이는 욕구좌절에 있어서 부정적인 기분을 강하게 드러내고 낯선 사람에 대해 거부와 의심을 보이며 음식습관도 까다롭고 크게 울거나 발끈 화를 내는 태도를 보이기도 한다. 또 느린 아이의 경우에는 새로운 자극에 대해 회피적이고 서서히 적응해 가며 수줍어하고 반응이 느리며 수동적 · 소극적인 성향을 보이고 활동량이 적다. 이처럼 기질을 3가지로 분류한 사람은 토마스와 체스(Thomas & Chess)인데 영아기 초기 기질이 성장 후 유지되기도 하지만 변할 수도 있다고 하였다. 상담자는 여기서 변화 가능성에 역점을 두고 접근해 가면 된다.

5) 애착의 발달 이해

보울비(Bowlby, 1958)는 애착을 부모와 영아 사이의 애정의 끈이라고 묘사하고 있다. 아동은 태어나면서부터 기질에 따라 애착 대상인 주 양육자와 서로 다른 애착을 형성한다고 하였다.

안정 애착이 형성된 영아는 성장하여 주변 사람과 관계 맺기를 잘하고 리더의 역할을 잘하게 된다. 이러한 경우 양육자는 대체로 영아의 요구에 민감하게 반응하여 양육한 경우로서 낯선 상황에서는 엄마에게 가까이하려 하고 엄마가 잠시 나갔다가 들어오면 반갑게 반기는 특징을 나타낸다. 그런데 낯선 상황에서 엄마가 가까이 있는데도 불안해 하며 가까이 있을려고만 하고 엄마가 떠나면 매우 고통스러워하며 나갔다 들어와 접근하려 하면 오히려 저항하는 태도를 보이는 유아는 불안정저항 애착 관계일 가능성이 높다.

또 엄마와 단 둘이 있을 때 별로 좋아하지도 않고 헤어질 때도 별로 고통스러워하지 않고 나갔다 들어와도 외면하는 경우가 있는데 이때는 불안정회피 애착 관계로 볼 수 있다. 이 유형의 엄마는 유아의 요구에 무감각하며 안정된 심리적 역할을 하지 못하므로 외부환경에 불안해 하며 회피하는 성향으로 자라기 싶다. 안정 애착 관계 형성 속에 자란 아동에게는 별다른 문제가 없을 수 있지만 불안정회피 애착이나 불안정저항 애착 관계 형성을 맺으며 자란 아동에게는 상담자의 도움이 필요하다.

6) 의학적 정보 고려

의학적 입장에서 볼 때 미세 뇌기능장애를 가지고 있으면 검사상으로는 잘 나타나지 않지만 무척 까다로운 아동일 가능성이 높고 자기 자신도 어려움을 겪으면서 자라야 하는 상황이다. 조기발견과 조기진단, 조기치료 내지는 예방이 중요하므로 이차적인 문제가 발생하지 않도록 정확한 진단을 받도록 권유할 필요가 있다. 장애와 문제의 원인이 무엇인지, 원인에 따라 어떠한 양상을 보이는지, 시간이 지남에 따라 발달에 어떠한 영향을 미치는지를 알아야 할 것이다. 잘못된 치료나 교육으로 인한 증상인지를 잘 알 필요가 있으며, 현재 약물치료는 하고 있는지 등을 점검해 보아야 할 것이다.

어떤 질병은 아동에게 심각하게 나타나기도 하며 경우에 따라서는 가족 체계를 무너뜨리기도 한다. 만성적이거나 급성적인 질병을 앓고 있는 대부분의 아동들은 약물치료를 받는다. 약물치료는 긍정적인 효과와 더불어 부작용이 따르기 때문에 아동들의 성장과 학습을 방해하기도 한다. 의학적인 문제를 지니고 있는 아동들에게는 그 병을 안정시키고 가능한 한 정상적인 발달을 도와주기 위해 상담상의 고려가 요구된다. 그렇지만 질병과 약물치료를 이해하고 있는 상담자는 약물치료를 효과적으로 돕는 자원이 될 수 있으며, 정신적 · 신체적 기능 수준을 파악할 수 있을 경우에는 아동을 어떻게 도와줄 것인지 계획을 세울 수 있다.

6. 문제 행동의 구체화

대개 아동 상담은 부모나 친척, 교사가 의뢰한 경우이다. 상담 문제를 들어보면 '주의가 산만하다', '잘 치우지 않는다', '숙제를 안 한다', '잘 씻지 않는다', '군것질이 심하다' 등 추상적인 표현들이다. 이런 상담 문제를 접하게 되면 상담자는 명료화할 수 있어야 한다. 구체적이고 특수화된 행동적 언어로 바꾸어야 한다. '주의가 산만하다'의 표현은 '밥을 먹을 때 식탁에 앉아서 먹지를 못하고 돌아다니면서 먹는다'로, '잘 치우지 않는다'는 표현은 '장난감을 가지고 놀다가 그대로 놓고 TV를 본다'로, '숙제를 안 한다'는 표현은 '노는 시간이 많다 보니 숙제할 시간이 없다'로, '잘 씻지 않는다'의 표현은 '잠자기 전에 손발을 씻고 자지 않는다'로, '군것질이 심하다'의 표현은 '밥을 제때에 먹지 않고 과자나 아이스크림만 사 먹는다'로 바꿀 수 있어야 구체적 처방을 세울 수 있다.

문제 행동의 발생은 어떤 상황이 있게 마련이다. 어떤 사람과의 관계, 어떤 조건과의 관계에서 일어난다. 아동이 과거에 학습한 결과로써의 행동목록과도 관계가 있으므로 문제 행동의 발생 상황에 대하여 더욱 세밀한 탐색이 요구된다. 그동안 문제를 어떻게 해결하였으며, 그 문제는 현재의 상황과 비슷한 것이었는가를 살펴보는 것은 아동의 문제 해결을 위한 중요한 정보가 된다. 아동의 행동이나 습관을 파악하는 데 있어서 부모의 주관적인 경향이 농후하다. 대개 부모의 수준에서 부모에게 유리한 쪽으로 이해하고 판단한다. 극소수의 부모들이 아동 자신을 긍정적으로 관찰할 뿐, 대부분 부모가 가지고 있는 포부 수준과 기대치로 보기 때문에 아동의 행동은 불일치에서 오는 갈등 때문에 문제 행동으로 보인다.

CHAPTER 3

아동 상담의 절차

1. 상담 신청

상담 신청의 형식을 빌어 상담관계가 형성되고 있는 상담에서는 초기 면접과 개입 계획이 중요하다. 전화 상담이나 초기 면접시 부모와 아동 모두를 참여시키는 것이 바람직하지만 아동의 특성상 부모만 먼저 응해야 하는 경우가 대부분이다. 여기서는 일반적으로 이루어지고 있는 상담 신청에 관하여 설명하고 있으며 아동 상담의 경우에는 유효 적절하게 변형하여 활용해야 할 것이다.

1) 전화 상담 신청

상담은 상담기관이나 상담자에 따라 다르지만 상담의 시작은 상담 신청을 받을 때부터 이루어질 수도 있다. 상담기관의 규모가 크거나 비교적 체계가 갖추어진 곳에서는 접수 면접의 절차를 거쳐 상담자에게 의뢰되어 상담이 시작된다. 상담 신청은 전화나 방문을 통하여 이루어지는 데 전화로 상담 신청을 받을 경우에는 상담관계를 형성하는 첫인상이 되므로 예의를 갖추는 게 좋다. "안녕하십니까? ○○○입니다", "무엇을 도와드릴까요?"의 인사말을 습관화하는 것이 좋다. 상담에 대한 견해를 잘 모르기 때문에 자기 자신의 고민 또는 아동의 문제가 상담소의 전문적인 도움을 받아야 되는 것인지, 상담소에 다니면 해결될 문제인지부터 물어볼 수도 있기 때문이다.

어떤 사람들은 전화를 걸어서 자기의 문제를 처음부터 끝까지 설명하여 해결책까지 얻으려고 한다. 상담을 신청하는 전화라면 통화는 간략하게 할 필요가 있다. "죄송합니다만 그 문제라면 직접 오셔서 전문상담자에게 직접 상담해 주시겠어요?"라고 설명하고 전화를 끊어야 한다. 단 위급한 문제인지를 파악하기 위해서는 "위급한 상황입니까?"라고 질문을 해서 "그렇다"라고 응답이 오면 위기 여부에 따라 전문상담자에게 알리고 적절한 조치를 부탁하는 것이 바람직하다. 위기 상황이 아닌 경우에는 첫 회 상담 시간을 예약하게 되는데, 신청자의 전화번호나 이메일 주소를 알아두어야 한다. 만약 약속 시간에 오지 못할 경우에는 꼭 미리 연락해 주기를 부탁한다. 이런 약속에 관련된 사항들이 우리 문화에서는 익숙하지 않아 불편함을 줄 수도 있다는 사실을 기억해야 한다. 경우에 따라서는 "시간 예약을 꼭 해야 되나요?"라고 묻는 경우가 있다. 불편을 느끼는 사람들에게는 다른 방법을 나름대로 개발하여 검토해 볼 필요가 있을 것으로 보인다. 그리고 방문하여 상담을 신청할 경우에는 상담신청서를 작성하도록 하되, 첫 회 상담을 약속할 경우 불편해 할 수도 있으니, 이것 또한 그 상황에 따라 적절하게 상담 서비스를 제공하면 된다. (상담 신청서와 실제 : 부록1 참조)

2) 방문 신청

(1) 접수 면접

접수 면접은 상담 신청과 '공식적인' 상담의 다리 역할을 하는 절차로써 'intake interview' 라고 부른다. 그런데 상담자가 한두 명인 소기관이나 개업상담가의 경우에는 접수 면접에서 중요한 방향이 결정되며 접수면접자가 곧 상담자가 될 가능성이 높다.

(2) 접수면접자 또는 상담자

접수면접자는 상담 분야의 교육을 받고 실무 경력이 있어야 한다. 우리나라에서는 대학원 석사과정에서 상담 관련 전공을 이수했거나 학회 공인 상담자격을 취득하기 위해 2년 정도의 상담 실습 경험이 있다면 접수면접자로서 일할 수 있는 자격이 있다고 본다.

접수면접자는 지금 면담 중인 내담자가 이 상담소에서 적절한 상담, 처치를 받을 수 있는 사람인지를 판단할 수 있어야 한다. 한 내담자를 받고 안 받는 문제는 그 상담소의 정책에 따라 결정되지만 모든 구체적 사례에 맞는 원칙은 없다. 접수면접자는 그 기관의 정책과 관례들을 상세히 알고 있어야 하며 그 기관에서 종사하는 전문가들의 전문 처치 영역도 잘 알고 있어야 한다. 부부 갈등 상담의 전문가가 없으면서 부부 상담을 위한 내담자들을 받으면 안 되기 때문이다.

또 접수면접자는 상담소에서 소화시키지 못할 사례를 만난 경우 이를 처리하는 절차와 요령을 알고 있어야 한다. 망상 · 환각 등이 심한 내담자, 발작을 하는 등의 특수 문제가 발생한 경우에는 어느 병원에 어떤 절차로 접촉을 하고 수속을 밟는지, 보호자 가족에게는 어떤 절차로 접촉하는지에 관해서도 접수면접자는 알고 있어야 한다.

(3) 접수 면접의 내용

접수면접자는 몇 가지 의사 결정과 적절한 조치를 취하기 위하여 이에 필요한 정보들을 수집한다. 접수면접자가 해야 할 의사 결정과 조치의 내용은 기관에 따라 다르며, 한 기관에서도 상황의 변화에 따라 달라질 수 있으므로 접수 면접을 통해 수집할 정보의 내용 또한 기관이나 상황에 따라 달라질 수 있다.

① 접수 면접에 관한 기본 정보

접수 면접의 날짜, 내담자의 이름과 생년월일, 접수면접자의 이름, 이전에 상담을 받았거나 논의 대상자가 누구였는지를 파악하여 그의 이름 등을 기록한다.

② 호소 문제

내담자가 상담을 받으려는 이유, 상담소에 찾아온 목적이나 배경, 호소 문제의 간단한 '역사'를 듣는 것도 필요하다. 즉, 문제가 발생한 시기, 상황적 혹은 생물학적 배경, 문제가 진행된 경로, 현재의 상태와 심각도 등을 듣는다.

③ 현재 및 최근의 주요 기능 상태

환경적, 심리적, 생화학적 변화가 최근에 급격히 발생했을지도 모르며 그런 변화가 내담자 문제와 직결되었을 가능성 또한 높다. 기능 수행 정도에 관한 정보는 '현재 어떤 상태인가?' 와 '지난 1년간 어떻게 보냈는가?' 의 2가지로 파악하는 경우가 많다.

④ 스트레스 원인

내담자에게 스트레스를 주는 '원인(stressor)' 의 기록은 접수면접자의 분류 체계나 용어를 사용하는 것보다 내담자의 말과 표현 방식에 의거해서 기록하는 것이 바람직하다. 예를 들면, 어떤 사람은 '어머니의 잔소리' 라고 표현하는 것을 또 다른 사람은 '나의 불효' 혹은 '가족 내의 세대차' 라고 표현하기도 할 만큼 개인 간에 차이가 많다.

⑤ 사회적 · 심리적 지원

내담자는 '어려운 일이나 억울한 일 등 문제가 생겼을 때 만나서 상의하거나 하소연하거나 내담자편이 되어 줄 만한 사람이 주위에 있는가?' 를 살핀다.

⑥ 호소 문제와 관련된 개인사 및 가족관계

- 전에 이와 비슷한 문제로 고민해 본 적이 있나요?
- 전에는 같은 문제가 생겼을 때 어떻게 대처했나요?
- 식구 중에 누가 ○○○씨를 우울하게 만드나요?
- ○○의 큰형이 ○○를 야단칠 때 어머니는 어떻게/무엇을 하시나요?

⑦ 외모 및 행동

비언어적인 요소인 내담자의 옷차림, 머리 상태, 표정, 말할 때의 특징, 시선의 적절성, 면접자와 대화할 때의 태도 · 행동 · 예절 등에 관한 면접자의 관찰을 적는다.

⑧ 진단평가 및 면접자 소견

- 면접자의 진단평가를 뒷받침하는 정보, 가설, 관찰 내용
- 상담 계획에 관한 의견
- 내담자에 대한 면접자의 느낌, 인상
- 자신이나 타인을 해칠 가능성에 관한 평가
- 심리검사가 유용할지에 관한 의견을 기록한다.

⑨ 상담자 배정에 필요한 정보

- '나이가 든 남자 선생님' 이 적절할 것인가?
- '종교가 같은 사람' 이 적절할 것인가?
- '경험 많은 전문가' 가 적절할 것인가를 내담자에게 물어보아 내담자가 선호하는 상담자를 배정할 수도 있다.

(4) 면접 요령

① 외 모

질문보다는 관찰에 의하여 정보를 수집한다. 다음 질문은 하지 않는 게 낫다. 비언어적 메시지를 접수자가 읽어서 기록하는 게 좋다.

- 얼굴이 더러울 때 …오늘 세수하셨나요? (X)
- 특이한 옷일 때 ……그 옷을 좋아하나요? (X)
  오늘 그 옷을 입은 이유가 있나요? (X)

② 행 동

질문보다는 관찰에 의하여 정보를 수집한다.

- 긴장된 자세일 때 …지금 불안합니까? (X) – 내담자를 당황하게 한다.
  지금 어디가 불편하신가요? (○)
- 알아듣기 어려운 억양, 발음, 목소리일 때 못 알아들었는데, 다시 한번 이야기해 줄래요? 제가 이해를 못 했어요(부드럽게).
- 발음, 목소리, 억양은 대인관계 기본 기술을 알 수 있는 자료가 된다.

③ 감정 · 정서 장애

관찰과 질문응답 과정을 통하여 정보를 수집한다.

- 화가 났을 때 …누구에게 화가 났나요?
  그 사람이 어떻게 할 때 화가 났나요?
  얼마만큼 화가 났어요?
  화가 많이 날 때 어떻게 하시나요?
- 슬플 때 ………어떤 일이 슬프세요?
  얼마 동안 슬프세요?
- 무서워할 때 …특별히 무서워하는 대상이 있(었)나요?
  사람, 동물, 장소, 소리, 기타?
  언제부터지요?
  지금도 여전히 무서워하나요?
  무서워하는 대상을 피하나요?
- 불안할 때 ……확실한 이유 없이 불안을 느끼나요?
  불안이나 무서움이 엄습하는 경험을 해본 적이 있나요?
  어느 정도나 강한 불안인가요?
  그런 경험이 어떤 장소나 상황과 연관이 있나요?
  그런 불안이 언제부터 시작되었나요?
- 걱정을 할 때 …걱정거리가 있으세요?
  요즘 가장 걱정하는 일은 무엇인가요?
- 기타 ……………요즘의 식욕은 어떤가요?
  잠은 잘 자나요?
  잠이 쉽게 드나요? 잠자다가 깨나요?
  하기 싫어도 자꾸만 떠오르는 생각이나 이미지가 있나요?
  하기 싫어도 자꾸만 하게 되는 행동이 있나요?
  자살을 심각하게 생각해 본 적이 있나요?

④ 사고장애

관찰과 질문응답 과정을 통하여 정보를 수집한다.

- 오늘이 몇 월, 며칠인가요?
- 여기가 어디인가요? 여기에 무엇 때문에 와 있다고 생각하세요?
- 문제가 무엇이라고 생각하시나요?
- 오늘 아침에 무엇을 했나요? 무엇을 먹었나요?
- 집 전화번호를 말씀해 보세요.
- 당신의 생일은 언제인가요?
- 하기 싫어도 자꾸만 하게 되는 행동이 있나요?
- 누군가가 당신을 해치려 한다는 생각이 드나요?

〈부록1 참조 : 상담 신청서 양식에 기록란이 없으면 별도로 기록한다.〉

2. 상담 준비

상담실의 환경은 아동이나 내담자들이 편안하고 포근한 느낌을 가질 수 있도록 조성해 두어야 한다. 외부의 소음이 들려서는 안 되며 상담실이 복잡하거나 자극하는 물건이 있을 경우에 아동이나 내담자는 주의가 분산되기 쉬우며, 흥미 있는 관심거리가 있을 경우 상호작용이 어렵기 때문이다. 상담자 자신도 아동이나 내담자에게 영향을 미칠 수 있는 옷차림 등에 신경을 써야 한다.

상담실의 책상도 아동이나 내담자에게 편안해야 하며, 아동이나 내담자를 대할 때는 비스듬하게 앉아야 하는데, 될 수 있으면 책상을 사이에 두고 앉는 것은 피하는 게 좋다. 책상을 앞두고 앉게 되면 권위적인 인물로 보이기 쉽다. 아동 좌석과 상담자 좌석이 서로 보일 수 있도록 책상의 한쪽 모서리 옆이나 뒤로 가는 게 좋다. 좌석 배치는 [사진 3-1]을 참고하면 된다.

[사진 3-1] 상담을 위한 좌석 배치

편안한 상담환경을 조성하기 위해서는 편안하게 놀 수 있는 카펫, 로봇인형, 인형집, 의사놀이 세트 등 장난감들을 갖추어 아동 또는 내담자와 친밀한 관계를 유지한다. 상담자에 따라서는 카펫에 앉아 아동과 눈을 마주치며 면접을 하기도 하는데 이때 친밀한 관계가 형성되기도 한다. 아동들은 기다리는 시간을 싫어하므로 상담자는 계획된 회기의 시간을 잘 지켜야 한다. 항상 밝은 표정을 지으며 '아동이 상담자에게는 왕과 같은 존재' 라고 생각하고 온통 아동에게 정성을 기울여야 한다. 아동은 성인의 기분에 민감하기 때문에 상담자의 행동이나 표정에서도 관심의 정도를 알아차린다.

3. 상담에 저항하는 아동

아동들은 자신이 왜 상담실에 와야 되는지를 모르며, 새로운 환경에 대한 두려움 때문에 상담에 응하지 않으려고 하거나 엉뚱한 행동이나 정보를 제공하기도 한다. 말하기를 거부하거나 자기가 하고 싶은 대로 상담자가 응해 주기만을 기대하거나 눈을 마주치지 않기도 한다. 심지어 책상 뒤에 숨거나 잠이 온다고 누워버리는 경우도 있다. 이처럼 저항이 나타날 경우에는 상담자 자신의 감정을 조절해야 한다. 저항이 강하거나 비협조적인 아동을 만났을 경우에 상담자는 당황하기 쉽고 좌절과 분노도 생긴다. 상담자는 이런 경우 상당한 인내를 감수해야 하며 아동이 원하는 것이 무엇인가를 찾기 위한 더 좋은 방법을 탐색해야 한다.

아동과 상호 협력적 관계를 맺기 위해서는 아동에게 따뜻하며, 우호적으로 관심을 기울이며 아동의 마음을 진솔하게 읽을 수 있어야 한다. 아동은 상담자가 자기를 도와주고 안전하게 보호해 주면 자기편이라고 생각한다. 상담 회기 중에는 아동–교사의 역할, 아동–부모의 역할을 번갈아 가면서(role play) 상담을 진행한다. 상담 시간은 규칙적으로 동일 시간대로 정하되 행동상 제약이 필요한 경우에는 "이 인형을 가지고 논 뒤에는 방금 전에 있었던 그곳에 놓아두어야 해요", "이 방은 너만 이용하는 것이 아니고 다른 친구도 이용하므로 제자리에 있어야 그 친구가 가지고 놀 수 있거든요"라고 알려주어야 한다. 그리고 잘못된 행동은 지시해야 하는데 "불만이 있다고 나를 때리지 마세요. 때리고 싶은 경우에는 이 펀치백을 때리면 됩니다"라고 일러준다. 어느 정도 상담이 진행된다고 느껴질 경우에 '나를 만나러 온 이유'에 대해서 물을 수도 있다. 언어 표현이 미숙한 어린 아동에게는 "네가 나를 만나는 이유는 친구들과 사이좋게 놀기 위해서입니다"라고 알려준다.

아동상담자가 상담을 시작할 때 어떤 문장을 사용하여야 할 것인지는 아동의 연령, 문화, 인지, 발달, 사회정서 발달을 고려해야 한다. 상담자는 아동에게 "나는 너를 돕기 위해(나는 너의 짜증나고 속상함을 이해해주기 위해) 너를 만나고 싶어하는 것이지, 벌주기 위해 너를 만나는 것은 아니에요"라고 반드시 일러주어야 한다. "나를 만나서 놀거나 이야기를 하게 되는데 이것을 상담이라고 합니다"라고 아동 개인에 따라 알려줄 수도 있다. 나이든 아동들은 상담시 이루어진 활동들이 비밀 보장이 될 것인지 궁금해 한다. 상담 내용은 확실히 비밀 보장이 된다고 알려주며, 네가 말해 주어도 좋다고 할 경우에도 다른 사람에게는 말하지 않겠다고 일러준다. 그러나 성적 학대, 신체 학대, 자살 가능성이 뚜렷할 경우에는 법적 보호를 받도록 해야 한다. 아동 상담의 목적은 문제 행동의 초기에 도움을 줌으로써 행동장애 형성을 최소화하는 것임을 항상 기억하는 것이 중요하다.

4. 아동 상담 목표 선정

아동 상담의 경우에는 교사가 의뢰하면서 상담 목표를 알려주는 경우가 있으며, 부모가 의뢰한 경우에도 이미 상담 목표나 상담 목적이 제시된 경우가 많다. 대부분 복합적인 문제들을 호소하므로 상담자는 아동 문제의 역사를 듣는 게 좋다. 그 문제가 언제 발생한 것인지, 그 문제가 진행되어온 과정, 그리고 현재의 상태와 심각한 정도를 알아두면 문제를 해결해 가는 데 있어서 매우 유익하다는 것을 알게 된다.

"교실에서 모둠 활동시 제자리에 앉아 있지 못하고 친구들과 장난을 치다가 곧바로 복도로 나가서 이웃 교실을 기웃거리거나, 다른 모둠 아이들과 어울리려고 하다가 훼방을 놓고 앞으로 옆으로 이동한다. 그러다가 어느 순간에 사라져 버린다. 그 뒤 교실 상황은 우는 아이, 소리 지르는 아이 등 각양각색이다" 등을 한꺼번에 표현하기도 한다. 이런 경우에는 상담 신청자 또는 내담자와 함께 협력하여 문제를 명료하게 정리한다. 즉, 이것이 상담 목표이다.

상담 목표는 여러 개의 목표가 선정된다. 각 목표는 내담자의 중요도를 반영하여 내담자나 의뢰인에 의하여 그 순위가 결정된다. 제1의 목표는 제2 목표, 제3 목표보다 더 중요할 수 있다. 각 목표들의 중요도를 수치로 나타내어 알기 쉽게 도표로 작성할 수 있다. 목표들은 측정 가능하고 관찰 가능한 용어로 정의하되 상담자는 각 목표별로 도달 수준을 내담자와 의논하여 설정한다. 복잡한 상황을 언어로 간단 명료하게 정리하는 작업은 어렵다. 문제들을 분류해서 정리한 다음 그들 간의 관련성을 찾아보는 것이 효율적이다. 내담자나 신청자가 표현한 용어를 중심으로 정리해야만 그들의 상태, 즉 감정이나 상황 등이 반영될 수 있다.

SITUATION

7세 아동을 둔 부모가 자녀를 영어, 피아노, 태권도, 뇌호흡, 미술 활동을 하도록 계획을 짰다. 첫 1개월은 반항하지 않고 즐겁게 생활을 했었다. 그런데 6개월쯤 되자 하나씩 빠트리면서 짜증을 낸다. 스스로 해야 되는데, 엄마가 소리를 지르면 마지못해서 행동한다. 엄마는 이 아동에게 주의집중력이 부족하다고 호소한다.

상담자의 역할

이 아동의 행동을 부모로 하여금 일지에 기록하도록 제시한다. 1개월간의 일지를 부모와 함께 분석하고, 과거에 대한 회고를 한다. 여기서 엄마의 목표 행동에는 무리가 없었는지, 7세 아동에게 학습 행동으로써 적절한 요구였는지를 검토해 보도록 한다.

이때 목표 수정의 필요성을 인지하는 경우

1차 목표	이 아동에게 5가지 주어진 활동이 가능한가? 탐색 후 변경한다. 주어진 행동을 하게 되면 해냈다고 칭찬한다.
2차 목표	지금까지 5가지 주어진 목표 중에서 우선 순위를 정한 뒤 3가지 활동을 선택한다. 즉, 영어, 피아노, 태권도에 대한 목표를 세운다. 구체적 실천 목표는 어떤 것인지를 찾아내고 실천한다면 바로 이것이 상담방법의 결정 요인이 되는 것이다.

1차 목표와 2차 목표를 실천하는 과정에서 수정해야 할 필요가 있을 경우에는 이미 사용하고 있는 방법에다가 다른 방법을 추가로 조화시킬 필요가 있다. 어떤 방법을 채택할 것인가가 정해지면 확실한 학습을 할 수 있도록 한다. 이 확실한 학습이 곧 상담과정이 되면서 치유의 과정이 되는 것이다.

이 과정이 제대로 끝나면 추수 검사 및 추수 상담이 이루어져야 한다. 상담을 종료할 때는 서서히 간격을 늘려서, 이를테면 2주에 1번, 4주에 1번, 6주에 1번 정도로 자연스럽게 마무리한다. 그래야 아동이 스스로 자신의 삶을 영위할 수 있는 기술을 습득할 수 있다. 상담의 결과로 얻은 학습이 일상생활에 전이가 되어야 그 상담은 효과가 있기 때문이다.

5. 아동 상담 회기 시작

상담자는 아동이 자신을 위한다는 생각을 갖도록 친밀한 관계를 형성하기 위해서 편안하며 개방적인 태도를 취해야 한다. 대부분의 아동들은 부모와 떨어져서 상담자와 함께 있는 것을 허용할 수 있으며, 특히 놀이를 할 수 있도록 준비가 되어 있는 방에서는 관계 형성이 용이하다. 어떤 아동들은 장난감 쪽으로 시선을 집중하고 곧장 걸어가며, 어떤 아동들은 쉽게 대화에 참여하기도 한다.

상담자는 주어진 상황에 있어서 부모의 지각 정도뿐만 아니라 아동의 지각 상태도 알 수 있어야 한다. 부모와 아동을 상담에 참여시키면서 상담에 대한 참여 정도의 만족도가 어느 정도인지 솔직하게 표현해 주도록 하고, 진솔한 태도가 상담 결과에 긍정적 영향을 미칠 수 있음을 알려준다.

상담자는 아동의 권리를 중요시하며 그 아동에게는 그 아동의 발달 수준에 맞는 말이나 그림으로 자상하게 상담 목표를 전달한다. 상담 회기를 시작하면서 상담 목표로 선정된 문제와 실제 상담 장면에서 아동이 보이는 문제가 다를 수 있으나 이들의 주원인에 관한 가설을 설정하여 개입을 위한 상담 계획을 여러 차례 세운다. 이는 상담을 효과적으로 진행하기 위한 것이며 아동에게 효율적인 도움을 주기 위해서 필요하다. 또 상담 기간이나 전체적인 상담의 틀을 정하는 데도 도움이 된다. 상담 계획에는 가설과 직 · 간접으로 관련된 목표가 세워지는데 여러 목표 중 하나의 목표가 달성되면, 달성된 그 목표가 다른 문제에 복합적으로 작용하여 연쇄적인 효과를 가져오는 경우도 있다. 이는 아동의 개인차에 따라 달라질 수 있으므로 각 아동에게 적절하게 상담과정을 개별화하는 것이 중요하다.

첫 회기는 상담자가 아동에게 "하고 싶은 것이 무엇이에요?"라고 질문하면서 시작할 수 있다. 부모와 떨어지기를 두려워하는 아동들은 활동에 부모를 참여시킬 수 있다. 낯선 사람을 만나면 말하기를 어려워하는 아동들에게는 그 부모가 "이 분은 너를 도와줄 분이야. 너를 위해 시간을 함께 하거든 … 어떤 이야기든 이야기해도 좋다"라고 표현해 줄 수도 있다. 상담자는 "○○야, 오늘은 30분 동안 네가 하고 싶은 활동을 하도록 해보자. 너는 네가 하고 싶은 말이나 놀이를 이 방에서 마음껏 할 수 있단다. 그리고 ○○랑 친해지기 위해서 30분씩 여러 번 만날 수도 있지"라고 시작할 수 있다.

일단 관계 형성이 이루어지면 상담자는 아동이 상담 회기 중에 어떤 행동을 어떻게 하는지, 의사 표현을 하는 것 등에 집중할 수 있다. 아동의 기분이 좋은가? 만족하고 있는가? 논쟁적인가? 의심하는가? 아동의 상태에 따라 상담자의 접근방법은 다를 수 있으나, 아동의 행동 동기를 알아보기 위해 놀이활동을 찾고, 그 행동에서의 주제는 무엇일지를 탐색한다. 놀이 주제가 잘 변할 수 있으므로 회기 중에 나타나는 놀이의 강도를 잘 관찰해야 하며 아동의 내용, 감정, 기대에 대하여 정확한 공감 및 반영을 해 준다.

상담을 진행하면서 아동에게 해결되지 않았던 문제, 그 문제에 대한 감정, 아동이 상담자를 좋아하는가 등 아동에 대한 총체적인 느낌은 상담자 자신의 느낌에 충실해야 한다. 상담 진행 중에도 아동에 대한 상담자 자신의 느낌에 주의를 기울이지만 상담 회기가 끝난 직후의 상담자 자신의 느낌도 중요하다. 어떤 느낌이 올 때 상담의 전체적인 전략, 예상되는 노력의 정도, 문제 해결의 예후 등에 대해서 생각해 본다. 물론 상담자 자신의 주관적인 느낌이지만 성공적인 상담을 위해서는 주관적인 경험과 느낌을 활용하는 것은 중요하다.

6. 첫 회 상담 평가 요소

- 이 아동은 자기의 문제를 구체적으로 제시하는가? 매우 추상적으로만 제시하는가?
- 이 아동은 자기가 경험하는 감정들을 언어로 표현할 수 있는가? 언어로 표현하는 데에는 불편하지만 내면적으로는 느끼고 있음이 드러나는가? 감정을 경험하지 않은 듯이 보이는가?

- 이 아동은 솔직한가? 자기가 느끼고 생각하는 것을 비교적 개방적으로 내어 놓는가? 느낌과 생각을 개방하기를 꺼리는가?
- 이 아동은 가족이나 친구와의 관계를 언어로 설명할 수 있는가? 굳이 설명을 꺼리는 부분이 있는가? 왜 꺼리는지 밝히는가?
- 이 아동은 상담자의 질문이나 화제 유도에 적절하게 반응하는가? 엉뚱하고 부적절하며 비협조적인가?
- 이 아동의 문제를 발생시키거나 유지시키는 데 공헌하는 사람들은 누구인가?
- 이 아동은 위의 질문에 대해서 자기의 의견을 표현(말, 그림 등)할 수 있는가?
- 이 아동의 호소 문제를 발생시키고 유지시키는 생물학적 혹은 기타의 원인으로 어떤 것들이 있는가?
- 이 아동은 위의 질문에 대해서 어떤 정보와 의견을 가지고 있는가?
- 이 아동은 상담과 상담자에 대해서 긍정적인 기대를 보이는가? 의심을 보이는가? 어떤 단서도 보이지 않는가?
- 이 아동은 상담을 통해서 자기가 얻고자 하는 바를 구체적으로 진술(그림 등 매체활용 표현 가능)할 수 있는가?

7. 상담관계 형성의 기본 요소

상담관계 형성의 기본 요소인 관심 집중, 적극적 경청, 공감적 이해와 반영에 대해서 살펴보기로 한다. 여기서는 아동 상담을 이해하기 위한 과정이므로 내담자 중에서도 아동을 전제로 설명하기로 한다. 아동의 질문에 즉각적으로 대답해 주려 하거나 성급하게 충고하는 것, 아동이 빨리 변화하기를 촉구하는 행동이나 말을 하는 것에 주의한다. 그리고 내담자의 긴 이야기를 중단하는 요령을 익혀 실수를 줄인다.

1) 관심 집중

상담자가 내담자(아동)에게 관심을 가지고 대하는 것은 기본 조건이다. 상담을 계속하다 보면 아동에게 계속 관심을 기울인다는 것이 쉽지는 않다. 어떤 경우에는 그 아동과 같이 있었다는 사실 하나만으로도 큰 효과를 볼 수 있다. 어떤 경우에는 귀기울여 들어주었다는 것만으로도 충분한 위로와 격려가 되기도 한다. 진솔하게 열심히 듣는 것이 도와주는 것이 된다. 인간은 대체로 말을 들어주지 않거나 주의를 기울여 주지 않은 경우에는 상대방에게 인정받지 못한 데서 오는 서운함과 심한 경우에는 버림받았다는 감정을 느끼기도 한다. 따라서 상담자는 아동을 위해 무엇인가 해 주기 이전에 원하는 것이 무엇인가를 알아야 하며 아동이 들려주는 언어 메시지뿐만 아니라 비언어 메시지들까지도 주의 깊게 듣고 알아차리는 능력을 갖추어야 한다.

상담자는 상담자 자신에 대해서뿐만 아니라 아동에 대해서 느끼고 알아차리는 능력과 태도에 민감해야 한다. 상담관계에서 발생하는 여러 가지 생각과 감정을 민감하게 알아차려 그런 감정과 생각이 아동에게 어떻게 영향을 주고 있는지에 대해서도 주의를 기울여야 한다. 어떤 상황에서든 아동과 함께 있음이 아동에게 전달될 때 상담관계 형성은 효과적이다. 앉은 자세, 눈맞춤, 억양, 표정에 의한 집중적인 자세와 진솔하게 대해 주는 그 모두가 관심 집중(attention)에 해당된다.

관심 집중 기술을 살펴보면 다음과 같다.

① 아동을 향해서 앉되 상담자의 얼굴과 몸이 아동을 향하고 있어야 한다.

② 상담자가 팔짱을 끼거나 다리를 꼬고 아동을 대하면 아동을 받아들이지 않는다는 뜻으로 전달되므로 바른 자세로 대해야 한다.

③ 아동을 향해 상체를 기울여 앉되 상황에 따라 몸을 앞으로 기울이거나 뒤로 젖히거나 또는 옆으로 기울이는 등의 자연스런 움직임의 자세를 취한다.

④ 밝은 눈, 부드러운 시선으로 아동을 바라본다. 아동이 이야기할 때는 시선

을 맞추되 표정을 잘 살펴서 반응을 읽어야 한다. 지속적으로 아동의 시선을 맞추기보다는 가끔씩 시선을 옮긴다.

⑤ 상담자는 편안한 마음을 갖고 자신의 몸, 표정 등에 대해서도 편안함을 느낄 수 있어야 한다. 딱딱한 표정을 짓지 않도록 하며 신체의 일부분을 불안하게 움직이지 않도록 주의한다. 가령 손가락을 만지작거린다거나, 다리를 떤다거나, 머리를 긁적거리는 등의 모습을 보여주지 않도록 해야 한다.

2) 적극적 경청

상담자가 아동을 정확하게 이해하기 위해서는 아동의 이야기를 잘 들어야 하는데 잘 들으려면 적극적으로 경청(active listening)해야 함은 물론이다.

(1) 비언어 메시지 경청하기

아동의 표정, 손발의 움직임, 몸의 자세, 목소리 등의 반응에 다양한 메시지가 담겨 있으므로 눈동자, 표정, 목소리 등이 말해 주는 메시지를 민감하게 읽어야 한다. 상담자의 공감적인 반응에 대해서 고개를 끄덕거렸다면 굳이 "예"라고 반응하지 않았지만, 정말 그런 느낌을 가졌다는 것을 확인할 수 있다.

(2) 언어 메시지 경청하기

아동의 생각, 즉 아동의 관점, 입장, 내용 등을 표현할 때 잘 들어야 한다. 예를 들면, "친구가 나를 미워해요" 하고 말하면서 웃는 얼굴을 지었다면, 친구가 나를 미워한다는 사실이 아동의 생각이지만 웃는 얼굴과는 맞지 않으므로 친구가 아동을 미워했을 때 아동 자신의 느낌이 어떠했는가를 말로 표현하게 하거나, 그림으로 간단히 그리게 할 수도 있다. 미움을 받은 느낌이 적절하게 표현되었을 경우 아동의 표현을 정확하게 듣는 것이 된다.

(3) 경청 전달

아동은 상담자의 표정에서, 몸가짐에서, 고개의 끄덕임에서, 아동의 말을 반복하거나 요약하여 반응하면 아동은 상담자가 자기를 이해해 주고 있다는 사실을 알게 된다. 적절하게 고개를 끄덕이는 행동은 아동에게 '사려 깊은 경청' 이라는 느낌을 주며 단순한 음성 언어인 "으음" 반응은 아동에게 '잘 들어준다', '이해 받는다', '공감 받는다' 는 느낌을 전하게 된다. 그리고 "친구가 미워한다"고 했을 때, "너는 무슨 말을 했니?", "친구에 대한 느낌을 그림으로 그려볼까?" 등의 관심어린 질문은 내담자와 함께 있음을 전하는 것이 된다. "친구가 미워해"라고 아동의 말을 반복해서 재진술하는 것도 아동의 말을 경청하고 있음이 전달된다. 물론 앵무새처럼 반복해서 경청하라는 말은 아니다. 적절한 반복, 즉 상담자가 중요한 부분이라고 생각되는 곳을 '말이나 그림으로 표현하기' 등을 통해 적절하게 반복해 주면 아동이 자기 마음을 표현하는 데 도움이 된다.

3) 공감적 이해와 감정 반영해 주기

공감은 아동의 생각이나 감정에 대해서 상담자도 아동의 생각과 느낌이 유사하거나 같다는 것을 의미하며, 상담자가 갖추어야 할 중요한 요소이다. 공개적으로 발표된 상담 사례의 경우에 상담의 진행과정을 보면 상담자의 정확한 공감적 이해 능력이나 정확한 공감적 반영 능력이 상담 결과에 매우 효과적인 영향을 미치고 있음을 찾아볼 수 있을 것이다.

(1) 감정을 반영해 주기 또는 그대로 인정하기

내담자(아동)가 느끼는 감정을 내담자(아동)의 입장에서 느끼고 생각하듯이 지각하여 아동에게 반영해 주는 것이다. 카커프(Carkhuff)는 공감해 주기를 '촉진적 의사소통의 기술' 또는 '변별 능력' 이라 하였다. 그리고 상담자는 아래와 같은 수준의 변별 능력을 습득해야 한다고 하였다.

① 상담자의 어떤 반응이 좋은 반응인가를 수준(점수)으로 나타내어 변별표로 제시하면 다음과 같다.

1.0 : 주제를 다른 방향으로 돌린다. 예 엉뚱한 질문, 동문서답

2.0 : 상대방이 말한 것 중에서 약간은 언급하고 약간은 언급하지 않는다(삭제적).

3.0 : 상대방이 말한 모든 조건이 언급되어서 최소한의 촉진적 수준을 유지한다. 이야기된 내용에 더 첨가된 것도 삭제된 것도 없다.

4.0 : 상대방이 말한 모든 조건이 언급되었고 어떤 것은 충분히 언급되어, 보다 깊은 관계로 이끌어간다(첨가적).

5.0 : 상대방이 말한 모든 조건이 충분히 동시에 계속적으로 언급된 최상의 반응이다.

② 상담자가 반드시 익혀두면 편리한 단계를 제시하면 다음과 같다.

3.0 : 감정에 반응하기 (You feel ____________________)

○○가 느끼는 것은 ______________라는 거지.

그러니까 ______________하게 느끼지요?

3.5 : 감정과 내용에 반응하기 (You feel, because ____________)

__________________하니까 당신은 ______________하게 느끼는군요.

__________________할 때 ________________하는 감정이 들지요.

4.0 : 개인적인 문제점(결점)을 규명하기

(You feel _________, because you can't ___________)

○○가 할 수 없기 때문에 ______________하단 말이지요?

5.0 : 목표 단계를 솔선하기

(Your first step is _____ and your next step is _____)

- 첫번째 문제는 ~이고, 그 문제가 어떻게 되기를 바라나요? (원하나요?) 그 문제를 성취하고 싶은 점은 ~인가요?
- 두번째 문제는 ~이고, 그 문제를 ~까지 다루고 싶나요?
- 여러 가지 문제가 나왔는데 어느 문제부터 다루기로 할까요?

- 자, 우리 그 점에 대해서 같이 생각해 볼까요?

5.0 단계에서는 강화를 제시할 수도 있다.

○○가 각 단계를 무난히 시도해 보면 ○○는 할 수 있을 거야.

○○가 첫 단계를 끝내고 나면 내가 ○○와 두 번째 단계를 논의해 줄게.

초보 상담자가 범하기 쉬운 오류는 ① 비정확성, ② 이해한 척 하는 것, ③ 아동이 횡설수설하는 것을 용인하는 것, ④ 성급하게 고차원적 수준의 공감을 시도하는 것, ⑤ 기초적 수준의 공감을 전달하는 데 너무 장시간을 소비하는 것, ⑥ 내담자의 감정표현이 충분히 이루어지지 않았는데 너무 빨리 다음 단계로 몰아세우는 것, ⑦ 아동이 사용하는 언어양식을 쓰지 않는 것, ⑧ 너무 길게 풀어서 이야기하는 것 등이다.

여러 정보를 근거로 머리로는 이해가 되지만 공감되지는 않는 경우가 있다. 그러므로 상담자는 아동을 이해하고 있는 것인지 또는 공감하고 있는 것인지를 느끼고 판단할 수 있어야 한다. 상담자가 말로만 겉으로만 공감하는 척하는 것은 오히려 아동에게 기분 나쁨이나 분노 등을 느끼게 할 수 있다. 그러므로 아동을 정확하게 이해한 공감이 중요하다. 공감적 이해를 바탕으로 한 감정 반응이야말로 내담자와의 관계를 촉진시키는 중요 계기가 되며 상담의 효과를 높이는 것이다.

숙련된 조력자는 아동의 이야기를 진지하게 듣고 나서 그가 잘 이해하고 있다는 것을 전달해야 한다. 아동에게 반응하는 기술은 정확한 공감, 존경과 배려, 구체성이 내포되어야 한다. 구체성이란 내담자가 처한 구체적 상황에서 행동, 경험, 감정 역시 구체적으로 다루는 것을 의미한다. 구체성은 자기 탐색과정에서 가장 중요한 것으로 개방형 질문을 사용할 때 효과적으로 파악될 수 있다. 아동에 대한 존경과 배려는 상담자가 진지한 태도와 관심을 가지고 응해 주는 자세에서 전달된다. 이와 같은 태도로 경청할 때 아동은 안심하고 자기의 이야기를 전개하면서 문제 해결의 방향으로 자기 탐색을 시도할 수 있게 된다.

(2) 기본적 수준의 공감과 보다 깊은 수준의 공감

이건(Egan, 2002)은 감정 반영의 수준을 기본적 수준과 보다 깊은 수준으로 구분하고 카커프의 2수준과 3수준이 기본적 수준에 해당되며, 4수준과 5수준이 '보다 깊은' 수준에 해당한다고 하였다. 기본적 기술은 기초적 기술이고 보다 깊은 수준은 고급 기술이라기보다는 기본적 감정 반영이나 보다 깊은 감정 반영 모두가 내담자(아동)의 마음을 읽는다는 것인데, 기본적 감정 반영만으로도 내담자(아동)의 마음을 충분히 읽을 수 있다. 다만 보다 깊은 수준의 감정 반영은 아직 내담자(아동)가 알지 못하는 내면에 감추어진 마음을 읽는다는 것이다. 처음부터 보다 깊은 수준의 감정 반영을 내담자에게 할 경우 오히려 위협적으로 느껴질 가능성이 있다.

감정 반영의 효과적인 측면에서는 어느 것이 더 높은 효과를 발휘한다고 단정하기는 어려울 것 같다. 내담자(아동)에 따라서 느끼는 정도가 다르고 기본적 감정 반영 수준만으로도 상담의 효과를 보는 사례가 많기 때문에 어느 기술이 더 훌륭한 기술이라고 말할 수는 없다.

그렇지만 상담자는 기본적 수준과 보다 깊은 수준의 감정 반영 기술을 모두 습득하여야 한다. 시의적절한 감정 반영 기술이 상담의 효과를 가져오므로 정확한 감정 반영을 할 수 있도록 끊임없는 노력을 해야 할 것이다.

예를 들어, 오늘 발표를 하고 싶었는데 선생님이 나를 시켜주지 않고 형철이만 시켜주었다고 호소를 했다고 하자.

SITUATION

발표를 하고 싶었는데 선생님이 나를 시켜주지 않고 형철이만 시켜준단 말이야. 학교에 가기 싫어요.

우리 선생님은 불공평해요.

상담자 발표를 하고 싶었는데 형철이만 시켜주니까 짜증났구나.

아 동 몇 번이나 손을 들었지만 안 시켜줬단 말이야.

상담자 발표를 하지 못해 몹시 화가 났구나!

아 동 선생님이 싫어요. 미워요. 불공평하단 말이에요.

상담자 불공평한 선생님이 밉지!

아 동 그래요, 미워요.

상담자 선생님이 네게 어떻게 해주기를 바라니?

아 동 나도 시켜주면 좋겠어요. 내가 발표하고 싶은데도 안 시켜주고 내 마음을 몰라주고 다른 친구들만 시켜요.

상담자 무척 발표를 하고 싶었구나.

아 동 우리 선생님은 이상해요. 손을 안 든 친구도 시켜주면서 나는 안 시켜줘요. 체육 시간에는 조별로 시합을 하는데 우리 조는 말썽꾸러기 애들만 있어서 벌만 받아요. 비석치기 놀이나 투호 놀이를 해도 우리 조는 질 수밖에 없어요. 말썽꾸러기들이 많거든요. 장난삼아 던져요.

생 략

(3) 행동에 옮기기

지금까지 내담자(아동)가 진술한 내용을 종합하고 나서 상담자의 의견이나 제언을 표명할 때 내담자에게는 가장 큰 도움이 될 수 있다. 그리하여 내담자(아동)는 자기 문제를 객관적으로 이해하게 되고 드디어는 현명한 선택과 결정을 내려 행동으로 옮겨가는 단계에 접어들 수 있다. 이 단계는 상담자의 주도적인 반응에 의하여 효과적으로 이루어질 수 있다. 즉, 상담자는 내담자(아동)의 감정과 경험에 반응하고 나서 지금까지의 이야기를 종합한 뒤 다음 단계의 행동을 제시하는 것이 주도적인 반응이다. 마지막 단계에 가서 내담자(아동)가 자기 문제를 해결하기 위한 행동을 전개하고 발전시킬 때 상담의 가장 큰 효과를 발휘하는 절정이 된다. 그 절차를 적어 보면 다음과 같다.

① 문제점을 진술한다.

- 지금까지의 모든 것을 종합하면…….
- 네가 들은 바로는 ~라는 거지?

② 문제 해결을 위한 목표를 언급한다.

③ 목표 달성을 위한 행동 단위를 세부적으로 나눈다.

④ 세부적인 행동 방안을 여러 가지로 검토한다.

⑤ 여러 가지 대안 중에서 가장 성공 가능성이 높은 방안을 내담자가 선택하여 실천하도록 도와준다.

⑥ 다음 단계에서는 실천과정에서 따르는 여러 가지 문제점을 내담자와 함께 검토하고 더욱 발전과 성장이 이루어지는 것을 지켜본다.

Help 상담연습

SITUATION

현정이 아빠가 떠난 후, 저는 무서운 공포와 함께 살고 있어요. 마치 누군가가 나를 해치려고 다가오는 것 같고, 찬바람이 쌩쌩 부는 것 같았어요"라고 현정이 엄마는 떨면서 말했다. "남편이 떠난 후 공허하고, 손상 받은 불안이 엄습해 오면 깊은 잠을 잘 수가 없어요. 자다가 엄마를 끌어안는 현정이의 포근함이 느껴질 때면 잠을 자지요. 제가 일자리가 없어서 낮에 혼자 집에 있는 것을 참을 수 없어서 현정이를 유치원에 보내지 못했어요. 현정이는 유치원에 보내지 않으니까 처음에는 당황하더니 지금은 엄마와 같이 있는 것을 편안해 하거든요. 유치원에 보내지 않을 거예요.

상담자 현정이 어머님! 현정이를 유아교육기관에 보내고 나면 허전하시겠어요.

어머니 그런데 선생님, 현정이를 유아교육기관에 꼭 보내야만 되나요? 보내야 될 것 같기도 하는데…….

상담자 유아교육기관에 보내야 될지, 그냥 집에 같이 있어야 할지 그게 궁금하신 건가요?

어머니 네…….

상담자 현정이를 유아교육기관에 보내는 문제로 고민을 하고 계시군요. 우리 그 점에 대해서 같이 의논해 볼까요?

어머니 네, 좋아요. 선생님.

상담자 어머님이 유아교육기관에 보내야 된다고 생각하시는 것은 어떤 점 때문인가요?

어머니 애가 친구도 없이 자라면 안 되잖아요. 말이 없고, 엄마에게 의지하게 되거든요. 그럴 때면 걱정이 엄청 됩니다. 이러다가 외톨이가 되지 않을까? 친구들과 어울리면서 살아야 될 것 같아요. 유치원에서는 제가 모르는 것도 가르쳐 주잖아요.

상담자 현정이 어머님은 유아교육기관에 보내면 사회성이 길러진다고 알고 있군요.

어머니 사회성만 길러지겠어요? 지난번에 보니까 인사하는 법도 배웠던데요. 그리고 식탁에 바르게 앉아 밥도 먹던데요. 그것뿐인가요? 아침에 유아교육기관 가는 날은 일찍 일어나서 준비물도 챙기는 것 같고요. 그런 모습을 볼 때는 흐뭇해요. 그런데 보내고 나면 제가 허전해서 견딜 수가 없어요.

상담자 유아교육기관에 보내고 난 뒤 현정이의 달라진 모습을 정확하게 보셨군요? 훌륭한 어머님으로 이해됩니다.

어머니 그런데 제가 문제라니까요. 보내고 나면 제가 견딜 수가 없어서 그래요.

상담자 유아교육기관에 보내고는 싶은데, 보내고 나면 어머님이 괴로우셔서 힘들다는 말씀이신가요?

어머니 맞아요! 그렇다니까요. 제가 힘들단 말이에요. 제가 문제예요. 제가 나쁜 엄마예요.

상담자 어머님, 현정이 아빠가 떠났다고 했는데, 혹시 그 말이 무슨 뜻인지 이야기해 주실 수 있나요?

어머니 꼭 그 말의 뜻을 말해야 하나요?

상담자 그 뜻을 말씀해 주시면 좋겠지만 불편하시면 말씀해 주시지 않아도 괜찮습니다. 하지만 현정이 아빠가 떠난 후 공포와 함께 사신다고 했는데 그 점이 궁금해서요.

어머니 이왕 꺼냈으니 말을 하겠어요. 다른 여자한테로 갔답니다.

상담자 어머님이 힘드실 텐데…… 어려운 부분까지 말할 수 있는 용기가 대단하다고 생각합니다. 어머님이 용기를 가지셨기에 공포나 두려움도 없앨 수 있을 것입니다.

어머니 있다고요? 어떤 것이 있는지 말해 주세요. 그대로 할게요.

상담자 그럼 저와 같이 끝까지 하실 수 있겠어요?

어머니 당연하지요!

상담자 네, 좋아요. 저와 함께 나누는 이야기는 모두 비밀을 지켜드릴 겁니다. 오늘 한꺼번에 모든 것을 다룰 수 있으면 좋겠는데 그렇게 하기는 어렵답니다. 1회 상담에 50분씩, 약 5회 정도 할 수 있나요?

어머니 네

상담자 그러면 시간은 어떻게 할까요?(어머님과 합의하여 가능한 시간 결정)

생 략

Help 실습사례

연습 1

고집이 너무 세어 걱정입니다. 길을 걷다가도 갖고 싶은 장난감이 있으면 참지 못합니다. 떼를 쓰면 결국 사주기도 했지만, 매사에 고집을 부립니다. (상담자와 내담자, 관찰자를 각각 1인씩 정하여 역할놀이)

- 상담자1 : 아이가 고집을 부리니 몹시 힘드시겠어요.
- 내담자1 :
- 관찰자 : 상담자와 내담자를 관찰하면서 각각의 역할에 충실하는지를 살핀다.

연습 2

집에서는 활발하고 자유롭게 말하고, 짜증도 내고 투정도 부리고 하는데 선생님의 말씀에 의하면 유아교육기관에서의 병국이는 선생님의 말을 너무나 잘 듣고 정석대로 움직인다고 하니 이해가 안 갑니다. 말을 잘 듣는 병국이가 대견하기는 하지만 어떻게 생각하면 너무 어릴 때부터 남의 손에 맡겨서 병국이가 눈치 보느라 그러는 건지 안타까워요.

- 상담자1 :
- 내담자1 :
- 관찰자 :

연습 3

밥을 먹을 때 삼키지 않고 입에 물고 있는 버릇이 있어요. 아침이면 바쁜데 빨리 먹지 않는 아이를 혼내면서 억지로 먹여 유아교육기관에 보냅니다. 하루 이틀도 아니고 정말 속상합니다.

• 상담자 :
• 내담자 :

연습 4

컴퓨터 게임을 너무 좋아해서 걱정이에요. 아무 말도 하지 않고 그냥 두면 아마도 하루 종일 하고 있을 겁니다. 어쩔 땐 숙제하는 것도 잊어먹을 때도 있어요.

• 상담자 :
• 내담자 :

연습 5

마음이 여리고 눈물이 많으며 작은 일로도 쉽게 상처를 받아요. 무슨 일을 시키면 작은 일에도 짜증부터 내는데 어떻게 바로잡아 주어야 할지 고민입니다.

• 상담자 :
• 내담자 :

8. 투사적 그림을 통한 아동의 이해

대부분의 아동은 미술을 통해 자신을 표현할 수 있고, 정서적으로 만족스런 경험을 할 수 있으므로 미술 활동을 좋아한다. 미술은 아동에게 선택과 자유를 주며 환상 및 상상 놀이와 밀접한 관계를 갖기 때문에 놀이활동에 잘 참여하지 못하는 아동이나 언어 사용 능력이 정확하지 않은 아동에게는 특별한 의미가 있다. 미술을 통해 아동은 고통스런 경험을 승화시킬 수도 있으므로 미술은 두려움이나 부정적인 감정을 나타내기가 용이한 매력적인 매체임에는 틀림없다.

이렇게 미술은 여러 정보와 함께 아동을 이해하는 보충적 자료가 되고 있는데, 아동이 지나치게 자신을 방어하고 있을 때는 그림을 전혀 그리지 않거나 선만 긋거나, 똑같은 것만 계속 그린다. 아동의 그림은 아동의 재능과 신체적 · 정신적 발달 수준, 현실 세계와의 관계를 잘 나타내고 있어서 꼭 환자에게만 의미 있는 것이 아니라 정상적인 집단에게도 삶을 풍요롭게 하는 데 도움이 되는 매체로 활용할 수 있다.

과거에 있었던 정신적 충격이나 학습 경험에 의해서 그림에 저항감을 가진 아동도 준비된 상담자가 심리적인 안정감을 주는 분위기에서는 차츰 긴장을 풀고 자기에게 가장 익숙한 것부터 그리기를 시작할 수 있다. 상담 초기에는 익숙한 그림을 반복하여 그릴 수 있는데 상담자가 "잘 그렸구나", "못 그렸구나", "여기가 부족하구나"라는 평가를 하지 않는 수용적 태도를 보임으로써 아동이 그림 그리기에 대한 저항을 줄일 수가 있다.

상담 장면에 대한 안도감을 갖게 된 아동은 변화가 적은 그림을 그리면서 자발성을 찾아간다. 싫증을 내지 않고 꾸준히 그려가는 과정 속에서 지금 이 자리에서의 자기 모습을 그대로 나타낼 때, 상담자가 공감적 이해를 보이면 아동의 자발성은 점점 더 길러진다. 편안한 상태가 되고 자기 혼자서도 할 수 있다는 자신감과 함께 공격성이나 분노를 표출하는 그림을 그리기도 한다. 특정 주제 없이 아동이 그리고 싶은 대로 마음껏 그리게 하는 방법을 사용하여 아동의 감정

흐름에 역점을 두는 그림요법을 개입시킬 수도 있다. 그림 활동을 하도록 선택되어진 경우에 상담자는 아동의 그림을 살피되 아동의 감정이 담긴 세계를 같이 공유하면서 매 순간마다 충실히 자기 자신을 표현하고 성실하게 그리도록 격려하고 인정해 주어야 한다.

문제를 지닌 아동은 그림 그리기에 저항을 가지고 있는 경우가 많은데 이 저항을 완화하는 것 자체가 치료과정이 될 수 있다. 그림을 다 그린 후에는 뭔가 성취감을 갖도록 해주며 상담자는 항상 따뜻한 분위기 조성과 공감을 보내 주어야 하며, 그림 활동 자체의 선택은 언제나 아동 자신이 하도록 한다. 표현 의욕이 되살아나지 않는 아동에게는 상황에 따라서 될 수 있는 한 빨리 다른 심리요법으로 바꾸는 것이 좋다. 필자의 경우는 아동 상담을 시작할 때 아동의 언어표현 능력의 한계성을 고려하여 아동에게 인물화나 집-나무-사람, 동작성 가족화를 그리게 하는 경우가 종종 있다. 아동에게 그림을 그리게 하고 나서 그림에 대한 설명이나 그림을 그리면서 생각나는 것들을 묻고 메모해 두어 상담의 진행과정이나 상담의 종결시 아동을 이해하는 데 유익한 자료로 활용하고 있다. 또 문장 완성 검사를 실시하여 아동에 관한 정보를 수집한다.

그림을 통해서 아동을 이해할 수 있고, 그림의 표현 활동 속에서 아동의 요구 · 충동 · 갈등을 찾아낼 수 있다. 특히 상담 초기에는 아동과 신뢰 형성을 하는 보조용으로 그림 검사 도구가 사용되기도 한다. 그림은 그리고 싶은 대로 자유롭게 그리도록 하되, 그림의 모양이나 크기 · 위치 · 방법 등에 대해서는 어떠한 것도 제공해서는 안 된다. 일정한 지시와 절차에 의해 진행하되, 아동이 그림을 그리는 도중에 질문을 하거나 그림을 그린 후에 질문을 하더라도 단정적인 답은 하지 않아야 한다. 질문 내용이나 중얼거리는 모습 등 특이한 것은 관찰되는 내용이므로 기록해 두어야 한다. 어떠한 질문을 하더라도 "네 마음대로 하면 된다"라고 응답하여 아동이 편안하면서도 자유롭게 그릴 수 있는 분위기를 만들어 준다. 그리고 그림을 그리는 아동의 감정을 파악한다. 그림을 그리는 행동을 관찰할 때는 접수 면접 시 발견되는 행동의 단서나 상담 의뢰인이 정보를 전해 주는 내용을 참고할 수 있다.

그림 검사에서 주의해야 할 점은 검사자의 자질이다. 검사자는 검사의 목적을 분명히 알아야 하며 검사과정에 대한 충분한 훈련과 지식을 갖고 있어야 한다. 최적의 상태에서 피검자가 검사를 받을 수 있도록 검사에 적절한 공간, 채광 상태, 피검자의 상태 등을 점검한다.

그림의 해석은 심리검사의 결과나 행동 관찰의 내용, 면담 자료를 참고로 하여 과거력을 고려해서 피검사자에게 적용하기에 가장 적절하고 유용할 것으로 판단되는 상담자의 이론적 틀에 따라 전체적, 종합적으로 이루어져야 한다. 그런 자료들은 아동의 인지 발달이나 아동이 자라 온 환경에 영향을 받기 때문에 아동의 발달 특성에 맞추어 아동의 그림을 있는 그대로 이해하고 아동의 그림에 영향을 미칠 수 있는 여러 가지 요인들을 고려하는 태도가 필요하다.

무서운 맹수나 자기에게 위협이 되고 있는 권위자가 있다 할지라도 손가락 끝으로 문질러서 작게 표현할 수도 있고, 때로는 존재가 없는 것으로 표현할 수도 있다. 또 좋아하고 존경하는 사람은 산과 같이 크게 그릴 수도 있기 때문에 아동의 심리적 상태를 읽어야 한다.

그림에서 어떤 정보를 어떻게 읽어낼 것인가의 문제는 중요하다. 무엇을 해석 대상의 문제로 삼을 것인가 하는 방법의 문제는 어떤 접근을 할 것인가에 따라 다르다. 그 그림을 통해 무엇에 관한 정보를 얻을 수 있는가는 다음과 같은 관점에서 찾아볼 수 있을 것이다. 자신에 대한 표상인가? 부모에 대한 표상인가? 부모 표상에 부가되어 있는 감정들인가? 애착의 안정성 여부는 어떤가? 사회적 불안감은 있는가? 사회적 상황에서 보이는 대처능력은 있는가? 그리고 어떤 이론적 틀의 잣대를 갖다 댈 것인가? 아동상담자(임상가)는 이론적 구성 개념틀을 많이 가지고 있어야 하며 사례에 적절하게 이를 응용하여 아동을 이해할 수 있는 중요한 능력이 필요하다.

9. 아동 상담의 종결

아동의 성장과정은 어느 한 시점에서 완결되는 것이 아니고 끊임없이 변화하며 계속되는 과정이다. 아동의 문제가 완전히 해결된 다음에 상담이 종결되기보다는 첫 면접 또는 처음에 기대했던 목표와 일치되었을 경우 종결되는 경우가 자연스럽다. 즉, 전문적인 상담자의 목표달성을 그 기준으로 삼는다. 종결과정의 처음에는 종결여부에 대한 평가를 하게 되는데 합의된 목표와 비교해 보고 현재 아동의 인지, 감정, 행동이 성취되었는지 그렇지 않은지로 확인한다. 환경의 변화가 목표였다면 그것을 확인하며, 성취된 목표에 대해서는 어떻게 성취되었으며, 무엇을 얻게 되었는지 등을 알아본다. 성취되지 않은 목표에 대해서는 상담을 더 지속하는 것이 바람직하다. 그러나 상담관계의 한계로 인하여 종결되는 경우도 있다. 상담관계의 한계란 아동이나 상담자의 개인 사정에 의해 발생되는 경우를 의미한다.

그렇다면 상담의 종결은 어떻게 이루어지는가? 처음에 세웠던 목표가 성공적이거나 실패했을 경우에 이루어지는데, 상담자가 종결해야 하는가? 아동이 결정해야 하는가? 특히 아동들에게는 종결이 어려울 수 있다. 상담자와의 관계가 깊어 좋은 관계가 이루어졌을 경우에는 종결을 원하지 않기 때문에 아동이 결정하기는 어렵고 아동의 생활 배경의 주요 인물인 부모, 교사, 의뢰인으로부터 상담 평가 자료를 얻어 상담자와 함께 종결을 결정할 수 있다.

종결을 위해서는 아동에게 향상의 증거가 뚜렷한 경우에는 회기의 간격을 1주에서 2주 혹은 3주로 늘여 규정된 문제가 목표점에 도달하면 종결의 준비를 해야 한다. 아동과 종결 날짜에 대해 논의할 수도 있고, 부모, 교사, 의뢰인과도 논의할 수 있다. 아동에게는 어떤 어려움이 있는 경우라도 상담자가 관심을 갖고 도와줄 수 있음을 알리기도 한다. 그리고 종결하기 전 여러 자료, 즉 부모의 보고 내용 등을 근거로 상담의 절차를 강구하고, 효과가 있었다는 판단이 서면 성취했던 효과가 꾸준히 지속적으로 유지되도록 추수 상담 계획을 세우는 것도 좋다. 효과가 있어서 다른 상담 목표가 없다면 상담을 종결한다.

상담의 효과에 대한 평가는 정규적인 상담이 끝난 후 부모 면담을 통하여 보고해 준 내용을 토대로 아동의 변화가 안정성이 있는지 없는지를 확인해야 하며 안정성이 없다고 판단되면 상담은 계속될 필요가 있다. 또 상담자는 효율성을 알기 위하여 자신이 선별한 준거에 따라 아동의 만족도, 부모, 교사, 의뢰인의 만족도, 상담 수행과정을 평가할 필요가 있다. 상담초기에 설정한 목표를 기준으로 효과 측정을 할 것이며, 각 목표들의 우선순위를 정하여 달성 정도를 평가해 본다.

상담이 종결될 무렵에는 아동의 감정을 민감하게 이해해야 하며, 이에 대해 적절하게 반응할 준비가 되어 있어야 한다. 상담과정이 어떠했는지에 따라 아동의 감정은 다르게 나타난다. 상담 종결 상황의 유형에 대해서 살펴보기로 한다.

1) 상담자에 의한 조기 종결

상담자와 내담자의 관계는 상담의 조건이라고 말할 수 있다. 상담은 내담자를 위한 서비스 활동이므로 내담자와 상담자 관계의 독특성을 의미하며 '내담자를 위한다'는 것은 그 혜택이 내담자에게 먼저 주어진다는 의미일 것이다. 물론 이때 상담자에게도 성숙, 숙련과 같은 혜택이 돌아갈 수도 있다. 그러나 상담이 내담자를 위한 서비스 활동이 되기 위해서는 상담자는 자신의 개인적 욕구를 통제할 수 있어야 한다. 어떤 내담자는 전화나 방문을 통해 수시로 상담지원을 요청할 경우에는 허용하지 않아야 하며, 내담자를 보호하는 행위를 하지 말아야 한다. 상담을 성공적으로 유지하기 위해서는 내담자에 대한 충분한 이해와 정확한 공감, 수용, 탐색을 하는 능력과 충분한 이론의 이해가 선행되어야 가능하다. 상담의 효과는 내담자의 생존능력과 자원을 활용할 때 기대할 수 있기 때문에 내담자를 부모가 보살피듯이 보호하는 것이 내담자를 위한 관계유지가 아니다.

이처럼 상담자와 내담자의 관계유지가 중요함에도 불구하고 상담의 목표를 달성하기 전에 상담자의 개인 사정이나 외부적인 요인에 의해 상담을 종결해야 할 경우가 생긴다. 상담자가 다른 곳으로 발령이 난다거나 아동이 전학을 간다든가, 질병을 얻었을 경우가 간혹 발생하는데 이런 경우에는 불가피하게 종결을 할 수 밖에 없다. 상담자와 비밀스런 일까지도 터놓고 이야기해 왔을 경우 종결이 되면 아동은 놀람과 함께 황당함을 느끼며 화가 날 수도 있다. 이와 같은 상담관계가 형성될 때까지 상담의 효과는 긍정적으로 볼 수 있지만 상담의 종결에 이르렀을 때 아동과의 관계에서 나타나는 아동의 감정을 이해하고 수용하는 자세는 중요하다.

상담을 일찍 종결하는 것에 대한 죄책감을 느끼게 되면 아동을 제대로 이해할 여유가 없으며 아동의 정서적 반응을 회피하게 된다. 그러므로 상담자는 자기 자신이 안정되어 있어야 하며, 솔직하고 열린 마음으로 아동을 평가하지 않고 그대로 수용해야 한다. "앞으로 너와 만날 수 없다니 …… 나는 바라지 않았는데 …… 별로 기분이 좋지 않단다. 선생님의 마음을 이해해 주니 내 마음이 다소 편해지는구나"라고 이야기할 수 있다. 이렇게 예고를 하는 경우에는 상담자와 만나지 못했을 경우 아동은 당황하지 않고 이에 대한 마음의 준비를 할 수 있어서 좋으며, 다른 상담자가 새로 오는지에 대한 궁금함도 표현하게 된다.

다른 상담자에게 의뢰를 할 경우 새로 만나게 될 상담자도 믿음직하며 아동을 잘 도와줄 수 있는 분이라는 사실을 강조할 필요가 있다. 물론, 상담자 자신이 실제로 신뢰할 만한 분을 추천해야 함을 전제로 한다. 새로운 상담자와 상담을 계속할 의사가 없을 때에는 그런 결정을 상담자가 받아들여야 한다. 그러나 아동의 미래에 장애가 될 수 있을 것이라는 판단이 들면 그래도 받아들이기보다는 대안을 모색하여 가치 있는 제안을 제시하여 아동이나 아동의 가족에게 대안을 선택할 수 있도록 설득하는 게 좋다.

2) 아동에 의한 혹은 부모, 교사, 상담 의뢰인에 의한 조기 종결

내담자가 상담자에게 처음부터 협조적이고 잘해 나가는 것처럼 보이는 경우도 있지만 상담자에게 무조건 비협조적인 경우도 있다. 이런 경우에는 상담이 성공적이라거나 성공하지 못하고 있다고 생각할 필요는 없다. 대신에 상담자는 자신과 내담자가 어떤 욕구에 시달리고 있는지를 확인하는 것이 좋다. 스스로 알아내기 어려울 경우에는 슈퍼비전을 활용해야 한다.

상담자에게서 별로 도움이 되지 않는다고 생각하여 상담을 거부하는 경우인데 상담과정의 어느 단계에서도 일어날 수 있다. 어떤 경우에는 초기에 거부적 반응을 보이기도 하지만, 어떤 경우에는 중간이나 후반부에 와서 보이기도 한다. 연락을 하고 이유를 대는 경우도 있지만 아예 아무 말 없이 오지 않는 경우도 있다. 또 "상담의 효과가 있어서 더 이상 받을 필요가 없다"고 표현하기도 한다. 특히 아동의 성격 면이나 심층적 탐색의 과정 중, 부모의 양육 태도 또는 가정 내의 여러 가지 복합 문제가 노출되어지는 경우 그 과정에서 받아들여져야 할 내면적 상태 때문에 두려움에 의한 상담을 거부한다.

전문상담자에게 가장 우선되는 능력은 내담자와의 관계를 건강하게 유지하는 능력이다. 그런데 상담자가 상담을 거절당하는 경우 우선 정확한 확인 작업이 중요하다. 상담자 자신도 두려움이나 분노 등의 정서적 반응을 보이게 될 수도 있다. 자신의 무능함으로 인한 결과는 아닐까라고 생각하면 불안해지기도 한다. 이처럼 상담과정 중에 긴장이 발생하면 그 긴장을 솔직하게 받아들이고 대하는 것이 오히려 긍정적인 결과를 가져온다. 예를 들면, "상담과정(만남)이 별로 도움이 되지 않아 그만 만났으면 좋겠다고 하니 …… 당황스럽구나! 하지만 솔직하게 말해 주니 너를 이해할 수 있어서 고맙단다", "나와의 만남과정이 시간 낭비라고 여겨진다니 무척 당혹스럽군요. 섭섭하지만 솔직하게 말해 주니 이해할 수 있어서 다행입니다. 가치 있는 만남의 시간이 되려면 어떤 노력이 더 필요할지 …… 거기에 대해서 이야기해 줄 수 있을까요?", "정말 아무런 도움이 안 되었습니까?"라고 물을 수도 있다.

아동 측에서의 방어 전략인지 아니면 상담자가 목표를 도달하지 못한데서 오는 거부라는 판단이 설 경우에는 상담자는 지금까지의 상담 방식과 아동과의 관계에 대해 다시 검토하고 전략을 세울 필요가 있다. 효과가 없다고 판단되면 상담 방식을 변화시켜야 할 것이다. 5~6회 정도 지나면 아동의 반응을 통해 효과의 정도를 예측해 볼 수 있다.

3) 성공적인 결과 획득 이후의 종결

종결 단계에서는 상담자와 내담자가 상의한 목표의 내용이나 기준을 고려해서 그동안 일어난 변화나 결과를 평가해야 한다. 성공적인 상담 이후에는 상담실 밖에서 아동의 행동에 변화가 생기며, 바람직한 행동양식이 형성된다. 상담에서의 친밀한 관계를 종결한다는 것은 아동에게는 결코 쉬운 일이 아니다. 종결과정에서 나타나는 허전하고 외로운 감정이 적절히 다루어질 때 효과는 지대하다. 상담자는 그동안 자신이 상담과정에서 느꼈던 것을 이야기하고, 아동도 자신의 감정을 이야기하게 하여 상담을 통해 변화된 것을 충분히 다룬다.

그렇지만 아직까지 불안과 두려움이 완전히 없어지지 않고 남은 감정의 내용도 탐색해야 할 것이다. 아동의 문제를 지속적으로 다루는 양육자가 계속 상담자에게 의존하고 있지는 않은가? 양육자 스스로 실행하는 것이 가장 바람직하므로 상담자는 양육자가 상담자에 대한 의존을 어느 정도 떨쳐버릴 수 있는 용기도 중요하다. 따라서 상담의 목표가 어느 정도 달성된 후에는 상담자 도움 없이도 새로운 상황에 대처할 수 있는 행동양식을 활용할 수 있도록 돕는다. 아무리 긴밀한 관계였다 할지라도 종결할 때는 심리적인 이유가 일어나는 것이 서로에게 좋은 것만은 틀림없는 사실이다.

C·H·A·P·T·E·R·4

투사적 검사의 평가를 통한 아동의 이해

1. 투사적 검사(Projective test)

투사적 검사는 어느 정도 불분명한 시각적 자극을 제시하여 개인의 경험을 체계화하고 기술하는 독특한 방법에 따라 반응이 나타날 것이라는 가정 아래 실시된다. '투사'란 Freud의 방어기제 개념 중 하나로서 자아가 고통스럽기 때문에 의식적 인지가 허용되지 않은 충동, 소망, 동기, 생각들이 외부로 투사된다는 의미이다. 엄격한 의미에서는 투사 개념과 동일하지 않지만 개인의 동기나 내면세계가 외부로 외현화된다는 의미로써 투사의 개념이다. 검사의 표준화가 되어 있지 않아서 검사의 신뢰도, 타당도가 낮으며 여러 상황적 요인에 의해 강한 영향을 받는 단점이 있다. 그러나 무의식적 내용의 반응이고 반응과정에서 어떤 반응이 옳고 그른지를 알 수 없기 때문에 방어가 쉽지 않으며 응답의 왜곡이 적고, 반응이 풍부하므로 이러한 결과는 개인을 이해하는 데 매우 유용하다는 장점 때문에 자주 활용되고 있다.

1) 문장완성 검사

문장완성 검사와 같은 투사적 기법을 실시하기 위해서는 임상전문가의 경험과 통찰이 매우 중요하다. 문장완성 검사는 내담자를 이해하는 중요한 단서들을 포함하고 있어서 이 검사의 실시는 내담자를 이해하는 데 있어서 매우 중요하다. 초보 상담자라 할지라도 문장완성 검사를 실시하여 내담자를 이해하기 위해 그 결과를 활용한다면 많은 도움을 얻을 수 있다(부록 2 참조).

(1) 문장완성 검사의 특징

문장완성 검사(Sentence Completion Test; SCT)는 다수의 미완성 문장을 피검자가 자기 생각대로 완성하도록 하는 검사로, 단어연상검사의 변형으로 발전된 것이다. Cattel과 Galton이 자유연상검사(Free Association Test; FAT)로부터 단어연상검사(Word Association Test; WAT)를 발전시켰고 Kraepelin과 Jung이 임상적 연구 토대를 구축하여 Rapapor와 그의 동료들이 성격진단을 위한 유용한 투사법으로 확립하였다.

투사적 검사로써의 문장완성 검사의 유용성을 확인하기 위하여, 미완성된 한 개의 문장을 10명의 피검자에게 주고 결과를 분석했던 초기의 연구 예를 들어보자.

피검자들은 "아버지가 어머니에게 대하는 태도를 보면 나는~"이라는 문장에 대해서 다음과 같은 10개의 반응을 도출하였다.

① 매우 행복하다.
② 별로 관심 없다.
③ 그를 죽이고 싶다.
④ 그를 따라하고 싶다.
⑤ 기분이 좋다.
⑥ 반항심이 든다.
⑦ 좋다.
⑧ 매우 행복하다.
⑨ 무섭다.
⑩ 젖비린내가 나는 것 같다.

이 단 한 개의 미완성 문장에 대한 반응만으로도 형식적인 특성에 대한 분석이나 내용 특성에 대한 분석이 가능하다. 형식적 특성은 반응 시간, 단어 수, 표현의 정확성, 질, 수식어구, 단순성, 강박성, 장황성 등이며 내용 특성은 정서, 강도, 소극성, 상징성 등이다.

위의 반응들 중에서 5개는 긍정적인 내용이고 5개는 부정적 반응이다. "매우 행복하다"라는 긍정적인 내용을 쓴 피검자와 "그를 죽이고 싶다"라는 부정적인 내용을 쓴 피검자가 보이는 정서와 태도의 차이는 매우 크다. 그러나 같은 부정적인 반응들이라 하더라도 상당한 차이가 나타난다(② 별로 관심 없다, ③ 그를 죽이고 싶다, ⑥ 반항심이 든다, ⑨ 무섭다, ⑩ 젖비린내가 나는 것 같다).

"그를 죽이고 싶다"고 쓴 피검자는 자발적으로 강하고 억세되지 않은 감정을 표현한 것이다. 그의 느낌은 변형이나 왜곡 혹은 변명 없이 인식, 표현된 것이다.

"별로 관심 없다"라고 반응한 피검자 역시 부정적인 느낌을 표현하고 있다. 그러나 이 반응은 앞의 반응에 비하여 자발성이 다소 부족하다. 정서 표현을 회피하는 이런 양상은 우월성으로의 후퇴와 유사하다. 이 피검자는 부모의 관계에 관심이 없고 그것을 중요하게 여기지 않으며 자기는 '그런 일보다 우위에 있다'는 느낌을 암시하고 있다. 특히 "별로"라는 단어는 피검자가 그 상황으로부터 훨씬 거리를 두고 있음을 암시하는 언어적 방식이다. 여기에는 언어적 나르시시즘의 자세가 내포되어 있다. 그러한 느낌과 태도가 부모상에만 특정한 것인지, 혹은 피검자의 일반적인 적응 방식을 나타내는 것인지를 이 시점에서는 알 수는 없으나, 만약 이런 종류의 반응들이 문장완성 검사 전반에 걸쳐 발견된다면, 이것이 특정 심리적 영역에만 관련된다기보다 그의 일반적 패턴을 나타낸다고 해석할 수가 있을 것이다.

"반항심이 든다" 역시 아버지에 대한 비난을 드러내고 있으며 자발적인 반응이기는 하지만, "그를 죽이고 싶다"에 비하여 어느 정도 통제되어 있다. 두 피검자 모두 아버지에 대해서 불편감을 겪고 있지만, 한 사람은 그 원인 제공자를 파괴시키고 싶어하고 또 다른 사람은 단순히 그 상황을 바꿀 수 있기를 바라고 있다. 후자는 강한 감정을 느끼며 인식하고는 있으나, 행동화에 대한 충동은 통제하고 있다.

"무섭다" 역시 상황에 대한 부정적 감정을 드러낸다. 그러나 "그를 죽이고 싶다"나 "반항심이 든다"와는 차이를 보인다. 이 2개 중 전자는 직접적인, 후자는 억제된 '행동화 경향'에 속한다. 이에 비하여 "무섭다"는 반응에는 행동화의 의미는 없으며, 수동적인 반응이다. 피검자는 대항하여 행동하기보다는 움츠려들고 있음이 시사된다.

"젖비린내가 나는 것 같다"는 앞서 4개의 부정적 반응들과 질적인 면에서 매우 다르다. 첫째로, 비난의 대상이 다르다. 앞의 네 반응은 그들의 적의를 아버지에게 향하고 있는 반면, 이 반응을 보이는 피검자는 아버지를 경멸할 뿐만 아니라 어머니에 대한 분노감도 또한 내포하고 있다. 뿐만 아니라 이 피험자는 상황으로부터 떨어져 있다. 그는 죽이고 싶다거나 반항하고 싶다거나 무섭다 등의 어느 것도 느끼고 있지 않으며, 개입하지 않고 방관자로서 경멸의 마음으로 바라본다. 그가 상황으로부터 떨어져 있는 정도는 "별로 관심 없다"라는 피검자의 그것과는 미묘하게 다르다. "젖비린내가 나는 것 같다"라고 반응한 피검자는 힘들고 냉소적이긴 하지만 자신의 태도를 받아들이고 표현할 수 있다. 그러나 "별로 관심 없다"라고 반응한 사람은 어떠한 감정적 개입도 부인하고 있는데, 바로 이 점이 그 상황의 외상적 본질을 드러내고 있는 것이다.

이상의 5가지 진술문은 비록 모두 부정적이지만, 강도, 억제, 회피, 수동성, 개입, 태도의 면에서 서로 각기 다름을 알 수 있다.

5개의 긍정적 진술문도 서로 다르다(① 매우 행복하다, ⑦ 좋다, ④ 그를 따라하고 싶다 등). ①번과 ⑦번의 진술문은 '감정'을 묘사하고 있다. 그러나 이 감정들은 강도의 수준이 다르다. 그들이 감정을 회피적으로 표현하고 있는지 정확히 표현한 것인지는 알 수 없지만, 어떤 경우든 한 사람은 다른 사람보다 훨씬 강한 에너지를 쏟아 붓고 있음은 알 수 있다. 만약 이런 패턴이 문장완성 검사

전반에 걸쳐 발견된다면, "매우 행복하다"라고 쓴 피검자는 "좋다"라고 쓴 피검자보다 훨씬 정력적이라고 결론지을 수 있다. 물론, 다른 해석도 가능하다. 지나친 긍정적 감정은 부인(denial) 방어기제의 결과일 수도 있다.

"그를 따라하고 싶다"라고 쓴 피검자는 다른 종류의 감정을 표현하고 있다. 여기에는 맹목적 숭배가 있어서, 피검자가 스스로 아버지만 못하거나 약하다고 느끼고 있거나 혹은 의존성을 가지고 있음이 드러나고 있다.

이와 같이 단 1개의 불완전 문장에 대한 반응으로부터도 정서나 태도, 기제들에 관한 가설을 이끌어낼 수가 있는 것이다. 그러므로 50~60개의 문장으로부터 얻을 수 있는 가능성은 대단한 것이다. 숙련되고 경험 많은 임상가라면 문장의 전반적인 흐름뿐 아니라 미묘한 뉘앙스를 통하여 피검자 성격의 완전하고도 복잡한 패턴을 도출해내는 것이 가능하다.

문장완성 검사와 같은 투사적 기법을 수행함에 있어서 임상가의 경험과 통찰, 이해가 특별하게 중요하다는 것은 사실이다.

(2) SSCT(the Sacks Sentence Completion Test)

SSCT(The Sacks Sentence Completion Test)는 요셉(Joseph M. Sacks)에 의해 개발되었는데, 가족, 성, 자기 개념, 대인관계라는 4가지 영역을 각각 세분화하여 최종적으로 총 15개의 영역으로 분류하였고, 각 영역에 대해서 피검자가 보이는 손상의 정도에 따라 각각 0, 1, 2점으로 평가하고 그 수치를 통해 피검자에 대한 최종 평가를 하도록 해석 체계를 구성하였다.

SSCT의 4가지 대표적인 영역- 가족, 성, 대인관계, 자기 개념을 간략하게 살펴보기로 하자.

가족 영역은 어머니, 아버지 및 가족에 대한 태도를 측정한다. 어머니와 아버지, 그리고 가족 전체에 대한 태도를 나타내도록 하는 문장으로 구성되어 있다. "어머니와 나는~", "내가 바라기에 아버지는~", "우리 가족이 나에 대해서~"

등이다. 피검자가 경계적이고 회피적인 경향이 있다하더라도 4개의 문항들 중 최소 1개에서라도 유의미한 정보가 드러나게 된다.

성적 영역은 이성관계에 대한 태도를 포함하고 있다. 이 영역의 문항들은 사회적인 개인으로서의 여성과 남성, 결혼, 성적 관계에 대하여 자신을 나타내도록 한다. "내 생각에 여자들은~", "내가 성교를 했다면~" 등이 이 영역의 전형적인 문항들이다.

대인관계 영역은 친구와 지인, 권위자에 대한 태도를 포함한다. 이 영역의 문항들은 가족 외의 사람들에 대한 감정이나 자신에 대해 타인이 어떻게 느끼는지에 관한 피검자의 생각들을 표현하게 한다. "내가 없을 때 친구들은~", "윗사람이

실시

- SSCT는 개인과 집단 모두에게 실시될 수 있으며, 약 20분에서 40분 정도의 시간이 소요된다.
- 아동의 수준에 따라 읽어주면서 실시하기도 하지만 검사지를 주면서 피검자에게 지시문을 읽어보도록 하고 질문이 있으면 하도록 한다. 지시문은 다음과 같다.

"다음에 기술된 문항들은 뒷부분이 빠져 있습니다. 각 문장을 읽으면서 맨 먼저 떠오르는 생각을 뒷부분에 기록하여 문장이 되도록 완성하여 주십시오. 시간제한은 없으나 가능한 한 빨리하여 주십시오. 만약 문장을 완성할 수 없으면 표시를 해두었다가 나중에 완성하도록 하십시오(부록 2 참조).

이를 읽어 보게 한 후, 더불어 다음과 같은 사항들을 일러준다.

① 답에는 정답, 오답이 없으며 생각나는 것을 쓰도록 할 것
② 글씨나 글짓기 시험이 아니므로, 글씨나 문장의 좋고 나쁨을 걱정하지 말 것
③ 주어진 어구를 보고 제일 먼저 생각나는 것을 쓸 것
④ 시간에 제한은 없으나 너무 오래 생각지 말고 빨리 쓰도록 할 것

오는 것을 보면 나는~" 등이 이 영역의 예이다.

자기 개념 영역은 자신의 능력, 과거, 미래, 두려움, 죄책감, 목표 등에 대한 태도를 포함한다. 이 영역에서 표현되는 태도들은 현재, 과거, 미래의 자기개념과 그가 바라는 미래의 자기 상과 실제로 자기가 될 것 같다고 생각하는 모습에 대한 정보를 제공해 준다. 이 영역의 문항들로는 "무슨 일을 해서라도 잊고 싶은 것은~", "내가 저지른 가장 큰 잘못은~", "내가 믿고 있는 내 능력은~", "내가 어렸을 때는~", "언젠가 나는~", "내가 평생 가장 하고 싶은 일은~" 등이 있다.

피검자들이 흔히 하는 질문에는 "천천히 좋은 대답을 생각하면 안 되나요?"하는 것이 있는데, 이런 경우에는 "각 문항들을 읽고 맨 먼저 떠오르는 것을 써야 하며 논리적인 구성을 위해 지체하면 안 된다"고 강조해야 한다. 또 다른 흔한 질문으로는 "한 단어만 적어도 되나요?" 하는 것이 있는데 이에 대해서는 "한 단어이든 여러 문장이든 상관이 없고 단지 자극 문장을 읽고 떠오른 생각이면 됩니다"고 말해 준다. 때때로 자기의 반응을 "한번 보고 맞게 썼는지 말해 달라"고 요청하는 피검자들도 있다. 이런 경우 그 반응이 자극 문항에 대한 자신의 자발적인 반응이었다면 좋은 반응이라고 말해 준다.

경우에 따라서는 문장 속에 들어 있는 단어의 의미를 물어보기도 한다. 이때 예를 들어 '드물게'라는 단어의 뜻을 "좀처럼 일어나지 않는 것"이라고 말해 주는 정도는 괜찮다. 그러나 피검자가 전체 문장의 뜻을 설명해 달라고 하면, "피검자에게는 어떤 뜻으로 생각되는지" 물어보고 "그렇게 생각한대로 하면 됩니다"고 말해 준다.

- 피검자가 검사를 시작한 시간과 끝낸 시간을 기록해 두도록 한다.
- 피검자가 검사를 완성한 후, 가능하면 질문 단계를 실시하도록 한다. 즉, 피검자의 반응에서 중요하거나 숨겨진 의도가 있다고 보이는 문항들에 대해서 "이것에 대해 좀 더 이야기해 주십시오"라고 부탁한다.

이런 단계를 통해서 피검자들은 말하기 힘든 문제에 대해서 상담자에게 이야기할 수 있는 계기를 제공받게 되기도 한다.

- 표준적인 실시방법은 피검자가 직접 문장을 읽고 반응을 써야 하지만, 심하게 불안한 피검자에게는 문항을 읽어주고 피검자가 대답한 것을 검사자가 받아 적는 것이 도움이 되기도 한다. 이러한 구술 시행은 반응 시간, 얼굴 붉어짐, 표정 변화, 목소리 변화, 전반적인 행동을 관찰함으로써 피검자가 어떤 문항들에서 막히는지를 구체적으로 알 수 있게 해준다.

또한 이러한 피검자들은 종종 문장완성 검사의 문항들을 감정을 정화시키는 자극으로써 사용하며 그러고 난 후 "기분이 더 나아졌다"라고 말하기도 한다. 즉, 감정적 해소의 기회가 될 수도 있는 것이다.

2) 인물화 검사

낙서나 그림은 그 개인의 심리적 특징이나 상태를 잘 나타내는 투사적 도구로 알려졌는데 인물화 검사(Draw-A-Person Test; DAP)는 성격검사보다는 지능검사 도구로써 사용되기 시작하였다. 구디나프(Goodenough, 1926)는 「Measurement of Intelligence by Drawings」에서 아동이 그린 그림을 통하여 아동의 지능 발달 수준을 평가하기 시작하였는데 세부 묘사를 얼마나 많이 하였는가를 측정치로 삼았다. Goodenough는 아동들에게 있어서 그림은 큰 관심의 대상이며 아동들이 사람을 그리는 것을 통하여 아동 발달 상태의 객관적 평가와 지능 평가를 하는 조건이 된다는 것을 알게 되었다. 맥코버(Mackover, 1949)도 처음에는 아동의 지능 평가 수단으로 인물화 검사를 사용하였는데 투사적 성격검사로서의 가치를 인정하고 인물화 검사를 발전시켰다. 한국에서는 김재은, 여광응과 김동국(1988)이 Goodenough와 해리스(Harris, 1963)가 제작한 검사를 한국 아동에 맞게 표준화하였다.

인물화 검사는 언어 능력이 부족한 유아나 신체적 혹은 정신적 결함을 가진 사람들에게 널리 사용되고 있으며, 최근에는 아동과 성인을 위한 투사적 성격

검사로도 자주 활용되고 있다. 인물화는 자아상의 투시인 동시에 무의식 세계의 동기나 욕구를 종합적이면서 객관적으로 표현해 주는 중요한 구실을 한다. 인물화를 통해 알 수 있는 것은 머리, 얼굴, 손, 발, 몸, 어깨, 목 등 신체적 각 부분에 대하여 자아상의 표현방법을 구별할 수 있고, 여러 가지 상이나 자세, 연령, 복장으로 성격을 추리할 수 있다. 검사는 개인이나 집단으로 실시 가능하며 임상적 문제가 있는 유아에게는 개별적으로 실시하는 것이 바람직하다. 검사를 위한 지시는 "한 명의 사람을 그려 보세요" 그 다음 "다른 성을 가진 사람을 그려 보세요"라고 말한다. 시간 제한은 없으나 그림을 그리는 데 걸린 시간을 기록한다. "어떤 사람을 그릴까요"라고 물으면 "그리고 싶은 사람을 그리세요", "단, 사람을 막대기로 나타내거나 만화 주인공을 그려서는 안 됩니다"라고 덧붙이는 것이 좋다. 그림을 다 그리고 나면 "이 사람은 누구인가요?", "무엇을 하고 있나요?", "이 사람의 기분은 어떠한가요?", "이 사람의 소원은 무엇일까요?", "이 다음에 어떻게 될 것 같아요?" 등의 질문을 던져서 그 내용을 기록해 둔다. A4용지, 2B연필, 지우개만 있으면 된다.

Mackover(1949)는 아동이 그린 사람 모습을 해석하는 지침을 다음과 같이 제시하였다.

[표 4-1] 그림 해석 지침

신체 부위	해 석
머 리	아동은 몸체나 목, 팔 등은 전혀 그리지 않고, 머리만 그리고서 사람 모습을 다 그렸다고 할 수 있다. 머리 부분을 다른 부분에 비해 지나치게 크게 그리면 이는 고통받는 자아, 편집증, 혹은 자기 도취를 의미할 수 있다. 머리를 제일 나중에 그리면 인간관계에 문제가 있음을 생각해 볼 수 있다.
얼 굴	인물화에서 얼굴은 아동의 사회적인 면을 드러내는 것으로 해석할 수 있다. 다른 신체 부분은 정교히 잘 그리면서 얼굴은 고의적으로 생략하고 그린다면 이는 아동이 대인관계에 어려움이 있음을 암시한다고 생각할 수 있다.
입	인물화에서 입을 지나치게 강조하여 그리면 이는 식습관과 관련 있는 어떤 과도한 불안이나 비만에 따른 과도한 통제, 혹은 식욕이 없는 아동으로 생각해 볼 수 있다. 또 입을 일직선으로 나타내면 이는 긴장하고 있음을 암시한다.

신체 부위	해 석
눈	눈은 아동의 자아 상태를 가장 잘 나타낸다. 적의와 의혹을 띤 크고, 둥글고, 어둡고, 위협하는 듯한 눈은 흔히 편집증을 가진 아동의 그림에서 많이 나타난다.
머리카락	머리카락을 그리는 위치나 머리카락을 강조하는 것은 남성다움이나 성 정체감(sexual identity) 확립을 위해 애쓰고 있음을 의미할 수 있다. 성적으로 불량한 여아는 때로 그림에서 곱슬곱슬한 긴 머리카락과 젖가슴 부분을 특히 자세히 그리는 경향이 있다.
목	목을 빠뜨리고 안 그리면 이는 미성숙함을 보여주는 한 예일 수 있다.
팔과 손	팔과 손을 모호하게 그리거나 생략한 것은 사회적 상호작용에 대한 신뢰감이 없음을 의미할 수 있다. 손을 뒤로 하거나 포켓에 집어넣은 그림은 무언가를 회피하거나 거부하는 것으로 해석할 수도 있다. 또 팔이나 손을 지나치게 크게 그리면 이는 약한 아동이 강해지고 싶은 욕구를 나타낸 것이거나, 혹은 사회적으로 거부되는 행동, 가령 수음이나 절도 등과 같은 행동을 하는 등 손을 사용한 것에 대한 죄의식을 드러낸 것으로 볼 수도 있다.
다리와 발	다리와 발은 사회적 갈등을 잘 드러내는 부분으로 다리를 저는 아동은 흔히 이 부분을 생략하거나 의자에 앉아 있는 모습을 그린다. 또 성적인 문제를 겪은 아동은 허리 아래 부분을 잘 그려 넣지 않는 수가 있다.

3) 집-나무-사람 그림 검사

1948년 벅(Buck)이 성격의 특징과 대인관계에 관한 정보를 제공하기 위해 집- 나무- 사람 그림 검사(House-Tree-Person, HTP)를 고안하였는데, 1987년에는 연필 그림뿐 아니라 색채를 사용하기도 했다. 검사방법은 집, 나무, 사람을 각 장에 따로 그리도록 하여 각 그림에서 연상되는 무의식을 표출케 함으로써 언어화 한다. 유아와 아동에게는 자기가 그릴 수 있는 가능한 집- 나무- 사람을 그려 보도록 하는 검사이다. A4 크기 용지 3장, 2B연필, 지우개를 준비해 두고 아동에게 각각의 종이에 먼저 집을 그리고 나무를 그린 뒤에 마지막으로 사람을 그리게 한다. 때로는 색채를 사용하기도 한다. 그리는 순서는 집- 나무- 사람 차례로 그린다. 집 그림에는 아동이 내면에 가지고 있는 가족, 가정 생활, 가족관계, 가족 구성원 각각에 대해 가지고 있는 표상, 생각, 감정, 소망이 투사되어 나타나게 된다. 즉, 무의식이 표출된다. 일차적으로 '사람이 사는 곳'이기 때문에 그 사람의 자아, 그 사람이 현실과 관계를 맺는 정도와 양상, 내적 공상에 대해서도 여러 정보를 찾아낼 수 있다. 나무에서는 무의식적 핵심 감정이 나타나며 장기적인 상담을 진행했을 경우에는 상담의 효과 여부를 알 수도 있다. 사람 그림에서는 의식적인 수준에서 자기 자신과 환경과의 관계를 알 수 있으며 자신에게 유의미한 인물에 대한 감정들이 투사되어 나타나기도 한다.

HTP검사는 정신환자들에 대한 정신병리를 나타내는 진단적 목적에 초점을 두었으므로 일반적인 상황을 이해하는 데는 무리가 있을 수 있으며, 검사 자체가 3가지 요소로써 각각 따로 그려지기 때문에 어떠한 행위나 상호반응의 이해가 어렵다.

(1) 집 그림 검사

검사를 위한 지시는

"당신이 그릴 수 있는 집을 하나 그리세요"

집을 그리도록 할 때 종이는 가로 방향(옆으로 길게)으로 제시되어야 하고 시간 제한은 없으며 그림을 완성하는 데 걸리는 시간을 기록한다. 그림을 다 그리고 나면

"누구의 집이에요?",

"이 집의 분위기는 어떠한가요?",

"무엇으로 만들어졌나요?",

"다음에 이 집은 어떻게 될 것 같아요?"

등의 질문을 하여 그 답변 내용을 기록한다.

(2) 나무 그림 검사

그리고 나서 A4용지를 세로 방향(아래로 길게)으로 제시하고

"당신이 그릴 수 있는 나무를 한 그루 그리세요"

라고 말한다. 시간 제한은 없으나 그림을 그리는 데 걸리는 시간은 기록한다. 그림을 그리고 나면

"이 나무는 어떤 종류인가요?",

"나무의 나이는 몇 살인가요?",

"나무가 죽었나요, 살았나요?",

"나무의 건강은 어떤가요?",

"나무 주변에는 어떤 것들이 있나요?",

"나무의 소원은 무엇인가요?",

"나중에 이 나무는 어떻게 될 것인가요?",

"나무를 그리면서 생각나는 사람이 누구인가요?"

(3) 사람 그림 검사

그 다음에는 A4용지를 세로방향(아래로 길게)으로 제시하고

"당신이 그릴 수 있는 사람을 한 명 그리세요"

라고 말한다. 이때 유아의 경우 이해를 잘 못하면 '아는 사람 중 누군가를 그리도록' 할 수도 있다. 만화그림을 그리면 다시 그리도록 하고 어떤 질문을 하든지 구체적인 제시보다는 마음대로 그리고 싶은 대로 그리라고 한다. 그림 솜씨에 대해 걱정을 하더라도 솜씨가 중요한게 아니므로 그릴 수 있는 대로 그리면 된다고 안심시켜 준다. 검사의 시행과정은 간단하지만, 그림을 그리는 과정에서 그림을 그리는 사람은 여러 가지 의미 있는 행동을 나타내기도 한다. 따라서 검사자는 피검자의 그림과정에 대해 기록하여 기술적, 해석적 의미를 종합해야 한다. 연령, 학교배경, 직업, 희망, 가족사항, 부모애정관계, 친구에 대한 기대나 태도, 학교, 가족, 등에 대한 질문을 한다. 이러한 질문은 인물검사에서 평가의 본질적인 부분은 아니지만 개인에 대한 보다 가치 있고 직접적인 임상정보를 제공받게 되므로 중요하다. 그림을 다 그리고 나면

"앞의 사람과 성이 다른 반대되는 한 사람을 그리세요"

그림 그리기가 끝나면 첫 번째 그림이 남자인지 여자인지 물어본다.

"이 사람은 누구인가요?",
"이 사람은 몇 살인가요?",
"이 사람은 무엇을 하고 있나요?",
"이 사람은 어떤 생각을 하고 있나요?",
"이 사람의 기분은 어떤가요?",
"이 사람의 소원이 있다면 무엇일까요?",
"나중에 이 사람은 어떻게 될 것인가요?"

사람 그림은 그린 사람의 신체 의식과 자아감을 투영한다. 자기에게 중요한 사람이나 이상화를 그리기 쉽다.

4) 동적 집-나무-사람-그림 검사

Buck(1987)이 HTP검사로 알고자 했던 것은 부적응을 측정하고, 성격의 통합을 평가하고, 특정 집단의 공통된 성격 특징을 동일시하고 상호반응을 끌어내는 도구로 사용될 것을 기대했지만, HTP검사는 진단적 목적으로 개발되었으므로 어떠한 행위나 상호반응의 인상적 가치성에는 다소 제한성이 있다. 이에 대한 보완으로 KHTP(Kinetic-House-Tree-Person)가 개발되었다. HTP가 병리적인 진단에 주로 사용하는 반면, KHTP는 활동 내용, 표현양식, 상징들의 교류를 제시하고 있기 때문에 내담자를 이해하는 데 의미 있는 정보를 제공해 준다. 검사를 위한 지시는 A4용지(21×27cm)를 가로로 제시하고 2B연필, 지우개를 제공하며 아동에게

"집, 나무, 그리고 한 사람이 어떤 행동을 하고 있는 모습을 그리세요",
"만화나 막대 모양으로 그려서는 안 됩니다. 무엇인가 하고 있는 사람을 그리세요"

라고 전한다. 시간제한은 없으며 그림을 완성하는 데 걸리는 시간은 기록한다.

5) 동작성 가족화 검사

동작성 가족화 검사(Kinetic-Family-Drawing, KFD)는 1970년 번스와 카우프만(Burns & Kaufman)이 개발하였다. 아동에게 가족 구성원들이 무엇인가를 하

고 있는 장면을 그리도록 하며, 정적인 인물 자체보다는 그림 내 인물의 행동이나 움직임에 초점을 두고, 아동이 지각하고 있는 전체적인 가족 분위기와 가족의 모습을 이해한다. Burns와 Kaufman은 움직임이 없는 전통적인 가족화에 동적인 구성요소를 추가하여 피검자의 가족관계와 이슈에 대한 바람직한 안내를 하고자 했다. KFD검사에서 볼 수 있는 것은 정서적으로 불안한지, 잘 적응하고 있는지, 가족내 자기인식에 대한 정보를 제공해 준다. 특히 피검자의 가족내 학대 의심이 있을때 학대 가능성을 평가하는 데 유익한 정보를 제공해 준다. A4용지와 2B연필, 지우개를 준비해 주고 아동에게

"너를 포함해서 너의 가족이 무엇인가를 하고 있는 그림을 그리세요",

"만화를 그려서는 안됩니다. 움직이지 않고 서 있는 사람을 그리는 것이 아니라 가족들이 무엇인가를 하고 있는 장면을 그리면 됩니다"

라고 지시한다. 아동이 그림을 그리는 동안에 가족 구성원을 어떤 순서로 그리는지를 지켜보거나, 또는 다 그린 뒤 어떤 순서로 그렸는가를 물어본다. 그림을 다 그리면 가족 구성원 중에 빠진 사람이 있는지, 그리고 '나'를 중심으로 내가 가장 좋아하는 사람이 누구인가를 화살표로 표시하고 표시를 받은 그 사람은 누구를 가장 좋아하는가를 화살표로 나타내 보면 가족 중에 외로운 사람이 누구인가를 알 수 있으며, 역동이 이루어지지 않은 사람이 누군인가를 알 수 있다. 지금 무엇을 하고 있는 모습인가를 말하게 하고 이를 메모한다. 그림을 그리는 소요 시간도 기록해 두며, 시간 제한은 없다. 만약 아동이 그림을 그릴 수 없다고 하면 간헐적으로 용기를 북돋워주어 끝까지 완성하도록 한다.

그림을 그리고 나면 각 인물에 대한 궁금함을 알아낸다.

"이 사람은 지금 무엇을 하고 있는가요?",

"이 사람의 좋은 점은 어떤 것이 있나요?",

"이 사람의 나쁜 점은 어떤 것이 있는가요?",

"이 그림을 그리면서 무슨 생각을 했나요?",

"이 그림을 보면 무슨 생각이 드나요?",

"다음에 또는 앞으로 이 가족은 어떻게 될 것 같나요?",

"만일 이 그림에 무엇인가를 바꿀 수 있다면 무엇을 바꾸고 싶나요?"

등의 질문을 통해 그 답변 내용을 그 그림의 우측 상단이나 어느 한쪽 모퉁이에 기록해 둔다.

그림 속의 사람들의 활동은 가족 구성원 간의 상호작용을 반영한다. 가족 간의 상호작용이 협력적인지, 경쟁적인지, 회피적인지를 알 수 있다. 또 가족 구성원들 사이가 구획이 나누어져 있다면 가족 구성원과의 관계에서 고립감 또는 외로움을 느끼고 있다고 볼 수 있다. 만약 바다 · 호수 · 물 · 강을 그렸다면 아동이 우울한 상태임을 의미하고, 오토바이 · 차 · 기차 등은 힘을 상징하고, 칼 · 총 · 방망이는 분노나 거부감을 상징하고, 빗자루나 먼지털이 등은 공격성과 경쟁심을 상징하고, 태양 · 전등 · 난로 등은 애정을 상징한다고 볼 수 있다.

특히 가족 미술치료적 측면에서 KFD를 볼 때는 의식적, 무의식적 투사기법이며, 장애를 가진 아동에게 실시할 경우 면접이나 다른 기법보다 더욱 빠르고 적절하게 많은 정보를 얻어 낼 수 있다는 점이 KFD의 장점이다.

6) 풍경구성법

LMT(Landscape Montage Technique)를 대상으로 하는 모래상자 놀이치료의 적용 가능성을 결정하는 예비검사로써 고안되었으나, 최근에는 진단, 평가의 검사 차원뿐 아니라 치료적으로도 활용되고 있다. 풍경구성법은 로르샤흐 검사와 같이 패턴을 읽고 선택하고 해석하는 투영적 표상과는 대조적인 방법으로, 4면이 테두리로 그어져 있는 구조화된 공간에 통합적 지향성을 지닌 하나의 전체를 구성하는 구성적 표상을 기초로 한 방법이다. 테두리를 하는 이유는 풍경을 보호한다는 의미가 포함되며, 검사자의 태도에 따라 보호받는다는 느낌을 가질 수도 있고, 벗어날 수 없다는 구속감을 느낄 수도 있으므로 검사자의 태도가 매우 중요하다.

A4용지의 4면을 테두리()를 그려 사인펜(크레파스)과 함께 내담자에게

건네준다.

"오늘 저와 함께 풍경화를 그리는데 제가 하나하나씩 불러 줄 테니까 차례대로 하나씩 그리세요",

"그림을 잘 그리고 못 그리는 것을 보고자 한 것이 아닙니다",

"자, 시작하겠습니다",

"제가 부르겠습니다",

"강을 그려 주세요",

"다음은 산입니다",

"산을 그려 주세요",

"다음은 밭입니다",

"밭을 그려 주세요",

"다음은 길을 그려 주세요",

실시 도중 격려는 할 수 있다. 피검자가 질문을 해 올 경우에는

"그리고 싶은 대로 그리면 됩니다"라고 대답해 준다.

"이제는 집입니다" "집을 그려 주세요",

"아! 나무도 있으면 좋겠네요. 나무를 그려 주세요",

"사람을 그려 주세요",

"아! 꽃이 있으면 예쁘겠군요. 꽃을 그려 주세요",

"이제는 동물을 그려 주세요. 어떤 동물이어도 좋습니다",

"아! 돌을 그려 주세요",

"다 그렸으면 그림을 살펴보세요",

"무엇인가 더 그리고 싶은 것을 추가해서 그리면 됩니다"

이렇게 더 그리고 싶은 것을 추가해서 그리도록 한 후 채색을 통해 풍경을 완성시킨다. (완성 후에는 연상을 통해 그림의 계절, 시간, 기후, 강이 흐르는 방향, 사람의 성별, 나이, 또는 무엇을 하고 있는지 등의 몇 가지 질문을 한다. 해석방법은 풍경 전체의 통합성, 분화성, 공간성 등을 검토하고 각각의 의미를 모래상

자 치료의 해석 기준에 의해 평가한다.) 색채 후(자-가르쳐 줄래요?), 사계절 중 언제입니까?, 시간은 몇 시경입니까?, 기후는?, 강은 어디로 흐르고 있습니까?, 사람은 몇 살이며, 남자입니까?, 여자입까?

그림 4-1

7) 빗속의 사람 그리기

빗속의 사람 그리기(Draw-A-Preson-in The-Rain) 방법은 아놀드 에이브럼스(Arnold Abrams)와 에이브러햄 암친(Abraham Amchin)이 고안한 것으로서 사람 그리기 검사를 변형한 재미있는 검사이다. 사람 그리기 검사와 마찬가지로 그림 속에 그려진 사람은 자화상과 같은 역할을 하며 비는 외부적 고민이 있는 환경이나 스트레스를 상징한다. 그림을 다 그리고 나면 주제 또는 제목을 붙여 보라고 할 수 있는데, 이 주제는 그린 사람의 자기 개념을 의미할 수도 있고 외부환경에 대한 지각 상태를 알게 해 주기도 한다. 또 그림 속의 인물이 비와 어떻게 어울려 있는지를 살펴보면 그림을 그리는 사람이 외부 자극이나 스트레스를 얼마만큼 대처할 수 있는지 알 수 있다. 즉, 환경통제 능력을 알 수 있다. 상담을 진행하다가도 내담자의 자아 강도를 알아보고자 할 경우, 어느 정도 문제를 극복해 낼 수 있는가를 알고자 하는 경우에 이 방법을 활용해 보면 도움이 된다.

8) 난화 상호 이야기법(MSSM : Mutual Scribble Story Making)

우리는 낙서나 낙화를 그려 본 경험을 가지고 있거나 낙서나 낙화를 한 것을 보게 되는데, 인간은 삶의 초기에 무슨 형태로든지 그려 보려는 행동을 하는 단계를 거치게 된다. 그것은 초조감을 느끼는 경우이거나 자기 혼만의 자유로운 세계를 가지게 되었으나 남들이 자기를 보지 않는다는 심리적 안정감에서 표출되는 내적인 욕구나 갈등을 해소하는 방법의 하나이다.

바로 이런 의미에서 아동들의 난화는 성인 사회의 낙서의 심리적 투영과 같은 맥락에서 생각해 볼 수 도 있을 것이다. 아동의 묘화 표출의 배경은 의식적인 인위성보다는 무의식적인 본능의 표출이 강하다는 점에서 아동의 이해에 중요한 의미를 지닌다.

B4 크기의 종이 한 장씩을 상담자와 아동이 나눠 갖고 상담자와 아동의 B4용지에 테두리선을 그어서 교환한 뒤 난화를 만들고 상담자가 만든 난화에 아동이 심상을 투영하여 형상을 완성하고, 반대로 아동이 만든 난화에 상담자가 심상을 투영하여 형상을 찾아 완성하는 것이다.

이 활동이 상담자와 아동이 서로 역할을 교환함으로써 관계 형성에 도움이 된다. 또한 아동이 자신의 무의식을 난화 속에 투영하여 형상화시켜 이야기함으로써 보다 쉽게 무의식을 의식화시켜 주고 아동 스스로가 자신의 문제를 인식하게 되는 이점을 가지고 있다.

2. 투사적 검사의 평가

신민섭(2004)은 그림을 해석하는 데 있어서 심리학적 측면에 대한 정보를 어떻게 알 수 있는가에 대한 접근방법을 인상주의적 해석 방법과 구조적 해석방법으로 소개하고 있다.

1) 인상주의적 평가(전체적 평가방법)

상담자에게 주는 주관적인 인상에 근거하여 피검사자의 심리적 특성에 대해 해석하는 방법이며 상담자의 공감 능력, 직관력, 예민함이 요구된다. 상담가의 공감 능력, 직관력, 예민함은 타고난 소질일 수도 있으나 훈련을 통해서 길러지므로 상담자가 어떤 그림을 보고 예를 들어 "무엇인가 허전해 보인다", "왠지 불안한 느낌이 든다", "화가 난 것 같은 무서운 인상을 준다", "이 집은 왠지 유령이 나올 것 같다", "이 사람은 한없이 쓸쓸해 보인다"와 같은 인상이 들 수도 있고, 좀 더 인지적으로 "이 나무는 균형이 잡혀 보인다"와 같은 느낌을 받을 수도 있으며, 때로는 "이 집은 공중에 붕 떠있는 것 같다"처럼 비유적인 인상을 얻을 수도 있다. 그림의 전반적 느낌에서 인상을 얻는 해석과정은 그림을 보자마자 떠오를 수도 있고, 처음에는 별다른 느낌을 받기 어렵지만 여러 번 반복해서 보면서 서서히 떠오를 수도 있다. 따라서 그림을 한 눈에 처음 보고서 인상을 형성해야 한다고 느낄 필요는 없고, 관찰과정을 반복하면서 자유롭게 첫인상을 바꾸거나 수정해도 된다. 때로 다른 임상전문가와 함께 이 그림에서 어떤 인상이 드는지를 토론해 보는 것도 귀중한 통찰을 줄 수 있다.

그러나 그림에 대한 인상주의적 해석만으로 피검자의 심리적 특성 혹은 상태를 정확히 이해할 수는 없으며, 또 그래서도 안 된다. 피검자를 전체적이고 종합적으로 이해하기 위해서는 반드시 구조적인 해석을 함께 해야 한다.

2) 구조적 평가

구조적 해석방법이란 그림의 여러 가지 구조적 요소들, 즉 그림을 그려나가는 순서, 그림의 크기, 그림을 종이의 어느 위치에 그렸는가, 필압, 획이나 선의 특징, 왜곡 및 생략, 그림이 주는 인상과도 일치하는가, 다른 심리검사나 임상적 관찰, 면담 자료와도 일관되는가 등 여러 요소를 찾아내어 그 요소들이 의미할 수 있는 것을 제시하면서 구조적 해석을 하되 가장 주의해야 할 점은 절대로 1 : 1

해석을 해서는 안 된다는 것이다.

예를 들면, 그림을 과도하게 크게 그렸다면 ① 경조증 상태에서 자아 팽창(self inflation)일 수 있고, ② 지나치게 성취 수준이 높을 수 있고, ③ 충동 조절에 어려움이 있을 수 있다는 가설을 세울 수 있다. 이 가운데 가장 적절한 가설이 무엇인지를 다른 자료들에 근거하여 채택하는 것이 구조적 해석방법이다.

예를 들어, 나무 그림 밑에 지평선처럼 선을 그릴 경우 "안정감에 대한 욕구가 있는 것이므로, 내적 불안정감이 있을 수 있다"라는 가설을 세울 수 있다. 그러나 이 가설은 다른 임상 자료를 함께 고려하여 채택하거나 기각해야 하는 가설이지, 그런 선을 그렸다고 해서 "이 아동은 불안정하다"라고 해석해서는 안 된다. 이렇게 밑에 선을 그리는 것은 유치원 같은 곳에서 배우거나 습관적으로 그냥 그리는 것일 가능성도 배제할 수 없기 때문이다. 집 그림에서 굴뚝에 연기를 그릴 경우 "채워지지 못한 애정 욕구가 강하다"라는 가설을 세울 수 있으나 굴뚝이나 연기를 그렸다고 해서 반드시 "이 아이는 애정 욕구가 강하다"고 해석해서는 안 되며 이를 뒷받침하는 다른 임상 자료들이 있는지 반드시 확인해야 한다.

신민섭(2004)은 "각 구조적 요소에 'A'이면 'B이다'와 같은 식으로 1 : 1로 대응되는 의미를 부여하는 것은 아니다"라고 강조하면서 피검자를 이해하는 데 유용한 지침을 적용하는 구조적 요소를 제시하였다.

그림의 구조적 요소를 크게 13가지 정도로 구분하면 다음과 같다.

① 그림을 어떻게 그려나가는가?

② 그림의 크기가 적절한가?

③ 그림을 종이의 어느 위치에 그렸는가?

④ 필압(연필을 힘주어 누름)이 얼마나 강한가?

⑤ 선의 질이 어떠한가?

⑥ 그림의 세부 특징을 어떻게 묘사하였는가?

⑦ 그림을 그리다가 지운 적이 있다면 무엇을 지웠는가?

⑧ 그림의 대칭적인 측면을 강조했는가?

⑨ 눈, 코, 창문과 같은 그림의 일부분을 왜곡하거나 빠뜨린 것이 있는가?

⑩ 척추뼈가 보이게 사람을 그리는 등 투명성이 나타났는가?

⑪ 그림의 대상이 움직이고 있는 모습으로 그렸는가?

⑫ 종이의 방향을 돌려가며 그렸는가?

⑬ 지시한 것 이외에 무엇을 더 그렸는가? 등이다.

1 그림을 그린 순서

그림을 그리는 순서 및 그리는 양상의 추이를 살펴보면 피검자의 내적인 갈등과 그러한 갈등이 주는 심리적 위협을 어떻게 방어하는가에 대한 양상을 알아볼 수 있다.

① 그린 그림을 지우고 다시 그릴 때 어떤 점이 달라졌는가를 살핀다.

어깨가 산만한 사람을 그렸다가 지우고 어깨를 튼튼하게 그렸다면 새로운 상황에 처했을 때 열등감을 느끼지만, 다음에는 강해 보이려고 노력하며 강한 척하려 한다는 가설을 세울 수 있다.

② 그림과 그림의 순서를 비교한다.

그림과 그림의 순서를 비교하는 것도 매우 중요하다. 만일 남자 피검자가 사람을 그릴 때, 먼저 딱 버티고 서 있는 크고 위협적인 여자를 그리고 난 다음에 움츠리고 서 있는 작은 남자를 그렸다면, 이 피검자는 여성에 대해 위협적이라는 표상을 가지고 있지만 남성에 대해서는 위축되고 수동적인 존재라는 표상을 가지고 있다고 추론할 수 있다.

③ 선의 질이 변화했는가를 살핀다.

처음에는 옅게 스케치하듯이 그리다가 그 선 위에 점차 여러 번 덧칠을 하여 진하게 하려고 한다면 이는 자신이 없고, 어떤 일을 수행할 때 불안감을 느끼고 있다고 볼 수 있다. 또 이를 보상하기 위해 여러 가지 노력을 기울이고 있다는 가설을 세울 수 있다.

그리고 처음에는 선을 정교하게 그리다가 점차 아무렇게나 그린다면 익숙하지 않은 과제에 꾸준히 집중하기 어렵고 산만한 스타일이거나 다소 충동적이고 무슨 일에나 쉽게 싫증을 내는 경향을 지닌 자로 볼 수 있다.

④ 그림을 이상한 순서로 그릴 경우

일반적이지 못한 그림이므로 사고장애나 발달장애 환자에게서 관찰되는 것으로 볼 수 있다.

⑤ 그림을 그리는 과정 중의 수행 수준 변화

그림을 그리면서 속도나 에너지 수준의 상태를 탐색한다.

2 그림 크기의 적절성

① 보통 크기

종이 크기의 2/3에 해당되는 정도로 그린 것은 자기 자신에 대해 느끼는 감정을 적절하게 유지하는 수준임을 알 수 있다.

② 크게 그린 그림

종이 크기가 모자랄 정도로 지나치게 크게 그리거나, 너무 크게 그린 나머지 전체를 다 채우지 못한 경우나, 종이에 꽉 찰 만큼 그린 경우에는 공격성이나 충동 조절의 문제 가능성을 예상할 수 있다.

예 나이 어린 아동의 경우에는 과잉 활동성, 공격성, 인지적 미성숙과 관련된다.

청소년의 경우에는 내면의 열등감과 부적절감에 대한 과잉 보상 욕구, 행동화 경향성, 충동성과 관련된다.

성인의 경우에는 조증 상태와 관련된다.

③ 작게 그린 경우

종이 크기에 비해 그림을 지나치게 작게 그리는 경우에는 열등감 또는 부적절감이 있거나 자신이 없고 자기 효능감이 부족하다고 볼 수 있다. 어떤 압박감을 느끼고 있거나 스스로를 통제해야 할 가능성도 시사하고 있다. 위축감, 우울감을 느낄 수도 있으며, 자아 구조와 자아정도가 낮음을 알 수 있다.

3 그림을 그린 위치

① 종이 가운데 그렸을 경우

적정한 수준의 안정감을 느끼고 있음을 알 수 있다. 지나치게 가운데 부분에 그리려고 애를 썼다면 불안정감을 느끼거나 인지적 · 정서적으로 경직된 특성이 있거나 대인관계에서 지나치게 완고하고 융통성이 없는 경향을 지녔다고 볼 수 있다.

② 오른쪽에 치우쳐 그렸을 경우

그림을 종이의 오른쪽 부분에 그리는 사람은 좀 더 안정되어 있고 행동 통제를 잘하며 욕구 만족을 서서히 하려는 능력이 갖추어져 있고 지적인 만족감을 선호하는 경향이 있다고 한다(Buck, 1950).

③ 왼쪽에 치우쳐 그렸을 경우

이러한 그림은 충동적으로 행동하려는 경향성, 변화에 대한 욕구, 외향성 등을 반영할 수 있다고 한다.

④ 위쪽에 치우쳐 그렸을 경우

욕구나 포부 수준이 높고 달성하기 어려운 목표를 설정해 놓고 갈등과 스트레스를 느끼고 있을 가능성이 있으며, 현실 세계에서보다는 자신만의 공상 속에서 만족감을 얻으려는 경향성이 있을 수 있다.

⑤ 아래쪽에 치우쳐 그렸을 경우

내면에서 상당한 불안정감과 부적절감이 내면화되어 있거나 혹은 우울증적 상태에 있을 수 있다는 것이다.

⑥ 구석에 몰아서 그렸을 경우

종이의 네 귀퉁이(corner)에 몰려서 그리는 것은 일반적으로 두려움, 자신 없음을 나타낼 수 있다.

- 왼쪽 상단 구석 : 퇴행적 경향성, 불안정감, 위축감, 불안감이 있음을 알 수 있다.
- 오른쪽 상단 구석 : 불쾌한 과거 기억을 억압하고자 하는 바램, 미래에 대한 과도한 낙관주의, 미래 지향적인 환상을 나타낸다고 볼 수 있다.
- 하단 구석은 과거와 관련된 우울감, 하단 오른쪽 구석은 희망이 없는 미래를 엿볼 수 있다.

④ 필압의 강약 정도

획을 힘주어 그리는 경우에는 그렇지 않은 경우보다 더 자기 주장적이며 충동적이며, 약하게 그리는 경우는 에너지 수준이 낮거나 억제적이고 억압적이다.

① 필압이 강할 경우

적응을 잘 못하고 부적절하게 대처하거나 자신이 없고, 우유부단한 경우와 소심하고 자주 망설이고 두려움과 불안정감을 느끼거나 불안 증상과 관련된 신경증적 상태에 있는 경우에 해당될 수 있다.

예 만성 정신분열증, 긴장성 정신분열증 환자의 경우

② 필압이 약할 경우

선을 연하게 그린 경우에는 적응을 잘 못하고 부적절하게 대처하거나, 자신이 없고 우유부단하고 소심하고 자주 망설이고 두려움과 불안정감을 느끼거나 불안 증상과 관련된 신경증적 상태에 있거나 우울증 및 의지를 상실한 상태에 있다는 가설들을 세울 수도 있다.

③ 강하고 약한 필압을 다양하게 사용하는 것이 일반적이며 융통성과 적응 능력을 소지하고 있다고 볼 수 있다.

⑤ 획이나 선의 특징

- 획을 길게 그릴 때는 행동을 적절히 통제하는 경향, 지나치면 과도하게 억제하는 경향이 있음을 알 수 있다. 획을 짧게 끊어서 그릴 때는 충동성이 강하거나 지나치게 흥분을 잘하는 경향성과 관련이 있다.
- 획을 직선으로 그릴 경우에는 자기 주장적인 성향, 민첩성, 단호함과 관련이 있으며 지나칠 경우에는 경직성이나 융통성 부족 혹은 충동적인 경향을 반영할 수도 있다. 곡선으로 그릴 경우에는 의존성, 불안, 애매모호, 우울, 수줍음이나 사회적 불안경향, 여성성, 순종적인 성향과 관련될 수 있다.
- 수평적 움직임을 강조하여 그린 경우는 연약함, 두려움, 자아보호적인 경향성 혹은 여자다움과 관련될 수도 있다.
- 수직적 움직임을 강조하여 그린 경우는 남성적인 단호함이나 결정적 혹은

과잉 활동성을 암시한다.

- 획을 여러 방향으로 바꾸어 그린 경우와 특히 일관성이 없을 때는 불안정감, 정서적인 동요, 불안감을 암시한다.
- 선을 빽빽하게 그린 경우는 내적인 긴장감이 매우 높거나 공격적인 경향이 있음을 암시한다.
- 선을 지그재그로 그렸을 경우에는 내면에 적대감이 있을 가능성을 예측할 수 있다.
- 선이 연결되지 않게 그린 경우는 현실 접촉의 문제, 정신증적 혼돈, 비논리성을 반영할 확률이 높다. 이러한 양상은 정신증 환자, 뇌손상 환자에게서 나타난다.
- 선에 음영을 넣은 경우에는 입체적인 원근감을 표현하기 위해서 의도적으로 이루어진 것이라면 이는 적응적인 양상을 나타내지만 그렇지 않다면 대인관계 불안감이나 민감성을 알 수 있고, 심할 경우 불안감, 내적 갈등, 우울감 등을 예측해 볼 수 있다.

⑥ 그림의 세부 특징의 묘사방법

보통 지능을 가진 사람이 필수 구성 부분을 그리지 않는 경우는 지적 붕괴가 시작되고 있거나 정서적 혼란이 있는 경우를 암시한다. 필수적인 구성부분만 주의 깊게 그린 경우는 환경과 타인관계에 어느 정도 곤란이 있는 경우에 흔히 나타난다. 과도하게 상세하게 그린 경우는 강박적, 정서혼란, 신경증, 초기분열, 뇌기질장애에서 나타날 수 있다. 적절한 상세함이 결여된 경우는 에너지가 적고 움츠러드는 경향, 우울감, 습관적인 것을 무시하는 사람에게서도 볼 수 있으며, 지적결함이 있는 경우에도 나타날 수 있다.

⑦ 그림을 지운 흔적이 있다면 무엇을 지웠는지 탐색

지나치게 자주 지운 경우는 불안감, 우유부단, 불확실성, 자신에 대한 불만족감을 반영할 수 있다. 특정 부분을 지워버린 경우는 그 부분이 상징하는 것에 대한 심한 갈등과 관련될 수 있다. 처음보다 나은 형태로 지우고 다시 그린 경우는 바람직한 적응 상태로 볼 수도 있으나 지우고 수정한 모습이 지나치게 세밀하다면 문제의 가능성도 배제할 수 없다. 수정된 결과가 처음보다 나빠진 경우는 기질적 질환의 가능성을 검토해 보아야 한다. 수차례 다시 지우고 그린 그림은 그 부분에 대한 갈등을 시사한다.

⑧ 대칭(symmetry)적인 측면의 강조 탐색

① 대칭성이 지나치게 부족할 경우

대칭성이 너무 결여되어 있을 때, 예를 들어 한쪽 팔은 젓가락처럼 그리고 다른 쪽 팔은 씨름선수의 것처럼 그렸다면 이는 정신병적 상태나 뇌기능장애를 시사할 가능성이 높으며, 지적장애아에서도 흔히 나타나는 양상이다.

② 대칭성을 지나치게 강조했을 경우

이는 성격적으로 과도한 경직성이나 융통성 부족, 지나친 억압이나 주지화 경향성, 강박적인 감정의 통제 등을 시사할 수 있다. 이러한 대칭성의 강조는 강박증 환자, 편집증, 우울증 환자들에게서 자주 나타난다는 연구 보고가 있다(Waehner, 1946).

⑨ 왜곡하거나 빠뜨린 부분 탐색

그림의 어떤 부분을 생략했다는 것은 내적인 갈등과 불안을 암시할 가능성이 높다. 특히 특정 부분을 생략하거나 왜곡하는 것은 내적 갈등이 그 무엇과 관련된 것임을 추측할 수 있다. 그림을 이해할 수 없을 정도로 극단적으로 왜곡하였을 경우에는 현실 검증력의 장애를 알 수 있으며 부정적인 자기 개념을 알 수 있다.

⑩ 투명성의 유 · 무

유아나 아동의 경우를 제외하고는 일반적으로 병리적인 징조이며, 흔히 정신분열 환자에게서 나타나기 쉽다. 정서적, 기질적 원인에 의한 성격의 통합 상실과 관련되기도 한다.

⑪ 운동성

집 그림에 운동성의 표현은 없으나, 나무 그림에서는 바람이 불어서 흔들거리는 상태를 그려내는 경우가 있고, 인물상의 움직임은 흔히 있는 표현이다. 확장된 운동(뛰기, 달리기, 무용, 스포츠 등)은 기분이 밝고 활동적 경향성을 나타내기도 하나 때로는 침착성 없는 성격을 반영하기도 한다. 수축적 운동(웅크리고 앉거나, 무언가에 기대어 앉거나, 짐을 지고 있는 경우)은 정신적으로 피로해 있고, 에너지 수준이 낮고 의존적인 경향성을 시사한다. 기타의 운동(자발적 운동을 하고 있으나 적극적인 활동이 아니고 걷거나 앉거나 독서)은 직면한 상황에 대응하여 행동을 변화시켜 나가는 사람에게서 흔히 나타나기도 한다.

집, 나무의 운동은 무너질 것 같은 집, 벼락이 떨어진 것, 바람에 휘어진 나무, 낙엽이 떨어지는 나무 등으로 표현되며 그러한 경우는 병리적인 문제가 있는지 검토해 보아야 한다. 이러한 운동성은 외부 압력과 마음속에 무의식직 욕구에 의해 자기가 지배되며 그것을 자신의 힘으로 통제할 수 없다는 감정의 표현으로 나타날 수 있으며 성격의 붕괴를 느끼고 있는 정신분열 환자에게서도 보인다.

⑫ 방향

방향은 피검자의 환경에 대한 태도와 감정 및 대인관계 상황과 태도를 알려준다. HTP 모두가 지나치게 정면을 고집하여 그려진 경우는 타협이 잘 안 되는 성향이 있거나 반동 형성의 방어가 있는 사람에게서 흔히 나타날 수 있다.

인물의 정면은 여성에게 많고 자신을 노출시키고자 하는 경향을 반영한다. 남성 피검자가 그린 남성상의 정면 인물은 노출증이 있는 경우에도 나타날 수 있다. 얼굴은 옆얼굴, 몸체는 정면, 다리는 옆으로 향한 경우는 관찰력의 빈곤과 판단력이 빈약한 피검자에게서도 나타날 수 있다. 남성으로서 남성상을 옆으로, 여성상을 정면으로 향한 경우는 강한 자기방어를 나타낸다.

일반적인 방향과 다른 그림은 피검자가 억압하고 있거나 승화하고 싶어하는 적대적인 심리상태를 시사할 수 있다.

집 그림에서 한 면만 그려지고 문이 없거나, 옆모습의 인물에서 한 팔과 한 다리만 보이는 경우는 환경에 직면하는 것을 두려워하고 있거나, 자폐적 사고, 익숙한 것에만 접촉하려는 성향일 수도 있다.

⑬ 그림자의 음영

그림을 손질하듯 음영이 표현된 경우는 인관관계에서 타인에게 어느 정도 과민 경향을 나타낸다. 검게 칠한 듯한 인상을 주는 음영은 불안이나 강박 성향을 반영할 수 있으며 우울 기분을 검토해 볼 필요가 있다.

⑭ 절단

그림이 용지의 하단에서 절단된 경우는 마음속에 충동이 강하게 존재하며 그것을 강하게 억제하여 성격에 통합을 유지하고자 하는 것을 암시하기도 한다. 용지의 윗부분에서 절단되어 그려진 경우는 현실에서 얻을 수 없는 만족을 구하는 것으로 고착되어 있을 때 나타날 수 있으며, 행동보다는 사고하는 것에 관심이 높고, 지적인 면에 욕구가 강함을 나타낸다.

용지의 왼쪽에서 절단되어 그려진 경우는 미래에 대한 두려움이 있거나, 과거에 고착되어 있거나, 자신의 솔직한 감정표현이 어렵고 타인에게 의존적인 심리상태로 나타나기도 한다. 용지의 오른쪽에서 절단되어 그려진 경우는 과거로부터 미래로 도피하려는 욕구 또는 자신의 감정표현에 대한 두려움, 행동에 대한 강한 통제로써 나타날 수 있다.

⑮ 원근법

멀리 떨어진 거리감을 주는 그림은 피검자가 자신이 몸담고 있는 환경에 충분히 어울리지 못하고 있는 경우와 관련될 수 있다.

밑에서 쳐다보는 그림의 형태는 환경에 접근하기 어려워하는 피검자의 감정표현일 수 있으며, 가정으로부터 거부되고 있는 기분을 시사한다. 멀리 쳐다보는 집 그림은 근접할 수 없는 가정에 가까이 가고 싶어하는 욕구, 가족 내 열등감, 자기 비하적인 평가, 가정 내에서 행복을 느끼지 못하는 피검자에게서 흔히 나타난다. 조감도는 피검자가 환경에 적극적으로 개입하려 하지 않는 태도와 관련된다. 집 그림의 조감도는 피검자가 자신을 우월한 존재로 보며 가정을 벗어나 있음을 보여주는 경우에도 흔히 나타날 수 있으며, 가정에 대한 가치부여를 거부하는 사람에게도 자주 나타난다. 멀리 보이는 집 그림은 집 그림에 자화상의 투사, 타인 접근이 어려운 감정, 가족에 의해 위로받을 수 없다는 감정을 가진 사람에게서 흔히 보여지는 형태이다. 가까이 보이는 집 그림은 가정에 대한 따뜻한 감정을 지닌 사람에게서 흔히 보이는 그림 표현이다.

⑯ 지면의 선

지나치게 강하고 진한 선은 불안을 시사하며, 불안에 대한 안정감을 위한 틀로써 나타나기도 한다. 비탈을 이루어 양끝이 내려간 선은 자신이 고립되어 있는 감정, 어머니에 대한 의존심, 때로는 노출증의 경향을 나타낸다. 왼쪽이 올라가 있는 비탈은 미래가 불확실하여 위험을 느낄 때 표현되기도 하며, 오른쪽이 올라가 있는 비탈은 미래를 향하여 노력해 가고 있다는 감정으로 나타나기도 한다.

3) 내용적 평가

그림에서 내용적 해석이란 정서적 분석의 사인을 참고로 하여 그림에서 가장 강조되어 있는 부분의 세부적인 특징을 다루는 것을 말한다. 예를 들면, 나무 그림에서 상흔이나 옹이, 수관의 크기, 그루터기가 있는지, 과일이 떨어져 썩고 있는지, 사람 그림에서 눈과 입이 유난히 강조되었는지, 손가락이나 발가락이 없는지 등을 다루며, 이들 그림 특징과 성격적인 면을 관련시켜 평가하는 것이 내용적 평가이다. 형식적 평가와 비슷한 측면이 있으나, 내용적 평가에서는 보다 더 세부적인 특징을 다루되 단순히 상징적인 의미를 나열하는 것이 아니고 보다 두드러진 특징을 먼저 다루는 것이 중요하다. 또한 그 상징에 대해 연상되는 것이 있는지 질문을 함으로써 성격을 더욱 구체적으로 밝힐 수 있다. 그러나 그림에서 표현된 상징들의 의미는 매우 복잡하고 인류 전체에 보편적인 의미를 갖는 것도 있지만, 특정 문화와 개인의 가치에만 의미를 갖는 것도 있으므로 단편적인 해석에 유의해야 한다. 따라서 내용적 평가에 있어서 보다 올바른 의미를 이해하기 위해서는 어떠한 상징에 대한 보편적인 의미와 인류의 사회 문화적 의미를 정신분석학, 민속학, 신화, 옛날이야기, 화가들의 예술작품 등으로부터 간접체험하고, 개인의 상징적 의미에 대한 나눔과, 다른 임상검사, 개인력과 일상생활 환경 등을 이해하고 있어야만 왜곡되지 않은 평가를 할 수 있게 된다.

3. 투사적 검사의 해석방법

옥금자(2004)의 해석 지침을 인용하여 제시하기로 한다.

1) 집-나무-사람 검사(HTP : House-Tree-Person)의 해석 지침

여기에서 소개되는 HTP의 평가방법은 Buck의 방법을 중심으로 이뤄지며, 인물화에 대한 내용은 Machover(1949)의 방법과 혼합된 형태를 제시할 것이므로 전체적인 분석 규준들을 함께 참고하여 평가하는 방법을 제시하기로 한다.

HTP 그림 검사의 기본적인 해석 지침

그림 검사의 해석은 피검자가 이전에 다른 심리검사를 받았다면 검사 결과와 행동 관찰, 개인력, 과거 병력, 가족력, 면담 자료 등을 고려하고, 적절한 이론적인 틀에 의해 통합적으로 이뤄져야 한다. 해석은 "어떠한 정보를", "어떻게 읽어낼 것인가"라는 2가지 측면의 문제가 제시된다. 앞의 문제가 해석 이론과 개념적 문제라면 후자는 해석방법이라고 할 수 있다. 그림에서 무엇을 볼 수 있는가에 대한 논의는 검사자의 이론적 틀, 이론적 개념의 종류, 임상경험의 정도에 따라 다르다.

(1) 집 그림 검사

집 그림은 피검자가 성장해 온 가정 상황을 나타내며 가족관계를 어떻게 인지하고 있는지를 보여주는 경우가 많다. 개인에 따라서 현재 가정에 대한 기대 또는 과거의 가정, 원하는 가정을 나타내기도 한다. 집 그림을 구성하는 필수 부분은 지붕, 벽, 출입문, 창문 등이며, 이를 통해 피검자에 대한 현실에서의 인간관계, 환경에 대한 적응, 내적 공상 등에 대한 이해가 가능해진다.

집 그림 검사의 해석 지침

집 그림은 피검자가 성장해 온 가정 상황과 가족관계를 어떻게 인지하고 어떠한 감정을 갖고 있는지, 가족과 관련된 감정과 이상적인 집에 대한 소망들이 투사되어 나타난다. 집의 일차적인 기능은 사람이 사는 곳이므로 집 그림은 그 사람 자아의 표상이며, 현실관계의 양상과 정도를 보여준다. 집 그림을 구성하는 필수 부분은 지붕, 벽, 출입문, 창문인데 이를 통하여 피검자에 대한 현실에서의 인간관계, 환경에 대한 적응, 내적 공상 등에 대한 이해가 가능해진다. 집 그림의 해석은 그림을 전체적으로 평가하는 것과 함께 필수 부분을 어떻게 그리는지에 대해 주의 깊게 관찰되어야 한다.

① 주제

일반적으로는 개인 주택을 그리는 것이 보통이다. 만약에 특수한 집(절, 교회, 광, 주점, 성, 빌딩, 아파트 등)을 그려냈다면 반드시 그림 후에 질문이 필요하다. 이러한 피검자는 자기 가정에 불만이 있거나, 갈등을 가지고 있는 경우일 수 있으며 그려진 특수한 집에 어떠한 관심을 갖고 있는 경우도 흔히 있다. 또한 피검자의 자화상을 나타내기도 한다.

② 지붕

지붕은 피검자의 정신생활 특히 생활의 공상영역을 상징한다. 해머(Hammer, 1971)에 의하면 지나치게 큰 지붕을 그린 경우는 피검자가 공상에 몰두되어 있거나 대인관계에 문제가 있는 상황일 수 있다. 지붕이 벽을 겸하고 있는 그림 역시 공상에 몰두되어 있음을 시사하며, 극단적인 경우에는 분열성 성격이나 정신분열증을 검토해 보아야 한다고 한다.

지붕이 없거나 1개의 선으로 된 지붕은 공상력이 없는 사람이거나, 지적장애일 가능성이 있고, 보통 지능을 가지면서 지붕이 없거나 한 개의 선으로 된 지붕 그림을 그린 경우는 위축된 성격이거나 구체적인 것만 구하는 사람에게서 주로 나타날 수 있다(그림 4-2).

윤곽만을 반복하여 그린 경우는 공상적인 경향이 자신의 통제를 벗어나는 것을 두려워하고 방어적인 성격, 불안, 신경증, 정신병 초기를 시사하며 강한 선으로 그려진 지붕은 만족 또는 공상의 강조를 반영한다고 볼 수 있다.

허물어지고 금이 간 지붕은 자신의 통제력을 완전히 능가한 힘에 의해 압도당하게 되어 있다는 감정을 암시한다. 흐르는 듯한 약한 선으로 된 그림은 공상을 통제하는 힘이 약해져 있다는 감정을 나타내며, 기와를 면밀하게 그린 경우는 소극적 또는 강박성을 시사하기도 한다. 지붕만 보이고 집의 몸체는 그리지 않는 경우는 피검자가 자아 붕괴를 감지하고 현실과 접촉의 어려움을 나타낸다고 볼 수 있다.

그림 4-2

③ 벽

벽은 집을 지탱하게 해주며 외적 환경으로부터 집의 내부를 보호해 주는 역할을 하게 된다. 벽의 선은 자아의 강함과 관계된다. 따라서 무너진 벽은 붕괴되어 가고 있는 자아를 가진 피검자의 그림에서 주로 보일 수 있는 그림 형태이다. 벽의 경계선을 지나치게 강조한 경우는 자아의 완전함과 통제를 유지하고자 하는 의식적인 노력을 보이는 정신병 초기에 흔히 나타날 수 있다.

안이 들여다보이는 투명성의 벽은 유아의 그림에서 자주 보이며 미성숙, 현실 검증력 부족을 나타낼 수 있다. 성인의 그림에서 투명성의 벽이 표현되었다면 비판력과 현실 검증력이 부적절한 지적장애, 정신분열증, 또는 강박적인 욕구의 표현일 수 있다. 2개의 옆벽이 동시에 나타나고 벽이 좁은 것의 경우는 유아의 경우에는 있을 수 있지만 성인의 경우에는 기질장애, 지적장애 또는 퇴행된 성격을 의심해 볼 수 있다. 측면의 벽이 큰 경우는 자기 방어 경향을, 중앙의 벽에 아무것도 그려지지 않은 경우는 정신분열의 초기 증상을, 이차원적으로 그려서 벽의 한 면밖에 보이지 않게 그린 경우는 도피적 사고, 우울 경향, 반항적 경향성과 관련된다.

④ 문

문은 집과 외부환경과의 적극적인 상호작용을 하는 부분으로 대인관계에 대한 태도를 나타낸다. 그러므로 지나치게 작은 문은 환경과의 접촉을 원치 않고 무력감에 노출되어 있거나 우유부단한 성향을 나타낼 때 표현된다.

가장자리에 그려진 문, 손잡이가 없는 문, 격자문 등은 도피적 성향 또는 외부에 대한 의심, 경계성을 나타낸다. 손잡이를 지나치게 강조한 경우는 성적 관심과 관련이 있다고도 한다. 자물쇠를 부착한 경우는 의심이 많고 방어적이거나 또는 지나친 감수성을 시사하기도 한다.

반면에 문이 없는 경우는 관계를 거부하거나 지나치게 냉정한 감정으로 자기만의 세계에 고립되고 위축되어 있음과 관련되어 있을 수 있다. 문이 높은 곳에 그려진 경우는 자신의 성격을 가까이 하기 어렵게 하려는 경향이 있고 나름대로 타인과 접촉해 가고 있는 사람에게서도 나타날 수 있다.

큰 문 또는 폭이 넓은 문은 타인에게 의존적이거나 지나친 사회적 접촉을 하여 타인에게 친밀한 관계를 맺고 있다는 인상을 주려는 욕구로 나타나기도 한다. 열려 있는 문은 외부로부터 정서적인 따뜻함을 얻고 싶은 갈망과 반면에 노출 경향을 시사한다(문이 열려 있고 내부까지 그려진 경우도 포함).

문이 주차장이나 어떤 것에 의해 가려진 경우 또는 측면이나 뒷면에 그린 경우는 신중하고 표면적인 수동적·도피적 경향성을 의미한다. 집 그림에서 문을 가장 마지막에 그린 경우 또는 보다 상세하게 그린 경우는 대인 접촉에서 소극적이고 현실로부터의 위축 경향과 관련이 있다고 볼 수 있다.

문이 없는 경우는 타인과의 관계를 원치 않으며, 정서적으로 냉정한 성향일 수 있다.

손잡이가 없는 문은 타인과의 관계에서 사생활을 침해받기를 원치 않으며, 외부에 대한 경계심이 많고 경직된 성향일 수 있다.

이중문은 외부 세계에 대한 불편감의 과잉보상과 관련되며, 지나친 대칭을 느끼게 하는 경우는 완전에 대한 강박성과 관련이 있을 수 있다.

눈구멍 모양의 문과 격자무늬의 문은 의심이 많고 지나치게 조심스러운 피검자에게서 흔히 나타날 수 있다.

5 창문

창문은 인간의 눈과 같은 것으로 문만큼 직접적인 것은 아니나 세상을 내다볼 수도 있고, 세상과 타인이 집안을 들여다 볼 수도 있는 통로로써 환경과의 수동적인 접촉을 나타내는 것이며, 피검자의 주관적인 관계 경험과 자기 또는 자기대상의 관계 능력과 관련된다. 그러므로 창이 없다는 것은 외부관심의 결여와 적의, 폐쇄적인 사고와 관련된다. 2층 이상의 집으로 1층에 창문이 있는 경우는 적의와 움츠려드는 사고의 의미를 함축하고 있다고 볼 수 있으며, 상층에 창문이 없고 하층에 창문이 있는 것은 현실과 공상 사이에 있음을 의미할 수 있다. 창문에 뚜렷한 격자가 많은 경우는 생활의 회의성과 외부 세계를 자기로부터 멀리하려는 것과 관련이 있을 수 있다.

창문에 자물쇠를 부착했다면 외부의 위험에 대처하려는 강한 공포감과 적의, 편집증적 경향을 검토해 볼 필요가 있다. 차양이나 커튼에 의해 창문이 가려 있다면 피검자가 타인과의 교섭을 회피하고 있거나 강박, 의심, 위축된 사고의 표현을 의미한다고 볼 수 있다. 차양, 커튼이 있으나 열려 있는 경우는 환경과 자신과의 관계에 불안을 가지고 있으나 자신을 통제하고 행동하고 있음을 시사한다고 볼 수 있다.

창문에 커튼이나 차양, 격자가 없이 드러난 창문은 꾸밈없이 타인과 관계하는 사람일 가능성이 있고, 장소와 관계없이 감정을 그대로 노출하는 난폭한 사람 등에 많이 나타날 수 있다.

창문의 틀이 강조되어 있으면 구순 고착의 구순적 성격을 시사할 수 있다. 수직으로 2등분된 창문과 삼각형의 창문은 여성 생식기의 고착 또는 과도한 관심을 의미할 수도 있다.

벽과 벽, 층과 층 사이에 일치성 없는 장소의 창문은 사물의 통합 능력에 대한 장애를 의심해 볼 수 있다. 창문의 크기가 다른 경우는 그 방에 거주하는 사람에 대한 과도한 관심일 수 있다.

과도하게 장식된 창문은 히스테리 성향을, 차양 등을 세밀하게 그린 경우는 강박경향성을, 창문 대신 덧문을 그린 경우는 외부와의 접촉을 상실한 상태이거나 도피적 경향성과 관련될 수 있으며, 덧문이 열려져 있는 경우는 감수성이 있고 대인관계에 적응해 나가고 있다는 것을 의미한다고 볼 수 있다.

그림 4-3

창살로 그려진 창문은 가정의 안전을 원하거나 자신의 집을 폐쇄적인 감옥과 같은 느낌을 갖는 피검자에게서 나타날 수 있다.

그림 4-4

많은 창문은 타인으로부터 인정받고 싶고 관계 맺고 싶은 과도한 욕구를 반영할 수 있으며, 한 면에 4~5개 이상의 창문은 관계 맺는 것에 대한 불안의 보상심리를 의미한다고 볼 수 있다(그림 4-4).

그림 4-5

창문이 지붕에 그려진 경우 피검자의 내적 고립감 또는 관계에서의 위축감과 관련될 수 있다(그림 4-5).

그림 4-6

눈구멍 모양의 문과 격자무늬의 창문은 의심이 많고 지나치게 조심스러운 피검자에게서 흔히 나타날 수 있다(그림 4-6).

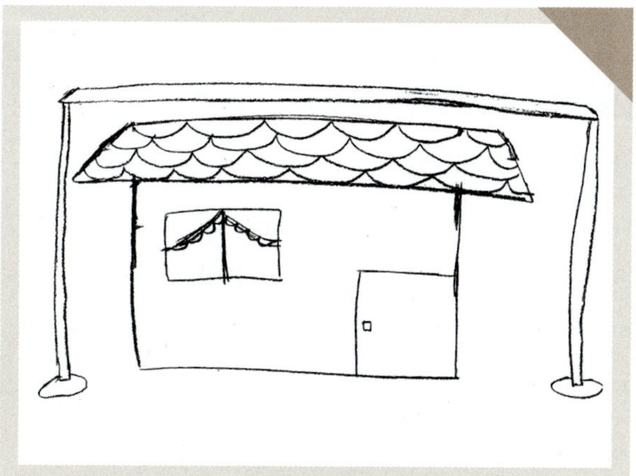

그림 4-7

창문에 커튼 등의 장식을 사용한 경우는 환경에 보다 적극적으로 참여하고자 하는 것을 반영한 것일 수 있으며, 그림과 같이 창살을 십자형으로 표현한 경우는 흔한 일반적인 양식으로 종교적 의미와 때로는 답답한 가정의 의미로 함축될 수 있으나 안정적인 가정을 원하는 욕구로 나타날 수도 있다(그림 4-7).

⑥ 굴뚝과 연기

집 그림에서 굴뚝을 그리지 않는 것은 특별히 문제될 것은 없다. 일반적으로 굴뚝은 집안에서 가족들이 난로를 피우고 모여 앉아 있거나 요리를 할 때 사용되어지는 것으로써 보다 친밀한 가족관계와 애정과 관련되며, 경우에 따라서는 남자 성기의 상징으로도 해석될 수 있다.

일반적으로 굴뚝이 없는 경우는 가정의 따뜻함을 상실했거나 성의 상징 처리에 곤란을 느끼는 피검자에게서 나타날 수 있다. 반면에 굴뚝의 강조는 성에 대한 관심, 가정의 따뜻함을 표현하고자 할 때 나타나며, 큰 굴뚝은 남자다움을 보이고자 하는 욕구와 노출 경향과 관련된다. 여러 개의 굴뚝은 남근의 상징에 대한 관심 외에 친밀한 인간관계를 갖고자 하는 강한 관심으로 나타날 수도 있다.

벽을 통해 투명하게 보이는 굴뚝은 억압되지 않는 노출 경향과 남성 상징에 대한 관심을 타인에게 알린다는 의미가 포함되며, 굴뚝이 물건 등에 가리워져 보이지 않는 것은 거세불안과 관련되며, 자극을 주는 감정을 피하고 싶은 심리를 반영할 수 있다. 집 뒤편 지붕의 굴뚝은 항문 가학의 의미를 함축하기도 하며, 굴뚝의 연기를 진하게 표현한 경우는 심리적 긴장감, 가정환경 내의 갈등, 정서 혼란을 시사한다고 볼 수 있다.

굴뚝에서 나오는 한 가닥의 엷은 선의 연기는 가정 내에 따뜻함이 결여되어 있다고 느낄 때 나타날 수 있으며, 연기가 강풍에 의해 한쪽으로 기울어져 있는 것은 환경으로부터의 압력을 느끼고 있음을 의미한다고 볼 수 있다. 연기가 우측에서 좌측으로 흐르는 경우는 미래에 대한 염세적인 견해를 나타낼 때 표현될 수 있으며(Jolles, 1964), 연기가 좌우 동시에 흐르는 것은 현실 검증력이 결핍된 병리적 경향성과 관련될 수 있다.

⑦ 방

방은 그 방에 항상 거처하는 사람과 관련된다. 그 방에서 경험하는 인간관계, 그 방이 피검자에 대해 갖는 특수한 상징성, 그 방과 관련되어 있는 일반적인 기능과 피검자가 그 방과 관련하고 있는 기능들을 반영할 수 있다.

그러므로 용지 끝에서 절단된 방은 그 방을 그리고 싶지 않은 심리상태와 그 방에 거처하는 사람에 대한 불쾌한 연상 때문에 나타나기도 한다. 거실은 현실적 사고에 대한 관심을 나타내며, 식당과 부엌은 구순 단계의 성적 감정과 애정 욕구와 관련이 있다.

⑧ 울타리, 처마, 하수구, 물받이(홈통)

집 주변에 울타리를 그린 경우는 피검자의 자기방어 그리고 자신이 느끼고 있는 안전한 마음을 방해받고 싶지 않다는 것을 의미한다. 하수구는 강한 방어와 의심과 관련이 있으며, 물받이는 하수구와 같은 의미를 갖고 있고 남성 성기에 대한 관심을 나타내기도 한다. 처마는 가정으로부터 거부된 감정을 시사하므로, 만약 피검자가 처마에 그림자를 강조했다면 시기심 또는 경계심과 관련된 어려움이 있는지 검토해 볼 필요가 있다.

⑨ 나무와 수풀

건물에 관계없는 부속물로 집을 둘러싸고 있는 경우는 안전감의 결여와 불안의 표현일 수 있다. 산책길과 연결시켜 그린 숲은 어느 정도 불안이 있을 수 있으나 그것을 통제하려는 의식적인 시도의 의미로 표현될 수 있다. 나무가 집을 가리듯 그려진 경우는 의존에 대한 강한 욕구와 양친에게 지배되고 있다는 감정의 표현일 수 있다. 정원에 튤립과 국화 등을 그린 경우는 분리성 성격의 성인에게서도 보일 수 있으며, 정상 아동에게서도 자주 표현되는 상징이다. 집 그림에 산이 자세하게 그려진 경우는 어머니의 보호를 기대하며 안전에 대한 욕구로 표현되기도 한다.

⑩ 길

길이 균형을 이루면서 출입문으로 통하고 있다면 어느 정도 통제력을 갖고 타인과 접촉을 하고 있는 상황일 수 있다. 반면에 길고 꼬불꼬불한 도로는 처음에는 대인관계가 어려우나 점차 따뜻한 인간관계를 맺고 있다는 것을 의미한다. 지나치게 긴 도로는 타인의 접촉을 피하는 경향성으로 이해될 수 있으며, 넓은 길이 문쪽으로 갈수록 좁아진 도로는 타인을 멀리하고 싶은 욕구를 표면적인 우정에 의해 은폐시키려는 시도로 볼 수 있다. 길과 출입문 사이에 울타리를 그리는 경우도 같은 의미로 해석될 수 있다. 집과는 관계없는 길(출입문과 연결되지 않은)의 표현은 타인과의 관계 거부 또는 외부와 다른 세계에 살고 싶다는 소망을 시사한다.

11 기타의 부속물

차고, 자동차, 헛간, 안테나, 피뢰침, 풍향계, 문패, 초인종, 우편함 등의 대상이 다른 부분과 조화를 이루지 못할 때는 질문을 통해 그것의 특별한 의미를 밝혀 두어야 한다(그림 4-8). 특수한 집은 피검자의 자화상을 표현하는 경우가 많기 때문이다.

그림 4-8

(2) 나무 그림 검사

1 주제

나무 그림에서 피검자는 특정 종류의 나무를 그려내기도 하지만 많은 경우 나무의 종류를 의식하지 않고 그려낸다. 그러므로 질문을 통해 나무의 유형을 알아두는 것이 유용하다.

나무 그림 검사의 해석 지침

HTP에서 나무와 사람 그림은 피검자의 신체상과 자기 개념 등의 성격의 핵심 측면을 보여준다. 특히 나무 그림은 보다 깊은 무의식의 감정을 나타내 준다. 나무 그림은 좀 더 심층적인 수준의 자기 개념과 관련되어 무의식의 현 상태에서 느끼는 자신의 모습을 투사하므로 피검자의 정신성숙도(성격 발달, 성적 성숙도)의 정도를 이해할 수 있게 해 준다.

나무는 뿌리, 줄기, 가지, 수관으로 이루어져 있지만 나무 그림을 구성하는 필수 부분은 줄기와 가지이다. 여러 개의 나무를 그려내거나 숲을 그리는 경우가 있는데, 이런 경우에는 어려움이 있거나 건강하지 않다고 볼 수 있다. 나무 그림의 순서는 줄기부터 시작하여 수관으로 그려지는 게 일반적인 모습이나 화가나 개인에 따라서는 뿌리부터 그리는 경우가 있으므로 모든 그림에서 그러하듯 보편성을 벗어난 경우를 지나치게 해석하는 것에 유의해야 한다.

상록수는 자신을 활력이 넘치는 존재로 보며 그와 같은 행동을 하고 싶다는 소망으로 표현되기도 한다. 낙엽수는 자신이 외부의 힘에 의해 영향을 받고 있다는 감정을 의미할 수 있으며 버드나무나 아래로 쳐진 나무는 내향적, 자기주장의 부족, 우울감 등을 시사한다.

고목은 열등감과 관련되며 무력감, 우울, 죄책감을 시사하기도 하지만, 정신분열증, 성 범죄자에게서도 자주 나타나는 주제이다. 고목에 잎이 있는 경우는 피검자가 매우 어려운 상황에서도 아직 통제력이 남아 있음을 시사한다.

그루터기는 병적 싸인, 성적 외상, 양친에 대한 심리적 외상과 관련되며, 그루터기에 싹이 나 있는 경우는 심리적 외상에 의해 자아가 심하게 손상되었다고 느끼면서도 무의식 중에 재출발하려는 노력이 생길 수 있는 가능성과 관련된다.

② 줄기

줄기는 나무를 지탱해 주는 중심이 되는 것으로 피검자의 내적 대상의 힘과 능력을 상징하며 피검자가 느끼는 방식을 표현한다.

지나치게 큰 줄기는 환경에 대한 적극적인 움직임을 표현하나 실재는 약한 자아에 대한 보상심리로 표현되며, 현실과 공상면에서 공격적으로 행동하려는 경향성과 관련되기도 한다. 줄기와 뿌리 부분의 크기를 지나치게 강조한 것은 느리지만 성실하며 이해력이 부족한 경우에도 나타날 수 있다.

줄기가 꺾어져서 끝이 지면에 닿아 있는 경우는 마음속 및 외부와 어떤 힘에 의해 자신이 압도되어 있다는 느낌을 가질 때 나타나기도 한다. 드물지만 벼락이 떨어지거나 윗부분이 잘려진 줄기는 심한 좌절감에 노출되었거나 또는 정신장애를 가진 피검자에게서 있을 수 있는 표현이다. 말라 죽은 줄기는 자아 통제력의 상실을 의미하며, 분리된 줄기(윗부분이 열려진 줄기)는 정신분열, 지적장애 등의 병적 징후, 감정의 균형을 상실하여 내적 충동이 밖으로 노출될 위험성을 시사한다.

불연속적인 파선으로 그려진 줄기는 약하고 엷은 선과 같은 의미를 가지며, 파형의 선이 좌측에만 있는 경우는 심리적 외상과 내적인 약함과 억제의 반영일 수 있다. 반대로 우측에만 파선이 나타난 경우는 심리적 외상뿐 아니라 발달장애와 적응곤란이 있을 때 나타날 수 있다.

지나치게 큰 줄기는 환경에 대한 적극적인 움직임을 표현하나 실재는 약한 자아에 대한 보상심리로 표현되며, 현실과 공상면에서 공격적으로 행동하려는 경향성을 시사한다(그림 4-9).

그림 4-9

그림 4-10

지나치게 얇은 줄기는 낮은 에너지와 관련되며, 무력감과 부적응감을 시사한다. 1개의 선으로 그려진 경우는 무력감과 결단력 상실, 부적절한 만족감과 관련될 수 있다(그림 4-10).

그림 4-11

굵기가 일정한 줄기는 융통성이 없고, 겉치레를 우선시하는 경직된 피검자일 수 있다(그림 4-11).

그림 4-12

줄기의 굵기가 잎쪽으로 갈수록 굵어지는 경우는 통제하기 힘든 충동성을 반영하거나, 병리적인 징후로써 자아 붕괴와 관련될 수 있으므로 검토가 필요할 수 있다.

줄기가 꼭대기의 한 지점에서 만나도록 좁아진 경우는 한 가지 목적만을 향해 가는 피검자에게 나타날 수 있으며 목적을 이루지 못하게 되면 우울감에 빠져버릴 경향성이, 줄기의 폭이 급격히 가늘어진 경우는 피검자의 유아기 양육과정에서 어려움이 있을 가능성도 있을 수 있다.

줄기의 윤곽을 지나치게 강조하거나 수정하는 경우는 성격의 통합 문제와 관련될 수 있다.

줄기가 양쪽으로 분리된 경우 지능과 감정의 균형 상실을 의미할 수 있으며, 병리적 징후와 관련될 수 있다.

그림 4-13

풍선형의 잎 속에서 튀어나온 개방된 줄기는 어떠한 태도 결정에서 미결정 상태에 있거나 성급한 성향 또는 억압되어 있는 피검자일 수 있다(그림 4-13).

그림 4-14

기둥의 옹이구멍은 성장과정에서 경험된 상처와 관련이 된다(그림 4-14).

③ 나무껍질

나무껍질은 줄기의 윤곽선과 마찬가지로 자신의 외부와 타인과의 관계 부분을 나타낸다. 껍질을 상세하게 그리거나 음영을 나타낸 피검자는 환경과의 관계에서 부조화를 안고 있을 가능성이 있다. 수피를 까맣게 칠한 경우는 외부와의 사이에서 긴장감과 우울과 불안이 있거나 퇴행 경향을 고려해 보아야 한다. 줄기 좌측에만 음영을 칠한 경우는 내향적, 몽상적, 지나친 감수성으로 자신을 억제하며 그러한 자신을 타인에게 보이지 않으려는 피검자에게서 나타날 수 있으며, 반대로 줄기의 우측에 음영을 칠한 것은 환경에 적응하려는 적극적인 의욕으로 이해할 수 있다.

수피 모양을 상세하게 표현하는 것은 환경과의 관계에 강한 관심을 가지고 있거나 자신을 강박적으로 통제하고 있음을 의미한다. 비늘모양, 거친 톱니 모양의 선은 거칠고 고집스러운, 불만이 많고 화를 잘 내는 성향과 관련이 있을 수 있는 반면에, 수피의 선이 둥글고 곡선적인 선을 사용한 경우는 타인과의 접촉을 원활히 하며 외부에 적응하려는 욕구 표현으로 볼 수 있다.

④ 줄기의 상흔, 더러워진 곳, 구멍

나무줄기의 상흔이나 옹이구멍, 속이 빈 구멍은 자신이 알고 있거나 기억해 낼 수 있는 경험과 관련된다. 줄기가 더러워진 것으로 표현하는 경우도 같은 의미를 가지며 동시에 불안과 갈등을 나타낼 때도 같은 표현으로 나타날 수 있다. 구멍에 동물을 그린 경우는 인격이 붕괴되고, 자아통제력을 상실했을 때 표현될 수 있으며, 아동의 경우는 동물과 자기를 동일시하여 자신이 보호되었던 자궁 내를 동경하며 그 안에 틀어박히려는 자폐적인 경향을 나타내기도 한다. 상흔의 위치는 과거 외상경험의 연령과 관련이 있을 수 있다.

⑤ 가지

나무 그림의 가지는 영양분을 받아 밖으로 뻗어나가는 부분이므로, 피검자가 환경에서 만족을 추구하고 타인과 교류하며 무엇인가 달성하고자 하는 힘을 상징할 수 있으며, 자신이 소유하고 있는 능력의 가능성을 어떻게 보고 있는가에 대한 반영일 수도 있다. 또 다른 의미는 좀 더 무의식적인 측면의 인물화의 팔과 유사한 상징적 의미를 갖는다.

학령기 이후 아동의 그림인 경우 기능과 성격에 가벼운 지체가 있을 때 줄기에서 곧바로 단선의 가지가 나타날 수 있다. 그리고 성인의 경우는 퇴행과 관련이 있을 수 있으나 잎으로 잘 꾸며져 있다면 특별한 문제는 없다고 봐야 한다. 가지가 전혀 갈라져 있지 않은 경우는 환경과의 적응을 어렵게 생각하며 경직된 상태를 의미할 수 있다. 반면에 가지 끝이 닫혀 있지 않은 경우는 개방적이고 여러 분야에 지나친 관심을 갖고 충동 조절이 잘 안 되는 성격의 피검자에게 나타날 수 있는 표현이다.

창끝처럼 예리한 인상을 주는 가지는 비판적이고 적의와 공격적인 성향으로 행동화의 가능성을 시사한다. 또 분노를 표출하지 못하고 억제하기 위해 노력하고 있는 상황에서 오는 내적 긴장감과도 관련이 있을 수 있다. 남근 형태의 가지는 남성다움을 나타내고자 하는 경우나 무분별하고 성급한 성향과도 관련된다. 가지를 대칭으로 그린 경우는 외부에 대한 양가감정을 시사한다고 볼 수 있으며, 과도한 대칭은 강박경향으로 나타날 수 있다. 흔한 표현은 아니지만 비현실적 대칭의 가지는 정신분열증의 가능성을 검토해 보아야 한다. 줄기에 비해 큰 가지는 환경에서 만족을 얻으려는 욕구는 크지만 무력감이 공존하고 있음을 반영할 수도 있다. 전면으로 돌출된 가지는 비지시적이고 제멋대로의 성격을 시사하는 반면 독창적이고 지능이 높은 피검자에게서 표현될 수 있는 형태이다. 앞으로 돌출한 가지가 잘라져 있는 경우는 충동에 대한 억제를 의미할 수 있다.

가지가 잘려진 경우는 자신감이 없고 외상 경험이 있음을 시사한다. 또한 자기 발전과 활동이 억제되어 있다고 느끼고 있는 피검자일 가능성이 있다.

적당한 음영은 타인과의 적절한 관계 능력으로 이해할 수 있으며, 전혀 음영이 없는 경우는 타인에게 굴종하지 않는 감정의 표현일 수 있다. 전혀 가지를 그리지 않는 경우는 환경에서의 만족이나 타인과의 관계에서 오는 어려움의 반영이라고 볼 수 있다.

그림 4-15

같은 굵기의 가지는 단도직입적이고 충동적으로 본능을 외부로 표출할 수 있는 성향을 반영한다(그림 4-15).

그물과 같은 가지는 감수성이 풍부하며, 외부환경의 자극에 민감한 피검자에게서 나타날 수 있는 양식이다.

창끝처럼 예리한 인상을 주는 가지는 비판적이고 적대감과 공격적인 성향으로 행동화의 가능성을 시사하며, 분노를 표출하지 못하고 억제하려 노력하고 있는 상황에서 오는 내적 긴장감과도 관련이 있을 수 있다. 가지를 대칭으로 그린 경우는 외부에 대한 양가감정을 시사한다고 볼 수 있으며, 과도한 대칭은 강박경향으로 나타낼 수 있다. 흔한 표현은 아니지만 비현실적 대칭의 가지는 정신분열증의 가능성을 검토해 보아야 한다.

가지가 수평적 표현양식인 경우는 양육적인 피검자에게서 흔히 나타날 수 있다.

그림 4-16

가지가 위로 바깥쪽으로 향한 경우 가능성을 향해 성장해 가며(그림 4-16), 대체로 한번 시작하면 끝을 마치는 피검자와 연관이 되는 반면, 지나치게 위로 뻗은 경우는 억제력 부족과 현실을 무시할 만큼 활동적인 상황도 배제할 수 없다.

가지를 이어서 그리지 못하고 뚝뚝 끊어지듯 그려낸 경우로, 어떠한 일을 완성할 수 없는 상황의 반영일 수 있다.

⑥ 수관

수관을 보기 위해서는 먼저 줄기의 길이와 수관 크기의 비율을 검토해 보아야 한다. 줄기가 길고 수관이 작은 것은 흔히 아동과 노인에게서 많이 보이는데, 만약 성인에게서 이러한 그림이 표현된다면 발달 지체나 퇴행에 대해 고려해 보아야 한다. 줄기가 짧고 수관이 큰 경우는 자신감, 야망, 자부심을 갖고 정열적으로 일상에 몰두하는 사람일 가능성이 높다. 반면에 줄기가 가늘고 수관이 크다면 지나친 성취욕구 때문에 심리적 안정을 상실한 것의 의미일 수도 있다.

수관의 좌측을 크게 그리고 음영으로 강조된 경우는 내향적이거나 지나치게 타인을 배려하거나 사소한 일에 몰두하는 심리와 연관이 있을 수 있으며, 수관의 상부가 평평하게 표현된 경우는 외부압력에 의해 자신의 발전이 방해받고 있다는 감정을 반영한다고 볼 수 있다.

그림 4-17

구름 또는 목화송이 형태의 수관은 타인에 잘 동조하고 적응하며, 평범하고 형식적인 성향의 피검자에게서 나타날 수 있다.

수관이 자루 형태로 양 끝이 처져 있는 경우는 의지가 약하고 결단력이 부족하여 우유부단한 성향을 반영한다고 볼 수 있다.

⑦ 뿌리

뿌리는 나무가 땅에 튼튼하게 서 있을 수 있게 해 주는 부분으로써, 그려진 뿌리는 피검자와 현실과의 관계를 나타내며, 피검자가 현실을 지배하는 자신의 능력을 어떻게 인지하고 있는지와 관련이 된다.

따라서 손톱처럼 길고 큰 부리를 강조하여 음영을 표현했다면 피검자가 자신과 현실 접촉에 대해 과도하게 마음을 쓰며 현실 접촉의 상실을 두려워하는 과도한 보상심리를 반영한다고 볼 수 있다. 갈쿠리 모양의 뿌리를 강조한 경우는 외부환경에 대한 공격적 태도와 관련이 있다고 볼 수 있다. 말라죽었다고 표현한 경우는 초기 애착 또는 상실 경험과 관련된 우울 감정이 시사된다고 볼 수 있다. 밑둥의 뿌리가 지면의 선에 연속된 그림은 사물을 객관적으로 다루지 못하고 자아의식에 결함을 느끼는 피검자에게서 주로 나타나기도 한다.

그림 4-18

⑧ 나무에 있는 사람

간혹 나무 그림에서 가지에 앉아 있는 사람을 그리는 경우가 있는데 이것의 의미는 피검자가 생활을 잘 해 나가려고 노력은 하나 집과 관련된 기대나 문제로부터 거리를 두고 있는 경우일 수도 있다. 그네를 타고 있는 사람이 표현된 것은 생활에 대한 긴장감과 고립의 의미일 수 있다(그림 4-19).

그림 4-19

⑨ 지면의 선

나무 그림에서 지면의 선 표현은 많이 나타나는 것으로써 지면의 선을 과도하게 강조한 경우는 불안과 강한 의존 욕구를 반영한다고 볼 수 있다. 지면의 선을 그리지 않은 경우는 특히 문제라 할 수는 없으나, 다른 사인과 관련하여 발이 땅에 닿지 않는다는 불안의 표현과 관련이 있을 수 있다.

언덕처럼 그린 지면이 표현된 경우는 피검자의 구순적 욕구와 관련이 되기도 하며 언덕처럼 그려진 지면 위에 선 나무가 너무 작은 경우는 고립감과 무력감, 모성적인 것에 의존하려는 심리를 반영할 수 있다. 반면에 언덕 위에 나무가 너무 큰 경우는 타인을 지배하고자 하는 욕구와 자기노출의 경향성으로 나타날 수 있다.

지면의 선이 왼쪽으로 내려간 경우는 미래를 향해 노력하고 있다는 감정과 관련되며 우측으로 내려간 경우는 미래에 대한 위기감과 관련될 수 있다. 많은 경우는 용지의 하단을 지면으로 생각하고 그린 경우도 있는데 이러한 경우는 피검자가 현재의 불안한 심리를 해소하고자 할 때 주로 표현되며 퇴행적 의존적 성향을 반영할 수 있다.

우울 감정을 가진 피검자들은 지면을 종이의 하단으로 사용하면서 약한 선으로 나무를 그리는 경우도 흔히 있다.

그림 4-20

⑩ 잎, 꽃, 열매를 그린 나무

나무의 잎은 나무 그림의 마지막에 많이 그려지는 부분으로 피검자의 의견과 장식, 활력을 상징한다. 수관에 잎을 그린 경우는 인정받고 싶은 욕구와 관련되며 자신의 의견을 꾸미고 싶다는 욕구를 시사한다. 강박 성향이 있는 피검자는 잎을 주의 깊게 그리거나 큰 잎을 그리기도 한다. 또한 무력감을 안고 있으면서도 표면적으로 적응해 가고 있는 피검자는 가지에 비해 지나치게 큰 잎을 그려내기도 한다. 잎이 떨어지고 있는 나무 그림은 감수성이 강하고 자기 존재를 과시하려는 경향이 있거나, 외부압력에 의해 통제력을 상실하고 있는 상황과 관련이 있을 수 있다. 간혹 나무에 꽃을 그린 경우도 있는데 이러한 피검자는 체면을 중시하며 겉치레를 잘 하려는 것뿐 아니라 통찰력이 없거나 자기를 과장되게 드러내는 성향을 반영할 수도 있다.

과일이나 열매가 있는 나무는 아동 그림에서 흔히 나타나는 표현양식이며, 강한 의존 욕구와 지속성의 결여를 의미하기도 한다. 성인의 그림에서 열매가 있는 나무 그림은 유아기에의 고착, 미성숙 또는 자기 능력을 과시하려는 피검자에게서 흔히 나타나기도 한다(그림 4-21). 열매가 떨어지고 있는 그림은 자기가 거부되고 있다는 감정과 무엇인가 체념하여 포기해 버렸다는 감정을 의미하기도 한다.

그림 4-21

⑪ 해, 달, 바람 등 자연과의 관계

일반적으로 부성 상의 권위를 나타내며, 피검자가 권위 상과의 관계를 강하게 의식하고 있음을 반영할 수 있다. 태양이 강조되었다면 정신적 발달의 미성숙과 관련된 의미로 볼 수 있다. 나무와 태양 사이에 구름의 표현은 그 환경과 의미 있는 어떤 사람 사이에 불만족감을 가지고 있음을 시사할 수 있다. 태양에 닿을 듯 그려진 나뭇가지는 애정욕구가 채워지지 않으므로 권위 상에 대한 인정과 강한 애정 욕구를 반영한다고 볼 수 있다. 낮은 곳에 있는 큰 태양에 굴복하고 있는 것 같은 인상으로 그려진 나무 그림은 부모의 권위에 두려움을 가지고 있는 사람에게서 흔히 표현되는 상징이다.

나무가 바람과 비 등 외부의 힘에 흔들리는 형태의 그림은 피검자가 환경으로부터 압력을 느끼고 있다는 의미와 관련이 되는데, 만약 바람이 나무 위로 불고 있다면 현재 피검자의 심리상태가 현실로부터 도피하고자 하는 심리를 반영하고 있다고 볼 수 있으며, 바람이 지면으로 불고 있는 것은 공상에서 벗어나 현실로 돌아오려는 강박적인 경향성으로 볼 수 있다. 여러 가지 풍경 속에 나무를 그린 것은 공상력이 높고 풍부한 감정을 가진 피검자라는 것을 시사할 수 있으나 현실 검증력이 결여된 직관적으로 사고하는 사람일 가능성도 높다.

⑫ 특수한 나무

나무에 새집, 새, 다람쥐, 뱀, 매미 등 곤충, 도롱이, 벌레 등 작은 동물들을 그린 경우는 아동에게서 자주 나타날 수 있는 주제이나 성인의 나무 그림에서 이와 같은 표현양식이 강조되었다면 그 사람의 미성숙과 관련이 있다고 볼 수 있다. 이때 피검자는 나무에 자신을 동일시한다기보다는 새집이나 작은 동물에 자신을 동일시하는 수도 있으므로 충분한 검토가 필요하다. 둥지 안에 있는 새는 보호받기 원하는 의존적 욕구를 반영하며, 둥지 밖에 있는 새는 자유에 대한 갈망과 관련이 있다.

열쇠 구멍 같은 나무는 반항기 아동에게서 자주 보이는 표현으로 성격이 경직되고 강한 적의를 갖고 있거나 폭발적인 행동을 하거나 반항적인 피검자에게서 보일 수 있는 상징이다.

남근 모양의 나무는 정신적으로 혼란을 의미할 수 있으며, 흔히 저학년의 아동에게서 나타나기도 하나 성인의 그림에서는 성적 부적응의 반영으로도 나타난다.

나무 그림에 받침을 그리거나 화분목, 분재를 그린 경우는 자주성의 결여, 불안정감, 안정을 위해 지지와 보호에 대한 기대를 반영할 수도 있다.

⑬ 나무의 크기와 기울기

큰 나무는 자기 확대의 욕구를 보이며 공상보다는 현실적인 활동에 만족을 얻으려는 것의 반영일 수 있으나, 너무 커서 용지 밖으로 나가거나 절단된 느낌이라면 통찰력이 부족한 사람일 수도 있고, 생활공간으로부터 일탈하고 싶어 회피하고 있고, 적대적 관계에 있다고 볼 수 있다. 반대로 너무 작은 나무는 열등감과 무력감에 빠져 있을 때 주로 표현되는 양식이다.

좌측으로 기울어진 나무는 자기 방어가 강하고 내향적이고 강한 자기애, 감정억제, 미래에 대한 두려움, 과거에의 집착, 게으르고 타성적인 성향과 관련이 있다고 할 수 있으며, 반면에 우측으로 기울어진 나무는 외향적 성향을 시사하며, 적극적인 태도로 미래를 향해 있으나 때로는 침착성이 없고 외부자극에 의해 쉽게 움직일 수 있는 피검자의 그림에서 흔히 나타나는 것을 볼 수 있다.

(3) 인물화 검사(DAP : Draw A Person Test)의 해석 지침

아동의 경우 무엇인가를 그리도록 하면 대개는 사람 그림을 그리고 자기 이미지를 먼저 떠올린다. 이러한 측면은 인물화를 그리라는 것이 하나의 제약으로 느껴지지만 사실은 제약을 받지 않는 주제라는 것이다. 또한 그림에 대한 기교상의 우열이 있으므로 균형상의 문제들이 있을 수 있지만 일반적으로 개인은 그림을 그릴 때 자기가 볼 수 있는 점, 알고 있는 점을 그리게 된다. Machover는 인물화는 자아 또는 몸의 표현이라고 했으며 인물의 각 부분에 따라서 자아 이미지의 양상이 달라지므로 각 부분의 균형 상태나 표현, 모습, 연령, 복장에서도 개인의 마음 상태를 추리해 나갈 수 있다는 것이다.

인물화의 장점은 연령, 지능의 정도, 미술 소질과 무관하게 누구에게나 사용 가능하다는 점이다. 그림이라는 작업 자체는 그림을 그리는 사람이 속이려 하지 않으며, 속이려 해도 속이기가 어려운 게 장점이다. 뿐만 아니라 다양한 개별화된 표현과 역동적 형태의 표현이 허용되므로 투사 검사로써의 가능성을 충분히 가지고 있으며, 환상에 사로잡혀 있는 개인에게 그 환상을 풀어주는 안전한 기회가 되기도 하여 치료적인 효과를 가져오기도 한다.

① 처음에 그리는 성

일반적으로는 인물화를 그릴 때에 자신과 동일한 인물을 먼저 그린다. 이성상을 먼저 그리는 경우 이성에 대한 성적 관심이 강하거나, 의미 있는 사람으로서 심리적으로 밀착된 경우, 성 정체성의 문제 등으로 나타나기도 한다.

② 인물화의 크기

인물화의 크기는 피검자의 자존감과 활동성을 의미한다. 성별에 무관하게 50% 이상이 남성상과 여성상을 비슷한 크기로 그려내고, 나머지는 남성상을 더 크게 그리는 경향이 있다.

남녀의 인물상이 지나치게 크거나 작은 경우는 성 역할에 혼돈이 있을 수 있다. 여성상이 현저하게 큰 경우는 남성 지배욕과 관련이 있으며, 어머니의 역할이 가정에서 중심적일 경우도 있다. 이성상을 더 크게 그린 경우는 성 정체성에 대한 불안과 이상화, 또는 열등감과 자기 대상에 대한 부정을 반영할 수도 있고, 동성상을 더 크게 그린 경우는 자기 대상에 대한 우월감과 성 정체성의 불확신감에 대한 불안의 보상심리를 반영할 수도 있다.

③ 만화 또는 추상적인 인물

아동, 청소년 그림에서 만화 인물이나 추상적인 인물화가 자주 등장하는 것을 볼 수 있다. 그림 형태는 검사에 대한 방어일 수도 있고, 인간관계가 부적절한 경우 또는 그에 대한 불안을 반영하기도 한다.

④ 주제

인물의 주제는 피검자와 같은 연령이나 환경으로 표현되는 것이 일반적이다. 특히 다른 상징성이나 병리적인 인상을 주는 것에 대해서는 특별히 관심을 갖고 질문을 해야 한다. 일반적인 주제는 아니지만 주제가 일반화되지 않았다고 해서 모두가 병리적인 것이라고 볼 수는 없다.

예를 들어, 성인이 아동화를 그렸다고 해서 무조건 퇴행이나 고착현상으로 해석해서는 안 된다. 아동화를 그린 피검자가 유치원 교사이거나 아이들에 대한 관심이 많은 사람일 경우도 있기 때문이다.

⑤ 투명성

투명성이란 인물의 신체부분이 옷 위로 그려지는 경우이다. 그림에서 투명성이 나타나면 일반적으로 병리적인 현상으로 보며 정서적, 기질적 원인에 의한 성격의 통합 상실이거나 정신분열 환자에게서 흔히 나타나는 경우가 있다. 아동의 경우는 정신병적 요소가 없어도 부적절한 환경에 노출된 경우와 관련되기도 한다.

⑥ 생략과 왜곡

인물화가 실제에 비해 왜곡되게 그려졌거나 생략이 되어 있으면 그 부분이 피검자에게 어떠한 갈등이 있다는 것을 나타내거나 부정적인 자아상이 반영된 경우일 수 있다. 신체 어느 부분의 생략과 왜곡은 신체 기능의 어려움을 암시하는 메시지일 수도 있다.

⑦ 머리

인물화에서 머리는 상징적으로 지적 능력의 원천으로써 충동과 정서적 통제이며, 자아의 근원이며, 공상과 사회적 관심을 나타낸다.

머리를 생략한 경우는 흔치 않으나, 사고장애나 신경증, 우울장애, 자폐장애 등을 예측해 볼 수 있다. 모자를 쓰거나 하여 머리를 가리는 경우에는 자신감 부족 또는 현실 세계에 대한 회피를 반영하고 있다고 볼 수 있다.

머리를 지나치게 크게 강조한 경우는 과도한 지적 욕구에 대한 불안과 보상심리를 의미할 수 있다. 6세 이하의 아동이 머리를 크게 그리는 것은 어려움의 현상이 아니며 인지적 정서적 성숙의 수준을 반영하므로 지나친 해석에 유의해야 한다. 지나치게 작게 그린 경우는 강박 성향이 있거나, 죄책감에 대한 부정, 수동성, 열등감, 약한 자아의 반영일 수 있다.

머리의 윤곽선을 강조한 경우는(그림 4-22) 강박관념, 공상 등을 암시하며, 인물화의 가장 마지막에 머리가 그려진 경우는 대인 관계의 장애를 예측할 수 있다.

머리카락이 없는 경우는 거세공포, 성 역할에 대한 갈등, 분열 성향을 추측해 볼 수 있으며, 머리를 일반적인 형태가 아닌 도형처럼 그리는 경우는 사고장애를 검토해 보아야 한다.

그림 4-22

⑧ 얼굴

얼굴은 신체 중에서 가장 두드러진 타인과의 소통의 중심 부분으로써 얼굴은 피검자의 현실 세계와의 접촉을 상징한다. 그러므로 얼굴에서 표정을 생략한다는 것은 대인관계의 문제를 예측해 볼 수 있다. 반면에 지나치게 얼굴 부분을 강조하거나 주의 깊게 그린 경우는 인간관계나 자신의 의견에 과도한 관심을 갖는 피검자에게서 나타날 수 있다. 지나치게 공격적이거나 열등감 또는 사회적 무능감에 대한 보상을 반영하기도 한다.

⑨ 눈

눈은 내면생활을 나타내며, 외부 세계와 정보를 교환하는 중요한 기관이다. 눈의 생략은 지나친 자기애와 극심한 불안, 회피, 사고장애 등의 암시일 수 있다. 눈이 너무 큰 경우는 상호작용의 위축과 회피를 의미하며, 눈을 까맣게 강조한 경우는 상호관계에서 불안과 긴장감을 느끼고 있거나, 어려움이 있거나, 방어적이거나, 편집적 사고를 의심해 볼 수 있다. 눈의 윤곽만 그리는 것은 자신의 감정을 나타내고 싶지 않을 경우일 수 있다. 점으로만 표현하거나, 한 줄로 선만 표시하는 경우는 상호 교류의 제한성을 느낄 때 나타날 수 있다. 안경이나 모자로 눈을 가린 경우는 외부 자극을 피하거나 시기심과 관련될 수 있다.

눈썹의 의미는 많이 알려져 있지는 않으나 숱이 많은 눈썹은 미숙한 성격을 의미하며, 치켜 올라간 눈썹은 비판적인 태도와 높은 자존심과 관련될 수 있다. 속눈썹은 타인의 관심 욕구의 의미를 담고 있으며, 남성상에 속눈썹을 그린 경우는 동성애의 경향성도 살펴볼 필요가 있다.

⑩ 코

코는 남근의 상징으로도 해석되나, 후각이라는 통로를 통해 외부 세계를 받아들인다는 의미를 상징한다.

코의 생략은 사회적 상황에서 위축감과 회피적인 성향을 나타내기도 한다. 코를 지나치게 크게 강조한 경우는 성적 열등감과 거세불안, 약한 성에 대한 보상의 의미로 표현될 수 있으며, 콧구멍의 강조는 대인관계의 미숙함과 공격 성향을 나타내기도 한다. 반대로 너무 작은 코는 외모와 관련하여 낮은 자신감, 관계의 수동성 또는 위축감을 의미할 수 있다. 단춧구멍 또는 삼각형의 코는 미성숙과 퇴행, 불안을 예측해 볼 수 있다.

⑪ 입, 입술, 이

입은 음식물을 받아들이고 세상과 의사소통을 하는 기관으로써 수동성과 적극성, 공격성 또는 성적인 것의 상징적 의미를 가지며, 그 사람의 가치감과 존재감의 상징을 함축하고 있다. 그러므로 입의 생략은 애착 관계에서의 심한 좌절감과 갈등, 결핍을 시사하며, 너무 큰 입은 구순적 공격 충동, 불안에 대한 보상 심리로 나타나기도 한다.

⑫ 턱

턱은 힘과 결단력의 상징을 나타낸다. 그러므로 턱의 생략은 대인관계의 수동성과 자신의 무력감, 책임감에 대한 두려움을 시사한다. 반면에 턱의 강조는 지배욕과 공격 성향을 예측해 볼 수 있다(그림 4-23).

그림 4-23

⑬ 목

목은 머리와 몸을 연결하는 통로로써 머리의 지적 영역 또는 통제력의 영역과 몸의 감정적, 충동적 영역을 결부시키는 기관이다.

그러므로 목의 생략은 자기애적인 충동과 미성숙과 관련되며 지나치게 작은 목은 억제와 위축을 의미할 수 있고 하나의 선으로 목을 표현한 경우는 스스로의 충동성 조절에 대한 부적절감을 시사한다고 볼 수 있다.

긴 목은 과도한 도덕의식을 갖고 있거나 자신의 충동조절에 자신감이 부족하다고 느낄 때 등의 억제된 욕구를 공상 속에 몰두함으로써 해결하고 싶은 심리를 시사한다. 고집이 세고, 심인성 소화불량이 있는 경우에도 긴 목을 그리는 경향이 있다. 따라서 지나치게 목이 길고 가는 경우는(그림 4-24) 상실된 통제력에 위축되고 억제된 심리의 반영일 수 있으며 정신병적 요소를 살펴 볼 필요가 있다. 반대로 길고 너무 굵은 목은 자신의 통제에 너무 집착되어 경직되고 융통성이 없는 성향을 나타낼 수 있으며 짧고 굵은 목은 지성보다는 충동에 좌우되어 있고 충동적인 감정 표출과 행동화의 가능성이 있음을 예측해 볼 수 있다.

그림 4-24

⑭ 어깨

어깨는 체격과 체력을 나타내며 힘과 능력, 책임, 자아성취 욕구의 상징과 관련되므로 어깨의 생략은 책임에 대한 회피, 또는 책임지는 것에 대한 무력감을 시사한다고 볼 수 있으며 사고장애의 암시이기도 하다. 어깨를 반복해서 지우고 고치는 경우는 자신의 힘에 대한 관심과 좋은 체격과 힘에 대한 욕구와 소망을 반영할 수도 있다.

남성상의 어깨를 너무 크게 그려 강조한 경우는 외부에 대한 방어적 태도와 책임에 대한 과도한 권위, 성 역할에 대한 양가감정을 나타내기도 한다. 여성상의 어깨를 크게 강조한 경우는 남성 지향적 사고와 성 역할에 부정적 사고를 가지고 있을 수 있다.

날카롭고 각진 어깨는 경직되고 확고한 태도, 행동화의 경향성을 의미할 수 있다. 반면에 어깨가 너무 축 처진 경우는 맡은 역할과 관련하여 자신감이 없고 부담스러워 우울 상태에 있음을 반영한다고 볼 수 있다.

⑮ 몸통

몸통은 기본적인 욕구를 상징하며 피검자의 정신적 발달과 욕구를 대변한다. 몸통이 없는 인물화는 보기드문 현상이므로 피검자가 몸이 없이 얼굴에 직접 팔과 다리를 그렸다면 지적장애를 검토해 볼 필요가 있다. 단, 유아의 경우는 예외이다.

5세 정도의 유아나 아동들은 삼각형, 사각형, 타원형의 몸통을 그리는 경우가 있으나 5세 이후의 아동들은 옷을 입히려는 욕구가 있기 때문에 청소년 상에서 기하학적인 도형적 몸통을 그리거나 투명성의 몸통을 그렸다면 그것은 정신장애를 암시할 수 있다.

너무 길고 가는 몸통을 그릴 때는 내적 힘의 부족감에 대한 보상심리를 나타내는 경우이며, 너무 작게 그릴 때는 신체적 에너지의 결핍과 부적절감을 느끼는 경우이거나 열등감을 갖고 있는 경우이다. 지나치게 짧고 굵은 몸통은 화 조절이 어렵거나 행동화의 가능성을 의미한다. 너무 큰 몸통은 충족되지 못한 욕구의 반영일 수 있으며, 몸통에 진한 음영이 있거나 지운 경우는 그 신체 부분에 대한 갈등과 불안의 상징을 의미한다고 볼 수 있다.

⑯ 가슴

피검자의 성별에 따라서 해석이 달라진다. 피검자가 남자인 경우에 가슴은 자기 자신의 능력과 힘에 대한 반영일 수 있으며 큰 가슴은 권위적 태도를 통해 자신의 무능감을 과시하고자 하는 보상심리로 나타날 수 있으며 너무 좁은 경우는 수동성을, 상의를 벗은 모습은 무능감에 대한 보상심리를 나타낸 경우로 볼 수 있다. 남자 피검자가 여성상에 지나친 유방을 그렸다면 정서적 미성숙과 해결되지 않은 오이디푸스적 갈등, 모성의존, 구강기적 의존 욕구를 반영한다고 볼 수 있다.

피검자가 여성인 경우, 가슴은 성적 매력과 의존 욕구 또는 애정 욕구와 관련이 있으며 가슴 그림의 형태는 자기 대상의 충족과 관련되며 성숙도의 지표로써 제공된다. 가슴의 생략은 의존 욕구의 좌절감을 시사한다고 볼 수 있는데, 청년기의 여성이 유방의 표현을 무시했다는 것은 독립에 대한 거부일 수도 있다. 너무 큰 가슴은 성적 매력의 강조 또는 의존 욕구에 대한 불안심리에 대한 보상을 반영하기도 하지만 너무 작은 경우는 자기에 대한 부적절감을 의미한다고 볼 수도 있다.

아동이 여성상에 유방을 그린 경우는 의존 욕구를 반영하기도 하나, 성적 조숙과 호기심의 암시이기도 하다.

⑰ 허리

허리는 몸의 상부와 하부를 연결하는 부분으로써 남성의 허리는 신체적인 힘과 성적 기능과 관련된 중추적인 역할을 하게 되므로 허리선의 표현은 피검자의 성적 욕구의 통제 능력과 관련이 된다. 반면에 여성의 허리선은 양육기능의 영역과 생식기능 그리고 성적 영역과 관련되는 경계로써 표현된다고 볼 수 있다.

그러므로 허리선을 허리띠로 졸라매거나 허리띠에 음영처리 등으로 지나치게 강조되거나 약한 선 또는 파형으로 그려졌다면 성적 충동과 갈등, 긴장에 대한 반영일 수 있다.

⑱ 팔

팔은 자신이 원하는 일과 타인과의 관계에 대한 욕구와 환경과의 직접적인 접촉을 하는 신체 부분이므로 팔은 피검자의 자아 발달과 인간관계에서의 발달에 관련이 있으며 자기 보호와 타인과의 협조 또는 공격의 상징으로 이해할 수 있다. 이러한 상징적 의미 때문에 팔의 생략은 피검자의 외부환경에 대한 내적 갈등이나 양가감정으로 인한 억압, 충동의 통제 또는 죄책감에 대한 경향성과도 관련이 되며 정신적 퇴행, 지각에 대한 왜곡으로 나타날 수도 있다. 몸에 밀착하여 꽉 붙은 팔을 그린 경우는 수동적, 적대적, 경직된 심리 상태를 반영한다고 볼 수 있다. 몸 앞으로 두 팔을 겹쳐지게 그린 경우 또는 팔짱을 낀 모습은 누군가에 대한 의심과 적대감이 있을 때 나타날 수 있으며 뒤로 숨겨진 팔은 공격 충동의 통제 욕구와 죄책감의 반영일 수 있다.

단선으로 가늘고 약하게 그려진 팔은 신체적, 정신적 결함이 있거나, 대처 능력이나 상호작용에 대한 부적절감과 관련될 수 있으며 지나치게 짧은 팔은 무력감의 의미로 나타날 수도 있다. 팔이 몸통에서 분리되어 있거나 어깨가 아닌 몸 중간에서 그려지는 경우도 있다. 이러한 그림은 유아나 아동에서 흔히 표현될 수 있으나 청소년기나 성인에게서 그려진다면 퇴행현상이거나, 지적장애, 사고장애를 동반한 정신장애 상태의 암시일 수 있으므로 검토를 해 보아야 한다.

⑲ 손과 손가락

손은 타인과의 교류로써 팔과 유사한 내용을 상징하며 손가락은 환경에 직접 접촉하며 대처하고 조작하는 기관이다. 그러므로 손 그림을 통해 피검자의 환경에 대한 통제 능력과 방식에 대한 이해를 구체화할 수 있다.

인물화에서 손을 가장 마지막에 그린 경우는 타인과의 관계를 회피하거나 자

그림 4-25

그림 4-26

신의 무력함을 숨기고자 하는 심리를 반영한다고 볼 수 있다. 손을 생략한 경우는 심한 무력감과 불안을 의미한다. 손을 그렸으나 분명치 않고 흐리게 그렸다면 자신의 활동 능력과 적응력에 대해 자신감이 없는 경우에 나타나는 표현이며 음영을 표현한 손은 공격성, 도벽, 자위 행위에 대한 죄책감을 시사할 수 있다. 호주머니에 넣거나 뒤로 감춘 손도 외부환경에 대한 회피와 자기 통제로 나타난다.

주먹을 쥔 손은 공격성과 분노의 통제를 반영한다. 지나치게 큰 손은 과잉행동과 관련되며 자신을 강하게 나타내고 싶은 심리와 관련되기도 한다. 아동기 이후의 큰 손은 타인과의 관계에 어려움이 있거나 자신의 무력감을 극복하려는 욕구를 의미하기도 한다(그림 4-27).

그림 4-27

손가락을 그리지 않고 공 모양으로 그린 경우는 대처 능력에 대한 부적절감과 무력감을 시사하며 강한 필압의 공 모양 손은 분노와 공격성과 관련이 된다. 뾰족한 손가락은 적대적 행동의 가능성을 반영하며 너무 긴 손가락은 퇴행 성향으로써 역할 수행의 어려움을 나타낸다고 볼 수 있다. 5개 이상의 손가락은 유아에게서 흔히 볼 수 있으나 성인의 경우는 주의력 결핍 또는 야심가, 공격성, 지적 장애의 의미를 담고 있다. 반대로 5개 이하의 경우는 스스로의 통제에 대한 부적절감을 느낄 때 간혹 나타나기도 한다. 손가락을 하나하나 정성스럽게 떼어 그리거나 손톱 또는 손가락의 관절을 세밀하게 그린다면 통제와 관련된 불안 심리가 반영되었다고 볼 수 있으며 정신분열증의 초기 반응을 검토해 보아야 할 필요가 있다.

⑳ 다리, 발

다리와 발은 신체를 지지하는 기관으로써 정서에 대한 상징적인 부분이다. 다리는 자신을 원하는 곳으로 옮겨 주고 어려움에 대처하게 해 주며 현상을 지탱하도록 해 주는 역할을 하며 발은 다리가 하는 직접적인 역할을 하는 부분이다. 그러므로 다리와 발의 그림은 욕구에 대한 자율성과 관련되며 대상 경험의 측면에서 피검자의 의존과 독립의 위치를 가늠할 수 있게 해준다.

그러므로 발의 생략은 외부환경에 대처하고 현실에 뿌리내리는 데에 대한 자신감 부족과 무력감, 우울감, 또는 그에 대한 양가감정을 시사한다고 볼 수 있다. 그러나 질병으로 누워 지내는 사람인 경우는 다리나 발을 그리지 않거나 보이지 않게 그릴 수 있으며 노인층의 경우에는 가늘고 약한 불안정한 형태의 다리를 그릴 수 있으므로 피검자의 상황을 배제한 지나친 해석이 되지 않도록 유의해야 한다.

지나치게 짧은 다리는 대처 능력에 대한 부적절감, 억제, 수동적 태도를 의미한다고 볼 수 있다. 양쪽 다리가 꽉 붙여지게 그리거나 교차되게 그린 것은 성적 부적응의 경향성과 관련이 있으며 융통성이 부족하여 심리적 긴장이 있을 때 표현될 수 있다.

치마 끝부분에서 나온 다리는 미성숙과 강한 자기애를 암시할 수 있다. 한 선으로 다리를 그린 경우는 현실 대처에 대한 수동성을 나타내며 길이와 크기가 다른 다리는 현실 상황에 대한 불안정감의 반영일 수 있으며 공상 세계로 도피하고 싶은 감정과 자립하고 싶은 것에 대한 양가감정을 의미하기도 한다. 지나치게 크기가 다른 경우는 정신증적 또는 지적장애의 시사점도 배제해서는 안 된다.

발이 생략된 경우는 독립에 대한 부정적 의미를 시사하며 때로는 현실 지각의 왜곡 가능성도 검토해 보아야 한다. 지나치게 큰 발은 자신의 독립성에 대한 강조를 통해 부적절감을 보상하고자 하는 심리적 반영이라고 볼 수 있다. 반대로 너무 작은 경우는 부적절감에 대한 두려움을 예측해 볼 수 있다. 발의 자세가 반대방향으로 표현된 경우는 성격의 우유부단함을 의미하기도 한다.

발가락을 그리는 경우는 흔한 일은 아니며 발가락을 지나치게 세밀하게 그린 경우는 병리적인 징표로 나타나기도 한다. 때로는 사회적 일탈과 관련된 강한 공격성과 강박 성향을 함축하고 있을 수 있다. 발바닥 형태가 없이 닭발처럼 선 하나로 그려내거나 뾰족하게 그린 경우는 현실 지각의 문제와 관련될 수 있으며 발을 둥글게 그린 경우에는 자율성의 미숙함을 고려해 볼 수 있다.

㉑ 자세

인물화의 자세는 자기 개념과 관련이 있다. 난폭한 움직임은 공격적이고 자기주장적인 자기 개념과 관련된다. 난폭한 움직임이라 하더라도 사회로부터 수용된 행위로 표현이 되었다면 피검자가 자신의 내적 적대감에 대한 통제 능력을 시사한다고 볼 수 있다.

인물화의 옆모습은 회피 성향, 관계의 유보 그리고 편집적인 경향성의 의미일 수 있다. 몸은 정면을 향하고 있고 얼굴은 옆모습이라면 자기 정체성에 대한 양가감정이라고 볼 수 있으며, 나무나 벽 등에 기대어 있거나 누워 있는 인물상은 자기 불확실성에 대한 불안정과 우울감, 대인관계의 수동적 태도와 관련될 수 있다.

㉒ 옷

인물상이 입은 옷은 피검자의 사회적 역할과 본질, 성격과 관심을 상징한다. 옷을 지나치게 화려하게 꾸미거나, 옷을 입지 않은 경우 모두가 유아적 성향과 자기중심적이고 성적 부적응을 야기시키기 쉬운 피검자에게서 나타날 수 있다.

① 단추

단추는 배꼽이나 어머니의 젖꼭지를 상징하며 모성의존을 나타낸다. 진한 음영을 표현한 단추와 일반적이지 않은 위치에 그려진 단추는 의존적, 유아적, 열등감, 무력감의 의미를 시사한다고 볼 수 있다. 즉, 가슴 부분의 강조와 단추의 강조는 구순적 고착과 박탈 경험, 퇴행을 의미하며 남성상에서의 강조된 단추는 의존성과 부성상의 권위에 대한 순응과 의존을 의미한다고 볼 수 있다. 신체의 중심을 강조하듯 그려진 단추는 자기중심성과 건강 염려증을 시사한다고 볼 수 있다. 소매부리 등 눈에 띄지 않는 곳에 그려진 단추는 의존성과 강박성을 예측해 볼 수 있다.

② 가슴 부분, 주머니 강조

가슴 부분 주머니의 강조는 유아적이고 의존적인 성향에서 많이 나타난다. 성인 남성에게서 액세서리가 많은 큰 주머니가 표현되었다면, 이는 피검자가 모성에 대한 의존과 자립하고 싶다는 갈등 또는 자아 확장의 상징과 관련이 있다고 볼 수도 있다.

③ 넥타이

넥타이는 청소년기 후기와 성인기에 흔히 나타나는 상징으로써 남성적인 것을 의미하며 때로는 남근을 상징하기도 한다. 넥타이에 음영을 칠하거나 문양

그림 4-28

등으로 지나치게 강조를 하는 경우는 동성애 또는 여성 성향을 추측해 볼 수 있겠다. 작고 가늘어서 지나치게 왜소해 보이는 넥타이는 성적 능력과 자기 신체상에 대한 열등감을 반영할 수 있다. 또한 긴 넥타이는 성적 부족감에 대한 두려움의 보상으로 나타날 수도 있으며, 성적 공격성을 가진 사람과 관련이 있을 수도 있다.

④ 모자

모자는 외부환경에 대한 적응 반응과 관련이 있는 상징으로써 눈을 가릴 만큼 모자를 눌러 쓴 인물화는 외부환경에 대한 편집성으로 나타날 수도 있으며, 모자 대신에 얼굴 전면을 씌운 가면이나 두건의 표현 역시 외부환경에 대한 부적응과 경계심의 반영이라 볼 수 있다.

㉓ 기타 인물화의 특징

① 나이

인물상의 나이는 피검자 자기 또는 자기 대상의 성숙도에 대한 주관성을 나타낸다. 나이를 해석할 때는 나무 그림 검사에서와 마찬가지로 자기 또는 자기 대상과 5년 차이가 나는 것은 문제로 보지 않는다. 다만 5년 이상인 경우는 내적 성숙과 관련된 불안과 과잉 보상을 의미한다고 볼 수 있으며 5년 이하의 경우는 미성숙한 성격과 관련될 수 있다. 분명한 나이를 말하지 않고 그냥 그렇다 또는 아주 많다 등의 표현을 한다면 우울감이 내재화되어 있다고 볼 수 있다. 특히 아동이 자기보다 어린 인물상을 그렸다면 유아적 의존 욕구, 미숙한 심리 사회적 상태를 반영한다고 볼 수 있다.

② 행동의 표현

행동에 대한 표현에서는 폭력성이 배제된 활동은 피검자의 적절한 일상의 활력을 의미하며 폭력적인 행동은 심리 내적인 공격성과 충동의 통제, 적대감 등의 의미일 수 있다. 그냥 있다, 서 있다 등의 표현은 현재의 무기력한 상태를 나타내는 것일 수 있다. 만약 인물상을 사람이 아닌 허수아비나 동상으로 그려내는 경우는 정체성의 문제를 가지고 있을 수 있으므로 검토해 보아야 한다.

③ 인물상에의 생각

인물상의 생각이 부정적이거나 비판적인 생각으로 표현된다면 낮은 자존감과 우울 상태를 의미한다고 볼 수 있다. 아무 생각도 않고 있다거나 모르겠다고 표현한다면 피검자의 회피적 사고와 수동성의 반영일 수 있다. 느낌이나 감정이 우울하거나 화가 나 있다면 억압된 공격성을 의미할 수 있겠고 괴이한 감정표현이 있다면 사고장애의 부분도 배제해서는 안 된다.

아동의 인물상에서는 마녀나 귀신이 자주 등장하는데, 아동의 경우는 자기 대상과도 관련이 있으며 일반적으로 현실 적응 관계에 어려움이 있는 피검자에게서 두드러지는 예이다. 종교와 관련된 인물은 수도자를 제외하고는 자기 정체성과 관련된 비현실감과 이상화의 경향성을 고려해 볼 수 있다.

(4) 마코버(Machover)의 인물화 검사 분석 규준

Machover(1949)의 인물화 검사에 대한 상징적·임상적 의미는 주관적이고 직관적인 규준이 많아서 여기에서 구체적인 평가 규준은 오오도모 규준을 통해 보완하기를 바란다. 인물화 검사의 평가는 피검자의 생활사, 검사과정에서의 행동과 태도, 보충 자료, 그림의 특징에 대한 다양한 연구 결과들이 종합적으로 다루어짐으로써 보다 타당도가 높은 결과를 기대할 수 있게 된다.

부위	성격 분석 규준	상징적 의미
머리	몸에 비해 이상적으로 큰 머리	1. 정신적으로 발달이 늦기 때문에 욕구불만을 갖게 되고 두뇌를 과대평가하는 사람 2. 정상 지능을 가지고 있어도 학교 성적이 나빠서 적응을 못하는 사람 3. 몸의 상처 때문에 아직 머리가 아프거나 자극에 지나치게 예민한 사람 4. 지적 또는 도덕적, 허영 때문에 머리를 특히 뚜렷이 그림 5. 환상에 사로잡혀 있는 사람 6. 아동과 의존적인 사람에서 큰 머리가 많이 그려진다.

부위	성격 분석 규준	상징적 의미
머리	앞이마나 뒤통수가 툭 튀어나온 것	두뇌의 힘을 중요시하는 사람
	모양이 이상하게 생긴 머리	기질적인 이상을 표현한 경우가 많다.
눈	큰 눈	세상을 시각적으로 흡수한다.
	작은 눈	세상을 배척한다.
	퉁퉁 부은 눈	성적 흥분
	신중하고 조심스러운 눈	1. 과대망상증 2. 이미 본 것에 대해 죄책감을 지워버리는
	긴 속눈썹을 화장한 눈	눈의 성적, 전시적 효과와 매력 표시
	눈동자의 생략	1. 히스테리컬한 성격 2. 자기중심적인 사람 3. 객관적으로 구별하는 일에 눈을 쓰지 않는 사람
	눈의 윤곽 없이 눈동자를 까맣고 똑똑하게 그린 것	1. 망상증적 성격 2. 눈이 방어의 도구이고 무엇이든 보이는 것은 제한된 의미를 가지고 있다.
귀	귀가 일그러져 있거나 기형적일 때	일그러진 정도에 따라서 다소의 과민성에서부터 시작하여 사회적 비판을 잘하는 사람, 심한 망상증까지 있다.
	귀 모양이 크게 찌그러졌거나 위치가 잘못됐거나, 이상하게 자세히 그려진 귀	단순한 강조라기보다는 다분히 병리적인 현상
코	아주 강한 코	남성적이고 자기주장적이다.
	코에 그늘이 지거나, 지워지거나, 잘라버린 경우	갈등의 표시
	지나치게 긴 코	불감증인 남성의 기능 회복의 상징으로 표현됨
입	입은 성욕적이고, 육감적이며, 오목하게 들어가 있음으로써 의존적 형태를 가지고 있다. 또는 보상적이고 공격적인 특성을 표현한다.	
머리카락	머리카락은 육감적인 욕구에 관계가 있고, 간접적이지만, 성적 충동에도 관계가 있다. 머리카락은 아동과 퇴행적인 성인 그림에서 강조되고 있다.	

(5) 충동성 지표

충동성 지표에서 3개 이상, 비 충동성 지표에서 5개 이상 해당이 되면 임상적으로 의미를 둔다.

① 충동성 지표

충동성	충동성을 가장 잘 나타내 주는 지표
1. 완성 시간	각 인물(여자, 남자)을 그리는 데 걸리는 전체 시간이 5분 이하인 경우
2. 공격성	다음에 제시되는 것 가운데 한 가지 이상이 그림에 나타나는 경우 이, 칼, 총, 폭탄, 막대기 형상 인물, 피, 공격적인 움직임의 표현 혹은 곤봉
3. 전반적인 질	Harris(1963) 혹은 Kappitz(1968) 체험체계에 의해 정의된 것으로써 전반석인 그림의 질이 빈약한 경우
4. 불연속성	머리, 몸통, 목, 팔, 다리, 발 가운데 적어도 두 부분에서 정상적으로 연결되어지는 선이 비연속적으로 중복되는 경우
5. 생략	다음의 신체 영역이 생략된 경우–머리, 몸통, 목, 손, 팔, 다리, 발, 머리카락, 손가락(만일 손이 등 뒤로 향해 있다면 채점하지 않음).
6. 특별한 생략	코, 눈동자, 눈, 그리고 손가락이나 손 가운데 한 가지 이상 생략된 경우
7. 비율	머리, 몸통, 얼굴, 팔, 다리 가운데 적어도 한 부분에서 비율이 적절하지 않는 경우
8. 크기 증가	몸통의 높이에 있어서 6인치 너비라면 3인치를 초과하는 경우
9. 목	목이 생략되거나 머리 길이의 2/3보다 더 긴 경우
10. 자세	다리가 신체 중앙선으로부터 45°의 1/2 이상 기울어진 경우
11. 어깨	어깨가 부적절하게 연결되거나 직각으로 그려지지 않은 경우
12. 계획성의 부족	지면에 그림을 다 그리지 못하여 그림의 일부가 잘리거나, 잘못 그렸을 때 지우지 않고 처음부터 다시 그리는 경우

② 비 충동성 지표

비 충동성	비 충동성을 가장 잘 나타내 주는 지표
1. 좌우대칭	그림에 균형감이 있고 팔, 다리, 눈, 귀, 발과 같은 신체상 부분에 있어서 적어도 세 영역에서 좌우대칭을 보이는 균형
2. 세부 묘사	다음 항목 가운데 5가지 이상이 표현된 경우-귀걸이, 목걸이, 반지, 팔찌, 브로치, 구두끈, 헤어스타일, 안경, 바지, 벨트, 스카프, 단추, 지퍼, 신발, 양말
3. 완성 시간	여성, 남성 그림 모두를 그리는 데 8분 이상 걸릴 경우
4. 위치	인물상의 3/4이 종이 2등분선의 하단에 속하는 경우
5. 스케치	팔, 다리, 몸통, 머리와 같은 신체 부분을 그릴 때 스케치 방식을 사용한 경우
6. 지우기	다음의 신체 부분을 완전히 지우고 다시 그리는 경우-발, 다리, 몸통, 손, 팔, 손가락, 머리, 얼굴, 다른 대상을 잡고 있는 손, 다른 물건들, 혹은 인물 전체
7. 크기	머리에서 발까지의 길이가 4인치보다 작거나 토르소(torso) 너비 길이가 2인치보다 짧은 경우
8. 성별을 그린 순서	피검자와 반대성의 사람을 먼저 그린 경우
9. 눈을 강조	다음의 내용 가운데 2가지 이상이 표현된 경우-안경, 눈썹, 속눈썹, 큰 눈, 각막 세부 묘사, 음영이 있는 눈, 눈동자
10. 오른쪽으로 치우친 그림	그림의 중앙선이 종이의 중앙선에서 1인치 이상 오른쪽으로 치우친 경우
11. 조망	옆모습을 그리거나 뒷모습을 그린 경우
12. 입의 세부 묘사	아랫입술과 윗입술을 2차원적으로 묘사한 경우
13. 음영	다음의 신체 부위를 2번 이상 표현하거나 옷의 색을 칠하기 위해 음영을 사용하는 경우-발, 손, 몸통, 팔, 눈, 입, 다리, 목, 스커트, 바지, 혹은 옷가지

(6) 부적응 지표

항목	내용
1. 생략	그림에서 의미 있는 세부 묘사가 생략된 경우(눈, 입, 팔, 다리, 발 등)
2. 투명성	신체 부분들이 옷이나 팔, 다리, 옷을 통과하여 보이거나 심장 등 장기들이 표현된 경우
3. 왜곡	신체 부분들이 매우 부적절한 비율로 그려지거나(지나치게 크고 긴 팔, 지나치게 작은 머리 등), 신체 부분들이 적절히 연결되어 있지 않거나, 잘못된 영역에 연결되어 있는 경우(팔이 몸통 중간에 연결됨)
4. 수직적 불균형	인물이 45도 이상 기울어진 형태로 그려진 경우
5. 머리의 단순화	머리가 과도하게 단순한 형태로 그려진 경우
6. 신체 단순화	신체를 과도하게 단순한 형태로 그린 경우
7. 전반적인 수준의 빈약함	묘사의 정확성이나 예술적 수준과 같은 그림의 전반적인 질, 세부 묘사와 관련된다. 인상에 근거하여 9점 척도상에서 채점(1점-빈약함, 9점-우수함)
8. 성별의 변별	여성의 특성 혹은 남성의 특성이 명확히 드러나는지를 알아보는 것으로 9점 척도상에서 평가(1점-성별 특징이 모호함, 9점-명확함)
9. 성적 표현	성과 관련된 세부 묘사의 정도(가슴, 성기, 과도한 화장 등)

출처 : Magnoia & Classer, 옥금자(2005). 재인용.

(7) 성격적 특성과 관련한 HTP 표현양식

1 욕구와 관련된 HTP 표현양식

	성취 욕구	의존 욕구	안정 욕구
위치, 형태	용지 윗부분에 그림	• 지면의 선이 비탈을 이루며 한쪽 면이 내려가 있는 것은 어머니에 대한 의존 욕구 • 곡선의 획 내용	• 순서를 무계획적으로 그린 경우 불안과 관련 • 지면의 선은 안정을 구하는 것으로 표현되나, 불안 대상에 대한 안정성을 부여하려는 욕구도 있다.
집	• 크고 좋아 보이는 집 • 수직형으로 그림	• 큰 출입문은 타인에 대한 의존 욕구 • 나무가 집을 가림 • 식당, 요리, 굴뚝 강조 • 부가적 사물을 그려냄	• 지면이나 기저선에서 부터 그린 그림은 불안감 표현 • 창문을 벽 끝에 그리고 창문의 한 선이 벽선과 함께 그려진 것은 안정 욕구 • 용지의 하단을 집 벽의 한 선으로 사용한 것은 불안정감의 표현
나무	• 성취 욕구 : 나뭇가지가 현저하게 위로 뻗어 있고, 밖으로 두드러지게 뻗어 있음 • 성취 욕구 상실 : 분재 • 윗부분이 꺾어진 줄기는 성취 욕구 상실과 관련 • 수관이 큰 것은 강한 성취를 나타냄	• 나무를 배경으로 산을 상세히 그리는 경우 • 과일나무 • 태양에 닿을 듯한 나뭇가지, 부모 또는 권위자에 대한 충족되지 않은 애정 욕구 • 크리스마스 트리는 퇴행과 의존 욕구	• 나무 그림의 줄기가 작고, 뿌리 강조는 불안정감과 관련 • 받침이 있는 나무와 분재는 자주성 결여와 불안정감과 관련됨
사람	• 머리가 크다(지적장애, 뇌기질장애 아닌 경우) • 팔이 길거나 근육이 두드러진 것은 성취 욕구와 신체적 강인함을 달성하려는 보상 욕구	• 가슴을 강조한 것은 모성에 대한 의존 욕구와 관련될 수 있음 • 목의 길이가 성차에 다르게 표현하고 여성상의 목이 긴 것은 의존 욕구 • 가운데가 쑥 들어간 입, 반원형의 입은 수동적인 의존 욕구 • 단추, 주머니 강조, 중앙의 선을 강조함은 의존 욕구	• 한쪽 다리를 들고 있는 인물상을 반복 표현하는 경우 불안정감의 반영으로 볼 수 있음

② 성격 특성과 관련된 HTP 표현양식

	성향	경직	회피성	거부감
위치, 형태	• 그림의 중심을 용지 왼쪽에 그린 경우는 충동적 행동과 욕구에 대해 직접 또는 솔직히 만족시키려는 경향 • 그림의 중심을 용지 오른쪽에 그린 경우는 충동, 욕구를 통제하려는 정서적인 면보다는 지적인 면 중시하는 경향	• 사소한 것을 지나치게 자세히 그림 • 지나친 직선을 사용 • 적당히 지우고 고쳐 그린 그림은 가소성 • 타원형의 선, 운동을 나타내는 것은 가소성	• 종이의 귀퉁이에 배치 • 유난히 작게 그린 경우	• 검사 태도에서 그리지 않거나 용지를 회전시켜 그린 경우 • 불충분한 그림을 지우지 않고 그대로 두거나 용지 이외의 곳을 고쳐 그린 경우 • 아무렇게나 그리며 자세히 그리지 않음 • 작은 태양
집	• 문을 표현하지 않은 경우 정서적으로 냉정한 성향 • 개인주택 이외의 집 그림은 갈등의 경향성 반영	• 기와를 하나씩 자세히 그린 경우	• 돌출된 처마의 강조는 도피적, 방어적 • 낙수받이는 도피, 방어를 나타냄 • 정면을 그리고서 전혀 입체감이 없는 것은 도피 경향 • 창문이 없거나 블라인드나 커튼이 있는 창문은 도피 경향 및 움츠러드는 성격 • 출입문이 없거나 창문보다 작은 문, 격자창이 달린 출입문	• 밑에서 쳐다보는 집 • 조감도는 가정환경의 거부와 관련 • 오두막집 그림은 가족으로부터 거부당한 느낌

	성향	경직	회피성	거부감
나무	• 그림 위치와 같은 의미이나 전체 의미보다는 약함	• 잎을 하나씩 상세하게 그린 경우 • 가지가 곧고 똑바로 굽거나 흔들리지 않은 나무 그림, 특히 만족을 구하는 활동에 있어서의 경직성과 관련됨	• 버드나무처럼 아래로 쳐진 나무 • 고목은 움츠러드는 성향 • 나무 줄기 좌측에만 음영을 칠한 경우는 움츠러드는 경향성을 반영	• 과일이 떨어지는 나무는 가족으로부터 거부감과 관련
사람	• 지나치게 작은 머리는 강박 성향 • 가장 마지막에 그린 머리 그림은 의존 성향 • 머리카락이 없는 경우 심각한 의존 성향 • 목과 몸통이 긴 경우 분열 성향	• 머리카락, 단추 등 한 부분을 지나치게 세밀하게 그린 경우 • 양면에 뻣뻣하게 편 팔을 그린 경우 • 굳은 표정의 인물화	• 막대 모양 인물 • 인물화의 일부분이 옆으로 향함 • 뒷모습은 강한 도피 경향 • 눈, 코, 입 생략은 현실 접촉을 피하고 움츠러드는 경향 • 손, 팔의 생략 • 몸의 윤곽만 그린 경우	• 뒷모습의 인물화 • 회전하는 인물로 표현

③ 적응 문제와 관련된 HTP 표현양식

	위치, 형태	집	나무	사람
적절한 적응	• 적응적인 상황에서는 치우쳐 있거나 한쪽으로 기울어지지 않고 중심에 안정된 공간을 차지한 그림을 표현 • 안정되고 보편적인 형태의 그림 표현	• 적당한 크기와 적당한 수의 출입문과 창문은 타인과 적절한 교류를 가진 사람 • 커튼이나 블라인드로 가려 있지 않은 집 • 큰 출입문이나 열려진 출입문과 통하는 길이 있는 경우 적절한 사회성을 나타냄	• 가지의 갈라짐이 적당하게 표현된 나무는 적응을 나타냄	• 자유로이 가소성을 가지고 그리며 어떤 부위를 특별히 강조하지 않은 인물화는 적절한 적응

	위치, 형태	집	나무	사람
적대감과 공격성	• 용지를 벗어나거나 지나치게 큰 그림은 제한된 환경으로 인한 욕구 불만, 적의, 공격적인 반응을 나타냄 • 주어진 위치를 거부하고 회전시켜 그린 경우는 거부와 적대감의 표현 • 강한 필압의 선과 날카로운 각이 두드러지는 것은 공격성을 나타냄	• 창문에 아무런 장식이 없고 유리, 커튼도 없는 창문은 거부와 적대감과 관련됨 • 무너진 집	• 열쇠구멍 같은 나무는 강한 적대감 • 곤봉과 같은 가지, 날카롭고 뾰족한 가지와 잎 등이 나무의 다른 부분과 잘 조합되지 않은 경우 강한 적대감 표현과 관련 • 쓰러질 듯한 나무	• 상처 입은 인물 • 두드러진 이빨, 일자로 날카롭게 표현된 입은 공격 경향 • 큰 콧구멍을 강조함은 공격성 • 각이 진 어깨는 과도한 방어와 적의 • 날카롭고 뾰족한 손가락, 발가락 • 주먹 쥔 손, 주먹을 들어 올려 사람을 위협하는 인물은 공격성과 적대감 표현 • 손을 허리에 대고 있는 인물화는 적대감과 회의감 • 머리카락 모양에 주의를 기울여 그리면서 전혀 음영을 칠하지 않음은 적대감이 있는 공상과 관련
무력감과 열등감	• 크기가 작고 필압이 약한 그림은 무력감과 관련 • 큰 태양을 그리는 것은 권위적 인물에 대한 무력감과 그에 대한 과도한 관심 표현	• 지붕이 망가지고 금이 간 집은 무력감과 관련 • 밑에서 쳐다보는 것 같은 집 • 작은 출입문이 있는 집은 무력감 표현	• 옆집에 음영이 진한 큰 나무는 권위적 인물에 대한 무력감과 의존 욕구 • 줄기가 작은 데도 현저하게 큰 가지를 그리는 것은 무력감과 환경으로부터의 불만족감 표현 • 현저하게 작은 가지와 큰 잎, 아래로 쳐진 가지는 무력감 • 고목도 무력감 표현	• 좁은 어깨와 몸통의 인물화는 열등감과 무력감 • 보통 지능 이상의 사람, 팔이 없는 그림, 손과 팔이 다른 부분보다 현저히 짧은 것은 무력감의 표현 • 힘없이 늘어진 팔 • 용지 하단에서 다리가 절단, 작은 발을 그린 경우

	위치, 형태	집	나무	사람
자기확대	• 크기가 큰 그림은 자기 확대 경향을 나타냄 • 필압이 강하고 진한 선을 사용하는 경우 자기 주장이 강한 사람	• 용지를 꽉 채울 만큼 크게 그린 집	• 큰 나무 줄기 • 수관에 잎을 그림 • 나무에 꽃을 그린 것은 자기 주장 • 청년의 그림에서 과일나무 • 처음에 수관을 그리는 경우 겉치레와 허식을 구하는 사람에게 많다	• 넓은 어깨 • 턱을 강조
성격의 불균형	• 윤곽선을 다른 선보다 강하고 진하게 그리는 것은 성격의 평형을 유지하기 곤란함을 표현하며 불안과 불쾌감을 안고 있음을 나타냄 • 현저한 음영이나 이중선으로 그린 윤곽선이나 경계선도 마찬가지 의미	• 가옥이 넘어지는 것처럼 그린 경우 성격의 평형 상실 경향	• 가옥 그림과 같음	• 신체 부위가 흩어져 있거나 질서가 없고 기괴한 모습으로 표현

4 품행장애와 관련된 HTP 표현양식

① 품행장애와 관련된 HTP 표현양식

	품행장애의 임상적 표현
형태	• 큰 그림은 자기 확대적 의미로써 부정적 힘의 주장과 관련 • 그림이 용지를 벗어나 절단된 경우는 통찰력 부족, 일상생활에서의 일탈 • 필압이 강하고 진함 • 연필을 비스듬히 쥐고 희미하고 넓은 스케치 풍의 선 • 진한 음영이 많은 경우는 불안이 강하고 인생관에 대해 암담함을 반영

	품행장애의 임상적 표현
집	• 창문이 없는 경우는 환경과 원활한 관계가 안 됨을 반영 • 주제에 비해 지나치게 작은 집은 가정에 대한 애착 문제일 가능성이 있음 • 처마를 강조한 경우 타인에 대한 경계심을 시사함
나무	• 풍경 속의 나무를 많이 그림 • 가지 끝을 예리한 창끝처럼 그림
사람	• 머리카락을 검게 칠한 경우 자신이 공상하는 것에 대한 불안 • 4등신 이상의 머리가 큰 인물화는 정서의 미숙, 퇴행 관련 • 목이 없는 인물은 충동 억제의 어려움 시사 • 넥타이의 강조는 인간관계에서의 자기 현시, 성적 갈등을 시사 • 불균형적인 눈은 강한 시기심과 관련 • 양손 또는 한 손을 뒤로 감춘 경우는 죄책감 또는 타인에 대한 비협조와 관련

② 성 문제와 관련된 HTP 표현양식

	성과 관련된 임상적 표현
형태	• 굴뚝, 가지와 같은 나무의 돌출부, 코나 손가락 등의 돌출부를 계속 지우거나 고쳐 그리는 경우는 남성 생식기를 중심으로 한 성에 대한 갈등 상징 • 창문, 나무 줄기의 구멍 등을 끊임없이 지우거나 고쳐 그리는 경우는 여성 생식기를 중심으로 한 성에 대한 갈등 반영 • 돌출부의 생략은 관련된 성에 대한 관심을 나타내기도 함
집	• 어울리지 않는 굴뚝, 2개 이상의 굴뚝, 남근 형태의 굴뚝은 성에 대한 관심, 갈등, 거세 감정에 대한 부적응감 • 벽을 통해 보이는 굴뚝은 성에 대한 죄의식, 타인이 그 죄의식의 원인을 알고 있다는 느낌 표현 • 큰 굴뚝, 출입문이 열린 상태로 노출된 경우 성적 노출 경향 • 수직선으로 2분된 창문, 삼각형의 창문은 성에 대한 강한 관심 • 유리가 없는 창문은 구순적 또는 항문적 성욕에 대한 관심을 반영 • 낙수받침의 강조는 남녀의 생식기에 대한 관심, 요도 성애의 가능성 • 손잡이 강조는 남자 성기에 대한 관심
나무	• 수관과 줄기를 생식기처럼 그리거나 줄기의 상흔이나 구멍을 면밀하게 그린 경우 성에 대한 관심과 갈등 • 고목은 성범죄자들에게서 흔히 나타날 수 있음

	성과 관련된 임상적 표현
사람	• 허리선 강조는 성충동의 표현과 지적 통제 사이의 갈등 • 허리띠는 성적 관심의 억제와 관련 • 허리 아래를 생략한 표현은 성에 대한 갈등을 반영 • 과장된 유방, 엉덩이, 다리의 표현은 성적 관심 반영 • 다리를 교차한 인물의 표현은 성에 대한 경계심, 방어적 태도와 관련됨 • 넥타이에 진한 음영은 성에 대한 부적응감 시사 • 귀걸이는 성에 대한 노출 경향

5 우울과 관련된 HTP 표현양식

	우울과 관련된 임상적 표현
위치와 형태	• 용지 아래쪽에 그림 • 크기가 작음 • 자세하지 않고 약한 선의 사용 • 대칭성 강조
집	• 작고 공허한 느낌 • 한 면의 벽만 있는 집 • 조감도의 집 • 집 그림에 석양 그림 • 침실 강조
나무	• 지적장애의 의심이 없는데도 한 개의 선으로 된 줄기 • 고목나무 • 잎이 없고 몇 개의 가지만 있음 • 나무 그림에 석양을 그림 • 가지가 아래로 쳐져 있는 나무
사람	• 의자나 무언가에 기대어 앉아 있는 인물 • 검은 의복을 입은 사람 • 팔, 다리 생략

⑥ 신경증과 관련된 HTP 표현양식

	불안 신경증	강박 신경증	외상 관련 신경증
위치와 형태	• 그림의 크기가 너무 작거나 지나치게 큰 경우도 불안 관련 • 희미한 선, 지우개의 잦은 사용, 필압이 강한 선 • 주제에 관계가 없는 부분에도 과도하게 상세히 그리거나, 필수 부분을 생략 • 진한 음영 • 일부분만 진한 음영인 경우는 그 부분이 상징하는 것에 불안 • 용지의 왼쪽 상부에 위치한 그림 • 대칭성 강조	• 그림의 상하좌우의 대칭과 균형에 집중 • 작은 부분을 주의 깊게 그리고 상세하며 수식이 많은 경우 • 대칭성 강조	• 부적절한 • 빈약한 신체 이미지 • 형태를 이해할 수 없는 네모 또는 세모 등의 도형적 형태의 선으로 그려냄
집	• 지붕의 윤곽을 반복 그림 • 가옥화에 수풀을 그림	• 강한 테두리가 있는 창과 커튼으로 가려진 창문 • 차양 등을 세밀하게 표현	• 부서진 창문 • 아래로 쳐진 차양 • 지붕이 없는 집
나무	• 줄기를 검게 칠하여 표현 • 나무를 그리고 다시 지면의 선을 그리는 경우이며 처음에는 침착한 듯하나 곧 불안해지는 경향성을 반영	• 잎이 몇 개이든 매우 세밀하게 그림 • 가지가 외부로 뻗어 있지 않고 줄기 편으로 향함 • 대칭형의 나뭇가지	• 꺾어지고, 굽어지고, 비뚤어진 가지 • 옹이구멍 • 그루터기 • 줄기에 텅 빈 구멍, 줄기 왼쪽에 찍히거나 패인 것처럼 그리고, 보통의 줄기에 선으로 된 가지는 최근의 심리적 외상과 관련 • 줄기의 폭이 일정치 않은 경우에 폭이 넓은 곳은 풍부하게 발달된 시기와 연관되며, 갑자기 폭이 좁아진 곳은 어려운 시기

	불안 신경증	강박 신경증	외상 관련 신경증
사람	• 머리카락을 검게 칠함 • 손에 검은 음영 • 신체 부분의 왜곡 또는 생략	• 머리를 작게 그리는 경우 • 다리를 두드러지게 자세하게 그리는 경우 여성의 강한 강박성을 나타내며 관절까지 그리는 경우도 강박 성향과 관련 • 단추의 세부적인 묘사	• 상처가 있는 인물, 비뚤어진 손과 발의 경우는 외상이 현재에도 존재함을 반영함 • 인물상의 어느 곳에 이해할 수 없을 정도로 극단적인 왜곡은 현실 검증의 장애를 시사함

2) KHTP(Kinetic-House-Tree-Person)의 해석 지침

KHTP 그림에서는 그림 간의 밀착, 거리, 순서, 크기가 아동을 이해하는 데 중요한 정보가 된다.

KHTP 그림 검사의 실시방법 : 21×27cm(A4 정도 크기)를 가로로 제시하고, 여기에 "집, 나무, 그리고 한 사람이 어떤 행동을 하고 있는 모습을 그리세요"라고 지시한다. "만화나 막대 모양으로 그리지 말고 사람을 그리세요" 그림을 그린 후 KHTP 검사결과를 평가하면서 가능한 폭넓은 영역의 경험들을 나열하기 위해 고려되어야 할 점들은 아래와 같다.

(1) KHTP 그림 검사의 해석 지침

KHTP 그림 검사에 나타난 그림 간의 밀착, 거리, 순서, 크기를 중심으로 살펴보자.

① 밀착

그림에서의 밀착은 그림을 그린 사람이 삶을 살아가는 데 있어서 어떠한 중요한 일을 해결해야 하는 상황에서 문제를 풀어갈 수 있는 해결책이 없거나 실패감을 느낄 때, 피검자는 사람과 집 또는 집과 나무가 밀착된 그림을 그림으로써 자신이 현실적으로 부딪히게 되는 실패와 장애 또는 불만족 등의 어려움을 나타내게 된다.

2 순서

대부분의 사람들은 자기가 그리고 싶은 순서대로 그림을 그리게 되는데 가장 먼저 그린 그림은 피검자에게 특별한 의미를 갖는다.

① 나무가 가장 먼저 그려진 경우

생명력과 성장이 피검자에게 가장 중요할 수 있다. 성장하려고 하거나 살아남으려는 사람들에게는 일반적이다. 그러나 자살을 생각하거나 삶의 의지를 잃은 사람들도 종종 나무를 가장 먼저 그리기도 한다. 좀 더 나아지려고 노력하는 사람들 또한 나무를 가장 먼저 그린다. 물론 올바른 해석이 이루어지기 위해서는 전체적인 KHTP 그림의 일부로써 나무를 보아야 한다. '이 나무가 죽었는가? 밀착되었는가? 혹은 원형인가?' 등의 정보들은 의미를 더욱 확실하게 해 주는 중요한 요소가 될 수 있다.

② 집이 가장 먼저 그려진 경우

- 생존을 위한 장소에 소속하고 싶은 욕구로 나타날 수 있다.
- 신체에 속하고 싶은 욕구, 신체적 욕구나 강박관념을 의미할 수 있다.
- 사회에 소속하고 싶은 욕구, 성공 혹은 성공에의 경멸을 나타낼 수 있다.
- 보살핌을 주고받는 가정, 창의적이고 즐거운 장소로써의 집을 의미할 수 있다.

③ 사람이 가장 먼저 그려진 경우

- 감정의 제어에 대한 걱정을 반영할 수 있다.
- 신체를 숨기거나 과시하고자 하는 심리의 반영일 수 있다.
- 성공이나 성공에의 경멸과 관련될 수 있다.
- 돌보기를 좋아하는 사람일 수 있다.
- 즐거움을 주고받기를 좋아하는 사람일 수 있다.
- 자신 이외의 사람이 그려졌을 경우 이는 죽은 가족 구성원이나 사랑하던 사람, 미운 사람, 영웅이나 폭군에 대한 강박관념을 반영한 것일 수 있다.

(2) KHTP 그림 검사에서의 활동 내용

KHTP 그림의 밀착은 그림들 간에 무엇이 어디에 밀착되느냐는 흐름의 선을 따라서 에너지의 방향을 느낄 수가 있다. 그러나 그림에서 나타나는 활동 내용은 느낌뿐 아니라 그림들 간의 밀착선을 따라서 시각적으로 에너지의 흐름을 느낄 수 있게 해준다. 나무와 사람은 생명체이므로 바람에 의한 흔들림과 방향이 취해진 동작과 활동에서 피검자의 무의식적 행동들을 볼 수 있는 기회를 만날 수 있게 된다. 집 그림은 생명체가 아니므로 행동이 존재하지는 않지만, 집의 형태와 기울기를 통해 피검자의 안정성을 볼 수 있고, 수평과 수직적 표현에서 욕구를 이해할 수 있게 된다.

① 나무 속의 동물

나무에 다람쥐의 표현은 일반적으로 자주 등장하는데 주로 안전에 대한 불안이 있는 피검자에게서 많이 그려지며 이는 저장 행위와 관련이 된다.

② 둥지의 새

둥지 밖의 새는 자유와 관련된 욕구를 나타내나 둥지 안의 새는 보호받고 싶은 의존성의 표현으로 자주 등장한다. 현재 어려움에 대한 피검자의 동일시 대상을 의미할 수 있다.

③ 집을 향해 있고 아래로 쳐진 나뭇가지

집을 향해 있는 나무는 안전하고 따뜻한 가정을 원하고 있다는 욕구를 반영하거나 퇴행 또는 과거에의 고착과 관련된다.

④ 아래로 쳐진 나무

나뭇가지의 흐름과 창끝 모양의 가지, 밑동이 잘려진 듯한 줄기 등은 피검자의 박탈 경험과 관련된 퇴행과 고착 상태를 반영한다고 볼 수 있다. 인물상의 모습에서도 현실 부적응, 죄책감 등 초자아 문제를 반영하고 있다.

⑤ 집을 향해 있는 나뭇가지와 잎이 풍성한 나무

자신의 성장에 에너지를 쏟음에 있어서 통합성이 부재된 한 면에만 치중하며 타인이나 가족에 대해서는 부정적인 태도를 보이거나 거부하는 경향이 있을 수 있다.

⑥ 지붕 위에서 자라고 있는 나무

나무가 집 위에서 자랄 때는 강한 집착과 관련이 있다.

⑦ 떨어진 과일 나무

KHTP에서 과일 그림은 의존 욕구와 퇴행과 관련한 희망과 기대 욕구와 관련이 있다. 그러므로 떨어진 과일은 쇠의식과 좌절 감정을 반영할 수 있다

⑧ 그네가 있는 나무

그네는 흔들림 때문에 긴장감과 관련되며 그넷줄로 신체를 담고 있다는 점에서 포위와 고립을 의미하기도 한다. 그네를 타고 있을 때와 그네에 앉아 있을 때의 의미는 달라진다. 그네를 타고 있다면, 탈 때의 흔들거림과 관련하여 긴장과 에너지의 방향을 반영하므로 피검자가 어디에 자신의 에너지를 쏟고 있는지 암시를 준다. 반면에 그네에 앉아 있다면 포위와 관련하여 집과 관련된 문제 또는 그 기대로부터 자신을 분리시키고자 하는 대처와 관련이 될 수 있다.

(3) KHTP 그림 검사에서의 표현양식

① 나무와 집이 밀착된 경우

두 그림의 밀착이 표현된 경우는 삶에서 2가지 측면으로 인해 곤란을 겪고 있을 때 나타날 수 있으며, 이러한 피검자는 가족 내 또는 가족관계에서 벗어날 수 없는 어떠한 요소에 의해 성장을 방해받고 있을 수 있으므로 적절한 분리가 필요할 수 있다.

② 집, 나무, 사람이 밀착된 경우

밀착은 피검자들이 자신의 삶을 적절하게 분리시키지 못하고 어려움을 겪고 있을 때 주로 나타날 수 있다. 그러므로 집과 나무 그리고 사람 모두 밀착된 양식을 보인다면 인생이 매우 복잡한 상황일 수 있으며 단순화가 필요하다.

③ 조감도

KHTP에서는 흔치 않은 양식이지만 집, 나무, 또는 사람 그림에서는 간혹 보여질 수 있다.

④ KHTP에서 선을 그리는 경우

그림에 선을 그리는 것은 안전감을 찾겠다는 시도로 나타날 수 있는데, KHTP 위에 선을 표현하는 경우는 피검자가 격심한 불안 상태에 있거나 정서적으로 불안한 심리에 대한 반영으로 나타날 수 있다.

집과 나무 또는 사람 아래에 선이나 음영으로 지면선을 표현하는 경우는 그림을 그린 피검자의 그 부분에 대한 생활의 안정을 구하고자 하는 시도로써 나타날 수 있다.

⑤ 시작한 그림을 다시 그리겠다고 하는 경우

그림 검사에서는 KHTP뿐 아니라 간혹 그림을 다시 그리겠다고 하는 피검자들이 있다. 이것은 처음에 그렸던 KHTP의 내용이나 역동성에 위협감을 느낄 때 나타날 수 있으며 다시 그림을 그려서 안정을 찾고자 하는 시도로 나타날 수 있다.

⑥ 검사지보다 크게 그리는 경우

검사지보다 크게 그린다는 것은 지면이 부족하여 밖으로 확장된 그림을 의미하며 나무 그림에서 흔히 나타나는 현상인데 이는 정착하기를 싫어하는 환상을 가진 피검자에게서 흔히 나타나기도 한다.

(4) Maslow의 욕구 수준에 따른 KHTP 해석 지침

Maslow의 발달 수준이 담고 있는 의미는 다음과 같다.

- 1수준 : 생활에 대한 소속감
  삶, 생존, 일상생활에 대한 욕구
- 2수준 : 신체에 대한 소속감
- 3수준 : 사회에 대한 소속감, 성공
- 4수준 : 자기와 자기가 아닌 것
  마치 임산부가 아기를 자신의 일부로 여기듯 자기가 아닌 것을 포함해서 정의된다. 동정심, 사랑을 주는 것, 양육, 변화된 동기
- 5수준 : 모든 생명체에 대한 소속감, 사랑을 주고받기

① KHTP 그림 검사의 해석을 위한 Maslow 발달 모형

HTP / 수준	집	나무	사람
1수준	• **접근형** : 요새나 감옥 같은 구조, 출입구가 없음, 감옥처럼 창살 있는 창, 너무 작은 문 * 집은 보호와 안전을 위한 장소 • **회피형** : 붕괴 직전의 집, 공허한 집, 무너질 것 같은 집 * 여기에 속한 사람은 죽음을 생각	• **접근형** : 갈고리 같은 손톱 모양의 뿌리, 가시 모양 나무들, 사슴뿔 같은 가지 • **회피형** : 죽었거나 죽어가는 나무, 줄기가 좁고 잎이 없거나 드물게 나 있음, 아래로 쳐진 가지와 잎가지가 부러지거나 말라죽은 나무	• **접근형** : 공격적인 표현, 편집증적인 특징, 무기를 가진 인물 • **회피형** : 슬픈 표정, 속이 비어 있음, 자기 파괴적
2수준	• **접근형** : 정밀하게 그려진 굴뚝, 촛불, 동그라미, 남성기 상징의 장식 * 감각적, 쾌락주의 반영 • **회피형** : 종교적 상징, ×표 상징, 짙게 음영이 진 지붕, 격자무늬 지붕	• **접근형** : 남근 형상의 나무, 나무껍질이나 잎 강조 • **회피형** : 줄기에 ×표 세밀하게 그려진 나무, 지워지고 생략됨, 뚱뚱하게 옷으로 몸을 가림	• **접근형** : 신체가 강조됨, 근육(육체미), 여성의 특정한 신체부위 강조, 조깅하는 사람 • **회피형** : 신체 부위 생략, 지우거나 생략, 허리 아래 부분에 진한 색칠, 몸 위에 ×표

HTP 수준	집	나무	사람
3수준	• **접근형** : 크고 좋아 보이는 집, 큰 아파트 * 성공, 지위, 권력, 존경에 관한 욕구 반영 • **회피형** : 집이 크기는 하나 누추하게 보임	• **접근형** : 크고 화려한 나무, 단단한 떡갈나무 • **회피형** : 큰 줄기에 작은 가지, 줄기는 크나 가지는 작고 안으로 향함, 큰 나무에 큰 잎	• **접근형** : 세련되고 값비싼 옷, 보석을 지니고 있음 • **회피형** : 반문명적인 모습, 빈곤한 모습
4수준	4수준에서는 접근형이나 회피형의 이분법이 나타나지 않고, 다만 통합된 조화가 있으며, 집은 화목한 가정이 되며, 따뜻한 분위기 속에서 다른 사람과 공유할 수 있는 곳이다. 커튼은 숨기 위한 것이 아니며 아름다움을 위한 것이 된다. 장난감, 꽃, 나무들이 가족과 보호의 상징으로 나타난다. 집 입구에는 문과 문고리가 있고 빛이 비추고 있기도 하다.	양육적이고 정착된 나무로 그늘과 올라갈 수 있는 장소이며, 떨어지거나 상하지 않은 과일과 열매가 있을 수 있다.	그림은 완성품이며 양육적이고 보살핌, 지지적이고 도와주는 행위들로 나타남
5수준	가정은 행복과 환영을 반영하는 창조적인 것이다. 이 수준에서 그림을 그린 사람은 자아와 비자아 모두를 받아들인다. 가정은 따뜻하고 자연과 조화를 이루며 나무, 꽃, 새, 태양, 산들이 하나의 생활의 향연으로 포함된다. 가정은 신체, 자기, 기타 다른 모든 것을 위한 장소가 되도록 완전함과 창의적인 노력을 반영한다. 4수준의 모든 가치에 즐거운 손질과 사랑과 아름다움이 더해진다.	풍성한 나무로 가지는 위쪽과 바깥쪽으로 향해 있다. 부러지지 않았고 생기 있고 전체적인 조화를 이루며 새, 태양, 산 등이 있을 수 있다. 4수준에 비해 하늘로 향하듯 상승의 움직임이 보이며 하늘과 땅의 조화가 나타난다.	그림은 전체적이며 강하고 균형이 잡혀 있고 사랑이 있다.

② Maslow의 발달 모형에 따른 상징적 해석

HTP / 수준	1수준	2수준	3수준	4수준	5수준
공기	생존 호흡	에어로빅 조깅 숨쉬기 운동 신체의 건강	비행기의 힘 "정복해야 할 영토"	보살핌 헌신	빛 열림(개방성) 외적, 상징적인 영적 탐구
새	생존 탈출 안전	음식 특식	독수리의 힘 "맹조류"	평화의 비둘기 부드러움	위로 날아오름 자유로움 빛
고양이	생존 "구사일생"	감각적 모피근육의 물결 껴안고 싶음	강력한 사냥꾼 이빨 발톱	조용함 평안함	신비 자기 절제형
빨강색	생존 "생의 피"	흥분 "산타클로스" "투우 경기에 쓰이는 붉은 깃발"	화력 파괴적이며 창조적	따뜻한 색 보살핌 치유 회복	무지개의 일부 치유에너지의 통합된 상징
대지	생존 자리잡음	"세속적" 예 물질적 쾌락적	힘 "나의 영토, 나의 땅"	모성 대지 보살펴 주는 사람	에너지를 생성하는 양극의 일부 "하늘–땅"
불	추위에서의 생존	감각적 온기	파괴와 창조를 위한 강력함	보살핌 온기	창조적 사용 증기 증류 에너지 회복
꽃	생존 씨앗	감각적 여성 성적 상징	여성의 원리 수동성, 포용성을 통한 극복	미 사랑	미와 경외의 자연적 창조의 과정
집	안전하고 보호받을 수 있는 장소	"우리가 사는 집", 즉 신체	성공과 힘의 상징	돌봄, 보살핌 가족, 가정을 위한 장소	모든 것과 연합된 미와 보살핌을 반영하는 창조적 노력

수준 \ HTP	1수준	2수준	3수준	4수준	5수준
남근	종족의 생존	감각적-쾌락주의	우위, "남성 권력의 상징"	창조적 과정의 활동적 부분	영적 에너지와 활동적으로 연합된 창조적 에너지, 하늘과 땅의 양극성의 일부
나무	생존 뿌리	신체 생명력	권력, 크기 "강력한 통나무"	보살핌 풀어줌 "만짐"	새꽃과 열매를 창조, 아름다움과 조화를 가꿈
물	생존 태아 단계	"넘치는 수액" 쾌락주의적	"바다의 힘" 물이 바다를 친다	보살핌 새롭게 함 유용함	유연함 겸손 평안함 조용함

3) 동작성 가족화 검사(KFD : Kinetic Family Drawing Test)의 해석 지침

KFD 검사의 실시방법 : A4 크기의 용지를 가로 면이 되도록 놓아 주고 "자신을 포함하여 가족 모두가 무엇인가를 하고 있는 사람을 그려 보세요. 막대기나 만화를 그리는 게 아닙니다. 움직이지 않고 서 있는 사람이 아니라 무엇인가를 하고 있는 장면, 즉 동작을 하고 있는 것을 생각해서 그려 보세요"라고 지시한다. 그리고 한번 더 자신을 포함한다는 것을 상기시켜 준다.

지시 후에는 완성될 때까지 검사실 밖으로 나와 있는 것이 도움이 되며 완성 후에는 아래의 몇 가지 질문을 하여 기록해 둔다.

- 그림 속 인물상의 그린 순서는?
- 각 인물은 누구인가?
- 연령은?
- 무엇을 하고 있는가?

- 가족 중 생략된 사람은 있는가?
- 가족 외에 첨가된 사람은 있는가?

KFD 검사의 해석 지침

KFD의 해석은 인물상의 활동과 그림에 나타난 활동 내용, 스타일, 상징 등으로 나누어 해석하고 인물화 검사의 상징적 의미와 임상적 의미를 포함하여 해석한다 (Burns & Kaufman, 1972). KFD 해석에서 고려해야 할 점은 가족구성 중 그려지지 않은 사람이 있는지, 가족 외의 다른 사람이 들어왔는지, 자주 지우는지, 생략된 부분이 있는지, 적절한 모습인지 등에 대해 살펴보아야 한다.

(1) KFD에서 나타난 가족 간의 활동 내용

가족관계라는 울타리 내에서 흐르고 있는 에너지들은 낯선 사람과의 관계에서 일어나는 에너지의 강도에서부터 적대적, 경쟁적, 회피적, 조화로운 애착 관계에서 일어나는 높은 수준까지 다양한 강도의 에너지가 가족관계에서 일어난다. 그러므로 KFD에서 표현된 가족 구성원의 활동은 피검자가 지각하고 있는 가족관계와 역할, 자아상, 그리고 가족 내에 잠재해 있는 여러 자기 이슈들에 대한 임상적 의미를 제공해 준다.

① 애착 관계에서 나타날 수 있는 활동

강한 애착 관계에서는 서로가 높은 강도의 에너지 흐름으로 표현이 된다.

② 조화로운 일반적인 관계에서 나타날 수 있는 활동

일반적인 조화로운 가족관계에서는 긍정적이고 온정적인 상호작용이 표현된다. 가족과 가족 사이에 벽이나 가구 등 어떠한 장애물도 놓여지지 않으며 신체적으로도 친밀한 상태를 보이고 전등이나 따뜻한 빛이 표현되기도 한다.

그림 4-29

③ 경쟁관계에서 나타날 수 있는 활동

경쟁관계에서는 에너지의 흐름이 공과 같은 물체를 통해 상징화하여 나타낸다. 공은 힘의 형태로 흔히 나타난다. 두 사람 사이의 대면되는 경쟁관계에서는 공이 두 사람 사이를 서로 왔다갔다 하는 형태로 나타나는 것을 볼 수 있다.

그림 4-30

④ 경쟁 대상이 안 된다고 느낄 때 나타날 수 있는 활동

경쟁을 하고는 싶지만 그 경쟁 대상이 장애가 있거나 또는 너무 약하거나 너무 강해서 감히 경쟁 대상이 안 된다고 느낄 때 피검자들은 에너지의 방향을 전혀 다른 곳으로 바꿔버리거나 에너지 전달을 정지함으로써 감정을 통제하는 것으로 나타낸다.

그림 4-31

⑤ 갈등관계에서 나타날 수 있는 활동

갈등은 간혹 금기하는 곳에 X자 등의 직접적인 표현을 하며 접근과 회피는 에너지의 갈등을 갖고 있는 것으로 나타내기도 한다.

⑥ 불안상태에서 흔히 나타날 수 있는 활동

불안상태에서는 에너지가 흔히 자신에게 나타내거나 내면화시키는 것으로 표현된다. 즉, 자신에게 음영을 주거나 자신의 주변에 음영과 선을 그어 표현하기도 한다.

⑦ 힘든 상황이나 대상에 대해 회피하고 싶을 때 나타나는 활동

피하고 싶은 상황에서 나타나는 활동은 흔히 피하고 싶은 대상과 자신의 사이

에 그려내거나 포위하기, 구획 나누기 등으로 회피하고 싶은 상황을 벗어나려고 한다.

그림 4-32

(2) KFD에서 나타난 그림의 양식

KFD의 그림양식이란 피검자가 가족이나 사물의 위치를 화면 안에서 어떻게 구성해 가는가를 의미한다. 예를 들면, 가족에 포함시키는지 또는 제외시키는지, 가까이 그리는지, 멀리 그리는지, 인물을 어떠한 공간에 배치하는지, 어떠한 선들이 인물상과 함께 그려지는지 등의 표현을 통해 피검자 가족 내에서의 주관적인 느낌이나 태도와 관련된다. 이러한 양식의 결과물은 피검자의 가족 내 상호관계를 알려 주는 중요한 단서가 된다.

원만한 가정에서의 피검자들은 자신이 느끼고 있는 애착 경험을 꾸밈없이 표현한다.

① 구획 나누기

가족 내에서 어떠한 불만족한 경험을 하였기 때문에 적절하게 애정을 표현할 수 없는 경우에 직선이나 곡선을 사용하여 가족을 분리하게 된다. 이때 피검자들은 선을 그리는 게 일반적이나 종이를 접어서 구분하는 경우도 있다. 구획 나누기를 가족관계에서 감정적으로 많이 떨어져 있거나 사회적으로 고립된 피검자들의 전형적인 모습이라고 볼 수 있으며, 위축되고 고립된 성격장애의 초기 단계에서 흔히 나타날 수 있는 표현양식이다.

② 포위하기

포위의 양식은 선으로 둘러싸거나 줄넘기, 그네, 책상 등의 사물을 통해 자신을 힘들게 하는 사람을 분리시키거나 제외시키고 싶은 욕구를 표현한다. 때로는 두 사람을 포위하는 경우도 있는데 이러한 경우는 두 사람을 동일시하는 경우에 흔히 나타나기도 한다.

③ 테두리 따라 그리기

검사지의 가장자리를 따라 그리는 것은 저항적이고 방어적인 피검자에게서 나타날 수 있으나, 매우 영특하고 현학적인 사람에게서도 흔히 나타날 수 있다.

(3) KFD에서 흔히 나타나는 상징

동적 가족화(KFD)에서 나타나는 모든 상징에 대해 임상적 의미를 부여하는 데는 해석자에 따라 과잉 해석하거나 잘못된 해석을 내리기 쉬운 주제이므로 많은 어려움이 따르게 된다. 그러나 투사적 도구에서 나타나는 상징이란, 특히 아동들의 가족화에서 나타내는 반복적인 상징에 대한 논의는 가족관계의 무의식적인 표현으로써 특별히 의미 있는 일이다. 다만 상징을 사용하는 데 있어서 흔히 나타날 수 있는 어려움은 과잉 단순화인데, 이는 동적 가족화에서도 예외일 수 없다. 그림에 드러난 다양한 상징적 의미를 더욱 풍부하게 하기 위해서는 모든 투사 그림에서와 같이 신체적 측면과 임상적 측면의 모든 자료가 통합적으로 다뤄져야 한다. 그림 평가에서는 개인의 언어적 표현을 포함하지 않고서는 올바른 해석이라 할 수 없음을 다시 한번 강조한다.

동적 가족화의 모든 상징을 나열하기는 불가능하다. 보다 다양한 상징연구를 위해서는 관련 원문과 참고자료를 통해 보완할 필요가 있으며 꾸준한 임상 경험을 통하여 상징의 의미를 찾아가야 할 것이다.

① 공격성, 경쟁심과 관련된 상징

공격성과 관련된 상징은 주로 던질 수 있는 물체와 공, 먼지떨이, 빗자루 등으로 표현된다.

② 애정과 관련된 상징

전등이나 태양, 난로 등의 적절한 열과 빛은 애정과 희망을 나타내지만, 다리미, 불과 같이 지나치게 강렬한 빛이나 열은 불만족한 애정에 대한 욕구 또는 그와 관련된 증오심과 분노를 나타내기도 한다. 예를 들어서 전등은 밝고 강한 빛을 가지면서 적절하게 통제적인 측면을 가지고 있다는 점에서 따뜻함과 사랑에 대한 욕구를 반영한다고 볼 수 있지만, 불은 빛을 보낸다는 측면에서 사랑의 욕구와 관련되는 반면 너무 강할 경우에는 파괴적일 수 있다는 점에서 사랑이 지나쳐 미움으로 바뀌는 것과 같은 측면에서 해석될 수 있다.

③ 분노와 관련된 상징

분노와 적대감, 거부와 관련된 상징은 흔히 칼, 총, 방망이, 날카로운 물체, 폭발물 등의 상징으로 대변된다. 이외에도 진공청소기, 북과 같이 치는 것 또한 분노와 관련된다. 북을 치거나 뭔가를 두드리는 것에 분노 감정을 전이시키는 것 같다.

④ 힘과 관련된 상징

힘의 과시로 나타나는 상징은 주로 공, 마차, 자전거, 오토바이, 차, 기차, 비행기 등으로 표현되는 것을 볼 수 있다. 피검자들의 인물 그림에서는 힘을 사용하려는 신체 부위에 음영을 칠하여 억제된 심리를 나타내기도 한다.

⑤ 우울 감정과 관련된 상징

우울감을 가진 피검자의 KFD에서는 흔히 물과 관련된 주제가 등장하는 것을 볼 수 있다. 실제 우울증을 앓고 있는 피검자의 그림에서 빗속에 서 있거나 걷고 있는 그림을 간혹 볼 수 있다. 아동의 그림에서는 모성 박탈이나 박탈로 인한 우울 감정과 관련하여 냉장고를 표현하는 경우가 흔히 있다. 냉장고 자체는 양육과 관련되나 차가운 냉기는 따뜻한 열기와는 반대 의미를 시사한다.

(4) KFD에서 나타난 인물상의 특징

가족의 각 인물상에서 표현되는 특성은 HTP에서 소개된 인물화의 상징적 해석을 참조하면 보다 구체적인 이해가 가능할 것이다. 여기에서는 KFD에서 흔히 볼 수 있는 특성을 간략하게 소개할 것이다.

① 받침대 위에 올려진 인물상의 경우

인물상을 실제 키보다 높게 올려 그린 경우는 지배적인 욕구가 강한 피검자에게서 흔히 발견할 수 있다.

② 지우기 한 경우

KFD에서 지우기는 가족관계에서의 갈등을 이해할 수 있는 중요한 임상적 의미를 갖는다.

③ 검사지 뒷면에 그린 경우

KFD 검사 시 어떤 피검자는 간혹 가족 중 누군가를 그리지 않으면 안 되는지 묻기도 하고 또는 검사지 공간이 부족하다며 검사지 뒤쪽에 그리면 안 되겠는지를 질문하기도 한다. 어떤 경우는 한동안 그림을 그리지 못하고 있는 피검자도 볼 수 있다.

④ 가족 누군가를 생략한 경우

검사지 뒷면에 조차 그리지 않은 경우는 피검자가 가족으로 인정하고 싶지 않거나 거부하고 싶은 강한 심리를 반영한 경우로 이해될 수 있다.

⑤ 자세가 경사지거나 매달려 있는 경우

간혹 인물상을 불안하고 위험스러운 장소에 그려 놓거나 넘어질 듯한 자세로 표현하는 경우가 있다.

⑥ 가족의 눈을 피카소 그림처럼 그려낸 경우

눈의 방향이 누구에게로 향하는가를 관찰할 필요가 있다. 눈이 향해 있는 대상에 대해 피검자가 양가감정을 가지고 있을 수 있다.

⑦ 인물상을 회전해서 그린 경우

흔하지 않지만 간혹 나타날 수 있는 특징이다. 피검자가 가족 내에서 소외되고 있다고 느낄 때 또는 관심 욕구를 나타낼 때 [그림 4-33]과 같은 KFD를 그려낼 수 있다.

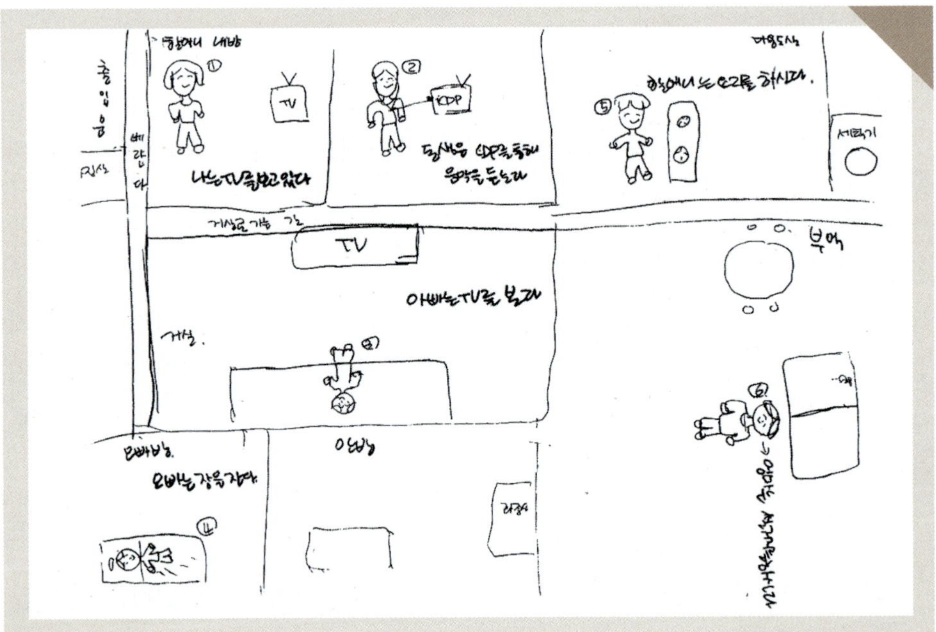

그림 4-33

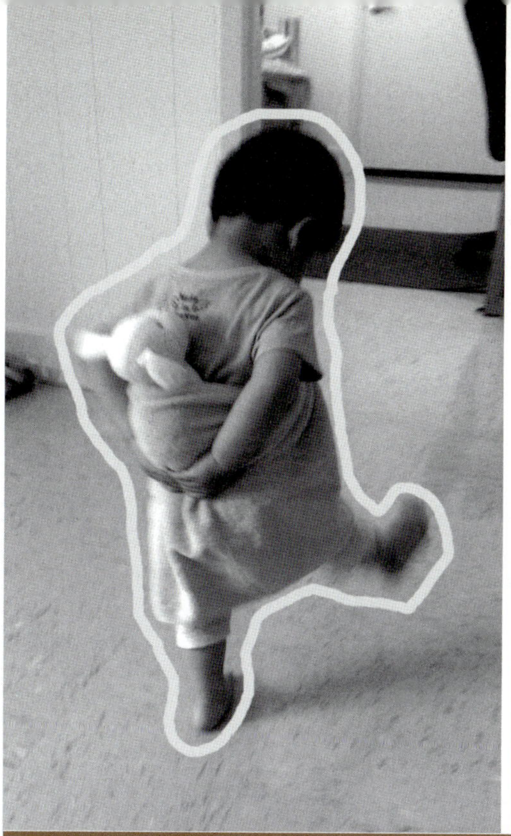

PART 2 유 · 아동을 위한 상담 이론

심리학의 원리와 특징을 기초로 형성된 상담 이론에는 정신분석 상담, 행동주의 상담, 인간 중심 상담, 현실요법, 합리적 정서요법, 교류 분석, 게슈탈트 상담 이론 등이 있다.

정신분석 이론은 상담 및 심리치료 역사에 있어서 중요한 부분을 차지한다. 정신분석을 선호하는 상담자는 인간 본성의 기본 개념을 심적 결정론과 무의식 정신과정이 중심이 된다고 보고, 무의식적 요소를 의식화하는 과정에서 내담자 자신의 억압된 고민이 투사, 합리화, 반동 형성 등 방어기제 지향에 의존함을 알게 한다. 유년 시절의 경험을 재구성하고 다시 체험함으로써 유년 시절의 감정이나 갈등이 표면화하기 시작하면 내담자가 무의식적 심리역동 관계 속에서 통찰할 수 있도록 도와 내담자의 자아 인식이 자동적인 변화를 가져올 수 있도록 한다. 아동은 언어적 기술과 인지 발달이 충분하지 못하므로 정신분석 이론을 아동 상담에 응용한다고 했을 때 자유 연상을 활용할 수 없으므로 아동 상담에 직접 활용하기에는 부적합하다. 그러나 자유 연상과 유사한 아동의 상징적인 가상놀이(인형, 총 등 사용)는 아동의 심리역동적 상황을 묘사하므로 정신분석적 접근의 놀이요법은 가능할 것이다.

Part 2에서는 필자가 주로 아동에게 활용하는 주요 이론만 소개한다.

학습 이론에 근거를 둔 행동주의 상담을 선호하는 상담자는 특정한 행동에 초점을 맞추고 그 행동을 선행하는 조건 또는 후속 조건을 변화시킴으로써 그 같은 행동의 변화를 용이하게 한다. 행동 변화에 적절한 기법과 절차를 채택하여 내담자가 바람직한 행동을 배우게 하는 학습 경험을 돕는다.

아들러(Adler) 이론을 선호하는 상담자는 내담자의 행동이 목적적이고 목표 지향적이라고 보고 어릴 때를 회상, 출생 순위, 꿈 등 유년 시절 행동의 무질서에 관한 과거 및 현재의 정보를 가지고 현재 지속되고 있는 생활양식을 밝히어 내재된 열등감의 자취를 추적한다. 그러한 상담과정에서 상담자는 내담자의 유용한 목표와 생산적인 생활양식을 발전시키는 데 도움을 준다.

인간 중심 상담을 선호하는 상담자는 내담자를 주로 개인 성장의 촉진자로 보고 인간은 근본적으로 사회적이며 진보적이라는 로저스(Rogers)의 견해를 받아들인다. 인간은 성장을 위한 전제 조건이 수립되면 개인적인 통찰력을 발휘할 수 있는 힘이 있고 개인적인 어려움을 해결하는 방향으로 적극적인 자세를 취하기 때문에 상담자는 그에 적절한 성장 조건이 충분히 갖추어지도록 돕는다. 인간 중심 상담은 유아나 아동에게는 너무 추상적일 수 있으므로 직접 적용하기에는 부적합하다. 그러나 인간 중심 상담과정에서 강조되고 있는 진솔한 관계, 공감적 이해, 반영적 경청, 무조건적 긍정적 관심, 격려 등은 아동에게는 효과가 있는 방법이므로 이들에게 적용할 경우 아동의 문제는 상담자의 역할로 인하여 적극적으로 해결될 것이다.

액슬린(Axline)이 인간 중심 상담 이론을 가장 호의적인 조건에서 아동에게 적용하였는데 아동이 긍정적인 성장 · 경험을 갖게 되었으며, 그 아동의 성장과정이 『딥스』에 잘 소개되고 있다. 물론, 성인에게 적용되는 이론을 아동에게 그대로 적용시킬 수 없으므로 아동의 발달 특성을 고려하여 아동에게 적용할 때는 적절한 변형은 할 수 있다고 본다. 그런데 액슬린의 『딥스』 발표 이후 아동 중심 상담, 아동 중심 놀이치료 등의 용어가 사용되고 있으나 이들 용어를 인간 중심 접근을 활용한 아동 상담, 인간 중심 접근을 활용한 놀이치료로 부르는 것이 오히려 타당하지 않겠는가?

C·H·A·P·T·E·R·5

행동주의 상담

행동주의 상담이 출발하게 된 배경은 개인의 부적응 문제가 개인의 생활사(성 · 심리적 발달), 개인 내부의 성격 구조(id, ego, superego) 등으로 나타나는 것이 아니라 개인의 행동 그 자체가 문제가 되기 때문에 부적응적이라는 전제에서 출발하게 되었다. 또 인간의 행동은 환경과 함수관계를 맺고 있으므로 환경의 영향을 받는다는 전제에서 출발하였다. 예를 들면, 착한 행동을 칭찬하면 앞으로 그 착한 행동을 할 가능성이 높아지는데, 이때 칭찬은 환경이 주는 것이다. 즉, 그 착한 행동은 칭찬이라는 환경의 영향을 받은 것으로 간주되는 것이다.

행동주의 상담의 기본적인 틀은 인간의 일상적인 대부분의 행동은 학습에 의해 형성된다는 관점에서 출발한다. 즉, 바람직한 적응 행동뿐만 아니라 바람직하지 않은 부적응 행동 또한 학습의 결과라는 것이다. 그래서 행동주의 상담은 적응 행동을 유지하고 부적응 행동을 약화시키는 데 활용함으로써 체계적인 생활지도의 기법이 된다는 점에서 우리의 관심을 끌고 있다.

행동주의 상담은 20세기에 발전된 행동주의 심리학의 학습 이론에 그 근거를 두고 있으며 학습심리학적 원리를 응용하는 특수한 절차와 기법을 활용하여 내담자의 행동적 성장과 발달을 촉진시키고 부적응 행동 자체의 치료적 변화를 목표로 하고 있다.

크럼볼츠(Krumboltz, 1966)는 내담자의 문제를 정신병리의 문제로 간주하기보다는 학습의 문제로 취급하고 상담을 재학습의 과정으로 보는 관점이 상담에 도움이 될 수 있다고 주장한다. 개인의 심리 구조의 개조를 상담과정의 직접적 초점으로 간주하지 않고도 내담자의 부적응 행동 자체를 변화시키는 과정을 통하여 내담자의 적응을 촉진시키는 것을 목표로 하고 있다. 문제 행동이 무엇인지를 파악하고 나면 상담자는 내담자와 같이 그 행동을 변화시킬 것에 대해 합의를 한다.

행동 변화의 목표에 합의를 하면 목표를 성취하기 위한 계획을 세운다. 이를 위해 문제 행동의 발생 시기, 문제 행동의 빈도, 문제 행동의 선행 사건, 문제 행동의 결과 등에 대한 대처 방안도 모색한다. 이 과정에서 얻어진 정보를 토대로 목표를 구체적으로 세우고 실행 계획을 구체적으로 세우면 목표 설정 단계가 일단 끝나고 수행 단계로 넘어간다. 상담자는 다음 회기까지의 목표를 내담자에게 과제로 주고, 내담자는 주어진 과제를 일상생활에서 수행한 뒤 다음 회기 상담 시 상담자에게 그 수행 정도를 점검 받으면서 상담을 받는다. 상담자는 과제 수행에 대한 내담자의 보고 내용을 점검하고 내담자의 감정, 표현, 자세, 옷차림 등을 관찰하면서 상담 효과에 대하여 평가한다. 상담실에서 내담자가 경험하는 자기 이해나 통찰도 중요하지만 이러한 변화가 내담자의 실생활에서의 적응으로 나타날 때 상담의 효과가 있는 것으로 간주한다.

행동주의 심리학에서 말하는 '행동' 이란 애당초 관찰되고 측정되며 계산되는 행동만을 의미하였다. 이런 경향은 극소수의 예외는 있을지라도 대체적으로 시대상 1950년대까지, 그리고 인물 중심으로는 스키너(Skinner)에 이르기까지 이어져 왔다. 그러나 그 이후에는 '행동' 을 좀 더 넓은 의미로 해석하고 있다. 즉, '행동' 을 行하는(acting) 것은 물론 느끼는(feeling) 것, 그리고 생각하는(thinking) 것마저도 함께 관여하는 활동(activity)이라고 설명한다. 이 말에는 행동이란 관찰되고 측정되는 대상만을 의미하는 것이 아니라 느끼고 생각하는 양식까지를 포함시킨 포괄적 의미라는 뜻이 담겨져 있다. 다시 말하면 '행동' 이란 외현적 행동(overt behaviors)이나 공적 사건(public events)만을 말하는 것이 아니라, 내재적 과정(covert processes)이나 사적 사건(private events)마저도 이에 포함시킨 좀 더 광의의 의미라고 해석하고 있다.

그렇다고 하여 이런 해석은 비행동주의적 방법이 더 좋다거나 그 방법을 써야 한다는 소위 탈행동주의적 경향으로 보아서는 안 된다. 중요한 것은 행동적으로 다룰 수 없는 자료를 비행동적으로 보아 왔다면, 비행동적 자료(느낌, 사고 등)를 행동적으로 다루는 수단을 발굴하지 못한 데 잘못이 있는 것이다. 따라서 행동주의자들은 이제 비행동적 자료로써의 내재적 사건들마저도 행동적 수단으로 다루어야 하고 또 실제로 다룰 수 있다는 주장을 하게 되었다. 이것이 바로 '행동'을 광의의 의미로 해석하게 된 이유이지 결코 그것이 온건적 행동주의 혹은 절충주의의 입장에서 나온 경향이 아니다(김남성, 1992).

오늘날 행동주의 상담은 전통적으로 다루어 온 외현 행동뿐만 아니라 내재적 과정(예 인지, 정서, 강박관념)을 다루는 데도 이용된다.

1. 인간관 및 성격 발달

행동주의 상담 이론에서는 인간을 선하다거나 악한 것으로 보지 않고 선과 악의 가능성을 모두 지닌 존재로 보고 있다. 즉, 인간의 본성은 백지(tabula rasa)와 같다는 로크(Locke)의 견해를 따른다. 이 때문에 인간은 주위환경과의 상호작용이 어떠하냐에 따라 선하게도 될 수 있고 악하게도 될 수 있다고 생각한다. 학습 이론적 관점에서 보면 인간은 자극에 대해 반응하는 존재인 것이다. 자극에 대해 어떻게 반응하느냐에 따라서 그의 행동 내지는 성격이 결정된다고 본다. 대다수의 학습이론가들은 행동을 개인의 선천적 특성과 이 특성이 환경과 어떻게 상호작용하는가에 따라서 결정된다고 믿고 있다. 그런데 선천적 특성은 통제도 할 수 없고 명확히 규정지을 수도 없기 때문에 자연히 우리는 통제하거나 설명할 수 있고 관찰할 수 있는 행동이란 곧 개인과 환경, 특히 그 환경 속에 있는 중요한 타인(즉, 부모나 친구)과의 상호작용 방식이다.

로터(Rotter, 1964)는 "인간은 주어진 환경이나 상황에서 가장 큰 만족을 가져올 수 있다고 학습한 행동을 하게 된다"라고 하였다. 행동을 하려는 동기는 경험을 통해 발달하고 개인은 점차로 분화된 동기나 욕구 체계를 발달시킨다. 영아가 어머니와 상호작용하는 최초의 단계는 수유(授乳), 안아줌, 쓰다듬기, 뽀뽀 등 이미 이를 통한 정서적 만족의 감정을 경험하게 된다. 또 유아는 여러 가지 표현 행동(미소, 응시, 울기, 옹알이)을 보이면서 어머니와의 관계를 통해서 사회성 발달이 이루어지며, 대인관계가 만족스럽게 발달하는지의 여부(與否)가 성격의 중요한 부분인 대인 행동의 핵심이 된다. 이때의 만족은 점차로 일반화되어 어머니가 자기 옆에 있다는 사실만으로도 영아는 기쁨을 느끼게 된다. 영아는 어머니로부터 관심을 끌기를 바라는 것을 학습하게 되는데, 어머니와 계속 접촉함으로써 영아는 자기의 어머니로부터 즐거운 관심을 불러일으키고 또 어떤 행동은 그렇지 못함을 배우게 된다. 즐거운 관심을 끌기 위해 영아는 어머니를 즐겁게 해주어 어머니의 관심을 자기에게 집중시키게 할 수 있는 일들을 하려 애쓰게 된다. 이 과정은 마침내 일반화되어 어머니가 눈앞에 없을 때까지도 특정한 방식으로 행동을 하게 되는데, 그 이유는 어머니가 자신의 이러한 행동을 좋아할 것이라는 사실을 배웠고 또 그 행동 자체가 영아에게 만족을 가져오기 때문이다.

따라서 동기나 추동이나 욕구나 하는 것들은 본능이나 기타 선천적 특성을 통해서가 아니라 개인의 경험, 즉 환경과의 상호작용을 통해 발달하게 된다는 것이다. 여기서 인간은 자신의 환경과 상호작용을 계획함에 따라 행동의 방향을 정해 주는 동기나 욕구의 체계로 발달시킨다는 사실을 알 수 있다.

그리하여 학습이론가들은 어릴 때의 경험이 성격 발달에 중요하다고 하며 어릴 때에 만족스런 경험을 한 행동을 하려는 경향을 보인다고 하였다. 즉, 강화를 받은 행동은 자주 표출되고 학습되며 강화를 받지 않은 행동은 약화되거나 소거된다. 이러한 강화를 자기 강화라고 하는데 자기 강화는 인간이 성숙함에 따라 점점 더 중요하게 된다. 또는 자기 입장에서 이해되어야 하므로 정적 강화나 부적 강화는 인간에 따라 모두 다르게 지각될 수 있다. 인간은 다른 인간의 행동을 모방함으로써도 어떤 행동 형태를 학습할 수 있다. 여아가 어머니의 언행을 흉내 내며 배우고, 남아가 아버지의 언행을 흉내 내며 배운다. 이런 학습은 일반화되기도 하고 변별적으로 되기도 한다. 또한 유아가 성숙해 감에 따라 언어를 사용하여 매개 반응을 하는 능력을 발달시키기도 하는데 매개 반응을 통해 그 유아는 여러 가지 자극에 대한 반응을 계획할 수 있고, 특정 자극에 대한 즉각적인 반응을 하지 않고 참을 수도 있게 된다. 이것이 성격 발달의 과정이며 성격은 인간이 살고 있는 환경에 영향을 받고 있지만, 인간의 개인 내적인 것도 행동에 어느 정도 영향을 미친다는 것을 행동주의 학자들도 인식하고 있다.

이상 행동, 부적응 행동도 정상 행동처럼 학습이 되는 것인데, 이 또한 때때로 보상을 받기 때문이라고 볼 수 있다. 교실에서 떠들고 잡담하는 아동들은 그렇게 했을 경우에만 다른 사람들의 관심을 끌 수 있기 때문에 떠들고 잡담을 하게 된다. 교사가 그를 향해 표현하는 행동(예 소리 지르기, 앞으로 나와 벌 세우기 등)이 그에게는 보상이 되며 그의 입장에서는 '교사의 관심'을 받았다고 생각하여 만족할 수가 있다. 그리하여 그 아동은 바람직하지 못한 성격으로 발달을 할 것으로 보여진다.

학습 이론에 의하면 성격은 환경과의 상호작용에 의해서 주로 결정되며 어떤 사람의 심리적 상황을 이해하면 우리는 그 사람의 성격 구조를 이해할 수 있으며 또 그의 행동을 예측할 수 있다. 즉, 인간은 어떤 상황이 자기에게 만족을 줄 것인지 아닌지를 경험을 통해 학습한다.

이것들을 종합해 보면, 인간의 행동이나 성격은 여러 가지 환경과의 상호작용을 통해서 얻어지는 강화에 의해 크게 결정된다고 볼 수 있다. 행동주의 상담은 환경의 변화를 통한 행동 변화의 내용을 중요시하며 어떠한 행동을 강화 · 학습시킬 것이며 그 반면 어떠한 행동을 강화 · 제거시킬 것인가도 중요하게 다룬다. 따라서 어떠한 내용의 학교 학습이든, 어떠한 내용의 부적응 행동이든, 어떠한 내용의 적응 행동이든, 그 학습 행동을 강화 또는 약화함으로써 사회 체제의 궁극적 목표와 더불어 내담자가 궁극적 목표를 효과적으로 달성하도록 돕는 것이다.

2. 학습의 법칙

인간의 행동은 거의 모두가 학습된 것이며 학습과정을 통해 변화시킬 수 있다고 전제하는 것이 행동주의 상담이다. 행동주의 상담은 학습 이론에 기초하여 내담자가 이전의 바람직하지 못한 행동을 버리고 새롭고, 보다 적응적인 행동을 학습하게 돕는 것을 주 목적으로 하고 있다. 따라서 상담자는 일종의 학습전문가, 또는 교사의 역할을 하고 강화 원리를 통하여 내담자 스스로 설정한 목표를 성취하도록 돕는 것이다. 인간 행동을 환경과 경험으로 설명하려는 학습 이론은 고전적 조건 형성, 조작적 조건 형성, 사회적 학습 이론으로 대별할 수 있다. 현대 학습 이론의 창설자인 파블로프(Pavlov)를 시작으로 왓슨(Waston), 스키너(Skinner) 등에 의해 발전된 조건 형성 이론과 다른 사람의 행동을 관찰하고 모방함으로써 행동이 학습된다고 하는 반두라(Bandura)의 사회학습 이론 등의 범주가 그것이다.

1) 고전적 조건 형성

Pavlov에 의해 체계화된 학습 법칙이다. 우리들 주위에는 신경근육이나 내분비선의 반응을 일으키는 사건들이 많이 있는데, 이들을 사용하여 여러 가지 새로운 행동의 학습을 설명하는 것이 바로 이 법칙이다.

예를 들면, 어린아이는 큰소리에 대해 공포 반응을 일으킨다. 이는 일종의 선천적인 자극-반응 관계라 할 수 있다. 이때 큰소리와 같이 학습을 하지 않고도 자동적으로 공포 반응을 일으키게 하는 자극을 무조건 자극이라 한다. 그런데 흰 쥐는 어린아이에게 아무런 반응도 일으키지 않는 중성 자극이다. 이 중성 자극을 무조건 자극과 함께 거의 동시에 제시하기를 여러 번 반복하면 아이는 큰소리가 나지 않은 상태에서 흰 쥐만 보여도 공포 반응을 일으키게 된다(Watson & Rayner, 1920). 이때, 흰 쥐는 더 이상 중성 자극이 아니라 조건 자극이 되고,

이 조건 자극에 대해 나타내는 공포 반응은 조건 반응이 되는 것이다. 이 조건 반응은 큰소리와 쥐가 여러 번 반복해서 제시되면 아이는 쥐만 보고도 큰소리가 날 것을 연상하여 공포 반응을 일으킨다는 뜻으로 붙여진 이름이다. 즉, 아이는 쥐와 큰소리의 연합을 학습한 것이다. 이때, 흰 쥐에 대한 공포 반응이 조건 형성된 것이라고 할 수 있다.

이렇게 조건 형성이 되면 그 다음에는 흰 쥐뿐 아니라 토끼, 장난감 쥐, 털 달린 코트 등 흰 쥐와 비슷한 다른 자극에 대해서도 흰 쥐에 대해서와 같은 공포 반응을 보이는데, 이러한 현상을 자극의 일반화라 한다.

일단, 조건 형성된 반응도 오랫동안 무조건 자극(이 경우, 큰소리)을 짝지어 제시하지 않으면 더 이상 공포 반응을 보이지 않게 될 수가 있는데, 이때 조건형성 또는 학습은 소거되었다고 한다.

이와 같은 현상들이 우리의 주위에서 많이 일어나고, 많은 행동들을 이러한 고전적 조건 형성의 원리에 의해 설명할 수 있으나, 인간 행동의 모두를 이 원리로 설명할 수는 없다. 따라서 다른 행동들은 작동적 또는 도구적 조건 형성의 원리로 설명하려 한다.

2) 조작적(도구적), 작동적 조건 형성

조작(작동) 행동이란 어떤 방식으로 환경을 조작하거나 변화시키는 행동을 의미한다. 그것 또한 도구적 행동이라고 불리워지기도 하는데 그 이유는 목표 행동을 성취하는 데 강화물이 도구 혹은 수단으로 작용되기 때문이다.

작동적 또는 도구적 조건 형성의 원리는 Skinner(1938)에 의해 체계화되었다. 스키너에 의하면, 인간 행동의 대부분은 무선적(無選的)으로 일어나는데, 그 결과가 어떠하냐 하는 것이 매우 중요하다는 것이다. 만일 어떤 행동이 만족스러운 결과를 가져오면 앞으로도 그 행동이 일어날 확률은 증가한다는 학습 법칙이 작동적 조건 형성의 기본 원리이다. 예를 들어, 어린아이가 웃을 때 어머니가 같이 웃으며 아이를 안아준다고 하자. 이러한 행동은 아이에게 만족감을 주는데,

아이는 이 만족감을 얻기 위해 웃는 일을 자주하게 된다. 즉, 웃는 행동을 배우게 된 것이다. 따라서 작동적 조건 형성을 통해 학습하는 것은 고전적 조건 형성을 통한 학습과 반대이다. 작동적 조건 형성은 어떤 행동이 가져오는 결과가 무엇이냐에 따라 이루어지는데, 고전적 조건 형성은 생체로 하여금 어떤 반응을 하게 하는 환경의 자극에 관련된다. 작동적 조건 형성에서는 생체가 어떤 행동을 먼저 하고 그 다음에 어떤 일이 환경 속에서 일어나느냐의 결과에 따라 이 행동이 조형(造形)된다.

3) 사회학습 이론

인간은 자신이 직접 경험하지 않고 다른 사람의 행동을 관찰하고 모방함으로써 행동이 학습된다. 이는 다른 사람의 행동을 관찰하면서 그와 자신을 같은 입장에 놓음으로써 행위자가 받는 보상을 관찰자가 자신이 받는 보상과 같이 생각하는 대리 보상이 가능하기 때문이다.

Bandura(1969)는 행위자나 관찰자가 보상을 받지 않고도 모방학습이 일어날 수 있음을 발견하였다. 즉, 다른 사람이 반응하는 것을 단순히 관찰하기만 해도 학습이 일어날 수 있음을 주장하였다. 그러나 이 경우 관찰자가 그 행동을 실제로 하기 위해서는 실제로 강화를 받아야 한다는 점도 밝혔다. 어떤 의미로는 그 행동은 강화를 통해 수행될 때까지 잠복해 있다고 볼 수 있다. 이러한 학습 원리를 사회학습(social learning), 모방학습(imitation learning), 관찰학습(observation learning), 대리학습(vicarious learning) 등으로 부른다.

Bandura와 그의 동료들은 두 집단의 아동들을 대상으로 공격성에 대한 실험을 하였다. 한 집단에는 공격적 행동을 하는 만화를 보여주고 다른 집단에는 아무것도 보여주지 않았다. 그 후 두 집단의 아동들에게 좋아하는 장난감을 가지고 놀게 하고 약간의 욕구 좌절을 가질 수 있는 방해 활동을 하였다. 두 집단의 행동을 관찰해 보았더니 공격적 행동을 하는 영화를 보았던 아동들이 아무것도 보지 않았던 아동들보다 신체적 또는 언어적 측면에서 공격적 행동을 더 많이 나타내었다.

또 다른 연구는 아동들을 세 집단으로 나누어, 첫째 집단에는 성인이 커다란 인형에게 공격적인 행동을 하는 영상을 보여주고, 둘째 집단에는 이러한 행동을 칭찬하고 보상하는 영상을 보여주고, 셋째 집단에는 이러한 행동이 벌을 받는 장면의 영상을 보여준 뒤 그 결과를 조사해 보았다. 공격적 행동을 함으로써 벌을 받는 장면을 본 셋째 집단의 아동들이 다른 두 집단의 아동들보다 공격적 행동이 덜 한 것으로 나타났다. 이 결과에 의하면 셋째 집단은 다른 사람이 보상이나 벌을 받는 것을 관찰함으로써 간접적 경험을 통해 학습이 이루어졌다고 볼 수 있다. 즉, 이러한 학습을 대리 학습이라고 한다.

행동주의자들은 대부분 고전적 조건 형성, 삭동적 조건 형성, 관찰(모방) 학습의 3가지 기본 학습 모형을 다소 혼합하여 사용하고 있으며 어느 한 가지 모형이 가장 우수한 학습 이론이라고 지적하기는 어렵다. 그러나 반두라에 의해서 제안된 이 원리는 다른 학습 원리보다 아동의 행동을 설명하는 데 보다 설득력이 있다고 할 수 있다.

3. 행동주의 상담 원리

행동주의 상담에서는 "모든 행동이 그 행동의 앞 또는 뒤에 일어나는 조건 또는 결과의 영향을 받아 동기유발된다"는 것을 전제로 바람직하지 못한 행동을 유발시키는 요인을 최대한 제거함으로써 바람직한 행동을 알 수 있도록 하여 이 행동이 지속적으로 유지되도록 하는 것이다.

행동주의 상담자는 행동을 직접 변화시키기보다는 그 행동을 선행하는 조건 또는 후속하는 조건을 변화시킴으로써 행동을 변화시키기 때문에 문제 행동이 무엇 때문에 (A) 일어나게 되었으며 어떻게 강화되어 왔는가 (C)를 파악해서 소거를 해야 한다.

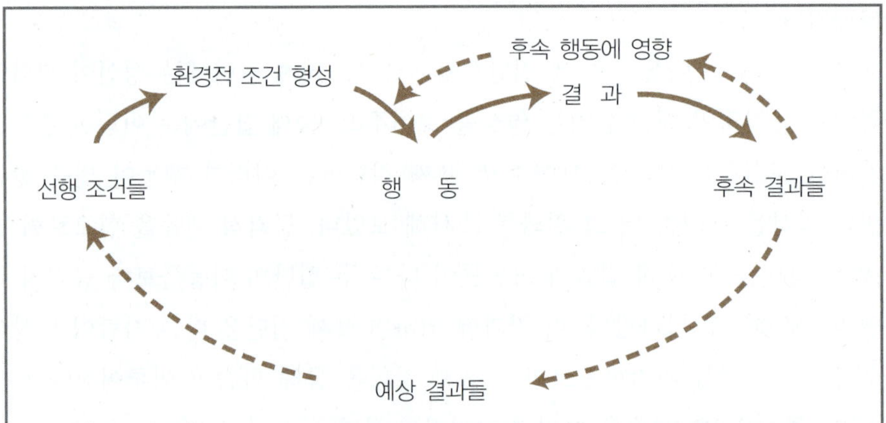

[그림 5-1] ABC(Activating Behavior Consequence) 모형

모든 행동은 외적 또는 내적 자극에 대한 반응으로 일어나므로 행동주의 상담자는 아동 개개인의 문제에 대해 가능한 자극-반응 연합을 밝혀내야 하며 자극-반응 연합을 밝히는 과정을 행동 분석이라고 한다. 행동 분석을 할 때 행동을 유발시키는 선행 자극(antecedent)과 행동 그 자체, 그리고 행동 뒤에 따라오는 후속 자극(consequences)을 찾아내는 과정이 중요하다. 행동주의 접근을 활용한 아동 상담에서는 아동이 생활하는 환경을 살피어 어떤 조건(행동을 유발시키는 선행 자극이 무엇인가)하에서 부적응 행동이 일어나는가를 탐색한다. 그리고 그 행동을 증감시키는 강화 역할인 후속 자극이 무엇인지를 알게 되면 행동을 변화시킬 수 있는 상담의 계획이 쉽게 세워진다.

이러한 분석을 통해 상담자는 문제를 더 잘 이해하게 되고 그 문제가 어떻게 생겨났는가를 정확하게 예측할 수 있어서 행동주의 상담을 효율적으로 진행할 수 있다. 아동이 그 행동을 주로 언제, 어디서, 얼마만큼 또는 몇 번 정도 하는지, 또한 그 행동을 할 때 주위에서 어떤 일들이 일어나고 있었는지에 대한 세밀한 상황 분석은 아동의 행동에 영향을 미치는 단서가 되는 선행 자극과, 행동을 계속 증감시킬 수 있는 목록에 대하여 어떠한 후속 자극, 즉 강화를 사용할 것인지를 결정하게 된다.

교실 안에서 싸우는 5세 유아의 예를 들어보자. 아동상담자가 분석해야 할 사항은 다음과 같다.

① 어떤 조건하에서 싸움이 유발되었는가?
② 어떤 강화 사건에 의하여 싸움이 유지되어 왔는가?
③ 정상적인 5세 유아라면 현재의 정상적인 조건하에서 어떤 행동을 할 것인가?
④ 강화된 부적절한 행동을 변화시키기 위한 대안적 행동들은 어떤 것이 있을 수 있는가?
⑤ 그 변화를 위한 방법을 환경 조건 속에서 찾아낼 수 있는가?
⑥ 그럴 수 있다면 그 환경적 변화는 어디에서, 누구에 의하여 이루어져야 하는가?

4. 행동주의 상담과정

행동주의 상담자들이 상담의 과정을 통해 달성하고자 하는 바는 무엇인가? 행동주의 상담은 학습 이론에 기초하여 부적응 행동을 제거하고, 보다 바람직한 행동을 습득케 하는 것을 목적으로 한다. 상담의 목적은 구체적으로 명확하게 서술되어야 하며, 아동은 자기가 성취하고자 하는 것이 무엇인가를 명확히 표현할 수 있어야 하지만 아동 상담에서는 부모나 교사의 관점에서 성취하고자 하는 목적이 주로 상담 목표로 설정되기도 한다.

아동(내담자)이 가진 부적응 행동을 수정하기 위해 적용하는 행동주의 상담의 과정은 다음과 같은 단계를 거친다.

(1) 목표 행동 설정

아동의 행동을 변화시키려고 할 때에는 목표 행동을 명확히 설정하는 것이 가장 중요하다. 문제되는 행동(부적응 행동)이 무엇인가를 알아야 하고 그리고 나서 변화시켜야할 행동(바람직한 행동)이 무엇인지를 결정하고 그 문제점을 밝힌다. 예를 들면, "부모 말을 듣지 않아요"라고 호소한 문제 행동에 포함된 단위 행동, 즉 장난감을 정돈하라고 하여도 정돈하지 않는 행동, 동생과 사이좋게 놀 것을 강조했는데 동생과 싸우는 행동, 준비물을 챙겨서 학교에 가야 하는데 준비물을 가지고 가지 않는 행동 등의 여러 가지 행동이 포함되어 있는데, 이러한 하나하나의 행동을 목표 행동(target behavior)이라고 한다. 모든 행동을 한꺼번에 수정할 수 없으므로 우선 순위를 정하여 하나씩 수정해 나가도록 계획해야 한다.

2) A-B-C 분석

변화시켜야 할 목표 행동(수정하고자 하는 행동)이 결정되었으면 A-B-C 분석을 한다.

유아·아동이 나타내 보이는 부적응 문제 행동의 선행 조건(선행 자극)과 후속 결과(후속 자극)를 알아내기 위해 알아야 할 사항은 다음과 같다.

1 선행 자극을 알아내기 위하여 고려해야 할 사항

① 언 제 : 그 행동이 발생했을 때의 날씨, 요일, 어떤 활동이 진행될 때였는가 등
② 어디서 : 유희장, 체육실, 이야기 나누기(수업 활동) 등
③ 그때의 상황 : 주어진 과제나 활동의 어려운 정도, 어떤 주제 또는 어떤 활동, 그 상황에서 누구누구가 있었는가, 그 행동 발생 당시의 집단의 크기, 물리적 환경, 양탄자 크기 등
④ 유아·아동의 상태 : 심리적 상태와 그로 인한 부적응 행동의 발생 빈도 및 유형, 사회적 기술 등과 같은 제반 능력의 정도 등

2 후속 자극을 알아내기 위하여 고려해야 할 사항

① 이런 부적응 행동에 대하여 교사 자신이나 부모 자신의 반응은 어떠했는가?
② 그 행동에 대한 다른 유아·아동의 반응은 어떠했는가?
③ 그 행동에 대한 반응은 어떠한가?
④ 그 행동으로 인해 유아·아동 본인에게는 어떤 득과 실이 생기는가?

3) 기초선 조사

기초선(baseline), 즉 평소 행동을 조사한다. 행동의 기초선이란 행동 수정의 시발점을 가리켜 주는 것이라고 할 수 있다. 실제 행동 수정에 들어가기 직전까지의 일상생활 중에서 수정하기 위하여 선정되어 정의된 행동이 얼마나 빈번하게 또는 오랫동안 일어나고 있느냐를 측정하여 수정 작업이 끝난 뒤 아동의 행동에 얼마만큼의 변화가 일어났느냐를 알기 위한 기준으로 사용할 수 있다.

4) 목표량 설정

원하는 목표 행동의 최저 수용 수준, 즉 목표량을 정한다.

5) 상황 배열

목표 행동이 일어날 수 있도록 상황을 배열한다. 상담 목표가 달성되도록 조건(물리적 환경)을 점검해 주어야 한다.

6) 강화물 설정

내담자에게 강화가 될 수 있는 자극과 사건, 즉 강화물을 정한다. 강화 자극은 즉각적으로 주되 목표 행동에 맞게 주어야 하며 일관성 있고 충분하게 점진적으로 주어야 한다.

7) 행동 강화

원하는 목표 행동이나 그 행동에 접근하는 행동을 강화한다. 즉, 행동주의 상담을 실천한다. 정적 강화, 부적 강화, 벌 또는 소멸 등 행동 수정의 기법들을 사용한다.

8) 상담 효과 평가

목표 행동으로의 변화를 기록함으로써 상담 절차의 효과를 평가한다. 행동의 변화를 목적으로 시작한 행동주의 상담은 상담 목표의 행동 변화가 확인되면 행동주의 상담을 끝낸다. 학습시켜야 할 최종 행동을 정의하고 세분화하여 그 행동들의 변화과정을 객관적으로 평가할 수 있도록 하였기 때문에 행동주의 상담자는 언제 상담 활동을 끝내야 할지 분명하게 알 수 있다. 또한 상담의 효과를 검증해 보기 위해서는 행동 변화가 강화 조작 때문에 나타난 결과인지 아니면 단순한 시간 경과로 일어난 것인지를 확인할 수 있다.

Help 상담연습

SITUATION

컴퓨터에 매달리는 해민이의 사례

초등학교 2학년 해민이는 틈만 나면 컴퓨터에 매달린다.
밥 먹는 시간도 잊고 컴퓨터에만 앉아 있다.
학원도 가야 하고 숙제도 해야 한다고 몇 번 말해도 소용이 없다.

위 사례를 가지고 행동주의 상담의 과정을 설명해 보기로 한다.

1 목표 행동 설정

해민이와 함께 목표 행동에 대한 협의를 통하여 목표 행동을 설정한다. 여기서 상담 신청은 부모가 해온 상황이므로 부모와는 이미 목표 행동에 대한 상담이 이루어진 것으로 간주한다. 목표 행동은 해민이가 숙제를 먼저하고 컴퓨터 앞으로 가기로 하는 것이다. 또 다른 목표 행동은 학원에 다녀와서 컴퓨터 앞에서 놀기를 하는 것이다.

2 기초선 조사

목표 행동을 실행하기 전 3일 동안 컴퓨터에 매달리는 횟수 및 시간을 계산한다. 컴퓨터에 앉을 때마다 그 내용을 표에 표시한다. 매일 하루 일과가 끝난 후 전체 총 시간과 횟수를 그래프에 기록한다. 이 정보는 상담 진행 상황과 비교해 볼 수 있는 기준선이 된다.

3 목표량 설정

해민이가 집에 있는 시간과 평소 숙제를 끝내는 시간, 학원에 가야 할 시간을 계산하여 해민이가 목표량을 반드시 초과 달성할 수 있는 수준으로 정하는 것이 좋다. 해민이가 집에 있는 시간이 오후 1시 30분부터라고 하자. 1시 30분부터 2시까지 숙제를 하고, 컴퓨터 앞으로 갈 수 있다고 합의를 하는 것이다. 처음에 숙제 시간을 길게 잡으면 목표 행동에 도달하기 어려우므로 반드시 초과 달성을 할 수 있는 양만큼만 합의하여 실행하기로 한다. 이렇게 하다보면 숙제를 먼저 하는 습관이 형성된다. 그리고 학원 갈 시간이 4시라면 3시 30분부터 학원 갈 시간이라고 알린 뒤 학원에 다녀와서 컴퓨터 앞에 앉기로 합의한다.

4 상황 배열

목표 행동이 일어날 수 있도록 계획표를 짠다. 해민이가 집에 오면 자기 방으로 들어가 숙제를 하도록 한다. 이때 숙제를 일찍 끝내면 컴퓨터 앞에 갈 수 있다고 합의할 수 있다. 밤에는 하루 일과를 점검해 보고 자기 강화와 칭찬의 글을 써 보도록 지도한다.

해민이의 하교 후 생활 계획표	
시간	계획
오후 1시 30분	집에 도착
1시 30분~2시 00분	숙제
2시 00분~3시 30분	컴퓨터
3시 30분	학원 갈 시간 알리기
6시 00분	집에 도착
6시 00분~6시 30분	숙제
6시 30분~7시 30분	저녁식사
7시 30분~8시 30분	휴식, 준비물 챙기기
8시 30분~9시 00분	숙제
9시 00분	잠자기

5 강화물 설정 해민이가 놀이공원이나 축구놀이를 좋아한다면 목표 행동대로 실천할 경우에 주말에 놀이공원에 데리고 가자고 약속하거나 축구놀이를 할 수 있다고 약속한다. 그리고 이것을 1개월간 실시하기로 합의한다. 목표 행동을 실천하는 동안 부모는 지시 · 간섭 · 처벌 등을 하지 않는다. 그 대신 해민이가 자발적으로 숙제를 하거나 끝낼 때 "해민아, 너 스스로 숙제를 하는 모습을 보니 엄마는 네가 자랑스럽단다"라고 표현을 한다.

6 행동 강화 해민이의 실천 기록지를 만들어 매일 실천 여부를 표시하고 숙제한 것을 기록해 나간다.

7 상담 효과 평가 1개월 후에 해민이가 자발적으로 숙제를 했는지를 알아본다. 1개월간 숙제한 횟수를 종합해서 기초선의 횟수와 비교할 수 있는 그래프를 그려본다. 기초선 횟수보다 숙제를 한 횟수가 많으면 일단 행동주의 상담은 성공한 셈이다. 새로운 습관 형성 후에는 지속적인 실천과 강화가 요구된다.

행동주의 상담에서 상담자는 칭찬이나 주의집중 등의 강화 자극을 사용하는데 내담자가 상담자를 믿고 존경하지 않으면 칭찬이나 주의집중은 강화 자극으로써의 역할을 하지 못한다. 친밀한 상담 분위기가 형성되어야 내담자는 자신의 의견을 솔직히 털어놓게 된다. 지금까지 아무에게도 이야기하지 않았던 비밀을 상담자에게 털어놓게 되고 그렇게 함으로써 상담자와 내담자는 문제 해결을 위한 공동 노력을 할 수 있게 되는 것이다.

목표 서술은 ① 행동 용어의 사용, ② 그 행동이 나타나야 할 조건의 제시, ③ 목표 행동의 최저 수용 수준의 설정이다. 목표를 여러 개 설정했을 경우, 한 번에 한 가지 목표 행동에만 집중하여 이를 달성케 한 후 다음 행동을 취급해야 한다. 그래야 상담자와 내담자는 자신들이 어떤 방향으로 나가고 있으며 또 얼마나 진전되고 있는가를 명확히 알 수 있기 때문이다.

위 사례에서 상담자의 역할을 탐색해 보면 다음과 같다.

상담자는 상담과정에 능동적으로 참여하여 해민이가 자신의 문제를 구체적으로 정의하게 돕고, 또 자신이 해민이의 문제에 대해 어떤 도움을 줄 수 있는가를 결정해야 한다. 뿐만 아니라 상담을 어떻게 진행시킬 것인가에 대해 기본적인 책임을 지게 된다. 해민이의 문제를 정확히 정의하고 상담의 목적에 대해 상담자와 해민이 또는 해민이 부모와 합의를 한 다음에도 상담자가 상담의 과정을 통제하고 그 결과에 대한 책임을 지게 된다. 다시 말하면, 상담자가 해민이를 도와 그 문제를 해결하기로 합의를 한 다음부터는 모든 책임은 상담자가 져야 하며 해민이는 상담자를 믿고 목표 행동을 달성하도록 노력해야 한다는 것이 행동주의 상담자들의 견해이다. 상담자는 상담 상황 이외에 해민이의 일상생활에서 영향을 주는 다른 사람의 협조도 가능하면 구해야 한다. 상담과정의 궁극적 목표는 해민이 스스로 자신의 삶을 살아갈 수 있는 기술을 습득하도록 하는 것이다.

상담연습

SITUATION

남의 물건을 가져오는 수진이의 사례

수진이 문제로 고민이에요. 수진이에 대해서 잠깐 이야기를 들려주고 싶은대요. 제 기억으로는 수진이가 비교적 유치원에 잘 다니고 있는 편이라고 생각했어요. 그런데 엄마가 사 준 적이 없는 인형, 목걸이, 핀, 연필, 반지 등이 눈에 띄어서 어디서 난 것이냐고 물어보면 친구가 주었다고 했었어요. 처음에는 수진이가 인기가 좋아서 친구들이 주는가 보다라고 생각을 하고 대수롭지 않게 지냈습니다.

그렇지만 수진이가 새로운 물건 등을 가끔 가져오니까 걱정이 되었거든요. 친구의 엄마가 얼마나 속상해 하실까를 생각하니 더욱 걱정이 되었어요. 수진이에게 "친구 누구가 주었니?"라고 물으니까 보라반 친구들이 주었다고 하더군요.

이런 사실을 유치원 선생님에게 말씀을 드린 적이 있었는데 확인을 해서 연락을 주겠다고 하더니, 며칠 후 선생님은 보라반 친구들이 수진이에게 그와 같은 물건을 준 적이 없다는 사실을 들려주셨어요. 깜짝 놀라 수진이에게 다짜고짜로 물었더니, 그동안 유치원에서 하나씩 가져왔다고 하는 거예요. 얼마나 황당했는지 몰라요. 그런데 지금 수진이가 초등학교 3학년이에요. 수진이 반에서 5,000원이 없어졌는데, 수진이가 범인이라는 것이에요. 수진이에게 물었더니 자신도 모르게 5,000원을 호주머니에 넣었다는 거예요. 왜 넣었냐고 했더니 어이없게도 모르겠다는 겁니다. 화가 나 큰소리로 타일렀습니다만 이 버릇이 고쳐지지 않아 성인이 될 때까지 지속된다면 큰일이 될 것 같아 걱정입니다. 수진이의 못된 버릇이 지속되지 않도록 할 수 있는 방법이 없을까요?

상담관계가 형성된 후 상담과정을 제시해 보기로 한다.

상담과정

교사는 부모가 상담을 의뢰한 경우에 부모에게 상담자 역할을 한다. 그리고 그 부모는 자녀에게 상담자 역할을 하여 자녀가 긍정적 행동 변화를 가져오도록 한다. 여기서는 수진이 엄마와의 상담과정의 초기부분을 제시하고 수진이에 대한 일반적인 이해와 동생의 지도를 위하여 상담자와 부모가 알아야 할 것을 제시하고자 한다.

상담자 수진이의 못된 버릇으로 인하여 수진이가 바르게 성장하지 않을까봐 걱정을 많이 하고 계시는군요.

어머니 네, 수진이를 유치원 때 잘 잡아 주었어야 했는데, 그 기회를 놓친 것은 아닐까요? 지금 어떻게 할 수 있는 방법은 없나요?

상담자 수진이를 유치원 때 바르게 지도해 주지 못한 것 같아 불안하지만 수진이의 못된 버릇을 고쳐 주고 싶다는 것인가요?

어머니 네, 동생도 있거든요. 동생도 유치원 다니는데 가끔 제가 사 주지 않은 물건을 가져온 것 같아 더욱 불안하기도 해요.

상담자 수진이 때문에 힘들기도 하지만 동생도 수진이처럼 될까봐 걱정되시겠군요.

어머니 네, 유치원 때 수진이를 어떻게 해주었어야 되나요?

상담자 유치원 시절 때 수진이 엄마가 어떻게 하면 좋았었는지 그 방법을 알고 싶단 말인가요?

어머니 네.

상담자 수진이 유치원 시절 때 수진이 엄마가 할 수 있었던 방법을 알고자 하는 이유가 동생에게 그 방법을 적용하고 싶어서인가요?

어머니 그런 점도 있는 것 같기는 합니다만 수진이 버릇을 고치는게 더 급해요.

상담자 그럼, 현재 어머니께서 원하는 수진이의 행동은 어떤 것이지요?

어머니 수진이가 남의 것을 가져오지 않는 것이지요. 이를테면 훔치는 버릇이라고 할까요? 이 습관을 없애는 것이랍니다.

상담자 수진이가 바른 행동을 할 수 있는 지도방법을 알아보도록 할까요?

어머니 네.

상담자 수진이가 무엇때문에 그런 일을 했는지 알 수 있을까요?

어머니 ~~

첫째, 수진이의 발달 단계를 점검해 본다.

소유 개념이 없는 경우

수진이의 연령을 고려해 볼 때 수진이는 자기 물건과 남의 물건의 소유를 구별할 줄 모르는 경우로 여겨진다. 유아들이 자기 물건과 남의 물건을 구별할 수 있게 되는 시기는 만 5세쯤이다. 이때가 되면 남의 물건을 가져가는 것이 나쁘다는 것을 알아차린다.

그러나 정서적 불안이나 욕구 불만으로 훔치는 경우가 많다. 정서 발달이 늦은 유아는 자기가 원하는 것을 보면, 그것이 타인에게도 중요한 것이라는 것을 느끼지 못하고 그냥 가져간다. 특히 풍요로운 가정환경의 유아에게서 이런 행동을 발견할 수 있다. 이러한 유아들에게는 남의 물건을 소중하게 여기는 태도를 가르쳐야 된다. 내가 가질 수 있는 것과 가질 수 없는 것을 명확하게 구별해 주고, 내 것과 남의 것의 차이를 인식시켜 주도록 한다. 수진이 엄마는 이러한 사실을 알았을 때 방치하지 말고 즉시 가르쳐 주는게 좋다.

조용하면서 부드러운 목소리로

이 인형은 어디서 났니?

이 인형을 갖고 싶었어?

수진아, 이 인형은 친구 것이고, 친구 인형은 수진이 것이 아니니까 친구의 허락 없이는 가질 수 없는 물건이란다. 친구 인형을 어떻게 돌려주는 게 좋을까?

수진이가 어떤 대답을 할 것이다. 대답이 없을 경우는 "이 인형은 친구에게 돌려주자, 엄마랑 같이"라고 표현한다. 수진이에게 부끄러움을 느끼도록 한다거나 죄의식을 느끼도록 강하게 지도한다면 수진이는 분노하게 될 것이다. 어린 유아들도 자존심이 있기 때문에 수진이에게 나쁜 아이라는 인식을 주어서는 절대로 안 된다. 가정에서 지도해 볼 수 있는 방법을 소개해 보자. 각자 자기의 물건은 자신의 일정한 장소에 넣어 두고 필요할 때는 꼭 그 본인에게 허락을 받고 쓸 수 있도록 가정 분위기를 만들어 본다.

수 진 (세일러문 인형을 한쪽 박스에 넣어 두고 있으면서 블록 놀이를 하고 있다.)

엄 마 수진아! 세일러문 인형을 엄마가 가지고 놀고 싶은 데 빌려주겠니? 세일러문 인형을 가지고 놀다가 돌려줄게.

수 진 (망설임)

엄 마 고마워. 엄마가 수진이의 세일러문 인형을 조심스럽게 가지고 놀다가 돌려줄게!

수 진 (고개 끄덕)

엄 마 (5분 뒤) 수진아! 너의 인형 여기 있어. 망가진 데는 없는지 살펴보렴. 재미있게 잘 놀았어. 수진이도 필요한 것 있으면 엄마한테 빌려달라고 말하면 좋겠어.

이와 같은 방법으로 지도하면 수진이의 행동이 바르게 형성될 것이다.

욕구 불만의 표현

욕구 불만의 한 방법으로 남의 물건을 가져온 경우라고 볼 수 있다. 지금까지 엄마의 사랑을 독차지했던 수진이가 동생에게 사랑을 빼겨 버리고 부모로부터 사랑을 받고 있지 못하다고 느꼈을 때, 욕구 불만의 한 방법으로 남의 물건을 가져와 엄마의 관심을 유도한 것일 수 있다. 유치원에 다녀온 뒤에는 가방이나 호주머니 조사를 해 본다. 가방이나 호주머니 조사 그 자체는 훔치는 행동을 감소시켜 주는 데 효과가 있다. 조사를 할 때는 눈치 채지 않도록 아주 자연스럽게 하면 된다.

"오늘 유치원에서 어떤 일이 있었니?", "친구들과 재미있게 지낸 이야기를 듣고 싶구나!", "엄마는 수진이 오는 시간을 많이 기다렸지. 수진이가 많이 보고 싶었어!", "엄마는 수진이가 유치원 간 뒤에, 수진이랑 즐거운 시간 보내려고 집안 청소를 깨끗하게 했단다" 등의 표현을 하여 수진이에게 관심과 사랑이 있음을 끊임없이 보여준다. 이렇게 지도하면 되는데 수진이가 친구들이 준 것이라고 거짓말을 한 것은 거짓말을 통해 불만이나 두려움 등을 해소시키려고 한 것이므로 수진이의 마음을 이해하고, 관심과 사랑이 듬뿍 담긴 표현을 자주 해주는게 좋다.

아동기에서의 점검

유아기 때의 경험이 초등학교 3학년 때 일어났는데 지금 점검해야 할 내용은 훔치는 버릇이 있는 어린이라고 부르기엔 이른 감이 있을 것 같다. 유아기 때는 소유 개념이 발달되지 않은 것으로 보아야 할 것이고, 지금 훔치는 행위에 대해서는 횟수 부분도 탐색되지 않았기 때문에 훔치는 행동이 습관이 되지 않도록 예방 차원으로 보고 상담자와 부모는 수진이의 행동에 적극 개입하는 것이다.

훔치는 원인이 무엇인가를 살펴야 한다. 여러 관점에서 훔치는 원인을 살펴보면 도덕적 가치관의 확립이 덜 되었거나, 충동성이 강한 성격의 아동이거나, 또래들에게 인정을 받기 위해서거나, 나쁜 친구의 압력에 의한 것이거나, 부모나 교사의 관심을 되찾기 위해서일 경우이다. 이러한 원인들을 잘 파악하여 그 원인을 제거해 주는 방향으로 상담자와 교사, 학부모가 노력한다면 훔치는 행동은 제거될 수 있다.

가장 중요한 것은 수진이와 협의하여 적당한 용돈을 규칙적으로 주며 집안의 돈을 철저히 관리하여 수진이의 충동성을 발휘하지 않도록 하며 정당한 노력 없이 돈을 갖는 것은 좋지 않다는 태도를 길러준다는 상담 목표를 정하고 일관성 있게 지도해야 한다.

둘째, 부모가 주의해야 할 사항을 살핀다.

상담이 진행되면서 아동은 부모에게 도움을 청하고, 신체적 접촉의 기회를 넓히면서 관심을 끄는 행동을 할 때, 대부분 부모들은 힘들다고 호소하면서 귀찮아 버럭 화를 낸다고 이야기한다. 이런 경우에는 상담의 효과를 기대하기 힘들다. 아동의 문제 행동을 변화시키려면 부모가 바람직한 행동의 습관이 형성될 때까지는 아동이 부모에게 의존하는 정서도 이해하고 무조건적으로 수용해야 한다. 어쩌면 부모의 인내심이 상담의 효율성에 가장 큰 영향을 미칠지도 모른다.

일관성

바람직하지 못한 행동을 성공적으로 변화시키기 위해서는 일관성 있는 교사나 부모의 행동이 요구된다. 바람직한 결과들을 얻기 위해 계획을 성실하게 이행하는 것은 매우 중요한 일이다. 수진이가 어떤 특정 기간을 넘어 계속 특이한 방법으로 행동한다면, 그것은 그 아동의 행동에 대한 주변 사람들의 반응이 그 행동을 강화하기 때문이다. 그 행동을 변화시키려면 주변 사람들의 강화를 완벽하게 철회해야 한다.

교사나 부모가 수진이 문제 행동을 어떤 때는 무시하다가 다시 주기적으로 그것에 관심을 보인다면, 수진이는 혼동하게 된다. 일관성 없는 교사나 부모의 반응은 수진이를 당황하게 할 뿐 아니라 전에 수진이가 했던 행동을 다시 유발시킬 수 있다.

교사나 부모들은 급변하는 사회의 변화에 따른 가치관의 혼란, 사회적 위기 등의 영향으로 자신의 정서적 문제들을 통제하는 데 어려움이 있다. 이러한 혼란 속에서 아동들은 알게 모르게 압박을 받고 있으며 어른들의 눈치를 살필 수

밖에 없다. 똑같은 행동이라도 어떤 경우에는 수용되기도 하지만 어떤 경우에는 거절당하기 때문에 어떻게 행동을 하는 것이 바람직한 것인지를 모를 때가 많다. 신체 · 심리 · 사회 · 정서적 발달이 조화롭게 이루어져야 하는 아동기의 내담자에게 미치는 영향을 고려해 볼 때 아동상담자는 부모나 교사의 일관성 있는 태도의 중요성을 강조해야 한다. 부모-교사의 상호작용도 중요한 역할을 담당하는데 문제 행동이라고 인식되는 경우에는 교사와 부모는 항상 함께 대화를 나누어야 할 것이다. 진솔하면서도 정직하게 문제에 대해서 이야기를 나누되 아동의 입장을 최대한 고려해서 이해해야 한다. 부모와 교사는 그 행동에 대해 비슷한 견해를 가질 수 있으며 그 문제를 함께 논한다면 기대되는 효과는 높아진다. 부모와 교사가 다르게 인식하는 문제일지라도 문제 행동을 분명하게 규정하고 이해한다면 해결 가능성은 충분하다. 특히 아동상담자는 상담의 목표를 잘 선정하여 문제 접근을 용이하게 할 필요가 있다.

행동의 빈도

고려하여야 할 또 다른 요인은 수진이가 그 행동이 얼마나 자주 일어나는가를 아는 것이다. 상담 의뢰의 대상이 되는 행동들은 일관성 있게 반복되는 행동들을 변화시키는 데 사용하는 것을 목적으로 하고 있다. 아동은 평상시의 상황이 아니기 때문에 가끔 부적절하게 행동하는 수가 있다. 예를 들어, 피곤하다거나, 가정에 문제가 있어 억압감이 있다든가, 친구 때문에 화가 나 있는 경우이다. 이런 경우, 교사는 이러한 행동은 받아들여질 수 없다는 것을 유아에게 조용히 말하고 동시에 그 이유를 설명해 준다. 가능하면, 피곤한 유아는 조용한 영역에 눕도록 하여 상황을 바꿔줄 수도 있을 것이다. 만약 똑같은 부적절한 행동이 어떤 특정 기간을 지나서 규칙적이고 주기적으로 반복된다면 기초선을 정하여 기록표를 작성한다. 상황을 더욱 면밀하게 점검하여 지속적으로 그 행동이 반복될 경우 전문가의 도움을 받아야 한다.

기초선은 일정 기간 동안 평상시와 똑같은 조건하에서 아동의 부적응 행동,

즉 행동 수정을 위한 목표 행동의 수준을 관찰·측정하여 기록하는 것을 말한다. 평상시에 수진이의 특정 부적응 행동이 어느 정도 발생하였는가를 기록에 남기는 단계가 기초선 1단계의 주된 내용인데, 이 자료는 훗날 행동 수정의 결과 부적응 행동이 얼마나 변화되었는가를 비교·평가할 때 유용하게 사용되어진다.

이 단계에서 아동의 부적응 행동을 관찰·기록할 때는 아동으로 하여금 그 자신이 관찰되고 있다는 것을 알지 못하도록 하여야 한다.

기초선을 정하여 기록표를 작성하는 방법의 예를 들면 다음과 같다.

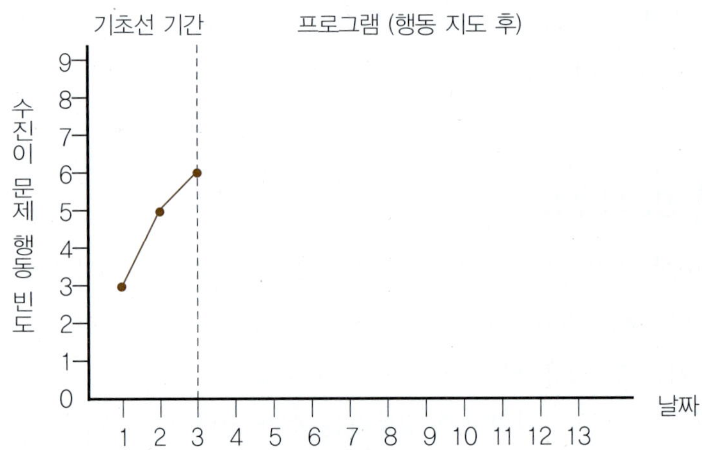

[그림 5-2] 기록 유지 그래프

상담연습

SITUATION

공격적 행동을 하는 근영이의 사례

학기초부터 장미반 근영이는 친구를 때리거나, 꼬집거나, 침을 뱉는 등 공격적 행동을 자주 한다. 장미반 교사는 근영이의 행동 특징 외에도 장미반 아이들이 누군가에게 소리를 지르거나, 위협하며 발로 차기, 물건을 빼앗는 행위를 하기 때문에 공격적 행동을 지닌 아이들 때문에 골치를 앓고 있다. 장미반 교사는 어떻게 지도를 해야 할지, 아니면 의뢰해야 할지 고민 중에 있다.

상담관계가 이루어진 경우 그 과정을 제시해 보면 다음과 같다.

상담과정

상담자 선생님은 장미반에서 공격적인 행동이 일어나니까 걱정이 되시지요?

교 사 네, 제가 교사 자질이 없는지 머리가 아픕니다.

상담자 선생님은 교사 역할을 잘 해내고 싶은데 제대로 하지 못한 것 같아 고민을 하고 계시는군요.

교 사 예, 그 점이 고민이 되지만 어쩔 때는 소리를 꽥 지르고 싶어요. 그렇지만 교사가 소리를 지르면 안 되잖아요. 답답해 죽겠어요. 선생님을 못할 것 같아요.

상담자 근영이를 비롯하여 공격적인 행동이 자주 일어나니까 골치가 아파 공격적인 아이들의 지도방법을 알고 싶단 말인가요? 아니면 자신의 문제, 즉 고민을 다루고 싶은가요?

교 사 둘 다예요.

상담자 이 2가지는 한꺼번에 다 다룰 수는 없거든요? 어느 문제가 먼저 다루어졌으면 좋겠어요?

교 사 지도방법을 먼저 다루어 주세요. 우선 그것이 급하거든요?

상담자 그렇다면 지도방법을 알아보도록 할까요?

교 사 네. 지도방법을 알고 싶어요.

상담자 지금까지 주로 어떤 지도방법을 사용했나요?

교 사 제가 아는 방법은 모두 다 사용해 보았지만 소용없어요.

상담자 구체적으로 어떤 방법을 사용했는지 소개해 주실 수 있나요?

교 사 ~~

1 공격성의 이해

위 아동을 지도하거나 상담할 때는 공격성에 대한 이해가 선결되어야 한다.

공격성(aggression)은 다른 사람에게 육체적 또는 심리적으로 해를 입히거나 물건을 손상 또는 파괴하는 행동이다. 공격성에는 우연적 공격성(accidental aggression)과 의도적 공격성(intentional aggression)이 있는데 어떤 형태의 공격성인지를 살펴야 할 것이다. 유아들은 우연적 공격성에 의해 피해를 받아 반응을 했던 것인지, 다른 유아가 자신에게 의도적으로 무엇인가를 가지고 위협을 가해 왔는지 모른다. 그러므로 유아들에게 나타날 공격성의 형태에 따라 교사의 반응은 다양할 수밖에 없다. 교사가 유아들의 공격성을 예방하기 위한 지침은 다음과 같다.

첫째, 유아들에게 그들의 활동들을 위한 충분한 공간을 제공해 주어야 한다. 서로 밀집된 공간으로 인한 충돌과 밀치는 행동을 피하게 해야 할 것이다. 예를 들면, 소꿉놀이 영역을 사용할 수 있는 유아 수를 제한해 주는 것이다.

둘째, 유아에게 우연적인 손해와 의도적 손해를 구별하는 기회를 제공하여 손해의 형태에 대한 학습 능력을 향상시켜 주어야 한다. 예를 들면, "○○야 네가 다친 사실을 선생님은 알고 있단다. 많이 아프지? 친구들이 서로 한꺼번에 밀어닥치니까 복잡해서 너와 부딪친 거란다. 친구가 너에게 일부러 부딪친 것은 아니란다"라고 표현해 준다면 앙갚음의 행동은 미리 방지할 수 있다.

셋째, ○○가 아침부터 친구에게 화가 나서 의도적으로 공격을 했기 때문에 자기 자신을 보호하기 위해서 친구를 때린 것이므로, 뉘우치는 태도를 보이지 않을 수도 있다.

이때 교사는 공격자인 친구와 방어자인 ○○를 어떻게 시도해 갈 것인가? 대체로 유아들이 취학 전 시기를 지나면서 보이는 공격성 표현양식의 변화는 인지구조의 일반적 변화와 병행한다. 취학 전 유아들은 피아제의 인지 발달 단계 중 전조작기 단계에 있으므로 이때 자기중심성의 특징이 있다는 사실을 기억해야 할 것이다. '누구나 모두 어떤 권리를 가진다는 것'을 유아들에게 가르쳐 주어야 한다. '나만이 그 무엇을 해야 한다'는 자기중심성 때문에 친구를 때리거나, 꼬집거나, 침을 뱉을 수 있기 때문이다.

또 교사는 공격성과 자기주장성의 차이를 알고 지도해야 한다. 공격성은 파괴적이며 다른 사람의 인격을 손상시키는 것이며, 자기 주장은 파괴적인 것이 아니라 긍정적인 적응 행동이며 성장에 필요한 적응 능력이므로 공격성을 통제할 수 있는 능력도 가르쳐야 할 것이다.

2 원인 탐색

원인 탐색을 한다. 유아들이 무엇 때문에 공격적이 되는가를 이해하도록 한다.

첫째, 어떤 유아들은 협동적이고 자기 주장적인데 특별하게 ○○가 공격적이 되었는가? 특별하게 공격적이라면 가정환경이나 지금의 양육자가 누구인가를 살펴본다.

둘째, ○○의 공격성은 좌절에 대한 반사적인 반응으로 나타난 결과였는가? 만약 좌절에 의한 반사적인 반응으로 ○○가 공격적이 되었다는 추론이 들면 ○○의 기본적인 생리적 욕구가 충족되지 않아 좌절 상태에서 공격적인 행동을 선택할 수도 있다. 또, ○○ 자신의 자아나 안전이 위협되어 공격적인 행동을 선택할 가능성도 있다. 이런 경우에는 ○○가 충분한 음식을 섭취하고 있는지를 살펴보아야 할 것이다.

셋째, ○○의 공격성이 모방이나 보상에 의해 강화되어 습관적으로 나타난 결과였는가? 만약 TV나 성인, 친구들의 모델링을 통하여 공격성이 학습되었다면 부모 교육을 통해서 질적 환경 구성이 요구된다고 표현해 준다. 부모의 적절한 언어 사용이 중요하며 공격적 내용이 담긴 매체 활용의 절제나 ○○의 공격적인 자세가 부적절하다는 내용을 조심스럽게 전달한다. 사회학습 이론가들은 특정 행동을 유지하거나 변화시킬 학습에 필수적인 요소를 강화로 보고 있다. 어떤 특정 행동은 강화 외에도 관찰을 통하여 학습될 수 있으므로 모델의 관찰을 통해 학습된 것은 아니었는가를 살핀다. 교실에서 다른 친구들이 싸우는 것을 관찰했는데, 교사가 지도시 싸우는 강화를 받았는지 벌을 받았는지가 중요하다.

3 통제방법 탐색

공격성을 통제하기 위한 방법을 탐색한다. 공격성은 학습된 행동이기 때문에 협동 활동을 통하여 통제될 수도 있다.

1 비수용적 분위기 조성

비수용적 분위기(nonpermissive atmosphere)를 조성한다. 교사들은 학급에서 다른 유아에게 공격성을 나타내는 것이 허용되지 않을 것임을 유아들에게 알게 하는 분위기를 조성할 수 있다. 이러한 분위기에서는 다른 친구들에게 손해되는 행동을 가하는 것과 관련된 제한 사항들이 설정되고 엄격하게 실시된다.

인지적으로 제한된 유아들일지라도, 사회적인 면에서 자기중심적이라고 하더라도 교사들은 유아들이 서로 다치지 않을 권리가 있음을 이해하도록 도울 수 있다. 예를 들면, "○○야, 난 네가 전화놀이를 하고 싶어하는 걸 안단다. 그러나 친구 ○○를 밀치는 행동은 받아들이지 않겠어!"라고 제한점을 제시해 준다.

② 수용적 행동의 모방 기회

공격적인 모델을 관찰할 수 있는 기회를 차단시킨다. 교사들이 활동 프로그램을 시행하면서 장난감, 게임, TV, 비디오 등의 수를 줄임으로써 억제시킬 수 있다. 교사가 자료를 선택할 때 주의 깊게 선택을 잘 해야 한다. 매체 선정시 친사회적 행동을 보여주는 교구를 선택하여 공격적인 행동을 관찰할 수 있는 기회를 줄이고 수용적인 행동을 모방할 수 있는 기회를 제공해야 한다.

③ 좌절에 대처하는 방법 학습

유아들이 좌절되었을 때 공격적으로 반응할 수 있으므로 좌절 상황에 대처하는 방법을 학습시킨다. 한 유아가 사용하고 싶은데 누군가가 이미 화장실을 사용하고 있거나, 쌓아 놓은 블록 탑이 완성되기 전에 무너져 버렸을 때, 보고 싶은 그림책을 보려고 하는데 친구가 가져가 버렸을 때, 좌절의 경험을 하게 된다. 이러한 좌절의 경우에 공격성이 나타날 수 있으므로 좌절에 대해 설명을 한다.

만약 A와 B가 블록으로 탑 쌓는 놀이를 하고 있는데 A가 블록을 놓는 중에 지금까지 쌓아놓은 탑이 무너졌다고 하자. 이 상황에서는 A와 B가 모두 좌절의 경험을 하게 될 것이다. 좌절의 원인이 되고 있는 무너진 탑에 대해서, 왜 무너지게 되었는지에 대한 의문을 해결하도록 도와준다면 B가 A에게 공격적으로 반응할 가능성이 줄어들 수 있다.

④ 공격성과 상반되는 행동 학습

공격성과 상반되는 행동을 가르친다. 교사들이 공격적인 유아들에게 협동놀이의 기회를 자주 제공해 준다면 신체적, 언어적 공격성은 감소될 뿐 아니라, 공격성과 협동심은 상반되는 행동이므로 친사회적 행동이 강화된다면 공격성은 자연적으로 감소된다. 만약 그림책을 서로 먼저 보겠다고 다투는 두 유아(A, B)가 있다면, "선생님은 A가 이 책을 먼저 집는 것을 보았는데, B가 잡아채 먼저 책을 가져간 사실을 안단다. 그러나 A가 B를 때리는 것을 그냥 넘길 수 없지. 너희 둘 다 바람직한 행동을 한 것은 아니야. 그렇지만 너희 둘이 해결할 수 있을 것으로 믿고 있지. 어떻게 하면 좋겠니?"라고 지도한다.

대부분 교사들은 지도방법에 대해서 궁금하게 여기는 경향이 있다. K교사도 예외는 아닌 것 같다. 교사 생활을 하면서 어려움에 부딪히는 교사들의 생각들을 들어 보면 아이들의 지도법이라고 표현하지만 교사 자신의 정서 문제가 더 큰 문제인 경우가 종종 있다. 오히려 교사 자신의 문제를 다루어 주는게 더 효과적일 것이라는 사실을 예측해 보지만 위 사례의 경우에는 공격성이 있는 유아의 지도방법을 먼저 다루기를 교사가 원하였으므로 먼저 다루고 그 다음에 교사의 고민을 다루어야 한다.

C·H·A·P·T·E·R·6

Adler 상담

아들러(Adler)의 개인심리학(Individual Psychology)은 Adler와 그의 후계자들에 의해 개발된 성격 이론, 치료 체계로써 상담과 심리치료의 방법이 되고 있다. Adler는 인간을 자신의 현상학적인 상 내에서 가공적 목표를 향해 움직이는 창조적이고, 책임이 있으며 형성되어 가는 총체적인 존재로 본다. 개인심리학은 인간의 생활양식이 열등감으로 인해 때때로 자기파괴적이 될 수 있다는 입장을 취한다. 따라서 치료적인 과제는 치료자와의 관계, 행동분석 및 활동방법을 통하여 그 사람을 격려하고 사회적 관심을 활성화시켜 주며 새로운 생활양식을 발달시켜 주는 것이다.

Adler 심리학이 아동에게만 적당하다는 취급을 받은 적이 있지만 Adler는 주로 교육과 아동의 임상적인 문제에 관심을 갖고 지역사회에 아동상담센터를 설립하고 운영하였으며 대중적 가족 교육방법은 가족교육센터에서 아직도 사용되고 있다. 현대의 Adler 학파들은 질병 모델보다는 성격의 성장 모델이 더 적합한 것임을 발견하고 Adler 철학을 학교 장면에 도입한다. 병든 개인이나 병든 사회를 치료하는 데 관심을 두기보다는 모든 사람들이 자유로운 사회에서 평등하게 살아갈 수 있도록 개인들을 교육시키고 사회를 재 조성하는 데 관심을 둔다.

Adler식 상담자들은 내담자를 병든 상태로 보지 않기 때문에, 그들은 어떤 것을 치료하는 것에 참여하지 않는다. 오히려 구성주의적 접근방식에 동의해서 상담은 '격려의 과정' 이므로 내담자는 낙담된 것으로 본다.

내담자는 상담의 과정에서 "나는 살려는 모든 용기를 상실했었는데 , 다시 나는 용기를 발견하였다"는 성공적 경험으로 변화를 이루게 된다.

1. Adler의 생애

개인심리학의 창시자인 Alfred Adler는 1870년 2월 7일 오스트리아 비엔나에서 6남매 중 둘째로 태어났다. 학창 시절에 Adler의 지도교사는 Adler의 수학 성적이 매우 좋지 않아 아버지에게 Adler는 공부보다는 다른 것이 더 맞을 수 있으니 다른 것을 하라고 자퇴를 권유했다. 그러나 아버지는 아들을 책망하는 대신에 그에게 용기를 북돋워 주었고 그 어려움을 스스로 극복하도록 격려하여 주었다. 아버지의 격려에 힘을 얻은 Adler는 학급에서 가장 우수한 학생이 되기도 하였다. 아동기에는 구루병, 폐렴, 교통사고로 고생하였지만, 이러한 잦은 질병으로 인한 의사와의 접촉이 오히려 의학을 공부하는 데 도움이 되었다.

Adler는 청년기를 비엔나에서 보냈고, 1895년 비엔나 대학에서 의학 학위를 받았다. 의학과 더불어 세익스피어뿐만 아니라 심리학과 철학에 있어서도 박식하였으며 대학을 졸업한 2년 후에 러시아에서 비엔나 대학으로 유학온 Freud의 친구인 지적인 여성과 결혼하였다.

1902년 그는 가을 Freud가 이끄는 토론 집단에 가입하였는데, 그것은 후에 최초의 정신분석학회가 되었다. 그러나 Freud의 심리성적 이론에 찬성할 수 없어서 서로 비난하는 관계로까지 발전하였으나 1907년에 발표된 논문「신체 기관 열등에 관한 연구(A study on organ inferiority)」는 Freud의 절대적 지지를 받았다.

1910년 Freud는 자신과 Adler 학파 간의 차이를 조정하려는 시도로 Adler를 비엔나 정신분석학회 회장으로 추대하였고, 자기가 발행하는 잡지의 공동 편집자로 임명하였다. 그럼에도 불구하고 그는 Freud의 심리성적 이론에 계속 동의하지 않았으며 인간의 본질에서 사회적인 면을 강조한 최초의 정신분석학자였다. Freud의 요구로 전회원이 조건 없이 그의 이론을 수용하였으나, 다른 7명과 함께 이를 사퇴하고 탈정신분석학회를 만들었으며, 1912년에는 개인심리학회로 이름을 바꾸었다.

1차대전 중 그는 2년간 군의관으로 근무하였으며, 그 후 부상자와 전투 신경증을 치료하는 병원의 책임자로 임명되었다. 1926년 그는 미국의 컬럼비아 대학교의 교환 교수직을 수락하였으며, 1935년 가족들과 미국으로 이주하였다. 후에 그의 아들과 딸이 정신의학자가 되어 개인심리학의 원리를 연구하였다. 1937년 3월 28일 그는 스코틀랜드에 강연차 왔다가 거리에서 심장마비로 사망하였다.

그는 정신과의사로서 심리치료가로서 학교 및 가족 상담전문가로서 생전에 많은 일을 하였는데 그의 상담방법은 당시 학교에서도 많이 활용되었으며 주된 기법들은 격려, 학급 토의, 그리고 민주적 원리와 자기 책임의 강조 등이었다(Mosak, 1979). 1912년 『개인심리학회지』를 창간하였고, 북미에서는 1935년에 처음 발행되었다. 1919년 그는 비엔나에 아동상담소를 개설하였으며, 이 상담소는 의사와 심리학자, 사회사업가로 구성되었다. Adler는 열등감(inferiority psychology)이라는 용어를 소개하였으며 성숙, 상식과 사회적 유용성 면에서 열등감으로 인해 정서적으로 무력한 사람을 위한 심리치료를 개발하였다.

1926년 오스트리아 정부로부터 정서 불안 아동과 그들의 부모들을 상담할 수 있는 프로그램 개발을 요청받고 가족 상담을 시도하였다. 나중에는 이것이 부모교육센터를 의미한 것이 되었다. 오늘날 집단 상담과 부모 교육의 중요성을 강조하는 것은 그의 주장과 같다.

Adler의 업적을 가장 많이 적용하고 발전시킨 사람은 루돌프 드레이커스(Rudolf Dreikurs)로 1972년 사망까지 개인심리학의 선구적인 지지자였다. 드레이커스는 텔아비브에 있는 Alfred Adler 연구소의 소장으로, 시카고 의과대학 정신의학부 명예교수, 북미와 그 외 많은 대학에서 교환 교수로 일하였다.

Adler의 제자이면서 공동 연구자였던 Dreikurs는 많은 인간관계 현장에서 Adler 학파의 원리에 기초를 둔 특별한 기법을 개발하였다. 아동 상담에 끼친

Dreikurs의 가장 중요한 공헌은 이론을 실제로 적용시켰다는 점이다. Adler의 복잡한 사상들은 Dreikurs에 의해 비교적 간단하게 다듬어져서 가정과 학교 상황에 있는 아동의 행동을 이해하고 지도하는 방법으로 응용되었다.

2. 주요 개념

아동 상담 및 심리치료에 있어서 Adler의 개인심리학적 접근의 특징을 성격 이론과 관련하여 이해해 보자. Adler는 인간 형성에 있어서 유전과 환경 문제에 관심을 가졌는데 "유전과 환경이 개인을 어떻게 형성하는가?" 또는 "지능이 어느 정도 유전되며 어느 정도 환경에 의해서 영향을 받는가?"에 대한 사실을 얻는 답변보다는 "개인은 그의 유전과 환경을 어떻게 활용하는가?" 또는 "개인은 유전과 환경을 개선하기 위해 그의 능력을 어떻게 활용하는가?"에 대해 더 관심을 가졌다.

Adler에 의하면 가족 구도가 성장기 아동의 일차적인 사회적 환경이 되는데 부모, 형제, 자매 및 사회, 문화가 아동을 사회화시키는 데 영향력을 발휘한다. 자신에게 기대되는 것이 무엇인지를 배울 때까지 아동은 비교적 능력이 없으며 열등하다. 그런 상태에서 자신의 환경을 관찰하고 평가하며 환경이 자신에게 요구하는 것을 획득할 수 있는 방법을 배우며 어떻게 하면 승인과 거부를 얻게 되는지를 알게 된다. 그리고 어떻게 자신의 존재를 인정할 수 있는지를 배우게 되며 아동은 가족 구조 내에서 유리한 입장을 차지하려고 교묘히 움직인다.

1) 인간관

Adler는 인간을 그의 현상적 자아(phenomenal self)에서 가공적 목적(fictional goals)을 향해 움직이는 창조적인 존재, 선(善)의 잠재력을 실현하는 존재, 그리고 완성을 향해 끊임없이 형성되어 가는 총체적인 개인으로 본다.

Adler에 의하면 인간은 열등한 신체적 능력 때문에 심리적 열등감을 발달시키는 경향이 있다고 한다. 그래서 인간은 항상 열등감(inferiority)과 무력감(helplessness)의 상태 속에서 살아간다. 인간은 자신들의 열등감은 심리적 강점(psychological Strength)으로 대체시키고자 한다. 즉, 자신들이 지각하는 열등한 존재보다는 보다 나은 또는 완전한 존재가 되려고 노력한다고 했다. 인간이 추구하는 전반적인 목적은 열등감에서 벗어나 더욱 더 강하고 완전한 인간이 되는 것이다.

이와 같은 Adler의 성격과 인간 본성에 대한 기본 가정들을 구체적으로 정리하기 위하여 안스바체르(Ansbacher, 1979), 홀과 린지(Hall & Lindzey, 1978), 모삭(Mosak, 1979), 그리고 히엘레과 지글러(Hjelle & Ziegler, 1981)가 세시한 것을 참고해 보면 다음과 같이 7가지로 요약할 수 있다(이형득, 1987).

① 인간의 모든 행동은 사회적 맥락에서 일어난다.

Adler는 인간 본성이 선한 것도 악한 것도 아니라는 가정을 지녔지만 인간은 사회 속에서 태어나고 길러지기 때문에 이기적 동기를 넘어서서 이타적 동기를 갖게 된다고 보았다. 즉, 사회적 훈련을 통해 타인의 복지와 더욱 살기 좋은 사회건설에 대한 적극적 관심을 지니게 된다는 것이다. Adler는 이와 같은 가정에서 후에 정신 건강의 척도로 '사회적 관심' 이란 개념을 발전시켰다.

② 인간을 총체주의(holism)의 개념으로 파악한다.

Adler는 인간을 요소적, 분석적으로 보기보다는 분할할 수 없는 전체로써 파악하였다. Adler는 총체주의의 가정에서 생애 계획 혹은 생활양식(life style)이란 구성 개념을 끌어냈다. 인간의 모든 부분적인 기능들, 즉 마이너스 상태를 플러스 상태로 끌어 올리려는 모든 시도들이 생활양식에 의해 통합된다는 것이다.

③ 인간의 의식성(consciousness)에 더 강조점을 둔다.

Adler는 무의식의 존재를 부인하지는 않으나 무의식을 개념적으로 정의하는 일은 피했다. 인간은 사회적 관계에서 열등감이나 추구하는 목표를 의식하며 목표 달성을 위한 행동 계획도 세우고 의식적인 노력도 한다고 보았다.

④ 인간은 그의 독특한 인지적 조직(cognitive organization)을 갖는다.

이것은 개인으로 하여금 경험을 조직하게 하고 그것을 이해하게 하며 그것을 통제한다는 것이다. 이것은 사회적으로 동기화된 개인이 생애 목표를 달성하기 위하여 수많은 행동을 하는 과정에서 형성되는 것으로 곧 생활양식을 말한다.

⑤ 인간은 끊임없이 변화 · 발전한다.

인간의 행동은 상황의 즉각적인 요구에 의해서, 그리고 생활양식의 장기적인 목표에 의해서 변화한다는 것이다. Adler에 의하면, 인간에게는 순수한 자연적인 힘만으로 형성된 것은 아무것도 없다. 본능 또는 동기까지 포함해서 모든 것은 문화적 구조 특히 기대와 가치에 의해 영향을 받는다. 생활양식은 4~5세 경에 틀이 잡히지만 상담 또는 심리치료를 통해서 변화시킬 수 있다고 하였다.

⑥ 인간은 스스로를 창조해 나간다.

Adler는 환경과 유전의 중요성은 인정하지만 인간은 이들 힘에 수동적으로 반응만 하는 존재가 아니라고 보았다. 인간은 유전과 환경을 능가하는 제3의 힘, 즉 창조력(creative power)을 지닌다는 것이다. 인간은 스스로 선택한 목표에 의해 그의 운명을 개척해 나간다. 즉, 인간은 그의 창조적 노력 때문에 각기 독특한 것이다.

⑦ 인간은 끊임없이 완성(perfection)을 추구한다.

인간은 과거 경험에 의해 결정되기보다는 현재와 미래에 대한 기대, 즉 완성의 추구에 의해 더 영향을 받는다. 완성의 추구는 하나의 이상이지만 주관적으로 현재의 행동에 영향을 미친다. 완성의 추구는 궁극적 목적으로써 인간의 행동을 최종적으로 설명해 주는 것이다.

2) 성격 이론

Adler 성격 이론의 주된 목적은 상담자나 심리치료자에게 활동의 지침을 제공하는 것이며 궁극적으로는 모든 사람들에게 심리적으로 건강한 성격을 갖도록 안내하는 것이라고 보았다(Hjelle & Ziegler, 1981). 따라서 Adler의 성격 이론은 정신 건강을 증진할 수 있는 실천 원리로 볼 수 있는 몇 가지 개념들로 구성된다. 이 개념들을 ① 열등감과 보상, ② 우월성의 추구, ③ 생활양식, ④ 사회적 관심, ⑤ 창조적 자아, ⑥ 출생 순위, ⑦ 가공적 목적론으로 나누어 설명해 보기로 한다(이형득, 1987).

(1) 열등감과 보상

인간의 정신은 콤플렉스의 집합체이고 콤플렉스 간의 세력 불균형 상태가 되거나 현실적으로 부적응을 일으키는 콤플렉스가 그 개인의 정신 세계에서 주도권을 쥐면 정신장애 상태가 되는 것이다. 그 나머지 경우는 모두 정상 상태처럼 보이거나 정상에 해당된다. 그래서 아이들도 어떤 경우에는 심각해 보이고 어떤 경우에는 멀쩡해 보인다.

그래서 치료하지 않으면 그저 그런 대로 살게 된다. 고통의 정도에 차이가 있을 뿐 누구나 그러하듯이 살아가게 되는 것이다. 인생이라는 여로에서 얼마나 무거운 짐을 지고 살아가느냐 하는 차이이다. 마음의 문제가 없을수록 평안하고 조화로운 그리고 자유로운 삶을 살게 된다.

콤플렉스는 언제나 새로운 경험이나 가능성을 색안경을 끼고 보게 하는 역할을 함으로써 때로는 즐거움을, 때로는 고통을 그 개인에게 가져다 준다. 그래서 좋은 내용의 콤플렉스가 나쁜 내용의 콤플렉스보다는 낫다. 아이가 어릴 적에 좋은 경험을 해서 인생에 대해서 좋은 색안경을 지니고 살아간다면 그 반대편보다는 분명히 나을 것이다. 그리고 마음의 고통은 주관적인 것이라서 고통을 겪는 당사자는 더없이 괴롭겠지만 타인의 고통은 덜 고통스러워 보인다. 그래서 아이들의 문제를 어른들은 다소 쉽게 생각하는 경향이 있다(김학룡 · 서현아,

2000).

Adler는 1907년 「신체기관 열등과 심리적 보상에 관한 연구」에서 개인 내의 특정기관이 질병에 감염되는 것은 그 기관이 다른 기관에 비해 열등하게 태어나 성공적으로 기능을 발휘하지 못하기 때문임을 관찰하였다. 또한 Adler는 많은 사람들이 신체기관의 허약과 결함을 훈련과 연습을 통해 극복하려는 보상적 노력을 하고 있음도 관찰하였다(Hall & Lindzey, 1978; Hjelle & Ziegler, 1981). 전자의 예는 Adler 자신이 어릴 때 폐렴을 앓는 등 질병과 신체적인 허약을 체험한 데서 깨달은 것이며, 후자의 예도 Adler 자신이 체험한 것일 뿐 아니라 그 외 많은 사람들에게서도 관찰된 것이었다.

Adler는 기관 열등과 그에 따른 보상 개념을 소개하면서 실제적인 기관 열등을 사회적 열등감으로 대치하였다. 보상 대처 기제인 보호, 변명, 투사, 동일시 등은 Freud 학파에게는 자아가 본능적인 추동과 싸우기 위해 방어기제로 간주되었지만 Adler 학파는 방어기제라기보다는 인간이 자존심, 명성, 신체적 자기를 지키기 위해 사용하는 문제 해결 방안으로 보려고 한다. Adler 학파가 무의식의 개념을 수용하지 않았기 때문에 억압이나 승화와 같은 기제는 Adler 학파의 이론과는 무관하게 되었다. Adler 학파의 이론에는 본능, 추동, 리비도 및 충분한 증거도 없이 주장되는 다른 동인(movers)들이 끼어들 여지가 없다.

사람들 중에는 이러한 보상적 노력을 통해 다른 사람들에 비해 월등한 능력과 기술을 개발한 사람도 가끔 볼 수 있다. 위대한 웅변가였던 데모스테네스(Demosthenes)는 어릴 때 말더듬이었고, 올림픽 3관왕이었던 루돌프(Wilma Rudolph)도 어릴 때 소아마비로 다리가 연약하였으며, 미국 대통령이었던 루즈벨트(Theodore Roosevelt)도 어릴 때 허약했었고 대학교때 근위축성 측색경화증에 걸린 스티븐 호킹(Stephen Hawking)은 신체장애를 딛고 「블랙홀의 특이점 정리」를 수학적으로 증명하여 현대물리학의 새로운 지평을 열었다. 즉, 신체적 열등은 사회적 관계 속에서 의식되며 이것은 열등감으로 발전하고 동시에 이를 극복하려는 보상적 노력이 뒤따른다는 것이다. 그러나 열등감은 신체적 조건에 의해서 뿐만 아니라 심리적으로나 사회적인 능력이 모자라는 데서도 유발된다. 인간이면 누구나 불가피하게 열등감 또는 부적절감을 지니게 된다(Adler, 1956). 즉, 유아기에는 누구나 생존을 성인에게 의존해야 하므로 보다 크다거나 힘센 사람들에 대해 상대적인 열등감을 필연적으로 가지게 되며, 또한 이를 보상하려는 많은 노력도 하게 된다는 것이다.

Adler는 열등감의 보상을 모든 인간이 본질적으로 추구하는 경향성으로 보았다(Maddi, 1980). 즉, 그는 인간에 있어 열등감은 하나의 동기가 되어 각 개인은 이 열등한 면들을 극복하려는 노력을 하게 되고 그 결과로 진보하고 성장하며 발달하는 것이라고 보았다. 신체적 열등 그 자체보다도 이로 말미암은 열등감이 완전 또는 완성을 향한 위대한 추진력이며 인간을 보다 높은 단계로 서서히 끌어 올린다는 것이다(Hjelle & Ziegler, 1981). 다만 이들 열등감이 재능, 용기, 그리고 사회적 관심과 결합되는 경우에는 발전적 추진력이 될 수 있지만 이 결합이 불가능해지면 열등 콤플렉스에 빠지게 된다.

Adler는 유아기에 열등 콤플렉스에 빠지게 되는 상황으로 신체기관의 열등, 과잉보호, 그리고 무관심의 3가지를 들고 있다. 즉, 아동이 신체적 결함이나 만성질환으로 다른 아동들과의 경쟁에서 도저히 이길 수 없는 상황에 자주 놓이게 될 때, 아동이 자신이 할 일을 항상 다른 사람이 대신해 주는 상황에 자주 놓여 그 자신의 능력을 시험해 보는 기회를 박탈당했을 때, 그리고 아동이 다른 누구도 자기를 원치 않기 때문에 다른 사람의 애정이나 인정을 받기 위해 자기 자신의 능력을 발휘해 볼 기회를 갖지 못했을 때 열등 콤플렉스에서 헤어나지 못하게 된다는 것이다.

(2) 우월성의 추구

Adler는 인간의 자기 신장, 성장, 능력을 위한 모든 노력의 근원이 열등감이라고 했다. 그러나 인간이 추구하는 궁극적인 목표는 무엇인가? 인간은 단지 열등감의 해소만을 추구하는가? 이런 질문에 대한 Adler의 생각은 해가 지남에 따라 바뀌어 궁극적 목적을 세 단계로 표현하였다. ① 공격적이 되는 것, ② 강력하게 되는 것, ③ 우월하게 되는 것. 우월에 대한 추구가 인간 생활의 기초라고 결론을 내리고 "인생은 우월에 대한 추구 없이는 생각할 수 없는 것"이라고 하였다. 모든 사람은 위대한 향상의 욕구를 공유하고 있어 마이너스에서 플러스로, 아래에서 위로, 미완성에서 완성으로 나가는 동기를 나타낸다. 우월이나 완성을 향한 추구는 선천적으로 유래된 것이다(Adler, 1964).

우월성의 추구는 다음과 같은 특징들로 설명된다(Hjelle & Ziegler, 1981).

- 우월성의 추구는 유아기의 무능과 열등에 뿌리를 두고 있는 기초적 동기이다.
- 이 동기는 정상인에게나 비정상인에게 공통적으로 존재한다.
- 추구의 목표에는 긍정적(건설적) 또는 부정적(파괴적) 방향이 있다. 긍정적 방향은 개인적 우월을 넘어서 사회적 관심, 즉 타인의 복지를 추구하며 건강한 성격이다. 부정적 방향은 개인적 우월, 즉 이기적 목표만을 추구하며 이는 신경증적 증상으로 본다.
- 우월성의 추구는 많은 힘과 노력을 소모하는 것이므로 긴장이 해소되기보다 오히려 증가한다.
- 우월성의 추구는 개인 및 사회 수준에서 동시에 일어난다. 즉, 개인의 완성을 넘어서 문화의 완성도 도모한다는 것이다. 이러한 관점에서 Adler는 개인과 사회의 관계를 갈등하는 관계가 아니라 조화할 수 있는 관계로 파악하였다.

(3) 생활양식

생활양식은 Adler의 목표 추구 개념을 확대시키고 다듬은 것으로써 Adler의 역동적 성격 이론을 가장 잘 나타낸 개념이다(Hjelle & Ziegler, 1981). 모든 인간은 더욱 완전하게 되려는 목적을 갖지만 그 목적을 달성하고자 시도하는 방법은 각각 다르다. 개인들은 각각 그 목적을 추구하는 개별적인 양식, 즉 삶의 양식을 발달시킨다. 한 개인의 독특한 추구양식(Style of striving)은 개인이 일상생활에서 직면하게 되는 문제들에 반응하는 방법에 영향을 미친다. 즉, 생활양식은 개인의 성격을 움직이는 체계적 원리로써 부분에 명령을 내리는 전체의 역할을 한다.

생활양식은 유아기 시절 유아와 성인 간의 상호작용 유형의 결과로써 전술한 열등감과 보상을 기초로 하여 발달한다. Adler에 의하면 인간은 누구나 유아기에 상상적이든 실제적이든 열등감을 경험하게 되고, 이러한 열등감은 어떤 방법으로든 이를 보상하도록 동기화하는 역할을 한다. 이와 같은 보상적 노력들은 우월성의 추구라는 목표로 연결되어진다. 사람들은 목표에 도달하기 위해 수많은 방법들 중에서 그의 생활양식에 따라 각기 독특한 방법을 선택하게 된다. 이것은 각기 개인의 생활양식에 맞는 것은 지각하고 배우고 유지하지만, 맞지 않는 것은 무시하기 때문이다. 한 인간의 문제 처리방법이나 완전을 추구하는 양식은 4세나 5세경에 확립된다고 하여 유아기를 인성 발달에서 중요한 시기로 간주한다(Dreikurs and Soltz, 1964; Dinkmeyer and Mckay, 1976; Schultz, 1976).

생활양식은 유아기를 지나서 4~5세경에 그 틀이 형성되고 그 후부터는 거의 변화되지 않는다(Adler, 1956). 그러나 전문가에 의한 상담 및 심리치료를 통해서 다소 변화시킬 수 있다고 보고 있다. 그러나 생활양식의 발달은 어릴 때 형성된 생활양식의 틀이 변화되었다기보다는 이미 형성된 생활양식의 틀에 새로운 생활양식이 보태어지거나 그 틀이 확장되는 것에 지나지 않는 것으로 보고 있다.

① 지배형(ruling type)

비사회적인 면에서 활동적이며 다른 사람의 복지는 고려하지 않고 행동한다. 이 유형에 속하는 사람들은 외부 세계에 대해 지배하려는 태도를 가지고 있으며 생활 과제에 대해 공격적이며 반사회적 태도를 취한다.

② 획득형(getting type)

이 생활 방식의 태도를 가진 사람들은 자신의 욕구 충족만을 위해 다른 삶들에게 의존하려 한다. 그들의 주된 관심은 다른 사람들로부터 가능한 한 더 많은 것을 얻어내는 것이다.

③ **회피형**(avoiding type)

사회적 관심이 부족할 뿐만 아니라 어떤 형태로도 실생활에 참여하지 않으려 한다. 그들은 성공을 바라기보다는 실패를 두려워해서 모든 생활 과제를 포기하는 사회적으로 무익한 행동이 주가 된다. 이 생활양식을 선택한 사람들의 목표는 인생의 모든 문제를 회피함으로써 조그만 실패 가능성도 모면하려는 것이다.

④ **사회형**(socially useful type)

이 유형에 속하는 사람들은 심리적으로 건강한 사람의 표본이며, 활동수준과 사회적 관심이 모두 높아 자신의 욕구는 물론 다른 사람들의 복지를 위해서 다른 사람들과 협력하려는 의지를 갖는다.

(4) 사회적 관심

사회적 관심은 인간이 집단에 대한 소속감을 가진다는, 즉 사회적 존재라는 Adler의 신념을 나타낸 개념이다. 인간이 자신을 집단의 중요한 일부인 것처럼 실제로 느끼며 그 집단의 기능에 있어서 자신의 역할을 인식하는 것을 뜻한다. 따라서 높은 수준의 사회적 관심을 지닌 사람은 집단의 다른 구성원들과 기꺼이 협동하여 그 집단의 기능에 기여한다. 사회적 관심을 나타내지 않는 사람은 집단의 다른 구성원들보다는 자기 자신에게 이로운 일을 하려는 경향이 있다. 그들은 또한 매우 경쟁적인 성향을 갖는다(조희숙, 1991).

사회적 관심의 발달은 사회적 환경에서 이루어진다. 최초에는 어머니, 다음에 다른 가족 구성원, 그리고 가족 이외의 사람들이 이런 과정에 참여한다. 아동과 제일 처음 접촉하고 대인관계에 가장 많은 영향을 주고 사회적 관심의 발달에 커다란 영향을 주는 사람은 어머니이다. 즉, 모자관계에서 사회적 관심이 발생하므로 어머니의 역할은 아동이 협동심, 연대감, 동료의식을 가지도록 기르는 것이다.

부모의 자녀 양육 태도가 사회적 관심의 발달을 촉진할 수도 있고 저해할 수도 있듯이 부부관계가 자녀들의 사회적 관심의 발달에 지대한 영향을 미친다고 하였다. 예를 들면, 어머니가 자신의 아이에게만 관심을 기울이고 타인을 무시한다면 아이는 타인을 의식하지 못할 것이다. 어머니가 남편에게만 관심을 두고 아이를 돌보지 않으면 아이는 버림받은 느낌을 갖게 되어 역시 사회적 관심은 잠자게 될 것이다. 아버지가 부정적 생활양식을 지녔을 경우에도 결과는 마찬가지이다. 또 사회적 관심은 개인의 심리적 건강을 재는 척도가 된다고 하였다.

Adler 이론가들은 아동기에 긍정적 자존감이나 강점(Strength), 자기가치(Self worth)를 발달시키는 아동은 사회적 관심을 강하게 갖는 성인으로 성장할 것이라고 생각한다. 아동기에 자아손상(Self derogation)이나 무능감(Feeling of incompetence), 무가치감(Worthlessness)을 발달시키는 아동은 사회적 관심이 결여된 성인이 될 것이다. 따라서 성인이 유아를 유능하거나 매력적인 존재로 생각하여 유아에게 자신의 생각을 전달한다면 마침내 그 유아는 그러한 성인의 견해를 내면화할 것이다. 반면에 성인이 유아를 무능한 존재로 생각하여 그 견해를 유아에게 전달한다면 그 유아 역시 그러한 견해를 내면화하여 자신에 대한 부정적인 견해를 내면화할 것이다. 이같은 결과를 예상해 볼 때 성인들의 의미 있는 관점들은 유아의 사회적 관심 발달에 중요한 영향을 미치고 있음을 알 수 있다.

개인의 삶의 가치는 다른 사람이나 사회에의 공헌도에 의해 평가된다고 보고 심리적으로 건강한 사람은 다른 사람에 대해 진정으로 관심을 가질 뿐만 아니라 추구하는 목표도 다분히 사회적이며 모든 사람의 복지를 증진하기 위해 노력한다는 것이다.

Adler 이론가들은 아동이 경험을 평가하고 해석하는 능력을 가지고 있다는 관점을 강조한다. 아동은 각각 생의 경험을 다루는 독특한 방법을 발달시키며 사회적 조직에 어떻게 적응해야 되는지에 관한 개인적인 지각과 관심을 발달시킨다. 이때 아동은 사회조직에 조화되는 것의 중요성을 깨달으며 조직 구성원에 걸맞는 규칙에 대한 자기 나름의 해석을 통하여 그 조직에 조화되려고 노력한다. 그리고 아동은 각각 조직 구성원으로 받아들여지기 위해 자신이 해야 할 일을 결정한다. 어떤 아동들은 조직에서 협동이나 기여를 통해 집단에 대한 소속감을 성취할 수도 있다.

(5) 창조적 자아

창조적 자아는 인간이 스스로 자신을 만든다는 데에서 연유하며 특히 생활양식과 관련을 갖는다(Maddi, 1980). 생활양식도 창조한 것이며 창조력이 있기에 유전과 환경이 우리에게 준 능력이나 경험을 토대로 우리는 가장 적합한 생활양식을 창조하는 것이다. "인간에 있어 창조력의 기원은 무엇인가?", "무엇이 창조력을 발달시키는가?"에 대해서 Adler 자신은 분명한 대답을 하지 않았다(Hjelle & Ziegler, 1981). 다만 인간의 창조력은 인류의 오랜 진화의 결과이고 창조력의 발달은 어릴 때부터 사회적 관심의 발달과 더불어 일어난다는 것이다.

(6) 출생순위

Adler에 의하면, 생활양식은 가족자리 내에서의 출생순위에 의해서도 영향을 받는다. 이것은 실제 및 상상적 열등감이 기관 열등이나 가족자리에 의해서도 일어나기 때문이다(Dreikurs, 1963). 부모가 같고 거의 같은 가정환경에서 자란 아이들일지라도 그들이 동일한 사회적 환경을 갖는 것은 아니라고 했다. 자녀들이 자랄 경우 자녀의 수와 출생순위에 따라 이들을 대하는 부모의 태도, 가치 등이 다르기 때문에 각각의 자녀에게 다르게 영향을 미친다는 것이다. Adler는 4가지 출생순위, 즉 첫째, 둘째, 막내, 그리고 외동으로 구분하여 이를 설명하였다(Hjelle & Ziegler, 1981).

1 첫째

부모의 끊임없는 사랑과 관심을 받다가 동생이 태어나면 부모로부터 헌신적 관심과 애정을 받을 수 있는 자리를 동생에게 빼앗기고 만다. 이로 인하여 생기는 분노는 동생과 부모에게로 향하게 된다. 이전 상황을 되찾기 위해 노력을 해도 부모가 자신을 받아주기에는 너무 바쁘고 귀찮아하고 무관심하다는 것을 알게 되어 그는 다른 사람들에게 애정과 인정을 받기 위한 전략들을 독립적으로 발전시킨다.

② 둘째

형처럼 헌신적인 사랑을 받지 않았기 때문에 동생이 태어나도 형과 같은 박탈감은 겪지 않는다. 형과 누나의 장점을 능가하기 위한 자극과 도전을 받아 훨씬 빠른 비율로 발전한다. 형을 경쟁상대로 생각하기 때문에 발달의 속도가 빠를 수 있다.

③ 막내

가족들의 사랑을 아낌없이 받기 때문에 형들을 능가하려는 많은 노력을 한다. 그러나 주위의 모든 가족들이 자기보다 크고 강하기 때문에 심한 열등감을 경험할 수도 있으며 사랑을 독차지하는 위치이어서 독립심이 부족할 수도 있다.

④ 외동

자기 혼자뿐이기 때문에 독특한 생활양식을 지닐 수 있다. 남아의 경우 어머니의 사랑을 독차지하면서 아버지와 경쟁의식을 가질 수 있으며. 결과적으로 어머니의 과잉보호 속에 자라기 때문에 의존적이고 자기중심적인 생활양식을 지니게 된다(Maddi, 1980; Hjelle & Ziegler, 1981).

(7) 가상적 목적론

Adler는 인간의 목적은 현실에서 결코 검증되거나 확인될 수 없는 가상의 목표라고 하고 인간의 모든 심리 현상은 이 가상적 목적을 이해함으로써 설명될 수 있다고 주장하였다(Hall & Lindzey, 1978). 인간의 궁극적 목적은 허구로써 실현이 불가능할지도 모르나 행동의 원인, 충동, 본능, 힘 등을 넘어서 행위의 최종 설명이 될 수 있다는 것이다. 어떤 사람이 "열심히 일하면서 운이 조금만 따라주면 못할 일이 없다"는 신념으로 인생을 살아갈 수 있다 라고 할 때 Adler는 이런 신념을 허구라고 본다. 왜냐하면 열심히 일하지만 아무것도 이루지 못한 사람들이 많기 때문이다. 가상의 목표는 자기결정적인 것이므로 자신의 창조력에 의해 형성되고 독특한 것으로써 이는 결국 인간의 이상이라 할 수 있는 완성을 말하는 것으로 우월성의 추구 및 생활양식의 지침이 되는 것이다(Maddi, 1980).

3) 이상성격의 발달

Adler는 성격의 바탕이 4~5세 경에 형성된다고 믿었다. 다시 말해서 초기 발달 단계에서 자아의식, 행동 패턴, 그리고 생활양식이 발달한다는 것이다. 즉, 모든 인간은 어릴 때부터 불가피하게 열등감을 갖게 되고 이 열등감을 보상하기 위해 생활 목표를 세우며 이 목표 달성의 독특한 방법인 그의 생활양식을 발달시키게 된다는 것이다. 이렇게 볼 때 내담자의 이상 행동은 그의 열등감 및 생활양식에 직접적으로 관련되어 있음을 알 수 있다. Adler는 이상 행동의 한 측면인 신경증을 다음과 같이 정의한다.

> 신경증은 비교적 비활동적이고, 개인적 자아중심적인 우월성 추구에만 급급하여 사회적 관심의 발달이 지체된 사람의 자연적 · 논리적 발달 현상이다. 신경증은 수동적 과잉보호적 생활양식에서 더 많이 발견된다(Adler, 1956).

그럼 무엇이 신경증을 유발하는가? Adler는 신경증을 발달시키는 3가지 상황을 ① 기관 열등, ② 과잉보호, ③ 무관심 또는 거부로 보았다. Adler는 아동이 이들 상황에 자주 놓이게 되면 불안해지거나 위험을 느끼는가 하면 더 나아가 열등감을 느끼게 되어 이에 대한 과잉 보상적 방법들을 발달시키게 된다고 믿었다. 신경증, 특히 열등 콤플렉스를 지닌 사람은 사회적 관심이 부족함으로 해서 이기적인 목표를 창조하게 되며 나아가서는 파괴적인 생활양식을 발달시켜서 불안전감(자아가 계속적으로 위협받고 있다는 느낌)과 과민성(마치 적진에 놓여 있는 병사처럼 느끼고 반응함)을 보이게 된다는 것이다(이형득, 1987).

3. 상담의 목적과 목표

개인심리학적 접근의 상담 목적은 내담자로 하여금 자신의 열등 콤플렉스와 생활양식의 발달과정을 이해하고, 이것이 현재 그의 생활 과제들의 해결에 어떻게 영향을 미치고 있는지를 이해하도록 하여 그의 생활 목표와 생활양식을 재구성하도록 도와주는 것이다. Adler가 말하는 상담의 목적은 다음과 같다.

- 잘못된 신념의 재구성
- 잘못된 목표의 개선
- 새로운 생활 목표의 확립

상담의 목표는 다음과 같다.

- 열등 콤플렉스를 이해시킨다.
- 그릇된 생활양식의 발달과정을 이해시킨다.
- 잘못된 생활 목표를 변화시키도록 돕는다.
- 사회적 관심을 갖도록 돕는다.
- 생활양식을 재구성하도록 돕는다.

상담 이후에 내담자는 우선 소속감과 동등감을 느끼면서 자기 자신과 다른 사람들을 수용할 수 있게 되며 자신이 타인을 받아들이듯이 다른 사람들도 자기를 받아들일 것으로 기대하게 된다.

4. 상담의 과정과 기술

1) 상담과정

상담자는 상담 초기에 아동이 갖고 있는 생활양식을 분석하기 위해 가족 역동과 가족 구도에서 어떤 위치에 있는가를 조사할 필요가 있다. 가족 내 출생순위는 어떤가? 가족 분위기는 어떤가? 아동에게 모델이 되는 가족은 가정생활에서 아동에게 어떻게 대처하는가를 탐색한다. Dreikurs(1956)는 Adler 상담을 사회화의 학습과정으로 보고 상담과정을 4가지의 목적 또는 단계로 구성된다고 기술한다.

- 원만한 관계의 형성과 유지(상담관계의 설정 및 유지)
- 내담자의 역동성, 생활양식과 목표를 탐색하여 이들이 행동에 미치는 영향 찾기
- 자신의 잘못을 수정하는 데 무엇을 할 것인가를 발견할 능력, 즉 아동으로 하여금 현재 계속되고 있는 생활양식을 나타내고 있는 열등감의 흔적을 추적할 수 있게 한다. 행동의 목적을 아동과 직면시키고 적절한 수정 절차를 활용하여 적절한 목표와 생산적인 생활 방식을 발전시켜 가도록 한다. 상담과정 중에는 격려하기를 활용하여 아동의 비현실적인 생활 목적을 현실적인 목적으로 바꾸도록 도와주며 사회적 관심과 함께 자아존중감을 향상시키는 것이다.
- 상담자는 아동의 행동 속에서 통찰에 의한 생활 방식의 변화, 주로 관심끌기, 힘 행사하기, 보복하기, 부적절성이나 위축, 소극적이고 파괴적인 특성을 찾아낸다.

Adler는 상담과정을 사회화의 한 과정으로 보았는데 상담과정을 4단계로 나누어 설명해 보자.

(1) 상담관계의 설정

Adler 상담에서 가장 중요한 단계는 관계 형성이다. 심리상담이 관계 맥락에서 일어나기 때문에 Adler식 상담자들은 내담자와의 존경적, 협동적, 동등한 상담관계에 초점을 둔다.

좋은 상담관계는 우호적인 관계이며 상담자는 책상으로 인한 거리와 격리가 바람직하지 않은 심리적 자세를 야기할 수 있기 때문에 책상을 사이에 두지 않고 내담자와 마주 앉는다. 그리고 허용적이고 온화한 분위기를 조성한 다음 상담관계를 구조화한다. 즉, 인간은 창조적 존재이기 때문에 스스로 자신의 문제를 만들 수도 있다. 그러므로 자기 행동에 대한 책임(비난의 뜻이 아니어야 함)은 자신에게 있는 것이다. 문제는 주로 잘못된 지각과 부적절한 학습, 특히 잘못된 가치에서 비롯된다. 잘못 학습된 것은 더 나은 학습으로 대치시킬 수 있다는 등의 내용을 내담자에게 알린다.

상담관계에서 상담자와 내담자 사이의 협력은 매우 중요하며 내담자는 적극적인 역할을 하는 학습자이다. 상담자는 내담자와 협력하여 상담의 진행 효율을 위해서 서로 일치하는 목표를 정해야 한다. 내담자는 상담의 필요성을 부인할 수 있으므로 최초 면담 시 상담 목표와 내담자의 기대를 반드시 검토해야 한다. 내담자는 지금 고통 받고 있는 형태나 현장의 제거만 원하고 이면의 가치나 신념의 변화를 시도해야 한다는 사실을 모를 수 있기 때문이다. 그리하여 Adler는 내담자와 상담자가 공동의 목표를 가지지 못했을 때는 내담자의 치료 또는 상담이 더 진전되지 않는다고 보고 있다. Freud가 치료의 도구로 생각하는 저항이나 전이는 목표의 불일치에서 오는 것이므로 이러한 현상이 일어날 때는 상담자와 내담자가 협력하여 같은 방향으로 나아갈 수 있도록 목표를 재조정해야 한다.

상담자는 전술한 믿음, 소망, 사랑의 모델로서 시범을 보여야 한다. 내담자는 상담 장면에 그의 생활양식을 가지고 오기 때문에 상담자가 자신을 '이해해 주지 않을 것이다', '부당하게 대할 것이다', '사랑해 주지 않을 것이다' 라는 생각을 가지고 상담자를 대할 수 있다. 이럴 때 상담자는 자신의 능력, 지혜, 그리고 자신감에 대해 확신을 가지고 내담자를 비판 없이 경청하려는 의지가 있어야 하며 내담자를 신뢰해야 하고 내담자 자신이 상담자에게 완전히 이해되어지고 있다는 느낌이 들도록 노력해야 한다(이형득, 1987).

(2) 내담자의 역동성 분석과 이해

내담자의 역동성에 대한 탐색은 두 부분으로 나누어진다. 첫째, 상담자는 내담자의 생활양식을 이해하고자 하며 둘째, 생활양식이 현재 기능(생활 과제들)의 해결에 어떻게 영향을 미치고 있는지를 이해하는 것이다. 모든 고통이 내담자의 생활양식으로부터 나오는 것은 아니다. 적절한 생활양식을 가진 내담자들일지라도 견디기 힘들거나 극단적인 상황에 직면하여 스스로 헤어날 수 없을 때 문제를 발달시킬 수 있다(Mosak, 1979). 분석적 조사는 내담자를 대면하는 순간부터 시작된다. 내담자가 방에 들어오는 동작, 자세, 그리고 들어와서 어디에 어떻게 앉는지(특히 가족 상담인 경우) 등의 모든 것이 내담자를 이해하는 단서가 된다는 것이다.

내담자의 생활양식 조사는 내담자의 생활양식이 형성되었던 아동기의 가족자리를 탐색하는 일부터 시작한다. 즉, 가족 내에서 어떤 위치에 있었으며 가족 내에서, 학교 내에서, 또한 또래집단 내에서 어떻게 자신의 위치를 확보하게 되었는지를 알아본다. 그 다음은 어린 시절에 대한 초기 회상(early recollection)을 해석하는 것이다. 초기 회상은 계속적인 기억이 있기 이전의 기간 동안 일어나는 것으로 부정확하거나 완전히 허구일 수 있다.

모삭(Mosak, 1979)은 Adler의 회상을 투사법과 같은 것으로 보았다. 사람은 과거의 사건들 중에서 그들의 생활양식에 일치하는 것들만 회상할 것이기 때문이다. Adler 자신의 어린 시절 회상과 그 해석을 예로 들어본다.

> 나의 아주 어린 시절에 대해 회상할 수 있는 것 중의 하나는 내가 구루병 부위에 붕대를 감고 의자에 앉아 있었던 것이다. 건강한 나의 형은 내 맞은편에서 달리고 뛰는 등 힘들이지 않고 몸을 움직이고 있었다. 그러나 나는 조금이라도 몸의 어떤 부분을 움직이려고 하면 아주 힘이 들어서 많은 애를 써야만 겨우 움직일 수 있었다. 모든 가족들이 나를 돕는 데 곤욕을 치르고 있었다. 특히 아버지와 어머니가 애를 쓰셨다. 이때가 아마 두 살 정도였던 것 같다(Mosak, 1979).

이 간단한 회상에서 Adler는 기관 열등, 열등감, 자유롭게 움직이고 싶은 욕망, 그리고 사회적 느낌을 말하고 있다. 어린 시절의 회상은 내담자가 가진 '기본적 오류', 즉 진실과 혼동하고 있는 신화가 있다. 어린 시절의 회상을 통해 알 수 있는 기본적 오류는 다음과 같이 5가지로 분류될 수 있다.

- **지나친 일반화** : "사람들은 적대적이다", "인생은 위험하다"
- **그릇되었거나 불완전한 안전의 목표** : "한발을 잘못 디디면 너는 죽을 것이다" "나는 모든 사람을 기쁘게 해야만 한다"
- **생활 또는 생활 요구에 대한 잘못된 지각** : "인생은 고행이다", "인생은 나에게 결코 어떤 기회도 주지 않을 것이다"
- **개인 가치의 과소평가 또는 부인** : "나는 바보야" "나는 가치가 없어", "그저 주부일 뿐이야"
- **그릇된 가치들** : "다른 사람을 희생시켜서라도 반드시 이겨야 한다"

상담자는 내담자의 생활양식 분석과 어린 시절 초기 회상을 통해 내담자의 개인적 신화인 기본적 오류를 찾아내고 내담자의 자산, 즉 생활양식의 내용을 분석하는 것이다.

(3) 통찰을 위한 해석

Adler의 개인심리학적 접근에서는 해석에 의한 통찰을 주된 기법으로 사용하는데 통찰 없이도 기본적인 변화가 일어날 수 없다는 가정에 근거한다. 상담자는 일상적인 의사소통, 꿈, 환상, 상담자와 내담자의 교류 등을 해석한다. 해석은 원인보다는 목적, 서술보다는 움직임, 소유보다는 사용을 강조한다. 해석을 통해 상담자는 내담자에게 인생에 어떻게 대처할 것인가를 알 수 있도록 거울이 되어 준다. 상담자는 단지 부적응적 생활양식이 지속됨을 지적하기 위해서 과거와 현재를 관련시킬 뿐 인과적 관련성을 입증하기 위해 과거와 현재를 관련시키지 않는다(Mosak, 1979). 단지 과거에서 현재까지 어떤 연속선상에서 내담자의 생활양식을 해석한다. 해석을 통하여 내담자는 그의 생활양식과 그것이 현재의 그의 행동에 어떻게 영향을 미치고 있는지를 통찰하게 된다.

(4) 사회적 관심의 발달을 돕는 재교육

상담자가 본보기로 보여주는 사회적 관심에 대한 Adler의 기술은 Rogers의 내담자 변화의 핵심이며 촉진적 조건인 일치성, 무조건적 긍정적 존중, 공감적 이해의 기술과 매우 유사하다(Watts,1998).

Adler는 "나의 모든 노력은 내담자의 사회적 관심을 발달시키는 데 집중된다"고 하였다(Hjelle & Ziegler, 1981). 이것은 내담자의 부적응 행동은 그가 다른 사람과 협력하고자 하는 마음이 부족해서 야기된다고 믿기 때문이다. Adler는 상담과정에서 실제로 협력을 실습한다. 상담자는 내담자에게 사회적 접촉을 시범해 보임으로써 내담자가 이를 다른 동료들에게도 실시해 보도록 격려한다. 상담자는 내담자를 무조건적으로 격려함으로써 내담자의 열등감을 감소시킬 뿐만 아니라 잠자는 사회적 관심도 일깨운다는 것이다.

구성주의 상담자들은 문제 · 실패 초점에서 해결 · 성공에 초점을 두도록 하여 내담자의 행동과 태도를 변화시키도록 노력한다. 내담자가 일차적으로 문제와 한계에 초점을 둠으로써 간과해 온 잠재적 자질, 자원, 강점을 발견하여 개발하도록 노력한다.

2) 상담 기술

Adler의 개인심리학적 접근의 주된 상담 기술은 상담과정에 포함되어 설명된 생활양식의 분석, 어린 시절의 회상, 해석, 재교육 등이다.

(1) 언어적 기술

Adler적 접근에서는 부드러운 충고도 사용한다. 그 충고는 상담자가 여러 가지 대안들을 제시하고 내담자 스스로가 선택하도록 격려하는 정도로 제시된다. 이는 내담자의 자기 자신에 대한 믿음을 증진시킬 것이다. 그리고 Adler의 접근에서는 대부분의 내담자가 낙담하고 있다고 생각하기 때문에 격려하는 말을 많이 사용한다. 대화는 '좋다' 또는 '나쁘다' 보다는 '소용 있다' 또는 '소용 없다' 에 더 강조를 둔다. 또 내담자와 논리적 논쟁은 가급적 피한다.

(2) 행동적 기술

Adler적 접근에서는 가끔 역할놀이나 빈 의자 대화 같은 절차를 재교육과정에서 적용하기도 한다.

(3) 모델로서의 상담자

상담자는 내담자가 모방할 수 있는 가치들을 상담과정에서 실천해야 한다. 특히 사회적 관심의 모델로 행동한다. 즉, 그는 전능한 사람이 아니라 정상적인 보통 사람으로서 그릇되기 쉽고 자신을 비웃을 수 있고 남을 돌볼 수 있는 사람으로 나타낸다. 그래야 내담자는 상담자를 보통 사람의 준거로 여기고 모방할 것이다.

(4) '마치 ~인 것처럼' 행동하기

일종의 역할놀이로써 상담자는 '내가 ~을 할 수만 있다면'이 아니라 '마치 내가 ~인 것처럼' 행동하도록 요청한다. 이는 내담자가 역할놀이를 통해 그 자신에 대해 다르게 느낄 수 있으면 결과적으로 자신의 변화를 가져올 수 있다는 가정에서 출발한 것이다.

(5) 과제 설정하기

내담자가 평소 두려움을 가지고 있는 과제 중에서 비교적 단순하고 실천할 수 있는 그리고 반드시 성공할 수 있는 과제 장면을 설정해서 실제 경험을 통해 자아 개념을 바꾸는 방법이다.

(6) 심상 만들기

"한 장의 그림이 수 천 마디의 말과 맞먹는다"는 말과 같이 내담자로 하여금 그의 목표에 그 자신이 도달된 것처럼 상상해 보도록 권유해 보는 것이다. "그 일을 할 수 있을지 여부를 걱정하지 말고 단지 하려고 하는 일을 합시다"

(7) 초인종 누르기

내담자로 하여금 눈을 감게 하고 그의 경험 중에서 기뻤던 사건을 회상하고 그 순간의 느낌을 기억하게 한다. 다음에 상처받은, 무시당한, 실패, 또는 화난 사건들을 회상하게 하고 그 순간의 느낌을 기억하게 한다. 그 다음 손에 초인종 스위치를 쥐어 주고 좋은 느낌이든, 나쁜 느낌이든, 어떤 느낌이 일어나면 스위치를 누르게 한다. 이 기술을 통해 내담자는 자기 감정의 희생자가 아니라 자기 감정의 창조자임을 자각하게 된다. 즉, 내담자는 스스로의 힘으로 자신의 감정을 결정하고 있음을 알 수 있게 된다.

(8) '아하' 경험

상담과정에서 지각을 얻으면 자주 '아하' 혹은 '알았다'는 경험을 한다. "그거 그럴듯하구나", "이제 나는 어떻게 그 일을 해야 할지를 알겠다", "내가 생각했던 것보다는 단순하군" 이와 같은 이해력이 증가하면 내담자는 자신감과 낙관론을 가지게 되며 인생의 문제에 직면하려는 자발성과 용기가 증가하게 된다.

5. 아동 행동의 4가지 목적과 상담 기술

Freud의 동료인 Adler(1931)는 역기능적 행동은 부적절한 조기교육에서 기인한다고 주장하면서 부모가 아동에게 열등감을 갖도록 애지중지하거나, 통제를 가하고 유능감을 느끼는 데 부적절한 방법을 사용하여 자존감을 발달시키는 것을 방해한다고 믿었다. 이때 아동의 정서적 욕구들은 충족되지 않은 상태로 머물기 때문에 부적절한 행동들이 나타날 것이다. 아동의 정서적 행복에 주의를 기울이지 않고 행동증후들을 억압하는 것은 또 다른 증후가 발생되며 부적절한 행동은 증가할 것이다.

Adler 학파의 원리를 가장 많이 발전시킨 Dreikurs는 아동 상담에 중요한 공헌을 하였다. 그는 Adler 이론의 결과들을 응용하여 가정 또는 학교 상황에 있는 아동이 4가지 행동 목적 중 어느 한 목적을 위해 행동을 보인다고 주장하였다.

아동의 4가지 행동 목적은 접촉하기(contact), 힘 행사하기(power), 보호하기(protection), 물러서기(withdrawal)인데, 이 목적을 달성시키기 위해 아동은 긍정적 · 부정적 접근방식으로 행동을 하게 되는데 부정적 접근방식의 행동 목적을 이해하는 것은 아동의 행동을 교정하는 데 중요 자원이 된다.

1) 접촉하기(소속감)

모든 인간의 기본적인 욕구는 소속하는 것이다. 영아는 의존할 사람이 없이는 생존할 수 없으며 소속에의 욕망이 있기 때문에 타인과의 신체적 · 정서적 접촉의 목적을 달성하려고 한다. 엄마 · 아빠와의 애착 관계는 가족 내에서 소속감을 채워 준다.

소속감이 불완전한 아동들은 종종 주의를 끌려고(유별난 짓 하기, 바보 같은 짓 하기) 부적절한 행동을 한다. 어떤 아동들은 모든 사람들이 자신을 보고 웃거나 꾸짖으며 관심을 줄 때 사랑받고 인정받는 다는 것을 안다. 특히 궁지에 몰리거나 방해받는다고 느낄 때 바보같이 행동할 것이다. 그리고 이때 자신의 체면을 유지하고 손상된 자존감을 보호한다. 적절한 시기에 진정한 애정과 격려를 받은 아동은 안정감과 자존감이 발달하며 확실한 제한을 제공받으면서 사랑을 받는 아동들은 적절한 행동을 하게 된다.

접촉의 목적을 달성시키기 위해 아동이 매달리기, 일부러 서툰 척하기, 가식적인 행동이나 억지 부리기 등을 통해 부당한 관심 끌기(undue attention seeking)를 시도한다면 상담자는 '내가 너를 알아주기를 원하니?' 라고 반응할 수 있다. 부당한 관심끌기를 아는 방법은 아동이 어떠한 행동을 했을 때 그 부모가 난처하거나, 귀찮은 마음이 생기거나, 성가시거나, 골치 아프거나, 화나는 마음이 있었다고 호소하는 경우가 해당된다.

2) 힘 행사하기

인간 개개인은 자신의 환경에 영향을 끼치며 적어도 어느 정도는 환경을 통제하고 싶어한다. 우리는 모든 일이 우리의 뜻대로 되기를 바라며 그러한 힘이 우리에게 있기를 바란다.

다른 사람을 통제하고 싶지만 다른 사람이 자신의 의도대로 되지 않으면 아동들은 토라지거나 고집스럽게 활동에 참여하기 싫어하거나 소동을 부리는 반응을 나타낸다. 예를 들면, 아이스크림 먹기를 원하는 걸음마기 유아는 머리를 흔들면서 발로 차고 소리지르고 징징대며 채소접시를 거절하는 행위이다.

힘의 목적을 달성시키기 위해 아동이 반항하는 행동을 시도한다면 상담자는 "네가 지배자가 되고 싶니?"라고 반응할 수 있다. "발버둥 쳐도 괜찮아! 네가 기분이 나아질 때 아이스크림은 먹을 수 있어", "채소를 먹을래? 굶을래?", "선택은 네가 하는거야"라고 말할 수 있다.

어떤 아동들은 지배권을 획득하는 데 실패할 때 소리치거나 반항을 한다. 힘이나 체격으로 성인들을 지배하기는 어렵다. 그리하여 아동들은 성인들이 완전히 무기력해져 버리면 성인들을 지배하려 한다.

따라서 성인들은 큰소리지거나 반항아동과 힘겨루기를 피하는 것이 중요하다. 성인들의 공격적이고 소리 지르는 행동은 아동에게 있어서 바람직하지 못한 행동의 모델을 제공할 것이다. 성인들은 아동과 긍정적인 관계를 형성하고 아동이 소속감을 느끼도록 돕는 방법을 찾아야만 한다. 반항하기(rebellion)를 아는 방법은 아동이 어떠한 행동을 했을 때 그 부모가 노여움에서 나오는 분노와 섭섭함이 있었다고 호소하는 경우가 해당된다.

3) 보호하기

인간은 물리적인 것이든 심리적인 것이든 공격을 물리치기 위한 본능이 있기에 자기 자신을 보호할 수 있어야 한다. 인간이 우리 이웃의 생존과 번영을 도울 때 우리 이웃은 덜 공격적이 될 것이며 우리 자신의 보호도 강화되는 것이다.

보호하기 목적을 달성시키기 위해 아동이 앙갚음(revenge)을 보였다면 상담자는 "너는 나에게 상처를 주고 싶니?"라고 반응할 수 있다. 앙갚음을 이해하는 방법은 아동이 어떠한 행동을 했을 때 그 부모가 자신의 명성이 훼손되었으며 고통이나 상처를 입은 것 같은 느낌이었다고 호소하는 경우가 해당된다.

4) 물러서기

인간은 가끔 물러나서 재충전하고 자신만의 시간을 갖는 것이 필요하다. 우리는 태어날 때부터 생존 본능으로써 위험에서 물러서는 것을 습득해 왔다.

극단적으로 기가 꺾인 아동은 그들 자신의 자존심이 너무 많이 손상된 결과 인생에서 아예 어떤 노력조차도 시도하지 않으려고 하는 수가 있다. 물러서기의 목적을 달성시키기 위해 아동이 "나를 홀로 있게 하라", "나에게서 어떤 것을 기대하지 말라"는 메시지를 보내면서 위축된 모습을 보였다면 상담자는 '너 자신을 바보처럼 보이고 싶고, 너를 있는 그대로 내버려 두고 싶니?' 라고 반응할 수 있다. 위축감(undue avoidence)을 이해하는 방법은 아동이 어떠한 행동을 했을 때, 즉 사회적 상호작용을 거부하거나 스트레스를 내면화하는 모습을 보인 경우와 특히 그 부모가 무력감을 갖는다고 호소하는 경우가 해당된다.

C·H·A·P·T·E·R·7

인간 중심 상담

인간 중심의 상담은 로저스(Carl Rogers)에 의해 창시되었다. 인간에게는 스스로 자신의 길을 발견하고 성장해 갈 수 있는 잠재 능력이 있다는 것이 이 상담법의 기본 철학이다. 따라서 인간 중심의 상담에서 상담자의 역할은 내담자가 자신의 문제 해결 능력을 스스로 되찾고 인간적인 성숙을 가할 수 있도록 도와주는 것이다. 이 이론을 70년대까지는 비지시적 상담(치료)이라고 부르다가 '내담자 중심 상담(치료)' 이라고 불렀다.

인간 중심 상담은 심리적인 부적응을 겪고 있는 사람들뿐만 아니라, '정상인'에게도 가능성과 잠재력을 실현시킨다는 차원에서 적용될 수 있다. 인간 중심 상담에서 상담자는 내담자를 인간적으로 존중하며 내담자에 대해 상담자가 느끼는 감정과 생각을 솔직히 나타내고 내담자의 감정을 공감하고 반영해 준다. 그러나 내담자가 아동일 경우에는 상담자가 아동과 공감관계를 형성하기가 어렵다. 아동은 성인보다 더 타인의 태도와 감정에 민감하여 직관적으로 자기를 이해하고 좋아하는 사람을 신뢰하고 마음의 문을 열기 때문에 상담자는 더욱 진솔한 관계를 형성하여야 한다. 이해하는 척하는 공감의 관계는 아동과 지속적인 관계를 형성할 수 없다.

Rogers의 제자였던 액슬린(Verginia Axline)은 Rogers의 이론을 아동 상담에 응용하였는데, 상담자가 아동에게 상담의 방향과 책임을 맡기어 아동 자신의 성장을 도왔다. Axline은 자신의 성장과 성숙을 향한 능력이 아동에게 있다는 기본 철학을 전제로 아동에게 인간 중심 상담기법을 적용하였는데 그 결과가 널리 알려져 오늘날 아동 상담에서 가장 많이 활용되고 있는 실정이다. 아동을 대상으로 상담을 해야 하는 상담자가 Axline의 『딥스 : 자아를 찾아서(Dibs: In search of self)』(1964)를 참고한다면 상담자와 내담자의 관계가 얼마나 중요한가를 충분히 이해할 수 있을 것이다.

1. Rogers의 생애

Carl Rogers(1902-1987)는 미국 일리노이 주에서 기독교 가정의 5남 1녀 중 넷째로 태어났다. 그는 가족 간의 유대가 강하고 열심히 일하는 것을 중요하게 여기는 종교적 · 윤리적 규율이 매우 엄격한 분위기의 가정에서 성장하였다. 어린 시절에 Rogers는 엄격한 부모들의 태도 때문에 그렇지 못한 이웃들과의 교우관계 형성은 거의 불가능했다. 그리하여 그들의 가족은 이웃들과의 관계를 멀리하고 가족내에서만 지내는 것을 최고로 생각했다. 이와 같은 가정의 분위기와 부모들의 태도가 자신의 어린 시절의 행동을 독특하게 만들어 놓았다고 Rogers는 기억하고 있다. Rogers가 12살이 되었을 때 부모는 어린 자녀들에게 정직한 노동의 가치와 기독교적 신앙을 심어 주기 위해 농장으로 이사를 했으며 도시 생활의 '유혹'에서 벗어나기를 바랬다. 양, 돼지, 송아지를 키우면서 실험 상황과 통제 상황, 그리고 무작위 절차에 대해 배웠고 과학적인 방법에 대한 지식을 얻게 되었다. Rogers의 사고는 교사들에게서 영향을 받았는데, 그들은 Rogers에게 독창적으로 사고하도록 격려하였다.

Rogers는 위스콘신 대학에서 농학을 전공했으나 2년 후 종교 모임에 참석한 후 신학으로 바꾸었다. 대학 3학년 때 국제기독학생회 후원으로 6개월간 중국에 가게 되었는데, 다양한 종교와 문화적인 특성을 지닌 많은 외국인들을 만나 다양한 경험들을 가졌고 자신의 인생관을 재정립할 수 있는 기회를 만들었다. 여행을 하면서 그는 인생에 있어서 중요한 발견을 했다. 첫째, 자신의 사고 방식대로 생각할 수 있고 자신의 결론에 도달할 수 있으며 자신이 믿는 바에 따라 행동할 수 있다는 인식을 갖게 되었으며, 전적으로 종교를 버리지 않았지만 부모의 종교적인 영향에서 벗어나 독립적인 인간이 되었다. 둘째, 어린 시절부터 알았던 대학 동창과 결혼하고 함께 대학원을 다녔다.

Rogers는 Union Theological Seminary의 신학대학원에 다니면서 Good Waston과 Marian Kenworthy의 심리학과 심리치료에 관한 강의에 흥미를 가졌다. 그리고 그는 자기 학교의 길 건너편에 있는 컬럼비아 대학교의 사범대학에서 강의를 듣기 시작하였다. 그곳에서 아동에게 매력을 느낀 그는 Lata Hollingsworth의 지도하에 임상 실습을 하게 되었고 아동 생활지도에 매력을 갖게 되었다.

Rogers는 Institute of Child Guidance에서 인턴을 끝내고, 박사과정은 끝나지 않은 상태에서 뉴욕의 로체스터에 있는 아동학대예방협회에서 심리학자로 일하게 되었다. 그는 여기서 비행 아동들과 사회경제적으로 소외된 아동들을 위한 응용심리학적 봉사 활동에 적극 참여하였다. 그는 12년간 로체스터에서 일하였는데, Rogers에게는 그 생활이 매우 보람된 경험으로 기억되고 있다. Rogers는 그곳에서 자녀들과 함께 지냈는데 학교에서보다는 자기 자녀들로부터 인간 발달과 인간관계에 대해서 훨씬 더 많이 배웠다고 하였다.

로체스터에서 처음 8년간 Rogers는 내담자와 효율적으로 면담하는 법 등의 연구에 몰두하였다. 그는 로체스터 대학교의 사회학과에서 강의를 하기 시작하였다. 그는 또한 상담센터를 만드는 데 관여하였고 『문제 아동의 임상치료(The Clinical Treatment of the Problem Child)』(1939)라는 책을 저술하였다. 이 저서의 인정으로 1940년에 오하이오 주립대학교의 심리학 교수로 초빙되기도 하였다. 사람에게는 적절한 환경이 주어지면 자신의 문제를 해결할 수 있는 능력이 있다는 Rogers의 신념은 Otto Rank에 의해 영향을 받았는데, 그 아동상담센터에서 Rogers는 Otto의 연구를 친숙하게 할 수 있었다. 그곳에서 그는 자신이 독특한 견해를 가지고 있음을 깨닫고 『상담과 심리치료(Counseling and Psychotherapy)』(1942)라는 책을 썼다. 『상담과 심리치료』에서 Rogers는 상담과정에 있어서 상담자의 따뜻함(warmth)과 반응성(responsiveness)을 특성으로 하는 상담의 관계성(relationship), 감정들을 자유롭게 표현할 수 있는 허용적인 분위기

(permissive climate), 그리고 모든 강제와 압력으로부터의 자유를 제안하였다. 이와 같은 상담관계에서 내담자는 자신을 이해할 수 있고 새로운 긍정적인 방향으로 행동할 수 있게 된다는 것이다.

이러한 주장은 정신분석적 접근 상담에 의해서 좌우되었던 이전의 심리치료 영역에 근본적인 변화를 가져왔으며 최초로 순수한 심리치료 체계를 개발하였다. Rogers와 제자들은 오하이오주에서 상담과정을 자세히 분석하고 Rogers가 내담자 중심의 치료라고 명명한 방법을 활용한 사례집을 출판하기 시작하였다. 책이 출판되기 이전에는 주로 비지시적 상담으로 불려졌던 그의 접근방법의 명칭이 내담자 중심 상담 또는 내담자 중심 심리치료로 불리워지는 계기가 되었다. Rogers와 동료들이 사례 연구로부터 도출한 가설들을 검증하기 시작하면서 이론이 개발되었다.

1945년 Rogers는 시카고 대학으로 옮겨서 상담소를 설립하고 그 후 12년간 연구를 하였다. 1951년 그곳에서 그의 유명한 저서 『내담자 중심 치료(Client Centered Therapy)』를 저술하였다. 그 후 Rogers는 위스콘신 대학으로 옮겨가서 심리학과와 정신의학과에서 강의를 하였다. 그곳에서 입원해 있는 정신병 환자를 연구할 수 있어서 Rogers의 연구에 큰 도움이 되었다.

1966년 Rogers는 위스콘신 대학을 떠나 캘리포니아의 La Jolla에 있는 Western Behavioral Science Institute로 옮겼다. 1968년 Rogers는 몇 명의 동료와 함께 La Jolla에 Center For Studies of Person을 설립하였다. 1970년대와 1980년대에 Rogers는 그의 시간의 대부분을 인간 중심 집단치료의 연구와 저술에 바쳤다.

그는 1974년에 다시 '내담자 중심(client-centered)' 이라는 용어보다 '인간 중심(person-centered)' 이라는 용어가 자신의 상담 및 심리치료의 근간이 되고 있는 인간관을 적절하게 묘사하고 있다고 하여 인간 중심 상담으로 명칭을 바꾸어 사용하였다.

2. 기본 개념

Rogers의 자아 이론과 인간 중심 상담을 아동에게 활용하여 상담 이론과 실제를 이해하는 데 기초가 되고 있는 인간관, 유기체와 현상학적인 장, 자아와 자아 개념, 자아 실현 경향성, 적응 및 부적응 행동, 충분히 기능하는 인간 등의 개념들을 살펴보기로 한다.

1) 인간관

Rogers는 인간이 사회적이고 미래 지향적인 존재이며 복잡한 신체 구조의 발달과 자기 충족 및 성숙을 목표로 하는 자아 실현(self-actualization) 의지와 아울러 선한 마음을 갖고 태어난다고 본다. 인간은 본래 부적응 상태를 극복하고 정신적 건강 상태를 되찾을 수 있는 능력을 갖고 있다고 믿기 때문에 인간 중심적 상담자는 치료의 진행에 대한 책임을 내담자에게 맡긴다. 상담자는 상담과정에서 최선의 해결책을 다 알고 있는 권위적 존재로 임하지 않으며 내담자 역시 능동적 존재이다.

2) 유기체

Rogers(1951)에 의하면 유기체란 그 개인의 사상, 행동 및 신체적 존재 모두를 포함하는 전체로서의 한 개인을 말한다. 유기체는 유기체의 전체 조직 체계에서 어떤 한 부분에 변화가 일어나면 다른 부분에도 변화가 일어나게 된다는 성질을 가지고 있다. 유기체는 계속적으로 변화하고 있는 세계 속에 존재하고 있으며 변화하고 있는 세계 속에서 자신이 경험하고 지각한 장에 대하여 반응한다.

3) 현상학적인 장

Rogers에 의하면, 개인이 경험하거나 지각한 장은 그 개인의 사적(私的)이고 주관적인 경험의 세계이다. Rogers는 이 주관적인 경험의 세계를 현상적 장(phenomenal field), 혹은 경험적 장(experiential field)이라 했다. 그는 이 경험적 혹은 현상적 장을 그 개인의 실재 세계로 보고 있다. 그리하여 인간 중심적 접근에서는 개인의 행동양식은 자극적 조건들, 즉 외현적 현실(external reality)에 의하여 결정되는 것이 아니라 오히려 주관적 현실(subjective reality), 즉 현상적 장에 의하여 좌우된다고 보는 것이다.

4) 자아와 자아 개념

Rogers(1951)에 의하면, 자아(self)는 개인의 전체적인 현상적 장(phenomenal field), 혹은 지각적 장(perceptual field)으로부터 분화된 부분이다. 즉, 아동들은 생활과정에서 다른 사람들과의 상호작용을 통하여, 그리고 자신의 전체적인 경험의 장(場)으로부터 '나(I)' 라는 개념이 형성된다.

자아 개념(self-concept)은 자아 구조(self-structure)를 의미하는 것으로써 각성될 수 있는 '자아 지각들의 조직된 틀(an organized configuration)' 을 말한다(Rogers, 1951). 자아 개념은 자신의 현재의 모습에 대한 지각뿐만 아니라 자기가 되고자 하고 또한 되어야 한다고 생각하는 것까지 포함된다. 또 심리적 적응과 부적응을 언급하고 있는데 이상과 같은 자아 혹은 자아 개념은 건강한 사람에게 있어서는 일관된 행동양식을 나타낸다. 그러나 정서적 장애가 있는 사람은 그렇지 못하다(Schultz, 1977). '심리적 적응(psychological adjustment)' 이란 경험들을 자아 개념과 일관된 관계하에 상징적으로 동화시킬 수 있는 개인의 능력이며 '심리적인 부적응(psychological maladjustment)' 이란 이 같은 경험들을 개인이 부정하여 경험이 자아의 한 부분이 되지 못한 것이다.

5) 자아 실현 경향성

Rogers에 의하면, 인간을 포함하는 모든 유기체는 그것 자체가 갖고 있는 고유한 가능성들을 건설적인 방향으로 성취하고자 하는 실현 경향성(actualizing tendency)을 갖고 있다.

인생의 초기에서는 실현 경향성의 신체적 요소와 심리적 요소들 중에서 신체적 요소가 더 우세하게 나타난다. 그러나 성장함에 따라 자아(self)가 발달하기 시작하면서는 주요 역점이 신체적인 것으로부터 심리적인 것으로 옮겨가게 된다. 일단 자아가 출현하게 되면, 자아 실현(self-actualizing)의 경향이 나타난다. 평생 동안 지속되는 이 과정은 인간 생활에 있어서 가장 중요한 목표인 것이다. 자아 실현은 한 인간이 자신이 되는 과정이며 그 개인의 독특한 특성들과 잠재력을 발달시켜 가는 과정인 것이다. 다시 말해서 이것은 좀 더 유능한 인간으로 되어가는 과정이라 할 수 있다(Schultz, 1977; Hjelle & Ziegler, 1981). 그런데 우리가 유의해야 할 것은 자아 실현이란 완전한 최종의 상태를 말하는 것이 아니라는 점을 Rogers는 강조하고 있다는 사실이다.

또한 Rogers는 유기체의 실현 경향성과 자아 실현 경향성을 다음과 같이 구별하고 있다(Hall & Lindzey, 1978).

자아 구조(self-structure)의 발달에 따라 일반적 실현 경향성은 자아 속에 상징화되는 유기체의 경험 부분을 실현해 가는 과정에서 그것 자체를 나타낸다. 만약 자아와 유기체의 전체 경험이 비교적 일치하면, 그때 실현 경향성은 비교적 통합적인 것이 된다. 만약 자아와 경험이 불일치하면, 그때 유기체를 실현하고자 하는 일반적 경향성은 그 동기의 하위체, 즉 자아를 실현하고자 하는 경향성과 상반되는 목적을 향해 작용할 수도 있는 것이다(Rogers, 1959).

위의 진술은 자아와 유기체, 자아 경험과 유기체 경험 간의 차이 및 갈등의 가능성을 시사하며 이들의 갈등, 즉 자아와 유기체의 불일치가 바로 부적응 행동으로 발달한다는 사실을 알 수 있다. 한편 실현(actualization)으로 향한 유기체의 일반적 경향성과 자아 실현(self-actualization)으로 향한 특수한 경향성 간에는 또 다른 중요한 차이가 있다(Schultz, 1977). 유기체 전체의 성숙과 발달은 학습과 경험에 의하여 크게 영향을 받지 않는다. 자아 실현은 생리적인 영향보다는 오히려 사회적인 영향력에 의하여 결정된다. 그러므로 자아 실현은 경험이나 학습에 의하여 도움을 받을 수도 있고, 또는 방해될 수도 있는 것이다. 특히 아동기에 그러하다.

6) 적응 및 부적응 행동

아동은 부모나 그 밖의 타인들을 포함하는 현상적 혹은 경험적 장에서 지각된 실재(perceived reality)와 더불어 상호작용하는 과정에서 자신의 경험들을 '실현 경향성의 욕구를 충족시킬 수 있는 것인가 혹은 그렇지 못한 것인가' 라고 하는 기준에 따라 평가한다. 욕구를 충족시키는 경험이면 긍정적 가치(positive value)로, 그렇지 못하면 부정적 가치(negative value)로 평가한다. 이를 Rogers(1959)는 유기체의 가치화 과정(organic valuing process)이라고 하였다. 그런데 이러한 환경과의 상호작용의 과정에서 아동은 타인으로부터의 긍정적 관심(positive regard)을 얻고자 하는 욕구를 발달시키게 된다.

아동은 부모나 타인으로부터 긍정적 관심을 얻지 못하면, 인정받지 못했다는 사실을 자기 행동 전체에 확산시켜 적용한다. 그리하여 거부의 표현은 어떤 것에나 민감하게 되고 자기가 기대하는 반응에 의존하여 자신의 행동을 계획하기 시작한다.

이와 같은 상황에서 아동은 조건적인 긍정적 관심(conditional positive regard)을 학습하게 된다(Schultz, 1977). 이것은 부모나 다른 중요한 타자들의 관심과 사랑이 아동 행동의 적절성 여부에 따라 달라지게 될 때, 아동이 학습하게 되는 것이다. 이 학습의 과정에서 가치의 조건들(conditions of worth)이 아동들에게 부과된다. 이렇게 되면 아동은 항상 부모나 타인들이 설정한 가치 혹은 기준에 어긋나지 않는 행동을 해야 한다. 그러한 가치의 조건들에 어긋나는 행동을 하게 되면, 아동은 죄의식과 자신의 무능력 또는 무가치를 느끼게 되고 방어적인 성격을 형성하게 되는 것이다. 이런 방어의 결과로 개인의 자유는 제한되며 진정한 본성이나 자아가 완전히 표현될 수 없고 자아가 왜곡된다(Schultz, 1977; Hjelle & Ziegler, 1981).

부적응이란 자아와 유기체의 경험 간의 불일치를 말하는 것이며 방어적인 특성을 지니고 있음을 알 수 있다. 반면에 잘 적응하는 상태는 자아와 유기체의 경험 간의 일치를 말하며 따라서 모든 경험에 개방적인 특성을 지니고 있으며 충분히 기능을 발휘할 수 있는 상태에 있는 것이라고도 할 수 있다. 이를 설명해 주는 Rogers의 도식을 제시하면 다음과 같다(Rogers, 1951; 이형득, 1987).

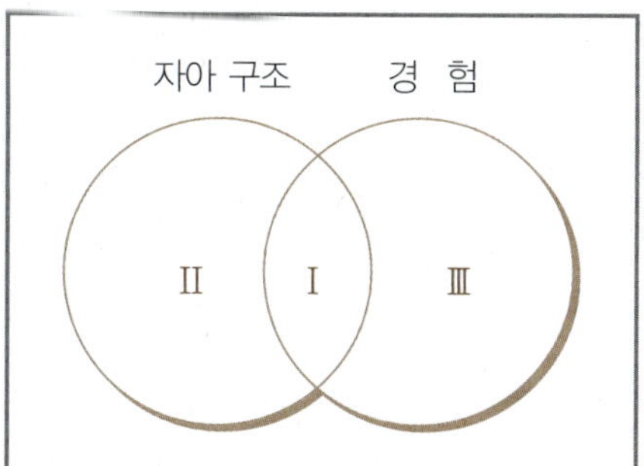

[그림 7-1] 부적응

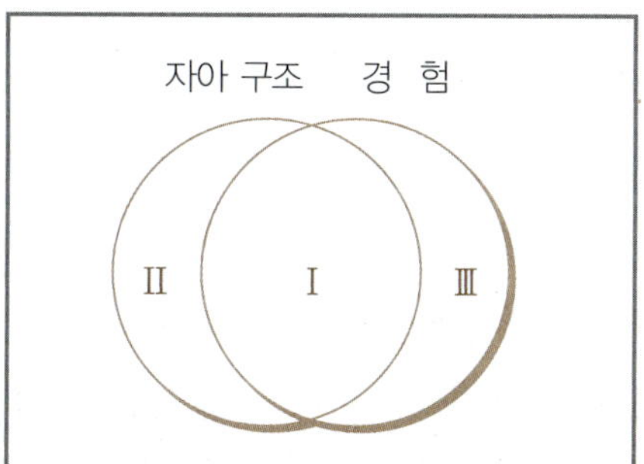

[그림 7-2] 적 응

① 경험(experience)을 표시하고 있는 원은 감각적 및 내장적(visceral) 경험들을 포함하는 인간 유기체의 전체적인 경험적 혹은 현상적 장(phenomenal field)을 말한다. 그것은 유동적이고 변화하는 장이다.

② 자아 구조(self-structure)는 자아의 구조 혹은 자아의 개념으로 정의되어 온 개념의 형상(configuration)을 말한다. 그것은 개인의 특성들과 관계성(relationships), 그리고 이들과 관련된 가치관들을 포함하는 정형화된 지각들을 포함하고 있다.

③ 영역 I은 현상적 장에서 자아의 경험과 유기체적 경험들이 일치되는 부분이다.

④ 영역 II는 개인의 사회적 혹은 기타 경험으로써 그 개인 자신의 경험의 한 부분이며 이것은 지각이나 상징화 과정에서 왜곡되어 온 현상적 장의 부분을 의미한다.

⑤ 영역 III은 감각적 경험 및 내장의 경험들이 자아의 구조와 불일치하기 때문에 의식화가 거부되는 경험들을 의미한다.

7) 충분히 기능하는 인간

Rogers(1951)는 좋은 삶을 사는 사람을 충분히 기능하는 인간(The fully functioning person)으로 기술하고 있다. 개개 인간은 자아 실현을 향한 선천적인 경향성을 가지고 있다. 이러한 실현 경향성을 성취하고자 노력하는 과정에서 인간은 의식적으로 정확하게 경험들을 의미화하고자 하는 경향성과 능력을 가지고 있다. 이들과 관련되는 보다 더 구체적인 욕구들로써 인간은 다른 사람들로부터 긍정적 관심을 얻고자 하는 욕구와 자기 관심의 욕구를 갖고 있다. 이런 욕구들이 충족될 때, 유기체의 실현 경향성과 경험들을 정확하게 의미화하고자 하는 경향성이 가장 충실하게 실현될 수 있고 그 결과로 개인은 충분히 기능하는 인간이 될 수 있는 것이다.

충분히 기능하는 인간이란 하나의 존재 상태가 아니라 하나의 과정으로 보고 그는 좋은 삶, 즉 충분히 기능하는 인간이 되어가는 과정이라고 하였다. 충분히 기능하는 인간이 되어가는 과정의 특징은 다음과 같다(이형득, 1987).

- 경험에의 개방성이 증가되어 가는 과정이다. 이것은 반대로 방어성의 감소를 의미한다. 자신의 감정들을 있는 그대로 자유롭게 각성할 수 있음과 동시에 그들에 대하여 자유롭게 대처해 갈 수 있게 된다. 그러니까 이처럼 심리적으로 자유로운 사람은 보다 충분히 기능하는 사람이 될 수 있는 것이다.
- 이 과정의 특징은 삶의 순간순간에 보다 충실하게 살고자 하는 경향, 즉 실존적 삶(existential living)의 태도가 증가되는 것이다. 충분히 기능하는 사람은 자아 구조가 그때그때의 새로운 경험들에 끊임없이 개방되어 있으므

로 충분히 기능할 수 있는 능력이 자아 방어 때문에 방해받지 않아 잘 적응할 수 있게 되는 것이다.

- 충분히 기능하는 사람으로의 발달과정의 특징은 자신의 유기체(organism)에 대한 신뢰를 증대해 가는 과정이다. 충분히 기능하는 사람은 자신의 유기체 전체를 통해서 어떤 한 상황의 여러 측면을 고려할 수 있다. 즉 '바르게 느껴진 대로' 행동할 수 있다. 스스로 생각하고 의사를 결정할 수 있는 자신의 능력을 신뢰하므로 타인의 도움을 필요로 하지 않는다.

성인-아동(유아) 관점에서 살펴보면 아동이 느낄 수 있는 권리를 인정해 준다는 것이다. 한 유아가 다른 유아에게 화를 낼 경우 한 유아의 화난 감정을 이해해 준다는 것이다. 그렇지만 화를 내는 것을 장려하거나 허용한다는 의미는 아니다.

3. 상담의 목적

인간 중심 상담은 그 사람이 가진 문제에 초점을 두기보다는 그 사람 자체에 초점을 둔다. 자아 혹은 자아 개념과 유기체의 경험 간의 정도를 높일 수 있도록 도와서 내담자를 충분히 기능하는 인간으로 성장할 수 있게 하기 위한 것이다.

인간 중심 상담의 원리를 활용한 아동 상담의 목적은 성장과정에서 아동 자신이 스스로 자신을 정확하고 긍정적으로 지각하도록 도와주어서 그들이 현재의 문제점을 해결하고 과거 경험을 극복하며 앞으로의 삶에 직면할 수 있도록 하는 것이다. 아동은 자신 속에 성장할 수 있는 잠재력들을 갖고 있기에 적절한 관계만 조성이 된다면 그들은 자신의 문제들에 대처해 갈 수 있는 방법들을 찾아낼 수 있다는 가정 때문이다.

성인들은 아동(유아)이 문제에 대해 생각하고 느끼는 방법을 도우려는 경향이 있는데 인간 중심 상담에서는 아동(유아) 스스로 생각하고 느끼는 것을 허용함으로써 자신의 판단을 신뢰하는 인간이 되도록 돕는다. 또한 아동(유아)은 성인이 자신의 행동을 변화시킬 수도 있고, 자신의 문제에 대해 성인이 해결책을 제시할 수도 있지만, 저항도 할 수 있는 유기체라는 사실도 알게 된다.

4. 상담의 과정

인간 중심을 주장하고 있는 이론가들은 부모, 교사, 상담자들이 좀 더 완전한 기능인이 되도록 타인들을 돕는 것이 가능하다고 한다.

인간 중심 상담과정에서는 내담자의 책임과 주체성을 강조하며 수용적인 상담관계가 중요하다. 상담자가 내담자를 있는 그대로 수용할 때 내담자도 자신을 수용할 수 있고 개방적일 수 있다는 것이다. 이러한 관계 속에서 내담자는 충분히 기능할 수 있는 인간으로 성장할 수 있다.

1) 상담자와 내담자의 관계

(1) 진실성

실재성(realness) 혹은 일치성(congruence)이라고 불리어지고 있는데 상담자로서 가장 중요한 태도이다. 상담자는 내담자와의 관계에서 느낀 감정과 태도를 긍정적이든 부정적이든 일관성 있게 또는 진솔하게 표현할 수 있어야 한다. 즉, 상담자가 내담자를 대할 때 가식이나 왜곡, 겉치레가 없는 것을 말한다.

상담자가 자신의 부정적 감정을 표현할 뿐만 아니라 내담자가 표현하는 부정적 감정을 받아들일 수 있을 때, 내담자와의 진솔한 관계가 가능해진다. 예를 들면, 내담자를 대할 때 짜증, 관심, 호기심, 매력적으로 느껴지면 있는 그대로의 느낌을 솔직하게 경험하는 것이 중요하다.

내담자와 솔직하고 숨김없는 대화를 촉진하기 위해서 상담자는 긍정적이고 부정적인 감정의 표현을 포함하는 치료적인 행동 모델이 되어야 한다. 아동 상담일 경우, 상담자는 감정표현의 모델이 될 뿐만 아니라 아동의 정확한 감정표현 능력을 키워주기 위해 아동에게 감정을 표현하는 단어도 가르쳐 줄 필요가 있다.

일치는 상담자가 항상 모든 감정을 솔직하게 표현해야만 된다는 것을 의미하지는 않는다. 상담자는 솔직하게 표현하는 것이 내담자에게 미칠 영향에 대해 숙고해야 하고 내담자가 정보를 받아들일 준비 상태에 따라 치료하는 방향으로 관계를 이끄는 데 필요한 솔직함의 정도를 측정해야 한다. 내담지에 대한 상담자의 부정적 감정의 표현이 성장에 도움이 되지 않으면 의미가 없다. 상담자 자신의 경험이 왜곡되어 있거나 자신의 심리적 문제가 미해결된 상태에서 부정적인 감정들을 쏟아낸다면 상담자의 미숙함을 드러내게 된다. 결국 상담자의 진솔성은 어느 정도 상담자의 인격적 성숙을 전제로 한다.

(2) 무조건적인 긍정적 관심

사람들은 누구나 자신을 긍정적인 존재로 여기고 싶어한다. 또 자신을 긍정적인 존재로 여기려면 다른 사람에게 긍정적인 인정과 사랑, 수용, 존중을 받고 싶어한다. 그리하여 다른 사람에게 수용이나 인정을 받기 위해 자신을 억제하거나 왜곡한다. 자신을 있는 그대로 느끼고 표현한다면 기존의 조건들에 의해 불인정을 받게 되므로 심리적 생존을 위해 그동안 걸림돌로 작용했던 가치 조건들에 의해 지배되기 쉽다. 그리하여 인간중심적 상담자는 어른들이 부여한 가치조건에서 벗어날 수 있도록 도와야 하는데, 가치조건에서 벗어나는 방법이 무조건적 긍정적 존중이다.

내담자를 한 인간으로 존중하며 그의 감정 · 사고 · 행동을 평가하거나 판단하지 않고 있는 그대로 받아들이는 것을 말한다. 이러한 태도는 '무조건적' 이고 긍정적인 것이어야 한다. 상담자가 이러한 태도를 마음과 행동으로 보여줄 때 내담자는 자유롭게 자신의 감정을 경험하고 표현할 수 있게 된다. 인간 중심 상담에서는 좋거나 나쁜 감정 · 사고 · 행동이 존재하지 않으며 인간을 좋거나 나쁘게 보지 않는다.

아동들은 인간으로서 존중받고 관계에서도 동등한 지위를 부여받으며 상담의 전문적인 윤리의 적용이라는 견지에서 성인과 똑같은 권리가 주어진다. 일치와 무조건적인 긍정적 관심이라는 조건이 아동으로 하여금 관계를 나쁘게 할 위협이나 조롱의 위험 없이 관계 내에서 자유로이 자신을 표현하게끔 조장한다. 이런 수준의 수용은 아동이 있는 그대로의 것을 느낄 권리가 그들에게 있음을 의미한다. 그렇다고 해서 상담자가 모든 행동을 용서한다는 것을 뜻하지는 않는다. 아동의 어떤 행동들은 수용되는가 하면, 수용되지 않는 행동도 있게 된다.

아동상담자는 사회적으로 부적절하거나, 학습에 해가 되는 행동은 거부해도, 결코 그 아동을 거부해서는 안 된다. 무조건적인 긍정적 관심은 또한 아동도 문제를 지닐 권리를 존중해 주고 그 문제를 성공적으로 다룰 수 있다는 아동의 능력을 존중해 주는 것을 의미한다. 성인들이 아동의 문제를 주의집중할 가치도 없는 것으로 생각할 때 아동들은 가장 큰 상처를 받는다. 그러므로 아동 상담에서는 관심을 두지 않아도 될 정도의 하찮은 문제는 없으며 표현된 것은 모두 이해할 가치가 있다(이재연 · 서영숙 · 이명조, 1990).

(3) 정확한 공감적 이해

공감적 이해는 여기와 지금에서 나타나는 내담자의 감정과 경험을 상담자가 민감하고 정확하게 이해하는 것을 뜻한다. 즉, 현재 내담자의 내면적 감정을 그것이 마치 상담자 자신의 감정인 것처럼 느낀다. 몸은 둘이지만 느끼는 감정은 하나인 것과 같다. 바로 자신의 감정이긴 하지만 그 의미를 상담자가 명료화해 줌으로써 또한 공감적 이해를 통해 자신의 상태가 드러나게 된다.

상담자는 내담자의 내적 준거 체제(경험)에 대한 감정이입적 이해를 체험해야 한다. 상담 진행의 순간순간마다 드러나는 내담자의 경험과 감정을 상담자가 예민하고 정확하게 공감하고 이해하는 것을 말한다.

상담자가 내담자의 입장에서 바라보면, 내담자가 무엇을 생각하고 느끼고 있는지가 내담자에게 전달될 때 내담자는 자신이 이해받고 있다는 느낌을 갖게 된다. 이런 과정에서 내담자는 상담자를 신뢰하고 자신을 드러내 보임으로써 자기 탐색과 자기 이해의 길로 들어서게 된다.

인간 중심 상담 접근법을 적용하여 아동을 상담할 때 아동을 공감적으로 이해하려면 상담자는 아동의 발달 능력 수준에서 아동과 관계해야 한다. 정확한 공감적 이해를 위해 상담자 자신의 감정이나 생각들이 개입되어서는 안 된다. 상담자는 자신의 처지와 입장을 그대로 유지한 채 아동의 입장이 되어 거기에서 보고 느낀 것의 의미를 아동에게 전달해 주어야 한다. 그러나 그것은 표면적으로 드러난 아동의 감정에 반응하는 것 이상이어야 한다. 관계를 형성할 때는 언어로만 아동과 상호작용을 하는 것이 아니라 아동의 세계에 적절한 눈높이의 의사소통, 즉 놀이, 미술 등을 활용한다.

2) 상담자의 역할

내담자에게 중요한 영향을 주는 것은 상담자의 지식이나 이론, 기법이 아니라 내담자에 대한 상담자의 태도이다. 내담자의 문제를 해결하고 성격을 변화시키기 위해서는 내담자와의 관계에서 상담자가 유지해야 할 3가지 태도가 핵심인데 진솔성, 무조건적 긍정적 존중, 공감적 이해다. 따라서 인간중심적 관점에서 보면 내담자를 변화시키는 것은 특수한 '상담기법이 아닌 태도', '문제가 아닌 인간'에의 강조가 핵심을 이룬다. 이 상담자의 태도 외에 경청, 반영, 명료화 등이 있는데, 아동상담자는 아동을 하나의 독립된 인간으로 보아야 하며 아동이 자신의 감정을 가지도록 허용해야 한다. 이러한 허용적 분위기 속에서 아동은 방어적 태도를 버리고 자기 자신을 솔직하게 탐색하며 자기 이해가 깊어진다.

3) 상담 기술

인간 중심 상담의 구조에서 '기법(techniques)'이란 수용, 존중과 이해력을 나타내고 전달하는 것이며 내담자와 같이 생각하고 느끼고 탐색하여 내적 준거체제를 발전시키려는 시도를 함께 나누는 것이다.

서로 존재하는 관계를 형성할 수 있는 것은 상담자의 능력에 달려있기 때문에 상담자는 참을성 있고 세련된 경청자이어야 하며 무조건적 존중과 감정 이입적인 이해를 제시함으로써 충분히 각 개인을 포용할 수 있다. 상담자는 내담자에게 자유로운 표현을 격려하고 이들 감정(느낌)을 반영함으로써 통찰력을 기르도록 돕는다.

인간 중심 상담에서는 '지금 여기' 에 있는 개인의 존재를 중요시하며 내담자의 어려운 일에 대한 성질과 발달력에 대한 지식을 알 필요가 없다. 개인의 과거가 현재의 문제를 야기시킨 것에는 관심이 없고 내담자가 현재 어떻게 활동하느냐가 상담자에게는 중요한 관심 사항이다.

내담자가 지금 현재에 대해 어떻게 느끼고 감정이 전체적 행동 유형에 어떻게 미치느냐 하는 것이 중요하다. 그러므로 한 가지 강조하는 것은 행동을 말로 표현함으로써 내담자가 현재의 감정에 초점을 맞추는 것을 돕는 것이다.

4) 내담자가 겪는 경험

내담자는 자신의 이상적 자기상(自己像)과 현실적 경험이 서로 일치하지 않은 상태에서 상담자를 찾아오게 된다. 상담 초기의 내담자는 일반적으로 생각 및 태도의 융통성이 결여되어 있고 자신의 감정을 잘 모르며 자신의 내면 세계를 탐색해 보려 하지 않는다. 또한 다른 사람과 친밀해지는 것을 두려워하며 자기를 불신하고 상담자에게 의존적 태도를 보인다. 그러나 상담과정이 진전됨에 따라 내담자는 자신의 감정을 깊고 넓게 탐색할 수 있게 되고 불안이나 죄책감 · 수치감 · 분노 등 과거에 외면했던 자신의 부정적 감정들을 수용하고 표현할 수 있게 된다. 점차 자신의 내면 세계에 대한 이해가 깊어짐에 따라 내담자는 방어적 태도를 버리고 왜곡된 경험의 구속에서 벗어나 보다 자유로운 판단과 결정을 내리게 된다. 이에 따라 자기 자신에 대한 신뢰감도 커지며 상담자에 대한 의존적 태도는 사라지게 된다. 이러한 과정을 통해 내담자는 성숙과 자기 실현을 이루어간다(이장호, 1989).

아동 상담에서는 아동상담자가 아동의 감정에 대한 이해를 받아들이고 전달할 때 아동은 그 감정을 수용하고 행동을 위한 지침으로 자신의 경험을 이용한다. 그리하여 아동은 자신의 감정들을 방어하지 않아도 되며 그러한 감정들을 통해서 도움을 받는다.

5. 상담 모형

Rogers의 인간 중심 상담에서는 내담자의 개인적인 성장을 격려하는 촉진 관계 형성이 중요하다. 상담자는 상담을 진행하는 동안 끊임없이 진솔한 태도, 무조건적인 긍정적 관심, 공감적 이해를 보인다. 이러한 관계를 형성한 이후에 내담자가 스스로 그것들을 경험하게 된다면 통찰력을 통한 상담과정이 이루어지며 기능하는 인간으로 되어간다.

그러나 학교(유아교육기관)에서 아동을 상담할 경우에 상담자는 아동과 충분한 시간을 갖지 못한다. 상담자는 아동으로 하여금 자연적으로 치료를 경험하거나 치료가 일어나도록 기다릴 여유가 없다. 아동들이 학교에서 보다 잘 적응하고 공부할 수 있도록 아동 개인의 성장과정을 도와야 한다는 욕구에서 상담자는 인간 중심 상담과정을 아동에게 활용해야 할 것이다. 인간 중심 상담 접근을 활용한 상담자는 적극적이고 지지적인 참여자가 되어 상담의 효과를 위해 좀 더 많이 조직하고 요청을 하게 된다. 그렇게 함으로써 촉진적인 관계가 형성되어 아동의 저항을 극복할 수 있으며 근본적인 문제를 파악하고 아동 행동의 구체적인 과정 등을 격려해 줄 수 있다.

Axline은 Rogers의 이론을 아동 상담에 응용하였는데 『딥스』라는 사례집을 보면 상담자가 아동에게 상담의 방향과 책임을 맡기어 아동 자신의 성장을 도왔음을 알 수 있다. 아동이 자기 실현을 위해서는 질적인 환경이 필요한데, 타인에 의해 아동 자신이 있는 그대로 수용되는 경험을 하게 되면 정서적인 문제가 해결된다. 즉, 인간 중심 상담 이론은 아동을 위한 상담의 발전에 큰 영향을 주었다.

1) 촉진 단계

아동 상담의 경우에는 아동이 스스로 상담을 받겠다고 하는 경우보다 상담 의뢰인에 의해서 상담의 필요성이 인정되어 상담이 이루어진다. 인간 중심적 접근의 아동 상담에서 상담자는 가장 먼저 아동과 진솔한 관계를 형성하기 위해 상담실의 분위기를 안정되고 편안하게 만드는 것이 중요하다. 개방적 질문과 아동의 행동을 지지하거나 격려하기를 통하여 아동이 상담에 대한 저항을 갖지 않도록 한다. 상담에 대한 아동의 느낌과 상담자를 만나게 된 이유를 아동에게 물어봄으로써 아동에게 관심의 초점을 두어야 한다. 그것은 상담의 필요성을 인식시키기 위함이다. 이때 상담자가 아동에게 주의를 기울이며 경청하는 동안 아동은 자기 탐색을 시작하는 계기가 되며 자신을 노출할 기회를 갖게 되는 것이다.

2) 변화 단계

변화 단계에 접어들면 상담관계는 이미 형성되었고 내담자는 더 이상 상담에 저항하지 않고 순응하며 상담자와 내담자 간에 라포가 형성되어 내담자는 좀 더 높은 수준의 불안도 참을 수 있다는 가정을 상담자는 하게 된다. 상담자는 내담자가 더 깊은 수준으로 자기 탐색을 계속하려는 욕구를 인정하여 내담자를 친절히 인도한다.

인간 중심 상담자는 내담자가 자신의 문제를 파악하고, 자신에 대한 책임을 받아들이도록 도와주어야 하기 때문에 변화 단계에서는 좀 더 지시적이고 평가적으로 된다. 활동은 중간 수준과 깊은 수준에서 내담자가 자기 노출을 하도록 도와주는 것이어야 한다. 중간 수준의 자기 노출은 내담자가 공격적 문제에 대해 이야기하는 것을 그만두고 자기 생활에서 중요한 타인인 부모, 형제 · 자매, 친구, 선생님, 그리고 조부모나 숙모, 삼촌과 같은 다른 가족 구성원과 관련된 정보를 나누기 시작할 때 일어난다.

애완동물과의 유대가 친구나 가족의 유대만큼이나 강하고 더 강한 경우도 있다. 내담자가 생활하면서 중요한 타인과의 관계에서 경험한 감정에 상담자가 반응해 줄 때, 내담자는 중간 수준의 감정(intermediate-level feeling)으로 반응한다.

깊은 수준의 자기 노출은 내담자가 자아와 직접적으로 관련된 근본적인 감정을 드러내고 이러한 감정이 자신과 다른 사람에게 미친 영향을 솔직하게 검토해 볼 때 일어난다. "나는 내가 하지도 않은 일에 대해서 야단맞을 때는 화가 나요"라고 말하는 아동이 그 예가 될 수 있다. 상담자는 "너를 부당하게 야단치는 사람들에게 화를 내게 되는구나"라고 말함으로써 이 깊은 수준의 감정에 반응하게 된다. 깊은 수준의 자기 노출에는 종종 개인적인 무력감이나 공포적인 반응과 연합된 감정들을 나타낸다. 대부분의 내담자는 이 수준에서 자기를 노출하는 데 어려움을 느끼므로, 상담자는 내담자가 아동일 경우 아동들이 모든 상황에 대한 통찰력을 발달시키도록 돕기 위해 이야기의 내용과 아동의 감정을 해석해 줌으로써 방어적인 말(예 아빠는 날 사랑하지 않아요. 아빠가 관심있는 것은 일 뿐이에요.)을 인식하도록 도와주어야 한다. 예를 들어, "너는 아빠를 매우 사랑하는데 아빠와 같이 시간을 할 수 없는 경우가 많아서 몹시 마음이 상하는구나"(이재연 · 서영숙 · 이명조, 1990).

3) 행동 단계

일단 내담자가 문제가 있다는 것을 인정하고 변화하고자 마음을 먹었다면, 상담자는 내담자의 특정한 개인적인 문제에 대해서 파악하고 행동하게끔 도와줌으로써 행동 단계에 들어갈 수 있다. 즉각성(immediacy), 직면(confrontation), 주도하기(initiation) 등의 반응 기술은 내담자가 자신을 도우려는 계획을 세워 나가도록 도와주는 상담자의 언어 능력에 절대 필요한 요소들이다. '즉각성(immediacy)'은 '지금 그리고 여기(here and now)'에서 상담자와 내담자 간의 관계를 설명하는 상담자의 능력이다(Gazda, 1973). 즉각적인 반응은 내담자와 그 당시의 상담 문제에 대해 상담자의 감정을 솔직하게 표현해 주는 것이어야 할 필요가 있다.

내담자가 즉각적인 반응을 마치 직면인 것처럼 인식하고 반응할 수도 있다. 그러나 직면 또는 맞닥뜨림(confrontation)은 상담 경험에서 발견된 모순을 상담자가 설명하지 않고 직접적으로 지적하는 시도이다. 직면은 내담자가 다음과 같을 경우에 도움이 된다.

- 내담자가 이전에 말한 내용과 모순되게 말할 때
- 내담자 자신이 말하는 것과 상반되게 행동할 때
- 상담자의 개인적 경험으로 보아 사실이 아닌 경험을 내담자가 거짓으로 이야기할 때 등

상담훈련을 받는 도중 직면하는 방법이 내담자에게 부정적 영향을 미칠 것이라는 생각이 들면 내담자가 상처를 받을 수 있기 때문에 이 반응 기술은 상담관계가 확고히 형성된 후 행동 단계에서만 사용되어야 한다.

상담자가 직면을 사용할 때 고려해야 할 점을 소개하면 다음과 같다(이재연 · 서영숙 · 이명조, 1990).

- 직면하기 전에 상담관계에 필수적인 조건들을 제시함으로써 직면할 권리를 얻는다.
- 상담자가 관심을 가지고 있고 참여하기를 바라며 돕고 싶다는 것을 나타내기 위해 직면한다.
- 상담자가 자신과 먼저 직면한다. 자신의 편견과 선입관을 알아야 한다.
- 직면의 강도는 아동의 요구와 민감성, 능력 등에 맞추어 해야 한다.
- 내담자가 변화시킬 능력이 있는 행동에만 직면한다.
- 직면을 받는 내담자의 방어 행동에 대비한다.
- 이번에는 반대로 직면을 받는 내담자로부터의 직면에도 준비한다.

카커프(Carkhuff, 1971)에 의하면 주도하기(initiating)는 생산적인 행동을 통해 생활의 방향을 발견하고 생활에 의미를 부여하는 것이다. 아동들과 함께 행동을 주도할 때 다음과 같은 단계를 사용하는 것이 좋다.

- 아동이 가능한 한 많은 문제들을 파악하도록 격려한다.
- 아동에게 가장 중요한 문제부터 가장 중요하지 않은 것 순으로 모두 순위를 결정하라고 한다.
- 자세히 논의하기 위해 가장 중요한 문제를 뽑는다. 가장 쉽게 변화될 수 있을 것으로 보이는 문제를 뽑는다. 이것은 아동들에게는 성공적인 경험을 쌓는 데 중요한 것이다.
- 문제에 대한 행동 변화를 위해 대안을 검토한다.
- 각각의 대안에 따른 결과를 검토한다.
- 가장 좋은 대안을 선택하여 행동과정을 계획한다. 그 계획은 구체적인 행동목표를 포함하여야 한다. 계획을 주도할 때 간단한 과업부터 좀 더 복잡한 과업으로 점차 진행하는 것은 아동이 이를 조직하고 성공하도록 하기 위함이다.
- 아동의 진전을 격려한다.
- 계획을 재평가하고 필요하면 다시 수정한다.

일단 내담자가 문제 해결 기술을 배우고 이 새로운 행동을 상담에서나 일상생활에서 실제로 실행할 수 있는 능력을 보이면, 상담 종결 준비를 서둘러야 한다. 매회의 상담을 종료할 때에는 이미 앞에서 언급했던 반응 기술로 요약해 주는 것이 필요하다. 그 밖에 상담자가 적절하게 조언할 필요가 있다. 조언은 내담자가 어떻게 행동해야 하는지를 내담자에게 암시해 주는 것이다. 종종 아동상담자는 미리 아동에게 "이제 10분밖에 남지 않았어요. 이제 시간이 거의 다 되었으니 끝낼 준비를 할게요"라고 알려줌으로써 매회 아동이 상담이 마무리되어 가는 것을 알 수 있도록 한다.

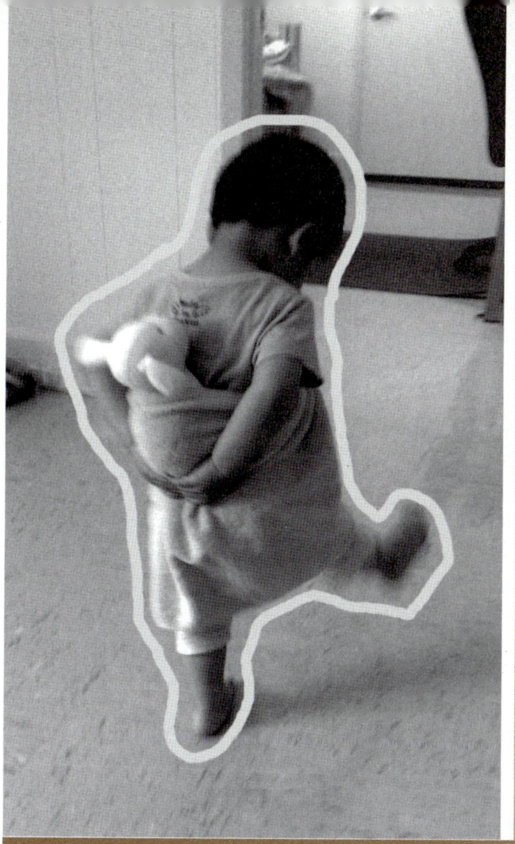

NSELING CHILDREN

NSELING CHILDREN

NSELING CHILDREN

NSELING CHILDREN

PART 3 유 · 아동 상담의 주요 방법

C·H·A·P·T·E·R·8

놀이요법(치료)

아동은 끊임없이 성장 · 발달하는 존재이므로 어떤 문제가 발생하면 그 아동의 주위환경, 부모와의 관계, 아동 자신의 반응 등이 얽히어 어떤 결과를 낳게 되며 그 상황도 추이에 따라 자꾸 변하게 된다. 어떤 문제가 발생하면 발달과정상에 나타날 수 있는 정상적인 적응 행동일 가능성도 많으나 시간이 흐를수록 이해하기 어려운 행동 특징이 지속될 경우에는 전문가를 찾아가야 한다.

아동의 문제는 기질적인 문제나 기능적인 문제(심리적 문제)로 나누어 볼 수 있는데, 소위 지체장애 아동이나 발달장애 아동들은 신체적 이상과 그 결과가 너무 크다보니 심리적인 이해나 도움은 소홀히 하는 경우가 있을 수 있다. 현재 드러난 문제가 기질적인 것인지 기능적인 것인지를 구분하기가 어렵지만, 기질적인 장애는 시간이 지나더라도 어느 한계 이상 나아지지 못하고 멈추는 양상을 보인다. 심리적인 원인에 의한 현상은 주변환경의 여건이나 심리 상태에 따라 다양한 변화를 보일 수도 있다.

여기서는 기질적인 문제를 지닌 아동의 치료를 주 목적으로 하는 놀이요법보다는 정상 아동들의 부적응 행동을 놀이요법의 대상으로 간주하고 일반 아동에게 적용할 수 있는 놀이요법을 알리고자 한다. 놀이요법은 어떤 것이며 놀이요법을 이 아동에게 왜 해야 하는지, 어떻게 적용할 것인가를 합리적으로 접근하는 방법을 알게 된다. 아동의 심리적 문제의 유형에 따라 놀이요법을 다양하게 적용해 볼 수 있다. 놀이요법은 만능치료법이 아니고 아동의 심리적 문제의 성격과 아동의 상태를 고려하여 선별적으로 행해져야 한다.

1. 놀이요법(치료)의 정의

아동은 현실에서 여러 가지 부적응 행동, 즉 비사회적 행동, 반사회적 행동, 신경증적 행동 또는 정신과 영역의 행동을 나타낼 수 있다. 성인들은 이와 같은 문제 행동을 될 수 있는 대로 빨리 없애고, 그로 인해 빗나간 발달의 모습을 빨리 정상적인 발달의 모습으로 회복시키려고 한다. 이들 문제를 다루는 방법에는 '환경을 조정하는 방법'과 아동에 대한 '직접적인 접근방법'이 있는데 직접적인 접근방법으로써의 놀이요법은 아동에게 있어서 대표적인 상담기법이 될 것이다. 성인들의 임상 장면에서 사용하고 있는 여러 가지 심리 상담(치료) 기법은 다루는 문제의 내용이 아동의 문제와 다를 뿐만 아니라 거의 대부분 '언어'를 매개로 상담(치료) 관계 맺는 것을 전제로 하고 있다.

아동 상담에서는 그 정신적 발달 시기의 특성을 고려하여 놀이를 의사소통의 가장 효율적인 방법으로 인정하고 언어를 매체로 하는 상담(심리치료) 대신 놀이를 이용하는 것이다. 상담자는 놀이과정에서 아동과의 관계를 형성하며 아동이 표현하는 내용은 상담자와의 교류를 통해 치유될 수 있으나 아동과 놀이과정을 경험했다고 해서 모두 놀이요법은 아니다. 그 이유는 아동의 부모는 심리상담자(심리치료자, 놀이치료자)나 교사보다 더 많은 시간을 놀았을 수도 있고 놀아 줄 수도 있기 때문이다.

액슬린(Axline, 1969)은 아동이 가장 호의적이고 적절한 환경에서 성장할 수 있는 경험의 기회를 제공해 주는 것이라고 하였으며 오코너와 셰퍼(O' Connor & Schaefer, 1983)는 훈련된 치료자가 심리적 문제를 지닌 내담자를 돕기 위해 체계적으로 놀이의 치료적 힘을 적용시키는 대인관계 과정이라고 하였고 엔저(Enzer, 1988)는 단순히 노는 것만으로 치료되는 것이 아니며 상담자와의 상호적인 대인관계를 통해 아동은 정화를 맛보게 되고 고통이 감소되고 충동이 조절되는 교정적인 정서 경험을 하게 되는 것이라고 하였다.

따라서 놀이요법은 놀이를 통하여 아동에게 내재된 심리적 상태와 문제를 놀이치료자(심리치료)와 교류를 통해 아동 자신이 스스로 극복하도록 도와주는 과정이다.

2. 놀이요법(치료)의 배경

안나 프로이드(Anna Freud)는 놀이활동에 대하여 직접적으로 해석하고 상징적인 것으로 단정짓지는 않았으며 아동에게 자유 연상 기법을 사용하는 것이 불가능하였기 때문에 놀이를 주로 아동과 상담자 간의 긍정적인 관계를 형성하는 네 사용하였다. 놀이요법은 Freud가 1909년 한스(Hans)라는 어린 소년의 공포증을 치료하기 위해 부모에게 놀이과정을 관찰하도록 하고 놀이과정에서 한스가 보여준 놀이 행동의 의미를 해석해 주며 치료를 시행했는데, 이는 부모를 통해 치료를 도운 것이므로 부모 놀이치료(filial therapy)라 할 수 있다. 그 후 헉헬무스(Hug-Hellmuth, 1921)는 놀이 상황을 아동의 정신치료를 위해 도입했고 정신분석학자인 Anna Freud(1946)도 놀이를 아동의 정신치료에 공식적으로 도입하고 이론화시키는 계기를 마련하였다.

멜라니 클레인(Melanie Klein, 1932)은 어느 아동이든지 놀이 상황을 경험하면 생활에서 생기는 정서적인 문제를 놀이를 통하여 해결할 수 있다고 보고 언어화의 직접적인 대체물로 놀이를 사용하였다. Anna Freud와는 달리 모든 놀이활동은 상징적 의미가 있다고 보고 무의식적인 의미의 해석에 의존하였다. 그녀는 아동이 놀이를 통하여 초기의 정서를 재경험하고 이해하며 상담자의 해석을 통해 통찰을 얻으면 아동의 불만이 감소된다고 보았다. 즉, 놀이를 통하여 전이관계를 분석하는 심리치료이다.

그리고 레비(Levy, 1938)는 구조화된 놀이요법(structured play therapy), 이완요법(release therapy)을 시도하였다. 이완요법은 Freud가 주장한 과거에 억압된 부정적 경험과 감정을 놀이를 통해 해소시키려 한 것인데, 아동이 놀이방과 상담자와 친숙해지도록 자유놀이를 한 후 적절할 때 상담자는 놀잇감을 이용해서 내담 아동의 긴장이나 불안을 만들어내도록 도와 아동이 자신의 고통과 긴장을 이완시키도록 하는 것이다.

솔로몬(Solomon, 1938)은 Active Play Therapy를 시도하면서 부정적인 경험을 표현하는 게 아니라 놀이를 통해 사회적으로 수용되는 경험을 상담자와의 교류를 통해 학습한다는 적극적인 의미의 놀이요법을 해왔다. 이것은 충동적인 아동을 다루는 데 사용되었으며 놀이를 통해 분노와 공포를 표현하도록 도와주면 아동이 두려워하는 부정적인 결과를 경험하지 않고도 공격적인 충동을 나타낼 수 있기 때문에 정화 효과(catharsis)를 가질 수 있다.

그 후 Axline(1947)은 정신치료적 접근의 방법인 Rogers의 인간 중심 상담 이론을 수용하여 아동에게 가장 호의적인 조건에서 성장 경험을 갖게 했더니 아동이 성숙하고 독립적인 자신이 되어감을 『딥스』를 통하여 입증하였다. 아동 자신에게 내재적 욕구를 자극시키는 기회가 주어질 경우에 아동은 더욱 긍정적인 태도를 가질 수 있으며 내적 욕구를 건설적으로 표현할 수 있는 가설을 전제로 아동의 문제를 접근하였다. 그때 아동은 놀이를 통해 자신의 감정을 발산시킴으로써 긴장 해소가 이루어졌고 아동은 자기 자신이 될 수 있는 힘이 자기 내부에 있음을 인식하기 시작했으며 자신을 위해 생각할 줄 알고 제 스스로 결정을 내리면서 심리적으로 성숙해 감을 알게 되었다. 이것이 상담과 심리치료에서 설명하고 있는 비지시적 상담인데, 비지시적 상담이란 인간은 그 자신 스스로가 자신을 이끌어 나갈 수 있는 능력이 있음을 강조하는 인간 능력에 대한 기본 사상이라고 할 수 있다. 따라서 아동도 그 스스로 한 인간일 권리가 있으며 아동을 존엄과 존중으로 대해야 한다는 기본 철학이 적용되는 것이 바로 이와 같은 이유때문이다.

3. 놀이방과 놀이 도구

놀이요법을 시작하는 데 있어서 우선 필요한 것은 놀이방과 놀이방에 갖추어야 할 놀이 도구이다. 놀이방은 아동과 만나는 장소이므로 아동에게 영향을 미치므로 따뜻하고 아동에게 적절한 공간이라는 이미지를 주어야 한다. 상담자의 상담 이론 접근방법에 따라 놀이방을 꾸미는 방법도 다를 것이며 아동의 문제 행동에 따라 놀이방의 환경을 구성하는 것도 다르다. 놀이방의 설비는 꼭 완벽해야 되는 것은 아니며 유치원이나 교실 장면에서도 연구해서 놀이요법을 시행할 수도 있다. 그러나 충분하지 못한 설비로 인해서 아동의 문제가 잘 다루어질지는 의문이다.

1) 놀이방

(1) 놀이방의 위치

놀이방은 설비를 완전히 갖추어 별도로 설치하는 경우도 있고 연구소나 일반 상담소 내에 설치하는 경우도 있다. 경우에 따라서는 연구실 내에 설치하여 운영하기도 한다. 최근에는 초등학교, 유치원, 어린이집 교사들이 놀이요법의 기본 기법을 습득하여 원내에서 문제가 예상되거나 문제 아동과 교실 한구석, 자유놀이 영역의 한구석이든 어디든 아동의 세계를 이해할 수 있는 곳에서 놀이세션(session)을 갖는 경우도 있다. 이는 문제 예방을 위한 행동 지도 일환으로 실시되고 있다. 놀이방에서 아동들은 시끄럽게 할 수 있으므로 다른 직원이나 옆에 있는 사람들에게 방해되지 않는 곳이 좋다. 다른 아동이나 부모가 놀이방에서 있었던 일들을 들어서 알게 되면 상담의 과정이나 결과에 긍정적 영향보다는 부정적 영향을 미칠 것이다.

놀이방 내에서 일어났던 내용을 다른 사람이 알게 되면 비밀 보장이 된다는 원칙에 위배되고 부모가 간섭을 하게 되는 경우도 생길 수 있기 때문이다. 그래서 놀이방에 방음 장치를 해야 한다고 권유하기도 한다. 방음 장치할 여건이 된다면 방음 시설을 갖추는 것이 좋겠지만 사정이 허락되지 않는 경우가 더 많을 것이다. 소음이 밖으로 나가는 것을 최소화하기 위해서 가능한 방법을 사용하는 것이 좋다.

(2) 놀이방의 크기

놀이방의 크기는 아동의 문제나 연령, 개인 또는 집단이냐에 따라 달라진다. 개인요법시에는 대개 6평, 활동성이 많은 아동이나 집단을 위해서는 10평 정도의 방이 적절하다고 한다. 놀이방의 넓이는 상담자와 아동의 심리적 관계가 안전하게 잘 이루어질 크기여야 함을 의미한다.

(3) 놀이방의 특징

놀이방은 안정적이고 온화한 느낌을 가지도록 물리적 환경을 만들어야 한다. 놀이 중에 바닥이 더러워질 수 있으므로 청소하기 쉬운 재질을 사용하는 것이 좋으며 모래 놀이 시 한번 박힌 모래는 밖으로 쓸어내기 어렵기 때문에 반드시 비닐 장판을 깔아 놓는 것이 좋다. 놀이방에는 놀잇감을 배치할 놀잇감 장이나 선반이 필요하다. 선반의 높이는 아동이 꺼내기 쉬운 높이가 좋다. 발달 수준이 높은 아동의 놀잇감을 배치하게 되면 나이 어린 아동은 좌절하게 되므로 아동의 상태에 따라 놀잇감을 배치할 필요가 있다. 별도의 놀잇감 장을 만들어 임시 보관해 두었다가 문제의 유형이나 아동의 발달 수준에 따라 꺼내어 배치하면 된다. 또 놀이방에 물이 나오는 수도가 있어 싱크대를 설치해 두면 여러 가지로 유용하다. 미술놀이나 모래 놀이 시 쓸 수 있으며 마무리 후 정리하는 데도 활용될 수 있다.

경제적으로 여유가 있으면 일방경(one way screen) 시설을 하는 게 좋다. 상담 진행 상황을 관찰할 수 있으며 상담자의 감독(supervision)을 위해서도 필요하다. 가끔 놀이방에서 비디오 녹화를 하는 경우가 있는 데 놀이방 안에 카메라가 있게 되면 아동들이 카메라를 의식하여 과장된 모습을 취하거나 장난을 치는 경우가 있다. 또 카메라가 손상되지 않기 위해서는 상담자가 카메라에 신경을 쓰는 경우가 생기고 상담자나 아동 모두에게 불안의 요인이 될 수 있으니 카메라를 노출시키는 것은 좋지 않다. 상담자가 부모 교육이나 자신의 치료과정을 되돌아보고자 하는 경우에는 아동이 의식하지 않는 최대한의 방법을 강구하여 녹화할 수 있다.

부모 교육을 위해 부모가 지켜보는 것이 필요하다면 일방경이 가장 적절하지만 일방경 설치가 되지 않았을 경우에는 상담자가 슈퍼비전(supervision)을 받을 시 부모가 함께 하여 지도를 받을 수도 있다. 놀이방에서 사용하지 않는 도구를 치워 둘 놀이 도구 창고가 필요하다. 아동의 연령이나 문제에 따라서 놀이 도구의 종류가 달라질 수 있으므로 자주 사용하지 않는 놀이 도구는 창고에 넣어 둘 수 있으며, 계속 사용하는 도구는 서랍을 지정해 놓고 넣어 두었다가 다음번에 다시 꺼내 놀 수 있도록 한다. 놀이 도구 창고는 서랍식으로 된 정리장이 좋다. 서랍식 놀이 도구 창고는 고정식과 이동식으로 만들 수 있는데, 이 2가지가 다 갖추어지면 활용하기가 편리하다.

놀이방 안에는 60×90㎝ 넓이의 테이블이 2개 정도 있으면 좋다. 테이블 위에서 적목놀이를 할 수 있으며 모래상자를 올려놓고 모래 놀이를 할 수 있기 때문이다. 의자는 등받이가 없는 원형이면 좋고 높이는 약 30㎝ 정도면 유용하다.

2) 놀이 도구

놀이방에 준비할 놀이 도구는 상담 대상자에 따라서 적절하게 선택하여 배치해 두어야 한다.

(1) 아동과의 관계를 형성할 수 있는 것

상담자는 아동과 긍정적인 관계를 맺을 수 있어야 하는데, 우선 허용적인 분위기를 전하기 위한 수단으로 집에서 볼 수 없는 장난감을 갖추고 관계를 맺는 것이 좋다. 우선 아동을 정확히 이해하기 위해서 생활주제, 공격성, 창조적 표현들을 놀이로 나타낼 수 있는 놀잇감을 가지고 관계를 형성할 수 있다. 동일시가 잘 되는 가족 인형을 가지고 생활 장면을 표현할 기회를 준다. 관계의 경험을 쉽게 표현하기 위해서 전화, 자동차, 소꿉놀이 도구 등을 갖춘다면 사회적 관계를 유발하는 데 도움이 된다.

(2) 공격성을 표출할 수 있는 놀잇감

아동이 감정을 쉽게 표출할 수 있는 것이 손인형이다. 내재된 감정이나 욕구의 표현들이 손인형을 통해서 자연스럽게 표출될 수 있다. 특히 공격적 욕구를 표출하는 데 무기류, 샌드백, 악어 손인형, 볼링 세트, 북 등이 적절하다. 공격성을 지닌 아동은 이러한 놀잇감을 활용하여 공격적인 감정이나 분노, 적개심을 발산한다. 아동이 상징적으로 표현하는 묻고, 때리고, 도망가고, 쏘고, 찌르는 놀이 등은 놀이방에서 수용되어지는데, 이때 아동의 분노나 공격적인 감정이 해소되므로 아동 자신의 자기 향상에 긍정적인 영향을 미친다. 초기에는 가족 인형을 사용하기보다는 사자 인형에게 총을 쏘는 등 야생 동물 인형을 가지고 자신의 적개심을 표출한다.

(3) 현실생활을 반영하는 놀잇감

가족 인형, 인형집은 가족 구성원을 나타낼 수 있으므로 직접적인 감정을 표현하는 데 도움을 준다. 병원 세트, 장난감 전화기, 음식물 모형, 냉장고, 금전등록기 등은 실생활 경험을 탐색할 수 있는 주요 도구이다. 이러한 놀잇감을 활용하여 안전하게 표현놀이를 할 수 있도록 상담자는 충분히 공감해 주고 수용해 주며 이해해 주어야 한다. 그래야 아동이 자신의 경험을 재구성하고 자신의 문제를 극복할 수 있다.

(4) 아동의 좌절이나 욕구 불만을 가져오지 않는 놀잇감 상태 갖추기

건전지가 있어야 놀잇감이 작동되는 것은 항상 점검을 하여 작동이 가능한 상태를 유지시켜야 한다. 아동이 가지고 놀려고 하는데 작동이 되지 않거나 파손되어 있으면 실패의 경험을 주므로 좌절감만 생기게 할 수 있다. 조작이 복잡한 도구는 피하는 게 좋다.

(5) 놀이 도구 목록

놀잇감과 도구들은 이미 성장한 자녀를 둔 부모에게 기증받거나 장난감 가게에서 산다. 지역사회의 물물교환센터에서 싼 값으로 구입할 수도 있으며 모아지는 놀잇감은 선별 작업을 하여 놀이 영역과 놀이방을 정리 정돈한다. 그렇지 않으면 어지럽혀진 놀잇감으로 인하여 쓰레기장처럼 느껴질 수도 있다. 놀잇감과 도구는 모으는 것이 아니라 선택되어져야 하므로 아예 처음부터 구입하여 배치하는 경우가 대부분이다. 놀잇감과 놀이 도구는 상담의 목표와도 관계가 높기 때문에 주의 깊게 선택되어져 배치되어야 한다.

놀이가 끝난 후에는 아동 스스로 장난감을 치우면 그냥 놔두지만 장난감을 치우도록 지시하거나 강요하는 것은 바람직하지 않다. 그냥 그대로 있는 것을 보고 그 자리를 떠나게 하는 것이 아동에게는 좋을 것이며 상담과정을 분석할 때 또는 상담결과를 예상해 볼 때 긍정적인 영향을 미칠 것이다.

놀이 도구 목록은 다음과 같다.

- 무기류 : 권총, 기관총(소리와 불빛이 나는 것) 등
- 타는 것 : 자동차, 자전거, 기차, 비행기, 배 등
- 역할놀이 도구 : 인형(업는 인형, 옷을 벗긴 인형, 옷을 입히고 갈아입힐 수 있는 것), 인형집, 가구, 우유병, 병원 세트 등
- 소꿉놀이 도구 : 물놀이할 수 있는 물총, 고기 낚시 게임기, 양동이 등
- 미술놀이 : 크레용류, 연필(2B, 4B), 도화지, 물감, 핑거 페인트, 지점토, 찰흙 등
- 모래상자 놀이 : 삽, 양동이, 모래 치는 그물체 등
- 악기류 : 큰북, 탬버린, 캐스터네츠, 하모니카, 피리 등
- 동물 인형 : 포유류, 조류, 파충류 등

[표 8-1] 놀이 도구의 상징적 의미	
놀이 도구	상징적 의미
비행기	도망, 거리감, 속도, '~을 찾기' 자유, 안전, 보호 등
야생동물	공격, 공포, 생존, 힘, 강함 등
동물(가축)	보호, 가정, 관련성, 공격받기 쉬움, 승낙, 의존 등
아기젖병	퇴행, 영양 공급, 구순, 대항하려는, 의존성, 아기, 형제, 배뇨
담 요	퇴행, 안전, 보호, 경계 등
자동차	운동성, 힘, 도망, 갈등, 안전, 보호, 여행, 방어, 가정사
점 토	공격, 조정, 창조, 자기 확신, 변화, 표현, 접촉, 압력 등
병원놀이용품	치료, 수선, 존경, 힘, 삶/죽음, 고통, 신체상, 위기, 변화, 강요, 내적인 주사기 : 강요(침입), 반칙, 고통, 치료, 공포, 해, 접촉, 침투 청진기 : 내적 감정, 아픔/좋음, 도움이 필요함, 위기, 변화가 필요함 혈압계 : 내적 문제, 화, 고요함, 마음 상태, 내면화된 감정, 변화의 필요 수 술 : 위기, 치료, 강요, 행동, 해, 결심, 통제, 정체불명의 치료
인 형	자아 정체, 퇴행, 형제 자매, 해부, 경쟁, 밀접함, 우정, 정체불명의 인물, 의사소통, 환상, 충동, 변장
인형집	가정, 가족의 상호작용/태도, 환경, 비밀
가족 그림	권위, 힘, 양육, 범죄자, 보호, 의존, 경쟁, 관련성, 비밀, 수용, 거부 남자 : 아버지와 관련된 일, 남자 모습, 모델링, 남자 형제, 아저씨, 교사 여자 : 엄마와 관련된 일, 여자 모습, 모델링, 여자 형제, 아줌마, 교사 소녀 : 아동이 여자일 경우에는 자신, 여자 형제, 모델, 정체감, 이미지, 친구, 동료관계, 사회인 소년 : 아동이 남자일 경우에는 자신, 남자 형제, 모델, 정체감, 이미지, 친구, 동료관계, 사회인 아기 : 양육, 형제 자매, 경쟁, 퇴행, 욕구, 생활사, 과거
악 기	자기 표현, 내적, 의사소통, 창의성, 접촉
페인트	거리, 표현, 접근할 수 없는 욕구, 환경, 태도, 세계를 보는 태도
전 화	의사소통, 거리, 안심, 통제, 힘, 연결되지 않은
공	상호작용, 연관성, 신뢰, 재평가, 경쟁, 안심 등
망원경	전망, 멀고 가까움의 관련성, 감시, 사냥, 발견, 찾기, 자기 검증, 친밀함
토 막	의존, 경계, 건축, 한계, 엄격, 폐쇄, 구조, 보호, 울타리, 공격 받기 쉬운

놀이 도구	상징적 의미
놀이카드	돈, 통제, 힘, 비밀, 자발성
퍼 즐	문제 해결, 결정, 완성, 수행, 통합, 해결, 그림 모으기, 함께 하기
보 트	도움, 무의식, 안정/불안정, 정서, 균형, 안심 등
책	독서요법, 비밀, 과거, 미래, 현재, 정체감, 지식, 은유
상 자	비밀, 알려진/알려지지 않은, 내용이 있지 않은, 감춰진, 통제, 봉쇄, 경계, 신념, 확신, 선물, 자아, 존엄성 등
망가진 장난감	자아, 정체감, 패배, 변화, 보상, 무능한, 상실, 적응 등
카메라	증명, 타당성, 확신, 과거, 진실, 증거, 변화, 기억, 앎 등
복장(의상)	관계, 의사소통, 정체불명의, 환상, 충동, 변장
장 갑	회피, 거리, 안전, 내용물 통제
모 자	정체감, 역할, 기대, 환상, 힘, 거부
가 면	관련성, 의사소통, 정체불명의 인물, 환상, 충동, 변장
선글라스	숨은, 회피, 거리감, 안전
가 발	관련, 의사소통, 정체불명의 인물, 환상, 충동, 변장
공 룡	과거, 역사, 죽음, 힘, 소멸, 공포, 갈등, 생존, 상실, 주변의
플래시 불빛	통제, 비밀, 공포, 찾음, 힘, 삶/죽음, 고통, 신체상, 위기, 변화, 강요, 내적인
접시/요리	영양, 축하, 안전, 구순, 주의 집중, 무시, 요구
핑거 페인트	접촉, 참여, 퇴행, 비밀, 충동, 기초
게 임	삶의 통제, 경쟁, 성공/실패, 승낙, 권력, 구조, 저항, 변화, 능력, 협조 등
총	공격, 통제, 화, 적대감, 힘, 죽음, 고통, 침입, 해, 보호, 경계 등
열 쇠	비밀, 알려지지 않은, 보호된, 경계, 봉쇄
부엌 세트	집, 양육, 돌봄, 무시, 형제 간의 갈등, 관련성, 가족, 존경, 가정에서의 일, 정서적 지원 등
칼	가정용품, 공격, 힘, 방어, 보호, 침입, 성, 고통
빛	통제, 힘, 비밀, 감춤, 거부, 변화, 불쌍한
마술지팡이	환상, 소원, 목표, 변화, 원함, 미래
거 울	자아상, 자아 개념, 기억, 과거, 변화, 사고, 정당함

놀이 도구	상징적 의미
모 델	정당함, 일관성, 완성, 동기유발, 초점, 고집, 목표
돈	비밀, 힘, 통제, 상실, 사기
괴물 모습	공포, 신비한, 놀람, 알려지지 않은, 친근한, 비밀, 힘, 양가적인, 환상, 공격, 갈등, 범죄자, 관련성, 공격, 복수
베 개	잠, 안심, 영토, 왕자, 부모, 괴물, 공격, 이완, 무거운 짐
모 래	구성, 파괴, 환경, 지역사회, 감정, 변화, 정서적 세계, 창의성
모래주머니	공격, 갈등, 범죄자, 힘, 관련성, 복수
상 어	공격, 공포, 범죄자, 강력한
군 인	갈등, 공격, 힘, 삶/죽음, 투쟁, 사람, 집단
공간(상자, 텐트, 집)	감추어진, 존재 유무, 부끄러움/존경, 거리감/접촉, 수용, 진실, 경계
녹음기	자아, 관련성, 증거, 존재, 정당함, 확신, 일관성, 통제, 관찰, 확신
목표(타겟)	자아 확신, 목표 상황, 적절함, 성공을 하려는 욕구, 기대, 실패에 대한 공포, 경쟁, 적응
곰	따뜻함, 양육, 비밀, 동료감, 자아, 보호
레고블록	구조, 조직, 완성, 끝마침, 목표 접근(반드시 슈퍼비전 필요)
연 장	자원, 변화, 접촉, 구조, 비밀, 권위, 문제 해결, 결정
물	정서성, 유연성, 자유, 배뇨, 불안, 구순, 슬픔, 죽음, 내적, 퇴행, 무의식적

출처 : 강위영 · 송영혜 · 변찬석(1996).

[그림 8-1] 나이 어린 아동을 위한 놀이 교구장

[그림 8-2] 성인 또는 나이든 아동을 위한 교구장

[그림 8-3] 나이 어린 아동을 위한 교구장과 나이든 아동을 위한 교구장(교구장 높낮이를 기준으로 함)

4. 놀이요법(치료) 대상아

아동의 문제 행동은 적절한 행동을 하지 못하여 문제 행동으로 인식되는 경우와 해야 할 행동을 하지 않아서 문제가 되는 행동으로 나눌 수 있다. 일반적으로 행동을 하지 않아서 문제가 되는 아동보다는 부적절한 행동을 해서 문제가 되는 경우에 더 관심을 받는 경향이 많다. 문제 행동을 분류해 보면 다음과 같은 네 분야로 나눌 수 있다(김재은, 1988).

- 비사회적 행동[고집, 수줍음, 겁쟁이, 무기력, 함묵(입을 열지 않는 상태)], 퇴행(의존, 비꼬여짐, 짜증)
- 반사회적 행동(난폭, 싸움, 거짓말, 욕)
- 신경증적 행동[야뇨, 틱(눈이나 어깨에 경련적인 운동이 보임), 손가락 빨기, 손톱 깨물기, 불안정감, 야경(夜驚), 몽중유행(夢中遊行), 빈뇨(頻尿)], 신체 증상의 호소(두통, 복통, 변비, 설사, 식욕 부진), 고소공포증
- 성격상의 문제(우물우물하는 것), 과잉행동 · 정서 불안정 등

위와 같은 행동을 지닌 아동이 모두 놀이요법의 대상이 된다. 이외에도 주의가 산만한 아동, 집중력이 짧은 아동 등도 대상이 되는데, 상담자의 능력에 따라 대상 아동을 상담할 수 있다. 문제 아동이 놀이요법 대상아로서 적절한 것인가는 의학적 검사를 받게 해서 기질적인 장애가 아님을 확인하고 기질적 장애로 인한 문제인지와 심리적인 문제인지를 찾은 후에 상담을 시작한다면 안정적인 상담을 진행할 수 있다. 일반적으로 비사회적 행동이나 반사회적 행동은 상담자가 다루기 용이하며 개인 또는 집단으로 시행할 수 있다. 자폐증이나 함묵증, 주의집중력 문제, 산만한 문제를 지닌 아동은 개인 상담을 집중적으로 시행하는 것이 바람직하다. 그리고 반사회적 행동을 지닌 아동은 개인 상담을 지속적으로 하되 어느 정도 그 행동이 완화되었다고 판단이 서면 집단 상담에 참여시킨 후, 상담을 종결하면 좋다.

5. 놀이요법(치료)자의 태도

상담자의 역할을 어떻게 하는 것이 바람직할 것인가는 이론에 따라 각기 다를 수 있다. 여기서는 놀이요법의 입문자나 놀이요법에 관심 있는 자를 위해 보다 일반적이고 절충적인 입장에서 설명해 보고자 한다.

상담자는 상담을 서두르지 않아야 하며 상담이 점진적인 과정임을 인식하는 데는 상담자의 인내와 이해가 필요하다. 아동이 상담자 앞에서 자신의 감정을 표현하도록 서두를 수는 없다. 아동에게 감정을 표현하도록 강요하는 것은 오히려 아동을 움츠리게 한다. 흔히 아동은 상담 기간 동안 겉으로 보기에 별다른 행동을 보이지 않는다. 이런 경우에 상담자가 아동의 긴장감과 스트레스를 해소시켜 주려하고 아동에게 안도감을 주려하며 서두르게 된다. 그렇지만 상담을 하면 할수록 상담자는 아동에게 편안함을 주는 것이 얼마나 가치 있는 것인가를 인식하게 될 것이다.

상담자는 아동으로 하여금 그 자신의 시간을 갖도록 해주어야 한다. 아동이 그 자신을 잘 알지 못하는 것처럼 상담자도 아동을 잘 알지 못한다. 상담자는 아동만큼 아동의 진정한 감정을 정확하게 표현할 수 없다. 아동이 표현한 감정을 반영시킬 수 있고 좀 더 정확한 진단을 내릴 수 있을지 모르나 아동의 느낌을 모두 다 안다고 가정할 수는 없다. 상담은 변하는 아동의 참여 없이 이루어지지 않으며 더욱이 가치 있는 변화는 아동의 내부에서 비롯된다는 것을 최대한 명심해야 한다. 그리고 성장이란 점진적 변화과정임을 기억해야 한다.

상담자는 가능하면 아동과 같은 높이의 평면에서 활동하며 3~4 발걸음 정도의 신체 거리를 유지하는 게 좋다. 아동의 놀이를 뒤따르면서 아동의 성공과 실패 행동, 성숙한 행동과 미숙한 행동에 대해 비슷한 관심과 감정을 반영하도록 노력한다. 놀이방에서의 상담자 행동은 시시각각으로 변화하는 아동의 행동이나 감정, 욕구에 유연하게 대응해야 한다. 단기간에 무엇인가를 이루겠다는 목표보다는 매회기 상황에서 아동이 무엇을 원하고 있는지를 탐색하여 어떠한 접근방법으로 아동의 문제를 바라볼 것인지를 추론해 보고 상담의 목표를 달성하기 위해 상담자 자신의 방향을 선택하여야 한다. 특히 아동이 방어적 태도를 보였을 경우 상담관계를 촉진시키기 위한 방법을 강구해야 한다.

상담자와의 접촉을 피하고 숨으려는 태도를 보이면 아동이 현실의 압력이나 불안에서 도망치고 싶은 상태임을 예상하고 손인형을 활용하여 친근감을 형성하도록 한다. 또 로션 발라주기를 선택하여 "○○가 마음이 아프구나, 이것을 바르면 아픈 마음이 없어지고 편안해진단다"라고 말하며 신체적 접촉을 구한다. 그러나 문제의 정도가 짙은 아동들은 놀이 행동에서 정체 상태를 보이는 경우가 있다. 이들에게는 새로운 행동을 시도해 보도록 상담자는 동기화를 시도하고 조금이라도 움직이는 모습을 보이면 그것을 행동화하도록 용기와 격려를 준다. 언어 표현을 활용해서 상담을 진행할 수도 있지만 될 수 있는 대로 여러 가지 동작, 또는 표정이나 몸짓을 활용하여 감정이나 의사를 표출하면 좋다.

놀이방에서의 일관성은 다른 관계에서의 일관성만큼이나 결정적으로 중요하다. 상담자가 일관성 있게 대해줌으로써 아동은 자기 자신이 수용되는 것을 확신하게 된다. 어떤 상황에서도 일관성 있게 허용됨으로써 아동은 더 깊이 자신의 감정에 파고들어 갈 수 있다. 아동은 일상생활의 경험을 통해 그의 행동에 어떤 제재가 가해지는 것에 준비가 되어 있다. 그러므로 제한을 최소한, 꼭 필요가 있을 때에만 가하면 상담이 보다 더 순조롭게 진행된다.

액슬린은 로저스의 인간 중심 상담의 이론을 충실하게 응용하여 아동 자신의 성장과 성숙을 향한 능력이 아동에게 있다는 믿음을 전제로 아동의 심리요법에 크게 공헌하였다. 액슬린이 놀이요법에 있어서 8가지 기본 원리를 제시하였는데 이 원리를 기준으로 상담자가 지녀야 할 태도를 제시해 본다.

- 아동과 따뜻하고 친근한 관계(rapport)를 이루어 가능한 한 빨리 아동이 안심하고 적극적으로 활동할 수 있도록 안전한 분위기를 만든다.
- 아동을 있는 그대로 수용한다. 아동이 바람직한 행동을 했건 부적절한 행동을 했건 있는 그대로 수용해 준다. 긍정적인 감정이든 부정적인 감정이든 무조건적으로 수용을 한다.
- 아동이 자기의 감정을 자유로이, 완전히 표현할 수 있도록 허용적 관계를 형성한다. 놀이활동을 싫어하면 싫어하는 대로 혼자 있고 싶어하면 그런 대로 혼자 있도록 분위기를 만든다.
- 아동이 표현하는 감정을 민감하게 인지하고 아동이 자신의 행동에 대해 통

찰력을 가질 수 있도록 그 감정을 아동에게 적절하게 반사시켜 준다. 즉, 공감적 이해를 보이면서 상호작용을 유도한다.

- 아동의 세계를 이해하여 아동이 스스로 자기 문제를 해결할 수 있는 능력이 있음을 깊이 존중한다. 아동에게 선택하고 결정할 수 있는 책임감을 갖게하며 변화를 가져오는 것도 아동의 책임임을 알게 한다.
- 아동이 행동이나 대화를 어떤 방향으로 이끌어 가려 하지 않는 경우에는 명령, 비난, 비판보다는 칭찬, 격려를 많이 사용하되 아동이 길을 인도하고 상담자는 따른다.
- 상담을 재촉하지 않는다. 상담자는 상담이 점진적 과정임을 인식하고, 아동의 행동이나 정서적 흐름에 맞추어 인내심을 갖고 기다려 준다.
- 상담자는 상담을 현실 세계와 연결시키고 아동의 현실적 관계에서 상담 관계 및 목표를 이루기 위해서는 제한(limitation)을 설정하여 필요한 경우에 제시한다.

6. 놀이요법 초기 면접

상담자와 내담자(아동, 부모) 간의 최초 만남은 상담 접수실이나 개인 상담실에서 이루어진다. 아동은 대체로 한쪽 부모나 양육자와 함께 오며 상담자 자신이 스스로 자신에 대한 소개를 아동에게 한다. "○○야, 나는 ○○를 도와줄 ××란다"라고 소개한 뒤 아동을 놀이방으로 안내한다. 순순히 응해 주는 아동이 있기도 하지만 함께 온 부모랑 같이 들어가기를 원하는 아동도 있다. 이런 경우에는 함께 들어가되 부모님은 함께 있다가 나갈 수도 있다고 말해 준다.

이런 경우를 예상하여 상담자는 초기 면접 전이나 혹은 초기 면접 때, 아동이 처음으로 상담자를 만나거나 놀이방에 들어갈 경우의 반응에 대해서 이야기해 주는 것이 바람직하다. 아동이 매달릴 수도 있으며 심하게 울 수도 있고 낯선 상담자를 따라서 낯선 곳으로 들어가는 것을 거부할 수 있다는 사실을 부모에게 알리어 아동이 부모에게 버림받을지 모른다는 걱정과 불안을 가질 수 있음을 예고해 준다.

그래도 모자 분리가 불가능하면 모자를 놀이방에 들어오게 해서 "잠시 여기에 있어요"라고 말하고 상담자가 일단 자리를 비워주고 아동이 놀이방에 익숙하게 하는 것도 좋다. 아주 어려운 경우는 엄마와 단둘이 들어가는 것을 몇 번 되풀이하는 수도 있다. 이렇게 놀이방에 들어가고 안 들어가는 문제를 결정할 때에는 아동에게 선택권을 주기보다는 어른이 결정해야 된다. 그러나 모자 분리를 무리하게 강조하는 것은 좋지 않다. 다른 사람에게 맡겨진다는 것이 아동에게도 불안하지만 엄마에게도 불안과 긴장이 생기기 때문이다. 그리고 헤어지는 순간에는 "○○야, 난 여기서 기다릴게"라고 표현을 해주되 '상담자에게 예의를 지켜야 한다는 것' 등을 가르쳐서 안 된다는 사실을 알려준다. 또한 상담자는 아동에게 부모가 밖에서 기다릴 것이라는 점을 재확신시켜 주는 것이 좋다.

7. 놀이요법 회기의 시작

1) 놀이요법 초기

대부분의 아동들은 놀이치료실로 안내를 받으면 장난감이 준비되어 있는 환경을 보고 관심을 갖게 된다. 어떤 아동들은 곧바로 장난감 쪽으로 걸어가고 어떤 아동들은 바라만 보고 있다가 상담자를 쳐다보기도 한다. 이때 상담자는 "여기는 ○○가 자기가 하고 싶은 대로 할 수 있는 곳이에요", "이 방에 있는 것은 어느 것이든 가지고 놀 수 있지요", "무엇을 하고 놀아도 좋으나 하기 싫으면 안 해도 좋아요", "네 마음껏 가지고 놀다가 제자리에 놓아두면 돼요"라고 일러준다. 놀이방의 성격을 단번에 아동에게 이해시키는 것이 어려울 수 있으니 처음 몇 회기 때는 반복해서 알려주고 아동이 놀이방에 익숙해지거나 상담자와의 관계가 형성되면 생략해도 좋다.

놀이요법 회기 중에는 아동이 화장실에 가는 것이나 엄마가 있는지 없는지를 확인하러 가는 것 이외에는 놀이방 밖으로 나가는 것을 허용하지 않아야 한다. 이러한 것은 처음부터 알려주는 것이 아니고, 아동이 밖으로 나가려고 할 때에 "끝날 때까지는 여기에 같이 있어요", "○○가 하고 싶은 놀이를 하고 선생님과 같이 있어요. 네?"라고 말을 해주어 머물도록 한다. 그리고 제한 조건을 활용하여 상담을 진행하는데 제한 조건에 어긋나는 행동들이 상담 초기에 나타난다. 이때는 상담자 자신이 허용할 수 있는 한도까지는 제한을 엄격하게 하지 않는 것이 상담관계를 성립하는 데 도움이 된다.

첫 회기에서는 아동이 투사적인 재료들을 활용하여 무엇인가 그릴 수 있도록 하는 것이 유용할 수 있다. 아동에게 2B나 4B연필을 주고 인물화, 즉 사람이나 가족이 무엇인가를 하고 있는 모습을 그려보도록 제안함으로써 아동이 자기 자신과 가족에 대해서 어떻게 지각하고 있는지에 대한 정보를 얻을 수 있다. 크레용이나 연필은 어린 아동에게도 쉽게 친해질 수 있는 재료들이므로 무엇인가 그리라고 해도 별로 위협을 느끼지 않는다. 어떤 아동은 "그림을 그리세요"라고 하면 "못 그려요"라고 방어적인 태도를 취하는데 이런 경우 억지로 계속 그림을 그리게 하는 것은 부적절하지만 방어 자체가 중요한 정보가 될 수 있다.

만약 첫 상담에서 아동이 놀이방을 자유스럽게 탐색하여 아동이 선택한 장난감 또는 재료를 자세히 관찰하였다면 이것도 중요한 정보가 된다. 아동이 어떤 장난감 쪽으로 갔는가? 무엇인가를 만지는 행위가 신속한 움직임이었는가? 아니면 샅샅이 훑는 모습이었는가? 이러한 행위 하나하나는 아동의 전체 행동 맥락에서 주의 깊게 이해되어야 한다. 여아들은 대부분 가사 도구나 인형쪽으로 관심을 기울이지만 남아들은 총, 자동차쪽으로 간다. 이러한 행위는 성별에 따른 장난감 선택의 선호도로 볼 수도 있지만 평소 그 아동과 자신에게 허용되지 않은 장난감일 수도 있으며 아동 자신이 최근에 겪은 사건에 대한 무엇인가를 행동으로 표출한 것일 수도 있다.

그러나 장난감을 만지지도 않고 보고만 있거나 놀잇감에 접근을 하지 않는 아동도 있다. 이런 경우에는 손인형을 사용한다. 극 놀이, 즉 인형극 놀이를 시도하여 상담을 시작하는 방법이 유용하다. 인형을 손에 끼고 두 인형을 통해서 대화를 시작하면서 아동에게 똑같이 해보라고 제안할 수 있다. 투사적인 재료들을 이용하여 아동이 무엇 때문에 이곳에 있는지, 낯선 방이나 낯선 사람에 대해서 어떻게 느끼는지를 쉽게 탐색할 수 있다. 인형극 놀이를 보면서 놀라운 표정을 짓는 아동도 있다. 이런 경우에는 "두려워하지 마라, 안 무서워"라고 표현하는 게 아니라 "난 네가 놀라운 표정을 짓는 것을 알게 되었어. 놀란 표정을 보니 네가 믿음직스럽구나. 누구든지 놀랄 수 있거든 …… 그런데 바로 네가 그 모습을 보여주었거든"이라고 표현해 준다. 여기서도 중요한 정보, 즉 낯선 것을 보면 두렵거나 수줍어하거나 불안해 한다는 사실을 얻을 수 있다는 것 또한 중요하다.

또 상담의 틀을 아동에게 전달할 필요가 있다. 놀이환경에 관련된 내용을 알리면서 놀이 시간은 30분 정도 혹은 40분 정도라고 이야기하고, 끝난 후에는 엄마랑 집에 간다고 말해 주고, 몇 번 정도 만날 것인지, 상담자가 하는 일이 무엇인지 등을 알려준다.

놀이 시간을 함께 하다보면 아동은 시간이 지난다는 개념을 모르고 계속 놀고 싶어하거나 가끔 언제까지 놀 수 있느냐고 질문도 한다. 유아들은 시간 개념이나 숫자를 모르는 경우가 있으므로 타이머를 사용하는 게 좋으며 상담과정 중에도 마무리하기 전에 5분 정도 남아 있음을 "이젠 5분 남았어요", "조금 지나면 끝나요"라고 끝날 시간이 다가옴을 알려준다. 이것은 매 회기마다 이루어져야 한다. 끝난 후에는 아동이 부모에게 되돌아갔을 때 어떤 태도를 취하는가를 보면 분리에 대한 아동의 정보를 얻을 수 있으며 부모가 아동에게 어떻게 대하는가를 보면 분리에 대한 부모의 태도 정보를 관찰할 수 있다. 그리고 인형을 활용해서 역할놀이를 할 경우 아동의 문제에 관한 정보를 쉽게 구할 수 있다.

또 심리검사 실시 여부가 주요 관심사인데 심리검사는 진단적 가치와 예언적 가치를 지니고 있기 때문에 현재의 검사 결과로써 미래의 수행을 예상해 볼 수 있으며 현재의 어떤 행동 특성이 미래의 다른 행동 지표로 사용될 수 있을 것이다. 심리검사에서 얻을 수 있는 인성에 대한 정보는 놀이방에서의 관찰과 면담을 통해서도 알 수 있으나 심리검사를 실시하면 짧은 시간에 정보를 얻을 수 있다는 이점 때문에 의례적으로 시행되어 왔다. 지금까지 상담을 시작하기 전 하나의 절차로 심리검사가 시행되었는데, 검사의 목적이 무엇인가에 대한 고려 없이 상담자가 검사까지 시행해 왔다. 상담의 실제를 접하다 보면 심리검사를 사전에 반드시 시행해야만 되는가에 대한 궁금증이 생긴다. 아동의 경우 상담의 실제과정을 진행해 보면 굳이 투사적 검사나 지능검사를 먼저 시행하지 않아도 됨을 알 수 있을 것이다.

교육적인 상담 상황에서는 지능검사와 성취도 검사, 사회성 검사 등이 사용되기도 하지만 이러한 검사는 선택적으로 활용되어져야 한다. 검사가 부적절한 이유로 실시되거나 활용되는 경우도 종종 있을 수 있으니 상담자는 검사가 필요하다고 결정했다면 그 검사를 누가 시행하는 것이 적절한가를 결정해야 할 것이다. 상담자 자신이 심리검사의 전문가가 아니라면 다른 사람에게 검사를 의뢰하는 방법을 선택하는 것이 좋다. 그러나 상담자가 검사를 시행할 능력을 갖추었다면 검사자로서의 역할을 분명히 하여 아동이 자신과 관련된 정보를 상담자가 모두 알고 있다는 느낌을 갖도록 하는 것이 좋다.

[그림 8-4] 주의가 산만하다고 호소한 아동(초기)

[그림 8-5] 주의가 산만하다고 호소한 아동(중간기)

2) 놀이요법 중간기

아동이 놀이방의 성격을 이해하고 상담자와의 관계가 성립되면 놀이활동이 활발해지는 시기가 오는데 이때 제한 조건을 도입하게 된다. 놀이방에서의 아동 행동의 제한에 대해서는 상담자에 따라 다르게 설정할 수 있다. 액슬린(Axline, 1947), 알렌(Allen, 1942), 무스타카스(Moustakas, 1953), 슬랩슨(Slavson, 1952) 등은 로저스(Rogers, 1942)의 영향을 받아 지극히 수용적이고 제한을 거의 하지 않았으며 최소한의 제한만을 고려했을 뿐이다. 하지만 그 후 제한의 엄격성에 대한 관심은 증대되었고 제한의 시기를 놓쳤을 경우 아동 자신이 중요한 어떤 것을 학습할 기회를 갖지 못한다는 사실을 알게 되어 제한을 많이 설정하는 입장의 학자들이 많았다.

그러나 치료과정 중에 나타나는 제한의 내용은 큰 차이가 없음을 알 수 있다. 제한을 설정할 때는 침착하고 확고하게 해야 하는데, 전체적인 제한 설정이 바람직하다. 제한을 언제 설정할 것인가에 대해서는 획일적인 답이 있는 것은 아니다. 첫 회기에 놀이방에 대한 일반적인 소개를 하면서 그 일부로 제한을 설정할 수도 있고 치료 도중에 필요시 제한을 설정하기도 한다. 수줍어하고 두려움이 있는 아동에게 초기에 제한을 설정하면 더욱 위축시키는 결과를 가져오지만 어떤 아동에게는 제한 설정이 필요 없는 경우도 있다.

놀이요법은 아동들에게 학습 경험의 장이므로 학습이 필요한 최적의 시기에 제한해야 할 문제가 발생했을 경우 제한 설정은 필요하다.

(1) 제한의 중요성

아동의 감정이나 태도가 말이나 놀이를 통해 표현되었을 때는 그 경험을 객관적으로 바라볼 수 있으며, 아동이나 상담자, 모두 그 말이나 상징적인 행동을 정직하게 완전히 수용할 수 있다. 시간은 가장 분명한 제한 요소이며 약속은 정해져 있다. 놀이 시간이 결정되면 그대로 지켜진다.

아동에게 파괴적인 행동을 하도록 제멋대로 놔두는 것보다는 상담관계상 그에게 가해질 어떤 제한에 직면하도록 하는 것이 아동에게 더 도움을 준다. 아동이 적목을 창문에 던져 버렸다면 상담자는 어떻게 해야 하나? 상담자는 그 자리에서 바로 감정을 반영시킬 수도 있다. "그것을 집어 던지는 것이 너에게는 중요하였구나, 너는 나에게 네가 그것을 던질 수 있다는 사실을 보여주고 싶었구나"

그런데 아동이 일부러 어떤 것을 깨뜨렸을 때 상담자는 어떻게 해야 하는가? 상담자에 대한 공격도 즉각 중지되어야 한다. 신체적으로 상담자를 공격하는 것을 그냥 두는 것은 전혀 가치가 없다. 아동과 상담자 상호 간의 상대방에 대한 진정한 존경에서 우러나온 상담의 관계라야 성공적인 관계가 되므로 다른 어떤 통제 방법보다 상호 존중에서 오는 통제가 설득력을 얻는 데 훨씬 도움이 된다.

아동이 놀이방을 나가면 이를 제한하는 것이 중요하다. 한번 나가면 다음 약속 시간까지는 놀이방에 다시 들어올 수 없음을 설명해 주어야 한다. 그렇게 하지 않으면 상담 시간 동안 계속 들락날락하며 보내기가 쉽다. 놀이방의 규칙을 지키지 않는다면 아동은 남은 놀이 시간을 자신의 감정과 자기 이해를 할 준비가 되어 있지 않은 것이다.

그러므로 상담자는 제한을 압력 수단으로 혼돈하지 않도록 유의해야 하며 아동에게 변화가 생기도록 압력을 가해서도 안 된다. 어떤 변화든지 그것이 가치로운 변화가 되려면 아동의 내부에서 나오는 변화라야 함을 상담자는 잊어서는 안 된다. 제한을 현명하고 일관성 있게 사용하면 상담 시간을 현실 세계와 연결시킬 수 있고, 아동이 처한 혼돈, 죄책감, 불안감을 완화시킬 수 있다. 제한은 아동이 얼마나 참여하며 협동하고 책임감을 지니는가를 측정할 수 있는 기본적인 척도가 된다. 상담자는 상담의 방향을 해결하기 위해 제한을 사용하는 데 어느 정도 적절하게 활용함으로써 상담의 효과를 얻을 수 있으므로 제한의 사용은 중요하다. 어느 정도 제한을 줌으로 해서 상담자와 아동 사이의 상담이 어느 정도 나아갈 수 있음을 의미한다.

(2) 제한의 종류

제한은 아동이나 상담자에게 정서적으로 안전함을 가져다주며 이 안전감 때문에 상담관계 및 상담자를 향한 효과는 지속될 수 있으나 제한은 될 수 있는 대로 최소한으로 그치는 것이 좋다. 놀이방에서의 원칙을 이해하지 못하고 있거나 상담관계가 형성되어 있지 않았을 경우에는 제한을 주지 않는 것이 좋다. 신체적 공격, 언어적 공격은 대부분 허용되고 있으며, 공격적 행동도 허용할 수 있는 범위 내에서는 가벼운 것이면 받아들이고 감정 표출도 하지 않지만 매우 심할 경우에는 아프다는 표현을 하는게 좋으나 아동에 대한 부정적인 감정을 표출해서는 안 된다. 그러므로 아동에 대해서 부정적인 감정을 갖기 쉬우므로 그런 일이 발생하기 전에 제한을 해 주는 것이 좋다.

아픈 감정을 표현하고 공격을 해 오는 아동을 공감적으로 이해하려고 노력한다. "○○는 선생님을 때리고 싶을 정도로 선생님이 밉구나"라고 말한 다음 "선생님을 때리고 싶을 때는 이 인형을 때리세요. 이 인형이 선생님이라고 생각하고 때리면 돼요"라고 말해 준다. 상담자에 대한 공격은 부모에 대한 감정이나 기타 모든 영역에서 발생하는 아동의 불행한 감정에서 생긴 공격 욕구일 가능성이 높다. 그러나 놀이실에서 침을 아무데나 뱉는다거나 상담자에게 뱉을 경우에는 휴지를 주면서 휴지에 뱉게 하며 침받이 컵을 준비해 두어 침뱉는 행동을 수용해 준다. 그러면 아무 데나 침뱉는 행위는 줄어들 것이다.

① 놀이 교구에 대한 신체적 공격

놀이 교구에 대해 공격할 때에는 파괴적인 목적이 아닌 한은 허용되어야 한다. 상담자를 향한 공격 대신에 인형을 벽에 던지는 행위는 상징적 행동 수준에의 갈등 해소방법으로 보고 허용하지만 유리창이나 전등에 대한 공격, 의자나 테이블을 부수려는 공격, 놀이 교구를 닥치는 대로 부수는 행위는 허용될 수가 없다. 장난감 부수는 행위를 허용할 수 없으니 장난감을 부수고 싶은 아동이 있을 경우를 대비하여 '부수어도 되는 장난감'이 들어 있는 상자를 준비하여 안내해 주는 방법을 사용할 수 있다. 놀이실은 아동에게는 축소된 세계이므로 깨끗이 정돈되어야 한다, 상담자는 상담회기 끝부분에 아동과 협동해서 놀이방을 치우기도 하지만 놀이방을 치워야 하는 부담이 아동에게 있을 수 있으므로 상담자가 치우기도 하고 별도의 도우미를 활용할 수도 있다.

② 놀이방 이용에 관한 것

아동이 집에서 장난감을 가져오는 경우가 있으므로 집에서 장난감이나 음식물을 가져올 수 없다고 말해 준다. 상담자에게 자신의 장난감 다루는 실력을 보여주고 싶거나 자랑하기 위해서일 때도 단순히 놀이방에 있는 장난감만을 가지고 놀 수 있다고 말해 주고 그것이 없는 이유에 대해서는 논의를 통해 아동이 원하는 것과 유사한 무엇인가를 제공할 수 있는 방법도 찾을 수 있다. 그럼에도 장난감을 가져왔다면 상처를 주지 않는 범위에서 다시는 장난감을 가져오지 말라는 말을 해 준다.

어떤 경우에는 아동이 "장난감을 집에 가져가서 놀면 안 될까요? 이 장난감을 제일 좋아하는데 우리 집에는 하나도 없어요"라고 애원하기도 한다. 이러한 요구에 대해서는 "그 장난감을 집에 가지고 가서 논다면 재미있겠지요, 하지만 놀이방에 있어야 한단다. 다음에 와서 가지고 놀 수 있어요"라고 대답해 준다. 때로는 아동이 음식을 가져올 수도 있다. 이것은 놀이 회기 중에 정서적 배고픔을 달래기 위한 것일 수도 있고, 상담자에게 주고 싶어서 가져올 수 있다. 이런 행동은 될 수 있으면 제한을 하고, 상담자가 직접 간식을 준비해 두어 배고픔을 보완해 줄 수 있다.

그리고 상담자가 지니고 있는 개인 소지품을 놀이에 사용하지 않도록 한다. 아동은 놀이 회기 중에 상담자의 안경, 시계 등을 갖고 싶어하며 달라고 요구하는 경우도 있다. 이때 "안경은 선생님이 쓰는 거예요"라고 말해 준다. 그래도 달라고 하면 단호하게 "내 안경은 가지고 노는 게 아니랍니다"라고 덧붙인다. 놀이 회기 동안 놀이방에서 밖으로 나가는 것은 물을 먹으러 간다거나 화장실에 가는 것을 제외하고는 허용해서는 안 된다. 물론 놀이방에 화장실이 있는 경우는 예외로 한다. 특히 아동이 놀란 감정이나 분노를 표현했을 때는 더욱 그렇다. 아동이 책임으로부터 도망치지 않도록 끝까지 놀이방에 머물면서 놀이과정을 완수하도록 한다.

놀이방에서 일어난 상황을 제시하여 제한 설정하는 과정을 보면 다음과 같다.

아 동 난 여기 있기가 싫어요, 심심해요, 시시한 것들 뿐이에요. 나갈 거예요. (문쪽으로 간다)

상담자 아직 시간이 끝나지 않았어요. 여기 있는 것들이 시시해서 나가고 싶지만 우린 약속을 했어요. 30분 동안 같이 있기로 했지요. (시간을 본다) 우린 15분 동안 같이 있었어요. 15분이 지나면 그때 나갈 수 있지요.

③ 신체적 안전과 건강에 관한 문제

놀이방의 분위기는 놀이방 밖에서보다 아동의 감정에 더 허용적이지만 안전과 건강을 위한 제한은 놀이방에서도 지켜져야 한다. 아동에게 최대한의 자유를 준다 해도 아동은 안전과 질병 등에서 보호받아야 한다. 진흙으로 놀 때나, 모래놀이를 할 때도 더러운 것을 먹거나 마시지 않도록 하고, 뾰족한 쪽으로 위험한 활동을 하는 것을 허용해서는 안 된다. 상담자를 때리는 것을 허용하거나 상담자 머리 위로 장난감을 던져서 상담자가 다친다면 상담자가 아동을 좋아하지 않을 것이라는 불안과 두려움을 느끼게 될 수 있다. 이처럼 아동이 행한 행위 때문에 아동이 자신의 행동에 대해 불안을 느끼며 놀이방을 떠나거나 죄의식을 가진 채 놀이방에 와서는 안 되므로 그러한 불안감과 두려움, 죄의식을 예방하기 위해서라도 제한 설정은 필요하며 상담자는 항상 아동의 감정과 바람에 대해 수용적 태도를 유지해야 한다.

(3) 제한의 방법

제한은 수평적 인간관계를 중심으로 횡적 규제에 바탕을 둔다. 상담자가 아동을 지배하는 형태(명령, 비난, 위협 등)가 아니라 이 방에 있는 모두가 다 같이 지켜야 할 규칙이라고 말해 준다. "장난감을 부수지 않고 놀아야 합니다"라는 말보다는 "장난감을 부수지 않기로 약속했지요"라고 말한다. 제한을 줄 때는 우호적이면서도 단호한 태도로 해야 아동이 혼란을 겪지 않는다. 제한을 통해서 아동은 자기 통제, 책임감을 학습하게 된다. 상담자가 아동이 책임 있게 반응할 것이라는 믿음을 갖고 침착하게 앉아 있다면 아동은 적절하게 반응할 것이다. 그런데 아동이 상담자를 향해 총을 겨눌 경우 상담자가 점프하여 아동의 총을 잡으려 한다면 "나는 너를 믿지 않는다"라는 뜻을 전달한 것이 된다. 이러한 상호작용은 상담자에게 불안을 주며 상담자는 제한을 확장하고 싶어하는 마음을 갖기도 한다. 그렇지만 아동을 신뢰하는 마음으로 곤란을 극복할 수 있다면 아동이 행동을 통제할 것이라고 알게 된다.

(4) 감정 표출의 촉진과 욕구를 행동화하도록 하기

놀이요법 중기에 있어서는 아동의 감정 표출을 촉진시키는 것이 상담자의 주요 역할이다. 아동이 감정 표출을 쉽게 하도록 하는 적설한 세기를 마련해 주는 것이 좋다. 처음에는 불안과 두려움으로 회기에 뛰어들기 힘들었던 아동도 회기가 지남에 따라 안정된 상태에서 회기를 접할 수 있다. 아동 옆에서 적목쌓기를 통해서 긴장을 완화시키는 방법이 있다. 적목을 서서히 쌓다가 위로 올라갈수록 균형 잡기가 어렵게 되는 모습 또는 겨우 쌓는 모습을 보여주어 긴장된 상태임을 나타낸다. 아동이 탑이 무너지는 소리를 들으면 긴장이 해소될 것이다.

이때 적목 하나를 아동에게 건네어 아동이 상담자의 행동에 이끌리어 모방하고 적목 무너뜨리기에 참여하도록 유도한다. 또 아동 욕구의 행동화의 방법으로 인형을 가지고 역할놀이를 실시해 본다. 상담자의 역을 맡은 인형과 아동의 역을 맡은 인형이 번갈아 가며 대화를 나누는 극을 실행하면 아동은 이를 보고 통찰력을 갖게 된다. 놀이 중에는 감정이 표출되고 욕구가 행동으로 나타난 경우 어떻게 처치할 것인가도 중요하다. 표출된 감정이 중요한 것은 지금까지 드러내지 못했던 감정을 드러냈기 때문이기도 하지만 드러낸 감정이 부정적이더라도 그 아동의 감정과 존재를 지지하거나 공감해 주면 아동도 다른 사람을 믿게 된다는 데 그 의의가 있다. 어떠한 나쁜 감정이 아동 자신에게 있다는 것을 알았는데도 자신의 존재가 인정을 받고 있다는 경험에 의미가 있다. 그러므로 상담자는 아동이 표출한 감정이나 욕구가 사회적으로 인정되지 않은 종류라 할지라도 아동의 욕구나 감정에 공감하고 받아들여 줄 필요가 있다.

그 다음으로 상담자는 아동 자신이 그 욕구들을 사회화된 양식으로 표출할 수 있도록 도와주어야 한다. 감정이나 욕구 표현의 사회화 학습을 위해서 아동과의 신뢰로운 상담관계를 지속시키고 놀이 회기에 나타나는 행동에 강화와 소거 등 행동 지도 기술을 사용한다. 놀이 작품을 완성한 뒤에 "아주 작품을 잘 만들었지요?"라고 물으면 상담자는 아동의 표현에 대해 "○○를 만들었구나", "이 ○○에는 담장이 있구나"와 같이 사실만을 인정하는 것이 좋다. 상담자는 바람직하다고 생각되는 강화와 바람직하지 못한 소리를 잘 구별하여 반응해 주어야 한다.

3) 종결기

현실 세계와 놀이방에서의 거리를 좁히어 일상생활에 필요한 적응의 기술이나 문제 해결의 방법을 학습시킨다. 놀 줄 모르는 아동들은 놀이에 많이 참가시켜서 규칙을 가르치고 기능을 길러준다. 이와 같은 교육적 배려는 현실 적응에 큰 역할을 한다. 상담 종결이 예상되면 곧 끝난다는 것을 예고해 주며 "지금까지 선생님과 잘 지냈지만, 앞으로는 혼자서도 잘 할 수 있다고 믿어지므로 그만 만나기로 하지요", "처음에는 ○○ 때문에 왔는데 이제는 ○○이 이루어졌으니 그만 와

[그림 8-6] 병원을 싫어하는 아동을 위한 집단놀이

도 된답니다"라고 예고를 한 뒤 끝맺음을 하는 것이 좋다. 물론 표현방법과 내용은 아동 자신의 연령이나 이해력, 문제의 성질에 따라 표현방법을 다르게 해야 한다.

[표 8-2] 상담과정의 예	
아동	상담자
(그림 그려놓고) 내가 무엇을 할 것인지 알아요? 이게 뭘까요? 내가 다음에 무엇을 할까요? 나를 예뻐하세요?	네가 말해 주겠니? 추측하는 게임이 아님 (폭죽을 그렸는데 상담자가 '오로라' 라고 반응) 무언가 마음속에 생각하고 있구나. ⇨ 책임이 아동에게 있음 너는 나에게 매우 특별하고 소중한 사람이야. 지금 우리가 함께하고 있는 이 시간이 중요하단다. ※ 그럼 너 얼마나 소중한 사람인데……. 너랑 같이 있어서 정말 기분 좋다.
아동이 치료자를 안았다?	어떤 아동인가에 따라 다른 반응 ① 성적으로 학대당한 아동인지? ② 누군가를 좋아하면 성적 표현을 배운 아동인지? ③ 만지고 쓰다듬고 유혹적 행동을 의미하는 아동인지? "네가 나를 안지 안아도 네가 나를 좋아한다는 걸 알고 있단다"라고 말하면서 떨어진다. ※ 이렇게 하지 않아도 알아. (그러면서 밀어낸다.)
우유병을 빨고 있는 아동	네가 아기가 되어 우유병을 빨고 싶어하는구나? 아기 침대에 가서 그렇게 할 수 있단다. ※ 어! 우유병 빨고 싶어? 저 침대에 가서 빨까? 아가처럼……

아동	상담자
더럽히기 싫어요. 유치원에 다시 가야 되거든요. 신발도 더러워지는거 싫어요. (옷을 탈탈 턴다.) 정말 싫어요.	영희야, 너 더러워지는게 싫어? (옷이 더러워지는 것을 걱정하고 있구나.)
(모래상자에서 보보 인형을 끄집어 내면서) 양동이에 파란 페인트를 집어 넣을 거예요. 이 물을 더럽게 할 거예요. 독극물을 만들 거예요. (손을 집어 넣으면서) 이 물좀 보세요. 색깔이 변하고 있는 것 좀 보세요.	
여기 앉으세요. 내가 물을 끈적거리게 만들고 있어요.	너는 그 물을 모두 끈적거리면서도 더럽게 만들고 있구나.
아니요 나는 물을 깨끗하게 만들고 있어요. 나는 물을 깨끗하게 만들고 있다니깐요. 나는 물을 깨끗하게 만들고 있어요.	
(물로 가서 손을 씻고) 어떻게 닦아요?	(종이 한 장을 가져와서) 네가 원하면 이것으로 손 닦아도 돼.
(종이에 손을 닦고 치우면서 집으로 들어가서 모래를 더 집어 넣는다.) 이 방을 더럽게 할 거예요.	2층도 더럽게 하고 싶다고? (싶구나.)
이 방을 완전히 높은 곳까지 더럽게 할 거예요. (2층까지 모래를 집어 넣는다.) 여기도 역시 더럽게 해야겠어요. 내가 왜 이렇게 하는 줄 아세요?	계단도 완전히 더럽게 되버렸네. (되버렸구나.) 왜? 그럴까?
왜냐구요? 나는 이렇게 해야만 돼요. 이 집에 모래를 더 넣어야 돼요. 꼭 해야 돼요.	응, 그래. 네가 해야 되기 때문에 하고 있구나.

아동	상담자
카펫 위에도 더럽게 해야 돼요.	어, 너 이것 깨끗이 해야 된다고?
깨끗이 해야 돼요.	
나 이것 깨끗하게 해야 되거든요.	
그 더러운 것 다시 깨끗하게 해야 돼요.	
꼭 해야 돼요.	영희야.
목욕통 더 없어요?	글쎄, 이 주위에 더 있나 모르겠네.
이 끈적끈적한 물좀 보세요.	어, 끈적끈적한 물?
이것 끈적거리지 않아요.	끈적거리지 않는다고 말했지?
	(아! 끈적거리지 않는다고?)
이리로 와서 끈적거리는 물좀 보세요.	
(선생님 다가가서 물을 본다.)	
(빗을 물에 풍덩 넣으면서)	어! 빗도 완전히 더러워졌네.
빗을 더럽게 할 거예요.	(더러워졌구나.)
아니요.	
나는 지금 깨끗하게 하는 거예요.	
(페인트를 물에 더 집어 넣는다.)	
(더 집어 넣는 순간 페인트가 마룻바닥에 튄다. 얼른 스펀지를 가져와 닦기 시작)	
나 깨끗하게 해야 돼요.	

C·H·A·P·T·E·R·9

모래 놀이요법

모래 놀이요법(sand play technique)은 1929년 영국의 심리학자인 로웬펠드(M. Lowenfeld) 여사가 런던에서 아동을 위해 고안한 심리요법인데 그 후 칼프(D. Kalff)가 융(C. G. Jung)의 분석심리학을 도입해서 발전시켰으며 성인에게도 적용해 보고 효과가 있음을 알아냈다.

The World-Technique를 창안한 Lowenfeld는 분석가가 요법에 필요하다고 생각하는 전이나 해석 없이 아동의 문제를 해결할 수 있는 방법으로 이 기법을 고안해 냈다. Lowenfeld는 아동의 생각은 성인과 달라서 사상, 감정, 감각, 관념, 기억 모든 것이 서로 엉켜있는 것이어서 이것을 충분히 표현하기 위해서는 시각뿐만 아니라 촉감과 같은 감각의 요소도 포함해야 한다고 생각하고 이를 고안했다고 한다(김보애, 2005).

Kalff는 상담자와 아동(내담자)과의 관계를 중시하고 아동의 자기 치유(self-healing)의 힘을 최대한 이용하려 했으며 Jung이 연구한 상징이나 심상의 의미를 모래상자의 표현에 적용하려고 하였다. 상담자와 아동(내담자)과의 관계를 모자일체성(母子一體性)으로 표현하고 이와 같은 관계가 설정되면 내담자 자신의 자기 치유의 힘이 활동하기 시작해서 "전체적인 상징을 표현하기 시작한다"고 생각하고 작품에 대한 해석을 중요하게 다루지는 않았다. 상담과정에 따른 전체적인 흐름 속에서 표현의 의미를 파악하는 것이 중요하다고 하였다.

일본에서는 가와이가 Kalff에게 가르침을 받고 일본에 소개해서 지금까지 매우 활발하게 발전되고 있다고 한다. Lowenfeld는 멜라니 클라인(M. Klein)이나 안나 프로이드(A. Freud)가 놀이를 통한 아동 분석을 해온 것을 인정하면서도

Freud의 이론을 적용해서 아동의 놀이를 해석하려는 것을 비판하고 해석이나 전이 없이도 상담(심리치료)이 가능하다고 하여 모래 놀이요법을 창안한 것이다.

1. 재료

1) 모래와 물

모래와 물은 가장 기본적인 재료로써 아동은 모래와 물을 가지고 또는 모래만을 가지고 모양을 만들어 가면서 반응을 나타낸다. 다양한 형태의 모래 및 여러 색상의 모래는 아동의 심리적 경험을 풍부하게 표현할 수 있도록 도와주며 선택은 아동이 하도록 한다. 물을 준비하지 않고 젖은 모래나 마른 모래만 준비했을 경우에 아동이 물을 찾는 경우가 있다. 이때 모래상자 바닥이 방수처리가 되었을 경우에는 물을 사용해도 좋지만 방수처리가 되지 않았을 경우에는 곤란하다. 만약 상담자는 아동이 물을 꼭 사용해야 될 경우라고 판단되면 놀이방의 형편에 따라 또는 아동의 상태에 따라 적절하게 대처해 주면 된다.

2) 모래상자 크기

모래상자는 모래를 담는 도구로 아동의 내적 세계를 담는 아동의 세계이며, 자유와 보호의 공간으로 아동의 자기 표현 및 자아 실현을 위해 사용된다. 모래상자는 57×72×7㎝ 크기의 나무상자로써 안쪽이 파랗게 칠해져 있다. 상자의 안쪽을 파랗게 칠한 것은 모래를 파내었을 때에 물이 나오는 느낌이 들게 하기 위한 것이다. 모래상자 바닥은 방수처리를 하면 좋지만 방수처리가 되지 않은 상자라 할지라도 상담을 진행하는 과정에 있어서는 크게 방해되지 않는다.

모래는 굵은 모래와 가는 모래를 준비하지만 한 가지 모래로만 준비하는 경우도 있다. 여러 가지 종류가 있으면 표현이 다채로워짐을 기대할 수 있는데, 모래는 적당히 축축하게 젖은 것이 좋지만 젖은 모래와 마른 모래의 양쪽을 준비해서 아동에게 선택하도록 한다. 어떤 아동은 전혀 모래에 손을 대지 않는 경우도 있으며 어떤 아동은 장난감을 활용하지 않고 모래만 가지고 노는 경우도 있다. 장난감은 다양한 표현의 가능성을 표출할 수 있도록 많은 종류를 갖추는 것이 좋다. 대부분 놀이치료실에 모래상자를 배치해 두면 별도의 장난감을 두지 않아도 된다. 동일한 종류의 장난감일지라도 크기가 다른 것을 갖추어 놓으면 아동에 따라 선택의 기준이 다를 수 있으므로 좋다.

3) 모래상자 배치

모래상자의 배치는 아동의 키와 연령, 아동의 상태에 따라 다양하게 할 수 있다. 중요한 것은 아동이 잘 볼 수 있는 장소에 놓아두어 아동이 관심을 가질 수 있도록 하는 게 좋다. 모든 장난감이나 물품은 아동이 쉽게 만질 수 있는 위치에 두어 쉽게 접근할 수 있도록 벽쪽에 소품장을 둔다.

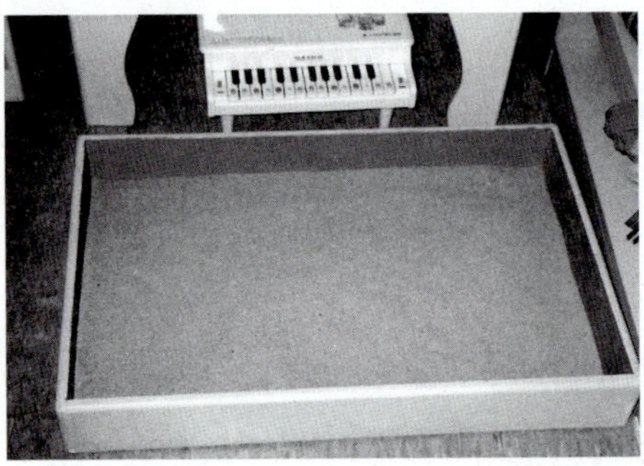

[그림 9-1] 모래상자-필자의 연구실

[그림 9-2] 모래상자의 배치-필자의 연구실

4) 놀잇감

장난감은 한꺼번에 모두 갖추기는 어려우며 점차적으로 갖추어야 하지만 꼭 갖추어야 할 장난감으로는 사람, 동물, 나무, 꽃, 탈 것, 건축물, 다리, 담쟁이, 돌, 과수 등이다. 아동의 정서, 감정, 상황을 표현할 수 있는 모형들을 7가지로 구분한 것을 보면 다음과 같다(김광웅 외, 2004).

- **인간과 인간 생활** : 가족, 종교적 인물이나 상징물, 직업을 상징하는 사람들, 신화적 인물, 주인공, 역사적 인물, 원시인, 문화가 다른 사람들 등
- **동물과 동물 사회** : 대부분의 동물들은 의인화하여 사용하는데, 가족단위로 제시되어야 개인, 가족, 지역사회를 모두 표현할 수 있다. 야생동물, 멸종동물, 신화 속 동물, 서식지에 따른 동물, 집단으로 지내는 무리, 혼자 지내는 동물, 암수 쌍, 어미와 새끼의 쌍 등
- **식물의 세계** : 식물들도 의인화하여 사용할 수 있다. 다양한 형태의 식물이 필요하다. 바다, 땅, 사막, 툰드라, 열대지방 등 모든 지역의 식물들을 준비한다. 나무(산 것과 죽은 것, 성장주기를 나타낼 수 있는 것, 열매가 달린 나무, 꽃이 핀 나무 등), 꽃, 덤불, 울타리, 채소와 과일, 마른 잎 등
- **광석** : 다양한 크기, 색깔, 형태의 광석 등
- **인간과 환경의 조화** : 복잡하고 다양한 인간 세계, 식물 세계, 동물 세계, 광물 세계를 동시에 표현할 수 있도록 제시해 주는 것이 제5 범주이다. 이것은 인간과 환경의 조화를 나타내는 것이다. 인디언과 천막 및 토템 폴, 마술 방패 또는 지팡이 등이 있다. 이는 역사적 순간과 인간 능력을 조화시키는 데 필요하다. 여러 가지 침대, 유모차, 화장실 등도 중요하고 2개 이상의 집과 방으로 분리해서 꾸밀 수 있는 칸막이도 필요하다. 어린이와 어른, 내부와 외부, 사회적 환경 등을 마련한다. 운동장, 학교, 감옥, 병원, 상점, 주유소, 교회, 해저, 산, 마을, 다양한 문화 및 도시의 주거 형태 등이 있으면 좋다. 또 필요한 것을 만들 수 있는 블록과 연필을 준비한다.
- **교통 수단 및 의사소통에 관련된 물건** : 심리학적 · 생리학적 경험을 통해 보다 풍부한 대인관계를 제공해 준다. 바닷속, 바다위, 산길, 공중으로 움직이는 것, 응급과 구조를 위한 것, 어린이와 성인의 것, 전쟁 시와 평화 시의 교통 수단, 교통표지판, 신호등 등 다양한 크기의 교통 수단
- **잡동사니** : 각종 미술 재료, 물놀이 도구, 모래 도구, 건설 장비, 불과 관련된

도구, 행성 상징물, 지형학적 상징물, 보물, 죽음과 관련된 물건들, 천 등

2. 아동의 위치

모래 놀이 시 아동의 위치와 자세는 자유롭다. 상자 앞에 서서 혹은 모서리에서 상자 주변을 걸어 다니면서, 의자에 앉아서나 바닥에 앉아서도 할 수 있다. 어느 위치에서 놀이를 하든 상담자는 그 모든 것을 다 허용해 준다. 어떤 아동은 턱을 받치고 놀이 작품을 만드는 경우도 있는데, 이런 경우에는 행동의 규칙을 제공해야 되는 것으로 생각되어 상담자가 당황할 수 있으나 상담의 진행 정도나 아동과의 관계를 살피어 적절하게 반응해 주는 것이 좋다.

아동이 모래상자 앞에 앉거나 한 위치에 고정해서 모래 놀이를 하는 방법을 선택한 경우에는 아동이 수동적임을 알 수 있다. 신체적 언어 표현이 없어서 상담자가 아동을 이해하는 데 어려우며 아동의 세계를 창조하는 데는 미흡하다는 생각이 든다. 그러나 아동이 모래상자 앞에 서서 작품을 만드는 모습을 보일 때는 아동이 능동적인 참여를 하고 있으므로 상담자가 쉽게 아동의 작품을 볼 수 있어서 아동이 펼치는 자신의 세계를 관찰하기가 용이하다. 이때 상담자도 두 발로 서서 관찰하는 게 좋으며 아동이 자신의 내적 세계를 자유롭게 표현하는 것을 내려다보면서 아동의 자유로운 세계를 이해할 수 있다.

3. 상담자의 태도

상담자는 아동이 모래상자와 장난감을 이용할 수 있도록 간단하게 "여기에 있는 장난감과 모래를 이용하여 이 모래상자에서 무엇인가 만들어 보세요"라고 안내한다. 작품이 만들어지고 있는 동안에는 아동 옆에 지키고 서 있어야 하며 허용적인 자세로 작품을 만들어가는 과정을 끝까지 지켜본다. 상담자의 위치, 즉 아

동과의 적절한 거리는 상담 중에 아동의 상태에 따라 바뀔 수 있다. 아동의 내적 세계 경험을 심리적으로 이해하려는 상담자의 의지가 중요하며 아동의 욕구 및 행동에 따라 적절하게 반응할 수 있으면 된다. 상담자는 다른 상담 접근에서도 그렇듯이 촉진자의 역할, 깊은 공감적 이해, 아동의 인간성에 대한 존중감을 지녀야 한다.

아동을 하나의 세계로 보고 놀이 작품에서 찾을 수 있는 상징을 관찰하는 태도가 중요하다. 상징적 표현이 행해질 때는 상담과정에 따른 전체의 흐름 속에서 표현의 의미를 생각한다. 표현의 흐름이 생길 때 반가워하면서 해석을 하는 것은 흐름을 막기 때문에 조심해야 한다. 항상 아동에게 자유롭고 보호된 장면을 제공하여 작품의 의미를 서둘러서 찾거나 해석을 시노하기보다는 아동의 내면적인 것을 자유스럽게 표현할 수 있게 하여 모래 놀이 자체가 지니는 힘을 활용하는 게 바람직하다.

어떤 아동은 상자 속에서 장난감을 가지고 놀지만 어떤 아동은 상자 밖에서 작품을 만드는 경우도 있다. 모래 놀이는 심리요법의 한 방법으로 사용되므로 아동의 자유의사에 맡겨 작품을 만들도록 가능한 한 모두 수용해 주는 것이 좋다. 즉, 모래 놀이 작품을 만들면서 아동이 표출하는 공격성, 잔인성, 살인 등에 대해서도 어디까지나 상담과정에서 이루어지는 내담자의 감정표현이므로 허용해 준다.

어떤 아동은 "선생님 같이 만들어요"라고 말하는 경우도 있는데, 이런 경우에 "네가 작품을 만들어야 한단다"라기보다는 살짝 개입을 해서 만드는 것에 참여하다가 상황을 잘 판단하여 대처해 가면 된다. 어떤 아동은 "모래를 만져도 되나요?"라고 묻는 경우도 있으며, 어떤 아동은 모래를 만지작거리면서 작품을 만들 생각도 하지 않는 경우도 있다. 또 어떤 경우는 약 2~3분 정도 모래 놀이를 하다가 다 했다고 표현하는 경우도 있다. 이런 경우에는 상담의 목적 및 목표에 따라 상담자는 자유롭게 진행해 가면 된다.

아동상담자는 전형적인 놀이요법자가 아닌 경우라도 아동의 진행과정을 함께 이해하는 것이 필요하다. 모래 놀이에서의 작품의 상징은 아동이 언어로 완전하게 표현하기 어려운 것을 나타내 주므로 중요한 것이다. 그래서 모래 놀이 작품이 갖는 의미를 가능한 한 언어적으로 파악하려고 아동과 상호작용을 시도하는 것은 좋은 것이다. 그러나 아동이 설명해 준 내용으로 의미를 다 알았다고 단정하기보다는 상담과정을 진행하는 전체적인 맥락 속에서 그 의미를 찾는 게 중요하다.

4. 적용 대상

모래요법은 모래상자에 관심이 있고 상담자와의 공감이 형성된다면 아동에서부터 성인에 이르기까지 누구에게나 적용된다. 모래 놀이에 관심 있는 아동에게 주로 적용되며 강제적으로 모래 놀이 작품을 만들게 하는 것은 무의미하다. 상담자가 내담자의 상태를 파악하여 모래 놀이요법의 접근이 적절한지 판단하는 게 좋다.

필자는 반사회적 행동의 특징을 지닌 아동과 청소년을 놀이치료실에서 맞이한 경험이 있다. 이들은 자연스럽게 모래상자를 선택하였고 이 과정에서 놀이 작품에 대한 설명을 듣게 되었다. 그 결과 모래상자 놀이가 상담관계 형성에 있어서 자연스러운 매체가 됨을 알 수 있었고 아동의 경우 이 방법을 주로 사용하라고 제안하고 싶다.

5. 상담 회기 시작

"○○야, 나는 ××선생님이야", "이 모래와 여기에 있는 장난감을 이용해서 무엇이든지 만들어 보세요. 어떤 것이든지 만들면 되지요"라고 시작한다. 아동은 놀이에 사용할 도구나 재료들을 금방 알아차리기 때문에 상담자와 친숙해지기 쉽다. 때로는 아동이 "내 마음대로 놀아도 되나요?"라고 묻는 경우가 있다. 이러한 질문을 받을 때는 "어떤 것이든지 가지고 놀 수 있지요"라고 허용적인 대답을 해서 아동이 자기를 자유롭게 표현할 수 있도록 한다.

이와 같이 모래 놀이 시 아동은 궁금한 것을 질문하기도 하는데, 이런 질문 내용은 기록해 둔다. 장난감을 놓아 가는 순서도 기록해 두면 좋으므로 상담자는 관심 기울이기와 주의집중을 해야 한다. 만들어진 작품은 바로 위에서 일정한 거리로 촬영을 해 두는 게 좋으며 필요할 때 검토하고 변화를 확인하기 위한 중요한 단서가 된다. 완성된 작품에 대해서는 "이것은 뭐지요? 이야기해 주겠어요?"라고 묻는다. 아동은 작품에 대한 내용을 들려주는데 언어 능력이 미숙한 아동에게는 묻는다는 것이 의미 없는 일이 되고 만다.

작품에 대한 설명을 들을 때 "이것이 나입니다"라는 표현이 없을 때는 "너는 어디에 있니?"라고 묻기도 하지만, 반드시 물어야 할 의무는 없다. 모래 놀이 시간은 20~30분 정도 소요되며 개인의 발달 상태나 문제의 형태에 따라 길어지는 경우와 짧아지는 경우도 있다. 회기가 끝난 뒤에는 "네가 만든 작품을 사진 찍고 싶은 데 괜찮겠어요?"라고 물으면 아동은 기뻐하는 표정을 짓거나 고개를 끄덕인다. 모래 놀이 작품의 놀잇감에 각각 의미를 부여하거나 하나의 작품만 가지고 해석하지 않아야 하며 회기의 모든 과정을 총체적으로 이해한다.

6. 모래상자의 공간 활용

아동이 모래상자에서 놀이를 할 때 공간을 어떻게 이용하는지를 잘 살피어야 작품의 의미를 알 수 있다. 왼쪽과 오른쪽을 무의식과 의식, 내계와 외계로 대응시키고 위와 아래를 정신과 육체, 미래와 과거, 아버지와 어머니로 대응시키고 있다. 동물, 인물, 강의 흐름이 왼쪽 방향으로 모두 향했을 때는 퇴행으로, 오른쪽으로 향했을 때는 진행으로 나타낸다. 작품을 모래상자 안에서 만들었는데, 모래상자 밖에 놓는 경우 자신의 존재를 희미하게 느끼거나 자기 자신을 인정할 수 없는 심적 내용을 나타내는 경우가 많다고 한다(김보애, 2005).

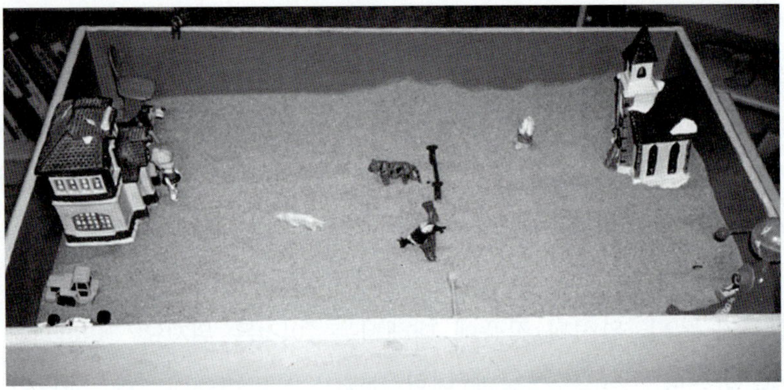

[그림 9-3] 모래상자의 공간 활용

7. 모래 놀이요법의 단계

모래 놀이 발달과정이나 단계는 개인에 따라 다르다. 어떤 아동은 발달 단계가 보여지지 않고 계속 반복놀이만 하는 경우도 있다. 대체로 발달과정이 활성화된 놀이를 할 경우에는 발달 단계를 현저히 찾아볼 수 있다. 칼프와 웨인립(Kalff & Weinrib)이 제시한 단계는 동 · 식물 단계, 투쟁 단계, 집단 적응 단계로 찾아볼 수 있다(김광웅 외, 2004).

1) 동 · 식물 단계 – 초기 단계

혼돈 단계라고도 부르며 일반적으로 치료의 초기인 2~3회기가 해당된다. 의식 차원의 현실적인 문제들이 많이 나타난다. 둔다스(Dundas, 1990)에 의하면 초기의 모래 그림에는 현재 그 아동이 인생의 어느 시점에 있는지, 그가 할 수 있는 것은 무엇인지 등을 보여준다고 하였다. 이때의 그림들은 마치 정신의 모든 면들이 드러나는 것처럼 아주 복잡할 수도 있다. 이 때문에 치료자는 안전한 환경을 제고해 주어야 하고 아동을 존중해 줘야 한다. 또한, 첫 번째 그림에는 주로 메마르고 생명이 없는 장면들이 나타날 수도 있는데 이것은 침체 상태를

[그림 9-4] 반사회적 행동(도벽 증상 호소)을 지닌 아동의 초기 단계 (동 · 식물 단계)

의미한다. 이 단계는 정서적 혼란과 아동 삶의 혼돈을 반영하고 구체화한다.

2) 투쟁 단계 - 중기 단계

어떤 형태의 파괴가 자꾸 드러나는 단계이다. 짐승들끼리 싸우고 로봇이 군인들을 소탕하고 기사들이 지칠 줄 모르고 서로 시합하는 등 많은 싸움이 나타난다. 흔히 이 시기 초반에는 양쪽 모두를 전멸시키거나 전쟁이 보다 격렬해지고 점차 더 체계화되고 더 균형을 이룬다. 적들은 죽지 않고 감금 당하고 그 전쟁에서 승리한 영웅이 등장하여 힘을 행사하는 장면이 꾸며진다.

이때 남아들은 대체로 강한 자아를 재확립하기 위해 노력하며 투쟁이 외적으로 발산되는 형태를 보인다. 총소리나 폭발 소리를 내고 파괴적 놀이를 첨가시키기도 한다. 예를 들어, 홍수, 불, 치열한 전쟁 장면들이 나타나며 낡은 형태의 삶은 완전히 파괴된다. 시간이 지나면서 건설적인 장면, 움직임이 많은 장면을 꾸미면서 힘을 건설적으로 발산하게 된다.

반면, 여아들은 파괴적 장면을 꾸미기보다는 투쟁을 내재화하는 경향이 있다.

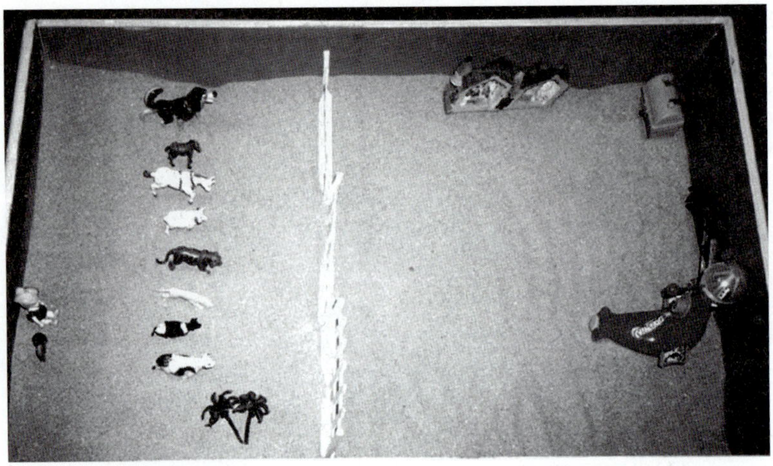

[그림 9-5] 반사회적 행동(도벽 증상 호소)을 지닌 아동의 중기 단계 (투쟁 단계)

여아들은 소품들을 통해 자신의 내부에 가두었던 본능적 정체감을 자유롭게 표현함으로써 이 단계를 통과한다. 여아들은 자기와 동일시되는 인형을 가두거나 악마들이 사는 장소나 낯선 여행자들이 등장하는 장면을 꾸미기도 한다.

3) 집단 적응 단계 – 말기 단계

해결 단계라고도 한다. 이 단계에 이르면 여아와 남아들 모두 완전하게 장면을 만든다. 질서가 회복되고, 자연이나 사람 사이의 균형이 잡히고, 생물체들이 적절한 거처를 찾고, 농작물은 열매를 맺는다. 이 단계에서 남아들은 건설 공사 현장이나 트럭, 자동차 등 움직임이 많은 작품을 꾸민다. 동물들은 적절한 곳에서 살고 마을과 도시와 길들이 균형을 이루며 추수를 나타내는 장면들이 드러난다. 아동은 실생활에서도 정상적인 적응양상을 보이게 된다.

여아들은 사람과 지역사회를 적절히 연결하고 친밀감을 주는 마을을 꾸민다. 이 단계의 종료 시점으로 가면 여아들은 여러 관계 속에서 이루어지는 삶, 지역사회와 자신의 연계성을 이해하기 시작한다. 남아들의 경우에는 남성적 상징물과 여성적 상징물이 함께 등장한다. 둔다스에 의하면, 남아들이 모든 단계에서 남성과 여성의 성적 상징들을 사용하는 반면, 여아들은 세 번째 단계나 상담 종료 시점에 많이 사용한다고 하였다.

종료가 가까워지면 창의적인 장면들을 만들고 독립되고 온전한 개인처럼 느끼기 시작한다. 상징적으로 완전함과 전체감의 표현인 원, 네모 등의 이미지가 나타나며 이것은 모래 놀이치료를 통한 본능적인 힘의 통합을 의미한다(Kalff, 1981). 또한 아동이 치료자와 분리될 준비가 되었음을 알게 된다.

[그림 9-6] 반사회적 행동(도벽 증상 호소)을 지닌 아동의 종결기
(현실 적응의 모습 재연-수건 돌리기 장면)

8. 모래 놀이 작품 분석

모래 놀이에서 나타나는 놀이과정과 놀이 후의 작품은 개별적이고 다양해서 그 작품을 분석하는 데 적용되는 모든 규칙을 제시하기는 어렵다. 그렇지만 주로 분석을 하면서 사용되는 규칙은 통합성, 공간 배치, 주제 등이다.

통합성은 분리, 조잡, 빈곤, 기계적 획일적, 고정적인 표현이 적은 것을 의미한다. 통합성이라는 측면에서는 고립화되거나 분할되거나 하는 부분이 전체 속에 통합되어 가는 과정과 조잡한 표현보다 풍부한 표현 등을 중요시한다.

공간 배치는 모래 놀이에서 공간을 이용하는 방식을 말한다. 왼쪽과 오른쪽은 무의식과 의식, 내계와 외계로 대응시키고 위와 아래는 정신과 육체, 미래와 과거, 아버지와 어머니로 대응시키고 있다. 그리고 동물이나 사람, 강 등의 움직임이 모두 일정한 방향으로 향했을 때, 왼쪽으로 향한 경우는 퇴행(regression)을 나타내고, 오른쪽으로 향한 경우는 진보(progression)를 나타낸다.

주제는 유아가 모래 놀이의 작품을 표현해 놓은 중심적 표현이라고 할 수 있다. 통합의 과정에서 많이 생기는 주제로는 전쟁이 있으며 죽음과 재생이라는 주제는 오랜 자아가 없어지고 새로운 자아가 생겨나는 현상으로써 영역의 확대를 나타낸다. 이것은 작게 폐쇄된 영역이나 일부분만을 사용하는 경향은 심리상담이 진행되어감에 따라 작품의 영역이 넓어지고 확대되어 가는 경우임을 나타낸다고 볼 수 있다.

[표 9-1] 주제 및 상징의 예

주제	상징 내용
두 세계의 통합	분할된 세계가 통합되는 과정을 일련의 작품시리즈
전쟁	통합의 과정에 있어서 둘로 대립되는 부분의 세력이 거의 같은 경우는 단순한 정적인 분할에 비해서 상호 간의 힘이 균형잡혀 있고 오히려 강한 통합성을 나타낸다고 볼 수 있다
죽음과 재생	오랜 자아가 없어지고 새로운 자아가 생겨나는 인격의 변화과정을 나타낸다
강을 건너는 것	인격 발달로 향해 나아가는 자세를 나타낸다
길을 떠나는 출발, 자동차나 사람의 행렬, 동물의 행진, 강의 흐름	에너지의 흐름을 뜻하는 것으로써 왼쪽을 향해 나아가면 퇴행을 의미하고, 오른쪽을 향해 나아가면 진보를 의미한다
급유	심리적 에너지의 제공을 의미하는 것으로 제1회 때의 놀이에서 잘 나타난다

주제	상징 내용
모래에 전혀 손을 대지 않을 때	만들 의욕이 없거나, 약한 자아, 무의식적인 것에 대한 두려움이 잘 나타난다
모래 속에 장난감을 파묻을 때	놀이 내용 속에 나타난 장면에 대한 거부나 억압을 나타낸다
모래 속에 묻혔던 것이 살아날 때	재생을 의미한다
뱀	극적 변용을 상징한다
곰	엄마 이미지를 나타낸다
올빼미	어둠, 죽음의 전조, 공포, 지혜를 나타낸다
다리	환상과 실제 간의 연결, 전이와 이사소통의 도구를 나타낸다
깃발	정체감을 나타낸다
영역의 확대	작은 영역 내에 몰려 있고, 특히 그것이 울타리로 둘러싸여 있을 때에 방어의 감정이 강하게 풍기지만, 반대로 자아방어가 매우 약하기 때문에 외적인 것의 침입을 쉽게 허용하는 약한 자아의 표현이 나타날 수도 있다

상징은 사회문화적 의미를 내포하고 있기 때문에 그 해석에 있어서 기계적인 것이 되지 않도록 하며 어디까지나 작품의 과정을 통해 의미를 찾아내도록 해야 한다.

이상과 같이 모래상자 놀이의 표현을 해석하는 데 있어서는 통합성, 공간배치, 주제의 3가지의 준거를 중심으로 그것이 계속해서 어떻게 변화하고 관련지어 가는가의 과정을 살펴보는 것이 중요하다.

<table>
<tr><th colspan="6">[표 9-2] 모래 놀이요법의 실제</th></tr>
<tr><td>구분</td><td>날짜</td><td>년 월 일</td><td>회기 및 시간</td><td colspan="2">1회기(40분)</td></tr>
<tr><td>목표</td><td colspan="5">• 모래상자에서 모래와 친숙한 기회를 통하여 두려움이나 불안을 감소시킨다
• 모래상자에서 모래와 소품을 이용한 놀이를 통하여 내면의 응어리를 표출한다
• 자신이 만든 작품을 보고 이야기 나누기를 할 수 있다</td></tr>
<tr><td>방법</td><td colspan="2">내용</td><td colspan="3">상담자의 관찰</td></tr>
<tr><td>감각
모래 놀이</td><td colspan="2">• 모래탐색
−모래를 마음대로 탐색해 본다
• 모래를 손으로 만지면서 느낌이나 떠오르는 것 말하기
• 모래를 이용한 놀이</td><td colspan="3">• 모래에 호기심을 갖는가?
• 모래를 만지는 것에 두려움을 갖고 있는가?
• 모래를 만지는 데 자연스러움의 정도와 거부반응의 여부 파악</td></tr>
<tr><td>상상
모래 놀이</td><td colspan="2">• 소품을 가지고 상자에 꾸미기
−자신이 상상한 장면이나 상황을 모래상자에 표현하기
• 모래상자에 꾸민 내용을 중심으로 이야기 나누기
−주인공은 누구인가를 묻기
−나는 어디에 있는지 묻기
−가장 마음에 드는 곳은 어디인가를 묻기
−가장 먼저 치우고 싶은 소품은 무엇인가를 묻기</td><td colspan="3">• 모래 놀이 구성을 어떻게 하는가?
• 어떤 종류의 소품으로 구성하는가?
• 모래상자에 작품을 구성해 가는 모습은 어떠한가?</td></tr>
<tr><td>모래 작품
감상하기</td><td colspan="2">• 꾸민 후 감상의 기회를 갖기
• 위치를 바꾸면서 감상하기
• 작품에 알맞은 제목을 정하기
• 유아의 반대쪽과 유아쪽에서 사진 찍기</td><td colspan="3">• 작품 내용을 중심으로 이야기를 하는가?
• 작품의 주제를 표현할 수 있는가?</td></tr>
<tr><td>정리</td><td colspan="2">• 활동 중 좋았던 점, 그 중에서도 가장 좋았던 점 묻기
• 활동 중 갈등 혹은 그 중에서도 가장 힘들었던 점 묻기
• 작품 내용을 설명할 때 어떤 기분인지 점검하기
• 작품과 소품에 대한 생각과 느낌을 주고 받기</td><td colspan="3">• 생각과 느낌을 자연스럽게 표현하는가?</td></tr>
</table>

C·H·A·P·T·E·R· 10

집단 상담

개인은 그가 필요로 하는 여러 가지 사회적 요구가 충족되지 못하면 심리적으로 고통을 받게 되고 결과적으로 원만한 생활을 하기가 어렵다. 집단을 통하여 개인의 욕구를 충족시키는 방법이나 집단이 가진 치료적 잠재력이 역동을 활용하여 개인의 성장과 발달을 도모할 수 있는 집단 상담이 필요하다. 공통의 목적을 가진 몇 명의 아동으로 집단을 구성하여 상담을 진행할 경우 시간과 노력이 절약될 수 있고 많은 아동들에게 심리적 도움을 줄 수 있다. 집단 경험을 보면 비슷한 생각과 느낌을 가진 것이 자기 혼자만이 아니라는 것을 발견하게 되고 집단 내에서 아동들 간의 개인적인 관심, 생각, 느낌이 같다는 것을 알 수 있다.

구성원들은 집단의 다른 아동도 같은 생각, 관심, 느낌을 가지고 있다는 사실을 신기하게 생각하며 편안함과 친밀감을 경험하게 된다. 그리고 다른 생각이나 다른 관심을 가지고 있는 아동을 보면 다양한 견해가 있다는 사실을 알게 되며 그들을 이해하는 능력도 길러지게 된다. 또 집단에 수용되는 경험을 통하여 서로를 동일시하고 집단의 일원으로 소속감과 협동심, 책임감도 길러진다.

아동 집단 상담은 정신분석과 통찰치료(insight therapies)가 주류를 이루었으나 1970년대에는 행동주의 상담기법이 대규모로 집단 상담에 널리 받아들여졌다. 오늘날 아동 집단 상담에는 여러 다양한 상담 기술이 이용되고 있지만 대부분이 상담자가 훈련 받은 개별 상담 기술이 집단 상황에 변형되어 이용되고 있다.

1. 집단 상담의 정의

집단 상담은 개인적 성장과 문제 해결을 돕고 나아가서는 개인의 행동을 변화시키기 위하여 집단을 구성하여 상담 원리를 활용하는 상담방법이다. 개인 상담은 상담자와 내담자의 1 : 1의 친밀한 관계가 내담자의 행동 변화를 가능하게 하는 데 반하여 집단 상담은 한 사람의 상담자가 몇 명의 내담자들과 상담관계를 형성하여 각 내담자의 행동 변화를 가져오게 하는 것이다.

다시 말하면, 집단 구성원 간의 상호작용적 관계, 즉 역동적 관계를 바탕으로 내담자 개인의 문제 해결 및 변화가 이루어지는 집단적 접근방법이다. 집단 상담에서는 전문적인 훈련을 받은 한 명의 상담자가 5~10명의 내담자들과 대인관계를 맺게 된다. 집단 상담은 주로 발달과정에서 발생하는 문제를 다루거나 생활과정 중의 문제를 다루는 데 태도, 정서, 의사결정, 가치 문제 등에 초점이 맞추어진다. 유아교육기관에서는 유아교사들이 소그룹 활동을 진행하면서 태도, 정서, 가치 문제 등을 다루는데, 이는 교육방법으로 선택되어지는 경우라고 볼 수 있다. 그러나 유아교육기관 교사가 집단 상담을 공부하고 집단 상담훈련을 받은 뒤 수줍어하는 아동들을 5명 이상 모아서 주 2회~3회 정도 수줍음 극복 프로그램을 실시한다면 집단 상담을 효율적으로 진행할 수 있을 것이다. 평소 교육방법이 집단 상담을 진행하는 데 매우 유익함을 알 수 있을 것이다. 필자의 경험에 비추어 볼 때 유아교육기관에서는 5~6명 정도를 대상으로 집단 상담을 진행하면 순조로울 것이며 초등교육기관에서는 10명을 넘지 않는 것이 좋다.

2. 집단 상담의 가치와 목표

집단 상담에서 집단 내의 상황은 아동의 현실 상황(세계)의 축소판이며 아동들은 서로의 생활 경험을 나누고 또래에게서 자신들의 감정, 사고, 행동에 대한 피드백을 받으면서 상호작용한다. 각 개인과 상호관계를 가지면서 효과적이거나 비효과적인 사회적 기술을 확인하기도 하고 다른 아동들이 자신을 어떻게 이해하는가를 들음으로써 자기 자신에 대해서 배운다. 또한 다른 아동들과 얼마만큼 같으며 또는 얼마만큼 다른가를 배우며 돋보이는 존재가 되려고도 한다.

어떤 경우에는 협동하고 순응해야만 한다는 것을 배우게 되며 독창적이고 창조적인 사고가 어떻게 평가되며 지지의 여부도 알게 된다. 아동은 간섭이나 구속 없는 환경에서 자신의 행동이나 생각을 실제 그대로 경험할 수 있다. 또래집단에서 볼 수 있는 치료적 경험을 통하여 아동은 애정 및 안정감과 소속감을 가지고 생을 탐구할 수 있게 된다.

집단 상담의 목표는 아동 자신이 자기 이해와 대인관계의 능력을 향상시키고 생활환경에 보다 건전하게 적응할 수 있도록 하는 것이다. 이 목표를 달성하기 위하여 흔히 정서적인 차원에서의 개인의 문제가 먼저 다루어진다. 개인의 문제는 참여자들과의 관계 속에서 집단 상호작용을 통하여 해결된다.

3. 집단 상담의 경험

집단은 여러 가지 연습을 위한 안전한 공간이다. 집단원들은 실제 생활에서 문제가 되고 있는 것들을 알게 되며 새로운 여러 가지 기술과 방법을 학습하는 경험을 갖는다. 자신의 사적인 일을 공개하여 집단원들을 대하게 되는 과정 중에서 집단원들의 반응을 볼 수 있는데, 이 반응을 통하여 자기 자신의 이해를 객관적으로 할 수 있다. 실제적인 상황에 가까운 사회의 축소판인 집단환경은 일시적으로 사회 공동체, 가족, 작업 현장, 조직을 대신하게 된다.

집단 상담에서는 개인 상담에서 하기 어려운 여러 경험을 할 수 있으며 집단원들은 서로의 인간관계에 더 관심을 갖게 된다. 다른 구성원들이 어떻게 생각하며 어떻게 느끼는가에 주의를 기울이고 다른 집단원의 감정과 생각을 존중할 수 있게 된다. '지금과 여기'에 더 집중하는 경향이 있으므로 현실 검증이 된 셈이다. 집단 내에서 자신의 감정과 사고 등을 자유스럽게 표현한 후에는 다른 구성원들의 평가적 반응에 접하게 된다. 집단 내에서의 집단 상호작용에 의한 변화가 보다 생산적인 변화방법이 되므로 집단을 통해 배우는 것이 중요하다. 집단에서 도움을 받은 사람은 다른 구성원을 도와주려는 노력을 하게 되며, 다른 구성원이 자신의 문제를 솔직하게 털어놓는 것을 관찰하는 가운데 쉽게 내놓을 수 없었던 아동들도 보다 쉽게 자신을 나타낼 수 있게 된다.

한 사람의 상담자가 여러 명을 대하기 때문에 집단원에 따라서는 천천히 집단에 참여할 수 있고, 소극적이거나 두려움을 느끼는 구성원은 후퇴할 수도 있다. 일상적인 사회과정, 즉 유아교육기관에서의 생활이나 다른 집단에서 보다 안전한 경험을 할 수 있고, 깊은 인간관계가 형성된 후에는 어느 누구도 톡톡 튀지 않는다. 모두 다 지도성을 갖게 된다. 이러한 집단경험을 통해 성숙 · 발전이 이루어지는 것이다.

4. 집단 상담의 준비 및 구성

집단 상담을 구성할 때 아동의 이해 수준에서 집단의 일원으로서 아동이 취해야 하는 행동에 대한 기대를 제시하는 것은 집단을 시작하는 데 의의가 있다. 대부분 아동들은 성인에 의해 집단 상담에 위탁되므로 어떤 아동들은 집단 상담 경험을 원하지 않을 수도 있다. 만약 집단에 어떤 사람이 참석하고 무슨 일이 일어날 것인가에 대해 아동에게 이야기해서 그 아동이 참가하지 않으려고 한다면 참석시키는 것을 보류하는 게 좋다. 만약 저항이 심하여 집단에 참석해도 도움이 되지 않으면 무의미하기 때문이다. 아동과 상담자는 이 집단이 무슨 목적으로 구성되는가를 분명히 알아야 한다. 집단의 목표가 정해지면 그 목표에 따라 구성원들을 선정하고 집단의 크기, 만나는 횟수 및 상담 시간, 집단의 장소 등을 정한다.

1) 집단 구성원의 선정

누구를 집단 구성원으로 선정하느냐가 집단 상담의 효과를 좌우하므로 집단 구성원이 반드시 도움 받기를 원해야 하고 자기의 관심사나 문제를 기꺼이 말해야 하며 집단 분위기에 잘 적응하는 아동일수록 좋다. 상담자는 집단원이 되고자 하는 아동이나 또는 그 집단에 적절한 아동인가를 결정해야 한다. 이 집단에서 이루고자 하는 것은 무엇이며 상담자가 무엇을 집단원에게 기대하고 있는가를 알려준다. 집단원을 구성할 때는 지나치게 공격적이거나 수줍은 사람은 역할을 해내기가 어려우므로 개인 상담을 하는 게 더 좋다. 친한 친구나 친척들은 같은 집단에 넣지 않아야 상담의 목표 달성이 용이해진다. 연령에 따라 구성원의 선정 및 방법이 달라지며 좀 더 나이든 아동의 경우에는 성적 발달 특징을 고려하여 남녀를 따로따로 모집하는 것이 더 나을 수 있다.

집단원을 결정할 때는 동질집단으로 구성하여 진행하는 것이 나을지, 이질집단으로 구성하여 진행하는 것이 나을지는 집단상담자가 신중하게 고려하여 결정한다. 발표를 못하는 아동들만 구성하는 것보다 발표를 잘 하는 아동도 혼합해야 보다 나은 행동을 위한 동료 모델이나 격려가 있을 수 있어서 효과적인 것이 되므로 이질집단으로 구성하여 진행하는 것이 좋다. 그리고 이혼가정의 어린이들을 모아 상담 집단을 구성할 때는 동질집단으로 구성하여 진행하는 것이 좋다.

2) 집단의 크기

아동의 경우 집단의 크기가 너무 작거나 커도 집단의 목표를 달성하는 데 어려움이 있다. 집단의 크기가 너무 작으면 서로 상호작용하는 데 어려움이 따르므로 어린 유아의 경우는 3명 정도, 나이든 아동의 경우는 5~6명 정도가 바람직하다. 물론 상담자의 능력에 따라 그 구성원이나 집단의 크기는 달라질 수 있다. 유아교육기관에서 교사가 상담훈련을 받고 집단을 이끌어갈 때는 5~8명 정도도 가능하리라고 본다.

3) 횟수 및 시간

유아일 경우에는 대개 일주일에 2회 정도로 20~30분 정도 진행하면 되고 나이든 아동일 경우에는 일주일에 2회 정도일 경우 50분, 1회 정도일 경우에는 80~90분이 좋다. 그러나 일주일에 1회 실시하는 것보다 2회 실시하는 것이 더 효율적이다 상담 시간이나 횟수를 규정한 절대적 원칙이 있는 것은 아니나 정해진 시간이나 횟수는 지킬 필요가 있다. 일반적으로 시간의 통제가 없으면 아동들이 정해진 시간을 넘기는 경향이 있기 때문이다. 한 개의 프로그램은 대개 8회기에서 12회기까지 이루어지는 게 일반적이지만 집단 상담의 목적이나 목표에 따라 유연성은 있다. 유아의 경우 15회기를 기준으로 프로그램을 구성하여 주 3회 실시하되 1회당 20~30분 정도 진행하면 효율적일 것이다.

4) 장소

집단원이 들어갈 방의 크기는 너무 크지 않으며 외부의 방해를 받지 않아야 한다. 집단 상담을 진행하기는 소음이 없는 조용한 곳이 좋아 아동들이 큰소리로 이야기할 경우 그 이야기가 밖으로 새어나가지 않아야 한다. 효과적인 참여를 위해서 좌석 배치는 원을 이루어 진행하는 것이 좋으며 집단원들이 서로의 얼굴이나 모습을 볼 수 있도록 둥근 테이블을 준비하거나 카펫이 깔린 바닥 위에 둥그렇게 앉도록 하여 안정감을 느낄 수 있도록 하는 게 좋다. 카펫이 깔린 바닥 위에서 진행을 할 경우 아동들이 편안하게 활동을 할 수 있어서 좋다. 상담실이 따로 마련되어 있지 않은 경우 교실에서도 집단 상담을 진행할 수 있다.

5. 집단 상담의 과정

특정 목표를 달성하기 위해서는 집단 상담의 과정을 잘 알아야 한다. 개인 상담과정에서 이루어지는 상담 기술과 역할놀이, 여러 가지 상담 기술, 숙제 등도 집단 상담과정에서도 유효하게 사용할 수 있다. 집단 상담 지도자가 집단원들이 이해하기 쉬운 행동으로 시범을 보여주면 구성원들은 서로 돕는 과정에 참여하게 되고 다른 구성원들을 효과적으로 도와줄 수 있게 된다. 집단 상담의 지도자는 아동들의 문제점을 통찰할 수 있으므로 그 문제점을 알아내어 그들의 감정을 읽어주고 서로 나눔으로써 그들을 돕는다. 집단을 진행하는 동안 구성원들이 서로 도와줄 수 있고 서로 간에 용기와 격려를 해 줄 수 있어서 집단상담자는 상담과정의 효율성을 더 기대할 수 있다.

[그림 10-1] 아동 집단 상담의 시작

[그림 10-2] 성인 집단 상담

1) 초기

상담자는 상담 집단의 분위기를 형성하고 유지시키는 책임이 있다. 이 집단에 들어오게 된 이유와 목표를 분명히 해 주고 서로 친밀한 분위기를 만들도록 하며 수용과 신뢰의 분위기를 형성하여 새롭고 의미 있는 경험을 가지도록 이끌어 준다. 구성원들이 각자의 의견과 느낌을 나누도록 격려하며 '규범'과 상호 협력적인 자세를 갖추도록 함으로써 효율적인 집단 분위기를 만들 수 있다.

상담자는 집단에 참여할 때는 다른 사람의 말을 깊이 듣고 다른 사람이 말할 수 있도록 도우며 자기 문제와 관련된 느낌을 표현하도록 권장한다. 상담자는 이 참여과정을 발전시키기 위해 다양한 경험과 상담 접근방법을 활용하여 진행한다. 어느 정도 참여 분위기가 형성되면 생산적인 작업 단계로 넘어간다. 이때 상담자의 태도와 기술 여하에 따라 집단 상담의 성공 여부가 결정되기도 하는데, 집단 구성원에 따라서는 망설임을 보이기도 하고 저항이나 방어 자세도 취한다. 집단 상담에서 무엇을 얻을지 잘 모르는 집단원들은 불안해하거나 다른 사람 앞에서 자기를 드러내 놓기를 두려워한다. 다른 사람을 관찰하고 직접 참여하지 않는 구성원은 집단과정에서 방해적 존재가 된다. 또 다른 사람과 다르게 보이는 방관자적 참여자가 있는데 상담자는 이 구성원이 집단에서 고립되거나 떠나는 것을 방지하기 위해 집단원들에게 그를 이해하고 받아들이도록 노력한다. 그리고 집단원들에게 거부당하는 아동이 있을 수 있는데, 집단 초기과정에서 유별난 행동으로 관심을 끌거나 공격적인 자세로 임하려고 한다. 상담자는 그런 행동을 하는 언행의 내면적 의미를 파악하고 다른 구성원에게 그 아동이 기대하는 바가 무엇인가를 물어서 적대적인 집단원이 집단과정의 진실한 가치를 여러 번 경험하도록 해 준다. 또 지도자를 공격하거나 집단의 전체적 분위기에 도전함으로써 집단 내 상호작용의 역학관계를 명료히 하는 촉진제가 되기도 한다.

2) 중기

상담자는 집단원들이 집단과정에서 느끼는 내용의 상호 교류가 이롭다는 것을 알게 하며 상담자에 대한 다른 사람의 피드백을 듣는 것이 바람직하다. 각 집단원 자신이 효율적인 지도자가 되는 것을 배우도록 상담자는 도와야 한다. 이런 과정을 몇 번 경험하게 되면 집단원들은 지도자의 기능을 알게 되고 상담자의 지도 기능은 완화되면서 촉진자로서의 역할만 하게 된다. 그 후에는 집단원들끼리 작업이 이루어질 수 있는 과정이 형성되기 시작한다. 이때부터 지도자는 한 발 물러나서 집단원들에게 대부분의 작업을 맡기며 집단원들이 자기의 구체적인 문제를 집단에 가져와서 활발하게 논의하게 하며 바람직한 행동 방안을 모색한다. 집단원들이 다른 사람들을 돕기 위해 어떻게 자신의 생각과 기술을 활용할 것인가에 대해 분명히 알게 되었을 때 작업 단계에 돌입했다고 볼 수 있다.

여기서 상담자 역할은 구성원들이 문제를 다루어 나가는 데 자신감을 얻도록 도와주는 것이다. 자신이 결정을 하지 못하고 집단 구성원이 결정 내려주기를 원하는 구성원이 있다면 이때는 자기 자신의 생각이나 행동을 먼저 선택하도록 권장하는 것이 바람직하다. 집단원들에게도 대신 결정을 해주어서는 안 된다고 지도한다. 또 작업 단계에서는 뚜렷한 소속감을 갖게 되는데, 우리 집단이라는

[그림 10-3] 수줍어하는 아동의 집단 상담

용어를 사용하기도 한다. 집단의 모임에 결석하지 않으려고 하고 집단에 와서 문제 해결을 하고자 하기도 한다. 집단의 규칙도 잘 알게 되고 집단 내의 행동에 대해서는 스스로 책임을 져야 한다는 것을 알게 된다. 통찰만으로는 행동을 변화시키기에 충분하지 않으며 행동의 실천이 필요하다. 집단원들에게는 실천의 용기를 북돋워주고 어려운 행동을 실행해야만 하는 구성원에게는 강한 지지와 격려를 보내도록 한다.

3) 종결기

마지막으로 종결해야 할 시간이 가까워짐을 알게 되는데, 상담자와 집단원들은 집단과정에서 배운 것을 미래의 생활에 어떻게 적용할 것인가를 생각하게 된다. 어떤 경우에는 상담자가 종결할 필요가 있다고 생각하여 종결의 시점을 공개적으로 토의하기도 한다. 종결 부분에서는 대부분의 구성원들이 집단의 구성원이 됐던 것을 만족해 하며 집단에서 자유스럽게 자기의 감정, 두려움, 불안 등 여러 가지 생각을 무엇이든 표현할 수 있었던 것에 만족한다. 실제로 집단 상담의 주요 목표 중 중요한 것은 서로서로 돌보아 주는 인간관계가 가능하다는 것을 체험하는 것이다.

[그림 10-4] 수줍어하는 아동 집단 상담 종결 후

6. 집단 형성을 위한 구성원들과의 사전 면접

집단 형성을 위해서는 집단 활동을 시작하기 전에 아동들에게 사전 지식을 알려주어 상담자는 아동들에게 기대하는 역할과 상담자 자신이 기대하는 바를 알릴 수 있다. 그래야 집단 활동을 통해서 상호작용이 용이하며 설정된 목표를 달성할 수 있다. 집단 형성을 위해 진행하는 내용을 소개해 보면 다음과 같다.

여기에 모여 있는 친구들은 모두 편안하게 발표를 할 수 있는 사람이 되기 위해서 모였습니다. 우리 친구들은 대부분 발표 시간에 평소 생각하고 있는 내용이 있어도 발표를 하지 못할 때가 많이 있었어요. 무엇 때문에 발표가 안 되는지를 함께 이야기해 보고, 발표를 잘 할 수 있는 방법을 찾아보기 위해 서로 협동하는 것은 도움이 될 것입니다. 누군가가 발표가 안 되는 이유를 말하면 잘 듣고 있다가 말을 했기 때문에 "말을 할 수 있어서 좋겠습니다", "그 말을 들어보니 저도 똑같습니다", "말을 하려고 하면 부끄러워서 못하겠습니다"라고 말을 하면 됩니다. 상담 선생님이 먼저 "나는 발표를 할 때 틀릴까봐 못했어요", "내가 발표를 하면 누군가가 웃어버릴 것 같아서 못하겠어요", "잘 해야 될 텐데라고 생각하니 발표를 못하겠어요"라고 표현합니다. 그때 "다른 친구의 이야기가 듣고 싶어요", "어떤 말이든지 할 수 있어요"라고 표현하게 되면 서로 도와주는 분위기가 형성되어 발표를 잘 할 수 있게 됩니다.

대부분의 경우에는 서로의 친구들을 이해하고 친하게 되며 걱정되는 일들을 자유롭게 털어놓을 수 있게 된다고 알려준다. 새로운 친구도 사귈 수 있으며 자신감도 생긴다고 말한다. 집단상담자는 "여러 친구들의 걱정거리나 고민을 도와주기 위해 노력할 것입니다", "이 집단에 들어오면 꼭 발표를 하지 않아도 됩니다", "여기서 일어난 일은 서로가 모두 비밀로 해야 하는데, 특히 어떤 친구에게 부끄러운 일이 될 경우에는 반드시 비밀을 지켜야 합니다"라고 알려준다.

집단을 형성할 구성원과 면접이 끝나면 집단 상담에 적절한 아동인지 개인 상담에 적절한 아동인가를 선별 및 결정한다.

7. 집단 형성을 위한 구성 원리

집단 형성을 위해 집단상담자의 역할을 제시해 보면 다음과 같다.

첫째, 집단상담자는 집단 구성원들이 자유롭게 자신의 의견을 말할 수 있는 분위기를 조성해야 한다. 집단 구성원 개개인의 문제 해결에 치중하기보다 집단원들 간에 생산적인 상호 교류가 이루어지는 집단 분위기를 형성하고 유지하는 것이다. 집단 구성원들은 다른 사람의 말을 주의 깊게 듣고 그의 감정이나 생각을 존중하며 자신의 의견을 말할 수 있도록 한다. 처음부터 이러한 분위기가 조성되도록 집단의 기본 규칙을 세워 지도지침을 알린다. 구성원 중 어떤 사람을 미워하거나 파괴적인 행동을 해서는 안 된다고 일러주어 집단을 진행하는 도중이나 다음 집단 상담 시간에 결석을 하는 일이 없도록 서로 노력해야 한다고 강조한다.

둘째, 집단 상담 시간에 맞추어 오도록 하며 아동의 책임감을 길러주기 위해서 언제 상담이 시작되고 언제 끝난다는 것을 아동이나 부모에게 알릴 필요가 있다. 아동들이 몇 번이나 집단에 참석해야 하는지를 알아야 하므로 이러한 시간 제한을 알려주는 것은 매회의 종결에 대비하는 것을 돕는다. 상담 시간이 완료되기 10분 전에 10분 후에 끝난다고 알려준다.

셋째, 집단의 분위기를 형성하는 데 걸림돌이 되는 아동이 있다면 집단 구성원에게 "우리들이 지켜야 할 기본 규칙에는 어떤 것들이 있었나요?"라고 물어서 집단원들에 의해 분위기를 형성하도록 돕는다. 집단 상담 지도자는 어디까지나 도와주는 사람이지 훈육자나 독재자가 아니다. 집단 구성원들이 집단의 분위기 형성을 위해 표현하는 것을 알아차리면 일단 그 집단 모두에게 노력의 정도를 구체적으로 표현하여 격려해 준다. 처음에는 집단의 분위기를 부드럽게 진행하고 서로를 알기 위해서 자기 자신을 소개해 보도록 하는 것이 좋다. 자기를 소개하는 요령은 어떤 형식을 갖추어 집단 상담 지도자가 시범을 보이도록 한다.

"나의 소원은 ○○입니다. 나는 ○○이 되고 싶습니다. 나는 여러분과 친구가 되고 싶어요" 이러한 자기 소개과정이 끝나면 긴장이 완화되기도 하여 상호작용을 향상시키는 계기가 되기도 한다. 서로 존중하면서도 자유롭고 진지한 상호교류가 되는 분위기가 일단 조성되면 집단상담자의 역할은 거의 성공한 셈이다. 왜냐하면 서로 격려하는 집단 분위기를 바탕으로 집단 상담의 효과가 이루어질 수 있고 개개인의 목표가 달성되기 때문이다. 이러한 의미에서 집단상담자는 개인 상담에서처럼 직접적이고 유일한 상담자가 아니라 모든 집단 구성원들과 함께 노력하는 '공동 상담자' 라고 말할 수 있다.

넷째, 일단 집단 상담이 시작된 후 아동들이 상담에 참여하지 않거나 결석을 할 경우에는 그 이유를 알아내고 그 원인에 따라 대처를 한다. 결석을 하는 아동이 있다면 상담자는 집단 상담 상황이 그 개인에게 적절한 것인지 부적절한 것인지, 아니면 저항이 자신의 발달이나 다른 집단원의 발달을 방해하는 것인가를 검토한 뒤 계속 참석시킬 것인가를 결정한다. 집단 상담에의 참여 준비가 되어 있지 않을 경우에는 격려와 지지를 보내며 아동이 참여할 수 있도록 한다.

다섯째, 집단 상담은 비밀이 보장된다고 설명한다. 비밀 보장에 대한 사항은 면접 초기에 소개하기도 하지만 첫 회 모임에서도 재강조한다. 아동들이 비밀 보장이란 용어를 알기 쉽게 설명해 준다. "집단 내에서 오고 가는 내용은 우리 집단 구성원의 비밀이며 다른 곳에서 이야기해서는 안 된다"라고 일러준다. 집단 경험에 대해 자신의 생각이나 느낌을 말할 때에는 이름을 지칭하지 말고 "어떤 한 사람이 말썽 부려서 싫었어요"라고 말하도록 한다. 만약 가족이 집단 구성원의 이야기를 듣고 싶다고 했을 경우에는 옆친구들 이야기는 하지 말고 자신의 이야기만 하라고 일러준다.

여섯째, 집단 상담에 참여하는 아동의 경우에는 부모의 동의를 얻는 게 집단 상담의 효율을 높일 수 있다. 나이 어린 아동의 경우에는 더욱 그렇다. 부모들은 대부분 집단 상담이 무엇인지에 대해 잘 알지 못하므로 상담자는 그 역할과 기대에 대해 알려주며 집단 상담 도중에 일어난 사건에 대해서 이해를 구할 수 있다. 면접 시 상담의 참여 여부를 알 수 있지만 집단 상담 참가 승낙서(부록1 참조)를 받아두면 좋다.

8. 집단상담자의 집단 상담 접근방식

집단상담자의 집단 상담 접근방식은 집단상담자의 이론적 배경지식의 입장, 아동의 수준과 문제 특징에 따라 달라질 수 있다. 상담자의 개인적 측면은 집단 지도력의 유형과 관련하여 검토할 수 있다. 즉, 사회심리학에서 말하는 권위형, 민주형, 집단중심형이 그것이다. 이들 3가지 집단 지도의 유형은 서로 상관이 깊고 비슷하게 보이면서도, 각기 다른 성격 이론과 인간 개념에서 출발되었다고 볼 수 있다. 이들의 차이점은 동일한 상담 장면의 사례에서 다음과 같이 비교될 수 있을 것이다.

사례는 수업 시간에 소란을 피우고 늘 동료 학생들을 괴롭히는 4명의 '문제 학생들'을 담임교사가 도저히 통제할 수 없어서 상담실에 의뢰한 경우이다. 그리고 이들 다섯 명의 학생들에 대한 상담 교사의 반응을 중심으로 접근방식을 구별하고 그 기본 가정을 살피기로 한다.

1) 권위형

상담자 여러분들이 수업 시간에 소란을 피우는 행동 때문에 이렇게 오라고 한 거야. 담임 선생님께서는 너희들이 너무 떠들고 다른 학생들을 괴롭히기 때문에 수업을 진행할 수 없다고 말씀하시는데, 도대체 어떻게 된 거야?

학생 1 우리는 선생님이 말씀하시는 것처럼 그렇게 소란을 피우지는 않았는데요.

상담자 아니라고? 담임 선생님이 나한테 그렇게 말씀하신 데는 충분한 이유가 있을 거야. 실제로 어떻게들 행동했는지 말해 봐!

학생 2 (침묵)

학생 3, 4, 5 (말을 할 듯하다가 침묵)

2) 민주형

상담자 내가 이렇게 오라고 한 것은 너희들 학급에서 일어난 행동에 관해서 토의하고 문제가 있을 경우 그 해결책을 같이 찾아보기 위해서랍니다. 나로선 수업 시간에 무슨 일이 있었는지 모르니까 누가 자세히 이야기해 줄래요?

학생 1 그저 장난 좀 쳤을 뿐이었어요. 옆의 학생을 건드렸지만 아무런 해도 안 끼쳤거든요.

상담자 장난을 좀 친 것뿐인데 학급에서 문제가 일어난 것처럼 이해하고 집단 상담에 참석하라고 해서 놀랐겠구나. 그래, 그렇게라도 말해 주니 어떤 상황이었는지 짐작은 가는데, 담임 선생님이 괴로워하고 화가 나신 이유는 무얼까?

학생 2, 3 침묵

학생 4, 5 저는 학생 1과 똑같아요.

3) 집단중심형

상담자 (원형으로 같이 앉아서) 이곳은 누구나 자기 의사를 자유롭게 이야기하여 각자의 발전을 위해 노력을 하는 집단 상담이지요. 먼저 담임 선생님이 걱정하고 계신 학급 분위기인데, 여러분이 했던 행동에 관해서 이야기를 누가 시작해 볼까요?

학생 1 다른 학생은 어떻게 생각하는지 모르지만, 저는 담임 선생님이 사소한 일을 가지고 쉽게 화를 내시는 것 같아요.

학생 2 그래요, 좀 웃고 장난을 쳤는데 그게 큰 문제는 아니잖아요? 선생님께는 좀 미안하지만요.

학생 3 저도 그렇게 생각해요. 학생이 가끔 장난을 칠 수 있잖아요. 그것을 이해 못하다니 오히려 이상합니다.

학생 4 물론 저도 장난을 쳐서 죄송한 마음이 들지만, 우리들의 이야기만 들을 게 아니라 장난을 치지 않은 학생들의 생각도 듣고 싶어요.

학생 5 저도 학생 4 의견에 동의합니다.

상담자 지금까지 여러 사람들의 이야기 중에서 전혀 장난을 하지 않고 얌전만 빼다는 그 학생과도 같이 이야기를 했으면 좋겠다는 말이 나왔는데 다들 그렇게 하고 싶은지요?

이상의 간단한 예에서, 권위형의 상담자는 무엇을 언제 어떻게 할지를 직접 관장하며 학생들의 책임감에 호소하여 훈육하는 방식일 것이다. 즉, 학생들의 지성적 통찰에서 태도의 변화를 기대하는 것이고 상담자의 판단 및 결정이 내담자들보다 우월하다는 가정을 기초로 하고 있다. 성실한 태도를 지키는 한 이런 상담자는 자기의 지식과 경험을 토대로 내담자들과의 의사소통 및 문제 해결을 촉진시킬 수도 있을 것이다.

민주형의 상담자는 내담자들이 스스로 행동 결과에 대한 자각을 찾도록 인도하는 것이 특징이다. 즉, 내담자들에게 자기 이해와 문제 해결의 능력이 있음을 가정하고 있으며 가능한 한 지시와 해석적인 기법을 강요하지 않는 유형일 것이다.

집단중심형의 상담자는 집단 상담에 참여한 학생들 스스로 문제를 이해하고 해결책을 모색하도록 분위기만 조성해 주는 것이 특징이다. 즉, 거의 질문, 해석, 조언 등을 하지 않고 학생들의 의견을 경청하면서 토의 내용 및 결과를 존중해 준다. 수용, 반영, 명료화를 통해서 내담자의 태도가 바람직하게 변화된다는 가정에 기초를 두고 있다고 하겠다.

요컨대 권위형의 상담자는 주로 자신의 대화 능력, 판단 및 해석적 경험에 의존하고 민주형은 내담자들에게 합당한 문제 해결의 방향과 접근방식에 대한 자신의 이해 능력을 믿고, 집단중심형은 내담자 반응의 의미를 이해하며 잠재적 가능성의 상호 촉진 능력을 바탕으로 하고 있다고 볼 수 있다. 집단중심형의 상담자 역할이 가장 힘들 것 같지만 훈련을 통한 상담자 자질을 길러야 한다.

9. 집단 상담의 방법과 기법

집단 상담의 방법은 집단 상담을 진행하는 방식이며 기법은 개인 상담에서처럼 상담 기술을 의미한다. 집단 상담의 목적을 달성시키기 위하여 '자기 소개', '역할놀이', '칭찬하기', '시범 보이기' 등을 활용할 수 있다. 이런 방법은 집단 상담자가 문제 해결의 접근 양상에 따라 적절히 활용된다. 몇 가지 진행방법을 소개해 보자.

- ㅇㅇ는 그때 안타까웠지요. 평소에 나와 다른 친구들도 있다는 사실을 알았을 것 같아요. 그 다음에는 어떤 생각을 하게 되었는지 궁금합니다.
- 친구들은 ㅇㅇ가 자신 있게 말하는 모습이 부럽지요? ㅇㅇ가 자신에 대한 이야기를 해 주니까 느낌이 어떤가요?
- ㅇㅇ가 걱정되는 것이 있는 것처럼 보여집니다. 친구들이 함께 도와주면 좋겠는데 돕는 방법을 이야기해 볼까요?
- ㅇㅇ는 자기가 하는 것들이 친구들에게 미안함을 줄까봐 못하겠다고 했는데, ㅇㅇ가 하는 것이 친구들에게 미안함을 주는 것이 되었나요?
- ㅇㅇ는 ㅇㅇ가 말한 뒤 칭찬을 해 주었는데, 칭찬을 듣고 나니 기분이 어떠했는지 이야기해 줄 수 있을까요?
- 우리는 지금 ㅇㅇ에 대해 이야기하는 시간이 많은데 계속할까요? 다른 친구

이야기도 하면서 골고루 해 볼까요?

- ○○가 힘들다고 하면서 발표를 해주었는데 그 용기가 대단히 부러웠거든요. 그 용기가 자랑스러우므로 우리 다같이 박수를 보내주면 어떻겠어요?
- ○○는 말을 하지 않고 있는데 무엇 때문에 말을 하지 않고 있는지 궁금해요. 혹시 말해 줄 수 있어요? 말을 지금 하고 싶지 않으면 하고 싶을 때 그때 해도 돼요.
- 이번 모임 시간은 다 되었어요. 오늘 이 모임에서 느낀 점들을 이야기해 볼까요?
- 다음 모임 시간은 언제인가요? 우리는 어떤 마음가짐을 지니고 오면 좋을까요? 등

10. 집단상담자의 자질

상담과 관련된 이론적 지식을 습득하고 충분한 전문적 훈련을 갖추어 집단의 역동을 읽을 수 있어야 한다. 집단 상담의 형태나 지도로 아동의 문제를 접근하는 기회가 많아지고 있는 현실에서는 집단상담자의 지도력과 인간 행동의 의미에 대한 통찰력은 더욱 중요한 자질로 간주된다. 일반적으로 말할 수 있는 집단상담자의 자질로서는 인간 행동의 깊은 이해력, 행동 및 태도의 의미를 명료화시키는 능력, 집단에의 몰입 및 상호 교류의 속도·깊이를 관리하는 능력, 행동 변화를 위한 실천 노력을 촉진하는 능력 등이다. 이러한 자질은 단순히 인간관계와 개인 상담의 경험이 많다고 해서 자연적으로 구비되는 조건은 아니다. 그 밖에 인간 행동의 의미에 대한 통찰력과 집단 역동에 관한 전문적 지식 등을 더 갖추어야 하는 것이다(이장호, 1989).

이외에도 집단상담자는 집단 압력에 개인이 순응하도록 해서는 안 된다. 집단에서 생기는 개개인의 비밀은 지켜져야 한다고 강조해야 하며 종결 후에도 추수집단을 실시해야 될 경우 할 수 있어야 한다. 경우에 따라서는 개인 상담을 해야

할 경우 시행할 수 있어야 할 것이다.

11. 집단 상담의 평가

집단 상담은 한 회기가 끝나기 전에 그 결과에 대하여 집단원 간의 느낌을 통하여 평가하기도 하지만 집단 상담의 전 과정에 대하여 평가하는 것이 중요하다. 집단 활동을 통하여 어느 정도의 목표가 달성되었으며 얼마만큼의 진전이 이루어졌는가에 대해서도 알아보아야 한다.

1) 집단 평가의 기회

매회 프로그램이 끝난 직후에 "오늘 우리가 활동했던 부분의 결과에 대해서 이야기를 나누었으면 합니다. 무엇을 생각하게 되었고 무엇을 느꼈는지 각자 있는 그대로 솔직하게 표현해 봅시다. 지금 각자가 하는 이야기도 비밀을 지켜야 합니다. 선생님은 친구들이 서로 자기의 의견을 솔직하게 이야기해 주니까 여러분과 같이 시간을 보내는 게 즐거웠어요"라고 표현을 한 뒤 상담자가 시범을 보일 수도 있다.

2) 집단 기간 중간과 마지막 회기

매 회기 프로그램이 끝날 때, 그날의 집단 경험에 대한 평가 이외에 전체 집단 회기의 중간에 한 회기를 할애하여 평가에 활용할 필요가 있다. 그동안의 집단 과정을 통해 관찰했던 요소들을 기준으로 집단원의 개인적 행동을 중심으로 상담자가 도와줄 수 있다. 모든 구성원들에게 그 평가에 대한 안내를 하며 질문지나 평정척도를 사용하면 좋다. 모든 구성원이 한 사람씩 발표를 하면 그 결과에 대해 피드백해 준다. 이러한 평가를 통하여 집단원들은 자기 이해에 대하여 통찰을 얻기도 하지만 집단의 응집력도 높일 수 있다. 집단 상담의 효과는 집단 구성원 상호 간에 솔직하게 피드백을 해 주었을 때 높게 나타난다. 그러므로 상담자는 집단 분위기를 신뢰롭게 만드는 데 관심을 기울여야 한다.

3) 추후 평가

집단 상담의 전 과정이 끝난 후에는 한 번쯤 집단원을 불러 추후 평가를 갖는 것도 의미가 있다. 그러나 집단원들의 사정상 모두 모이기가 힘들면 개인적으로라도 집단 경험 후의 생활에 대해서 확인해 보는 것도 의미가 있는 일이다. 집단 상담의 효과는 어느 정도인지, 부작용이나 문제점이 있다면 이에 대한 해결 방안도 강구해야 할 것이다.

12. 집단 상담 프로그램의 실제

부끄러워하는 아동을 위한 집단 상담 프로그램을 구상해 보자.

1) 원인

아동이 위축되어 있으면 환경에 잘 참여하지 못한다. 그 아동은 상황을 두려워하고 실패나 비난을 두려워하며 자신감이 없고 당황하거나 창피를 당할 것을 두려워한다. 때로, 아동은 신체적으로 병이 있을 가능성이 있다. 불행히도 부끄러워하고 위축된 아동은 관심을 끌려는 아동에 비해 거의 표면적으로 문제를 일으키지 않기 때문에 무시되는 경우가 많다.

부끄러움은 정신적 장애는 아니지만 대인관계를 형성하는 데 나타나는 매우 흔한 현상으로 생활을 어렵게 만드는 요인이라고 할 수 있다. 부끄러움의 원인을 단순히 한 가지로만 설명하기는 어렵지만 부끄러움을 Adler는 열등감(inferiority complex)이라고 말하며 낮은 자아존중감의 원인이라고도 언급하고 있다. 직접적인 원인으로는 부모가 자녀를 거부하거나 과보호하는 양육 태도와 자녀에게 무시하는 말을 자주 사용하는 데 있다. 또한 어려서부터의 사회적 접촉을 제한하여 폐쇄적인 환경에서만 성장하게 한 요인도 부끄러움의 원인이 된다.

사회심리학자인 짐바르도(Zimbardo)는 부끄러움을 상황적인 부끄러움(situational shyness)과 만성적인 부끄러움(chronic shyness)으로 나누었다. 상황적 부끄러움으로 고통받는 사람은 단지 어떤 특별한 상황에서 특별한 때에 부끄러움으로 고통받는 경우이고 만성적 부끄러움으로 고통받는 사람은 거의 모든 사회적 상황에서 창피나 무안을 당하게 되지는 않을까 하는 불안으로 고통받는 경우이다. 그는 약 80% 정도의 사람은 상황적 부끄러움을 가졌고 대략 20% 정도가 만성적 부끄러움이 있다고 했다(Zimbardo, 1977).

2) 특징

부끄러움 또는 대인 공포는 생리적 반응으로 나타나는데 가슴이 두근거림, 얼굴 붉히기, 다리 떨기, 목소리 떨림, 남들이 나를 어떤 인상으로 보는지에 신경을 쓰는 것이다. 부끄러움은 남들과의 상호작용을 피하게 하고 친밀한 대인관계를 맺기가 어려운 특징이 있다.

3) 지도방법

① 개인 상담을 통하여 상담자가 가장 자신있는 접근방법의 놀이요법을 시행한다.

② 집단 활동시 특별히 친한 사람과 이야기하기, 잘 하는 것을 할 수 있도록 기회를 만들어 준다.

③ 매 활동마다 격려와 칭찬을 한다. 최소 하루 몇 번 활동을 하게 하고, 그 즉시 격려를 한다.

④ 바람직한 행동을 하는 모델을 찾아 관찰하게 하고 새로운 행동을 할 수 있도록 역할 연습을 한다.

⑤ 키트(Keat, 1972)는 위축된 아동에게 다음과 같은 방법을 사용하라고 제안하였다.

- 아동과 신뢰를 형성하고 아동을 이해한다.
- 자기 주장 훈련 기법을 이용한다.
- 상담자가 새로운 행동으로 역할놀이를 한 다음 아동이 행동을 연습하게 한다.
- 숨쉬기 운동, 근육 강화 운동, 근육 이완 훈련을 한다.
- 아동의 인식을 재구성한다.

⑥ 부끄러움은 그 자체가 유리함을 가지고 있다고 한다. 부끄러운 아동은 선택적으로 인간관계를 맺을 수 있으며 어떤 상황을 조심스럽게 관찰할 수도 있고 다른 사람에게 결코 불쾌하게 생각되지 않고 지나치게 공격적이지도 않으면서 훌륭한 경청자가 된다. 짐바르도는 아동이 부끄러워하는 행동을 바꾸기 위한 5단계를 다음과 같이 제안하였다(Zimbardo, 1977).

- 자신을 이해한다.
- 그렇게 수줍어하는 이유가 무엇인지 파악한다.
- 자아존중감을 확립한다.
- 사회적인 기술을 발달시킨다.
- 자신의 수줍음을 극복하기 위해서 다른 아동들을 도와준다.

⑦ 아동이 더 많은 표현을 할 수 있도록 손인형, 게임, 미술, 음악 등과 같은 다양한 놀이 기법을 사용한다.

⑧ 부끄러움 극복 프로그램은 아동에게 질문하거나 의견을 제시하면서 반응하는 법, 다른 사람과 눈을 마주치는 것, 다른 사람들을 따뜻하게 대해 주는 것 등의 사회적 기술을 철저하게 가르치는 내용이 포함되어 있다. 프로그램이 진행되는 동안 비디오 테이프를 사용하여 모델링을 소개하고, 그 행동을 연습시킨다. 아동의 행동을 강화해 주고 숙제를 내주면 아동들이 그 행동을 습득하고 유지하게 된다(Franco, Christoff, Crimmins, & Kelly, 1983).

4) 부끄러움 극복 집단 상담 프로그램의 실제

(1) 프로그램의 목적

만 2세나 3세의 경우에는 두려움으로 인한 부끄러움이 적절할지 모르겠지만 만 4세 이후부터는 걱정거리가 될 수 있다. 아동 초기의 부끄러움은 자연스럽게 극복되지만 그렇지 못한 경우에는 사회적으로 고립되기 쉽다. 부끄러움 때문에 친구를 사귀지 못하거나 발표를 못하는 아동에게 부끄러움을 효과적으로 극복할 수 있도록 돕는 것은 매우 의의 있는 일일 것이다. 본 프로그램은 부끄러움으로 인하여 사회성이 부족한 아동에게 부끄러움을 효과적으로 극복할 수 있도록 훈련을 하며 나아가서는 사회적 능력을 갖추어 원만한 생활을 할 수 있도록 하는 데 그 목적이 있다.

(2) 프로그램 목표

- 부끄러워하는 이유를 안다.
- 자신감을 기른다.
- 사회적 대인관계 기술을 안다.
- 발표력을 기른다.

(3) 프로그램의 구성

프로그램의 진행과 구성은 전문상담자의 면접 결과에 따라 다소 유연하게 진행할 수 있다.

[표 10-1]은 하나의 사례를 제시한 것이다.

[표 10-1] 프로그램

회기	내용	전략
1회	강 의 부끄러움 이해 자기 소개	시범 보이기 피드백 주기
2회	칭찬하기 칭찬 듣기	시범 보이기 피드백 주기
3회	부끄러움 나누어 갖기	시범 보이기 피드백 주기
4회	주장하기	시범 보이기 역할놀이
5회	주장하기	시범 보이기 역할놀이
6회	장점 찾기 I	시범 보이기 역할놀이 피드백 주기
7회	장점 찾기 II	시범 보이기 역할놀이 피드백 주기
8회	친구 사귀기 (요청하기)	시범 보이기 역할놀이 피드백 주기
9회	친구 사귀기 (거절하기)	시범 보이기 역할놀이 피드백 주기
10회	친구 사귀기 (요청하기, 거절하기)	시범 보이기 역할놀이 피드백 주기
11회	종합 평가	시범 보이기 역할놀이 피드백 주기

참고문헌

강문희 · 장연집 · 정정옥(1998). 아동정신건강 (pp.202-225). 서울: 정민사.
강위영 · 송영혜 · 변찬석(1996). 놀이치료. 서울: 도서출판 특수교육.
권석만(2004). 젊은이를 위한 인간관계의 심리학. 서울: 학지사.
김계현(2004). 카운슬링의 실제 (pp.140-156). 서울: 학지사.
김광웅 · 유미숙 · 유재령(2004). 놀이치료학 (pp.96-105). 서울: 학지사.
김나영 · 이승희(2001). 아동임상 및 상담심리 (pp.250-272). 서울: 동문사.
김남성(1992). 행동요법. 서울: 배영사.
김보애(2005). 모래놀이치료의 이론과 실제. 서울: 학지사.
김영숙 · 윤여홍(2001). 교사와 부모를 위한 특수아 상담의 이해 (p.223). 서울: 교육과학사.
김재은(1988). 그림에 의한 아동의 심리진단 (pp.194-221). 서울: 교육과학사.
______(1992). 아동의 심리치료 (pp.66-79). 서울: 배영사.
김재은 · 여광응 · 김동국(1988). 인물화에 의한 간편지능검사 (pp.101-113). 서울: 교육과학사.
김정희 역(1992). 현대심리치료. 서울: 학지사.
김학룡 · 서현아(2000). 알기쉬운 소아정신건강 (pp.148-173). 서울: 양서원.
민경환(1995). 성격 · 정서 및 동기. (권석만 외 공저) 심리학개론(pp. 240-275) 서울: 박영사.
______(2002). 성격심리학. 서울: 법문사.
원호택 외(2000). 심리장애의 인지행동적 접근. 서울: 교육과학사.
신민섭(2004). 그림을 통한 아동의 진단과 이해 (pp.49-77). 서울: 학지사.
성영혜(2000). 치료놀이 (I) (pp.181-182). 서울: 형설출판사.
옥금자(2004). 미술치료평가방법의 이론과 실제. 서울: 하나의학사
이동렬 · 박성희(2000). 새내기 상담가를 위한 상담과 심리치료. 서울: 학지사.
이성진(1974). 행동수정의 원리 (pp.168-198). 서울: 교육과학사.
이은희(년도 없음). 심리검사. 미발간(수업자료)
이장호(1989). 상담심리학 입문 (pp.7-8). 서울: 박영사.
______(1994). 상담면접의 기초. 서울: 중앙적성출판사.
이재연 · 서영숙 · 이명조(1990). 아동상담과 치료. 서울: 양서원.
이형득(1987). 상담의 이론적 접근 (pp.131-164). 서울: 형설출판사.
정여주(2004). 미술치료의 이해. 서울: 학지사.
정원식 · 박성수 · 김창대(1999). 카운슬링의 원리. 서울: 교육과학사.
조수철(1993). 자폐증에 대한 이해. 서울장애인복지관(편), 자폐아동의 교육과 치료 (pp.1-11). 서

울: 장애인 종합복지관.
조희숙(1991). 유아생활지도 (pp.173-176). 서울: 창지사.
지성애(1995). 유아행동지도 (pp.9-12). 서울: 양서원.
홍경자(2001). 상담의 과정 (pp.175-180). 서울: 학지사.

Adler, A.(1930). *The education of children.* South Bend, IN: Gateways Editions.
________(1956). *The individual psychology of Alfred Adler: A systematic presentation in selections from his writings.* Edited by H. L. Ansbacher & R. R. Ansbacher. New York: Basic Books, Inc.
________(1964). *Superiority and social interest.* Edited by H. L. Ansbacher & R. R Ansbacher. Evanston, Ⅲ.: Northwestern University Press.
Allen, F.(1942). *Psychotherapy with children.* New York: Norton.
Ansbacher, H.(1979). Individual psychology: An overview. In B. D. Wolman (Ed.), *Encyclopedia of psychiatry, psychology, psychoanalysis & neurology, 6,* 30-33.
Ansbacher, H., & Ansbacher, R.(1958). *The individual psychology of Alfred Adler: A systematic presentation in selections from his writings.* New York: Basic Books, Inc.
Axline, V.(1947). *Play Therapy.* Cambridge, MA: Houghton Mifflin Company.
________(1969). *Play Therapy.* Boston: Houghton Mifflin Company.
Bandura, A.(1969). *Social learning theory.* Englewood Cliffs, N.J.: Prentice Hall.
________(1969). *Principles of behavior modification.* New York: Holt, Rinehart & Winston.
Bowlby, J.(1958). The nature of the child' s tie to his mother. *International Journal of Psychoanalysis,* 39, 35.
Bucks, J.(1966). *The House-Tree-Person Technique: Revised manual.* Los Angles: Western Psychological Services.
Burns, R. C., & Kaufman, S. H.(1970). *Kinetic Family Drawings (K-F-D): An Introduction to Understanding Children Through Kinetic Drawing.* New York: Brunner & Mazel.
Carkhuff, R. R.(1971). *Helping and human relations: A rimer for lay and professional helpers, Vol. 2.* Practice and research. New York: Holt, Rinehart & Winston.
Dreikurs, R.(1956). *Psychodynamics, psychotherapy and counseling.* Chicago: Alfred Adler Institute.
Dreikurs, R.(1963). *Children: The challlange.* New York: Hawthorn Books.
Dundas & Evvalyn(1990). *Symbols Come Alive In The Sand.* Boston. Massachusetts: Coventure Ltd.

Egan, G.(2002). *The skilled helper* (7nd ed.). Belmont, C. A.: Wadsworth.

Elkind, D., & Weiner, I. B.(1978). *Development of the child.* New York: John Wiley & Song.

Enzer, N. B.(1988). Overview of play therapy. Paper presented at the annual meeting of the American Academy of child and adolesescent Psychiatry, Seattle, WA.

Franco, D., Christoff, K., Crimmins, D., & Kelly, J.(1983). Social skills training for an extremely shy young adolescent: An empirical case study. *Behavior Therapy, 14*, 568-575. (Reprinted in C. Schaefer, H. Millman, S. Sichel, & J. Zwilling, Eds., Advances in therapies for children, San Francisco: Jossey-Bass, 1986).

Freud, A.(1946). *The psychoanalytic treatment of children.* London: Imago.

Gazda, G. M.(1973). *Human Relations development: A manual for educators.* Boson: Allyn & Bacon.

Goodnough, F. V.(1926). *Measurement of intelligence by drawings.* Yonkis: World Book Co.

Harris, D. B.(1963). *Children's Drawings as Measures of Intellectual Maturity*: A revision of the Goodenough Draw a Man Test. N.Y. Harcourt, Brace & World Inc.

Harris, T.(1963). *I'm OK-You're OK.* New York: Harper & Row.

Hall, C. S.(1954). *A primer of Fredian psychology.* New York: The New American Library.

Hall, C. S., & Lindzey, C.(1978). *Theories of personality* (3rd ed.). New York: John Wiley and Sons.

Hammer, E. F.(1967). *Clinical applications of projective drawings.* Springfield, IL: Charles C Thomas.

Hjelle, L. A., & Ziegler, D. J.(1981). *Personality theories* (2nd ed.). New York: McGraw-Hill Book Company.

Hug-Hellmuth, H.(1921). On the technique of child analysis. *International Journal of Psychoanalysis, 2*, 287.

Kelly, G. A.(1983). *The Psychology of personal constructs.* New York: Norton.

Kalff, D. M.(1981). *Sandplay: A Psychotherapeutic approach to the psyche.* Boston, Massachusetts: Sigo Press.

Kraft, A., & Landreth, G. I.(1991). *Play Therapy: The art of the relationship.* Muncie, IN: Accelerated Development Press.

Klein, M.(1932). *The psychoanalysis of children.* London: Hogarth Press.

Keat, D.(1972). Broad-spectrum behavior therapy with children: A case presentation. *Behavior Therapy, 3*, 454-459.

Krumboltz, J., & Krumboltz, H.(1966). *Changing children's behavior.* Englewood Cliffs, NJ: Prentice-Hall.

Krumboltz, J. D.(1966). Promoting adaptive behavior: New answers to familiar questions. In J. Krumboltz (Ed.), *Revolution in counselling*. Boston: Houghton Mifflin.

Levy, D.(1938). Release therapy in young children. *Psychiatry, 1*, 387-389.

Mackover, K.(1948). *Personality Projection in the Human Figure*. Sprinfielp: C. C. Thomas

Mackover, K.(1949). *Personality projection in the drawing of the human figure*. Spring field, IL: Charles C Thomas.

Maddi, S. R.(1980). *Personality theories: A comparative analysis* (4th ed.). Itasca Ⅲ.: The Dorsey Press.

Mosak, H. H.(1979). Adlerian psychotherapy. In R. J. Corsini (Ed.), *Current psychotherapies* (2th ed.). Itasca Ⅲ.: F. E. Peacock Publicher, Inc.

Moustakas, C.(1953). *Children in play therapy*. New York: McGraw-Hill.

O' Connor, K., & Schaefer, C.(1983). Hanbook of Play Therapy. Vol. 1. New York: John Wiley and Sons, Inc. (성영혜 외 공역, 1998). 놀이치료 핸드북. 서울: 상조사.

Rotter, J. B.(1964). *Clinical psychology*. England Cliffs, N.J.: Prentice-Hall.

Rogers, C. R.(1942). *Counseling and psychotherapy*. Boston: Houghton Mifflin Company.

__________(1951). *Client-centered therapy*. Boston: Houghton Mifflin Company.

__________(1959). A theory of therapy, personality, and interpersonal relationships, as developed in the client-centered framework. In Koch S.(Ed.), *Psychology. Vol. 3*. New York: McGraw Hill.

Russell, J. A.(1980). A circumplex model of affect. *Journal of Personality and Social Psychology, 39*, 1161-1178.

Schultz, D.(1977). *Growth psychology: Models of the healthy personality*. New York : D. Van Nostrant Co.

Skinner, B. F.(1938). *The behavior of organisms: An experimental analysis*. New York: Appleton Century.

Slavson, S, R.(1952). *Child Psychotherapy*. New York Basic books.

Solomon, J.(1938). Active play therapy. *American Journal of Orthopsychiatry, 5*, 617-629.

Waehner, T. S.(1946). Interpretations of Spontaneous Drawing and Paintings. *Genetic Psychology Monograph, 33*, 3-70.

Watson, J. B., & Rayner, R.(1920). Conditional emotional reaction. *Journal of Experimenal Psychology, 3*(1), 1-14.

Zimbardo, P.(1977). *Shyness*. Reading, MA: Addison-Wesley.

http://childpia.com/kics004/index.html 상담정보센터

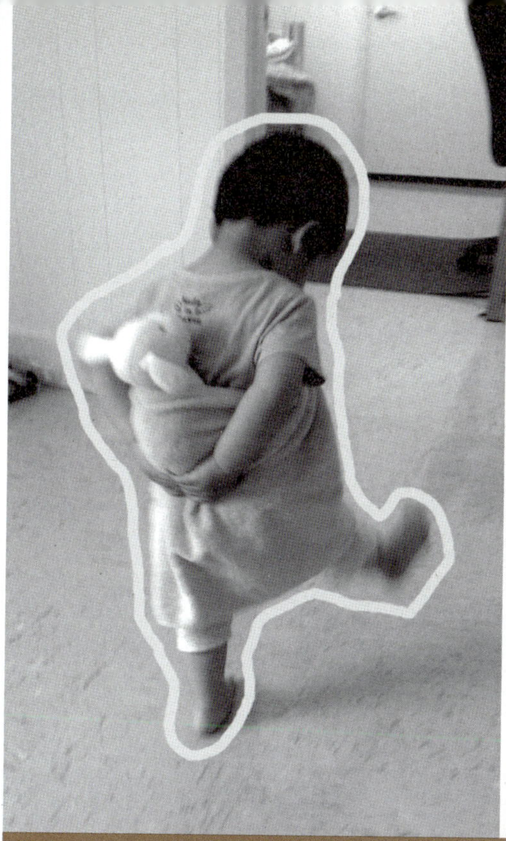

NSELING CHILDREN
NSELING CHILDREN
NSELING CHILDREN
NSELING CHILDREN

부록

부록 1 : 아동 상담 신청서와 실제

아동 상담 신청서(양식 1)

날 짜 :	유아 성명 :	부모 성명 :
생년월일 :	연 락 처 :	

1. 문제가 무엇인가?

A. 부모의 입장

B. 아동의 입장

2. 출생 당시의 배경

A. 출생 시에 특별한 문제가 있었는가?

B. 부모들은 모두 생존하였는가?

C. 치료를 받은 적이 있는가?

D. 아동의 성장 발달에 영향을 주었을 만한 출생 전 부모의 행동에는 어떠한 것이 있는가?

E. 기 타

3. 발달 단계

A. 운동 발달

- 아동이 걷고, 말하고, 대소변을 가린 시기는?
- 아동은 뛰어다닐 수 있는가?
- 기타

B. 사회성 발달

- 최초의 놀이 상황에 대한 아동의 연령과 반응은 어떠한가?
- 아동이 또래들과 놀 때 지도자 역할을 하는가, 아니면 어떤 역할을 주로 하는가?

- 아동이 혼자서나 다른 사람과 함께 있는 동안 스스로 놀이를 시작하는가?
- 아동이 놀이에 참가할 때 얼마나 잘 지내는가?

C. 정서 발달

- 아동은 감정을 잘 표현할 수 있는가?
- 아동의 전반적인 기질은 어떠한가?
- 아동의 자기 자신에 대한 느낌은 어떠한가?
- 가족, 친구, 선생님들에 대한 아동의 느낌은 어떠한가?

D. 언어 발달

- 어휘 사용이 적절한가?
- 의사소통 능력은 어느 정도인가?

4. 식사 습관

A. 아동은 잘 먹는가?

B. 식사에 문제는 없는가?

C. 아동은 충분한 양의 단백질, 지방, 탄수화물과 녹색채소를 먹는가?

5. 가족 배경과 가족관계

A. 부 모

- 부모는 함께 사는가, 별거하는가, 아니면 이혼했는가?
- 부모들은 건강한가, 혹은 돌아가셨는가?
- 부모들은 고질적이거나 치명적인 질병을 갖고 있는가?
- 부모들은 정신 건강상의 문제를 가지고 있는가?

B. 직업, 교육 수준, 부모의 수입은 어떠한가?

C. 형제자매

- 나이와 성별은 어떠한가?
- 형제자매 간의 유사점과 차이점은 무엇인가?
- 형제자매들의 장점과 단점은 무엇인가?
- 형제자매들이 집에서 맡고 있는 책임이나 역할은 무엇인가?

D. 부모–자녀 관계

- 아동은 부모 중 누구를 동일시하는가?
- 아동이 아버지나 어머니 혹은 부모와 함께 하는 일은 무엇인가?
- 아동이 부모를 특별히 기쁘게 하는 것은 무엇인가?
- 부모가 아동을 특별히 기쁘게 하는 것은 무엇인가?
- 가정에서의 규칙에는 어떠한 것이 있는가?
- 아동은 훈육에 대해서 어떻게 반응하는가?
- 부모의 훈육 방식은 어떠한가?
- 부모가 아동에 대해 가장 난처하게 여기는 것은 무엇인가?

6. 학교(유아교육기관) 생활

A. 학교에 대한 아동의 반응은 현재 어떠하며, 과거에는 어떠했는가?

B. 교사와의 관계는 어떠한가?

C. 아동이 잘하는 활동과 못하는 활동은 무엇인가?

D. 아동이 재미있어 하는 활동은 무엇인가?

E. 아동의 각종 검사 점수는 어떠한가? (지능검사, 적성검사 등)

아동 상담 신청서(실제 1 : 만 5세)

날 짜 :	유아 성명 :	부모 성명 :
생년월일 :	연 락 처 :	

1. 문제가 무엇인가?

A. 부모의 입장

– ○○는 매사에 자신감이 없다기보다 실패할 것에 대한 두려움이 있다.

B. 아동의 입장

모든 것이 귀찮아

2. 출생 당시의 배경

A. 출생 시에 특별한 문제가 있었는가?

– 출생 당시에는 아무런 문제가 없었다.

B. 부모들은 모두 생존하였는가?

– 부모들은 모두 살아 있으며 ○○와 같이 산다.

C. 치료를 받은 적이 있는가?

– 3개월 때 감기로 입원한 적이 있다.

D. 아동의 성장 발달에 영향을 주었을 만한 출생 전 부모의 행동에는 어떠한 것이 있는가?

– 출생 전에 태아에게 영향을 주었을 만한 행동을 한 적이 없다.
아기를 배에 두고는 남편과 크게 다툰 적도 없고 스트레스 받을 정도로 어렵거나 힘든 일도 없었다.

3. 발달 단계

A. 운동 발달

• 아동이 걷고, 말하고, 대소변을 가린 시기는?

– ○○는 돌 되기 전에 걷기 시작했고, 정확한 시기는 기억하지 않지만 말도 다른 아이들보다 빨리 말하는 편이었고, 대소변도 빨리 가린 편입니다.
단, 대변을 볼 때 한동안은 서서 봤다.

• 아동은 뛰어다닐 수 있는가?
– 가끔은 넘어지기도 하지만 잘 뛰어다닐 수 있다.

B. 사회성 발달

• 최초의 놀이 상황에 대한 아동의 연령과 반응은 어떠한가?
– 최초 놀이 상황과 연령에 대해 기억이 잘 나지 않지만 ○○는 혼자 꼼지락거리면서 노는 것을 좋아했다.
• 아동이 또래들과 놀 때 지도자 역할을 하는가, 아니면 이떤 역할을 주로 하는가?
– ○○는 네 살 때 또래 아이들과 어울려 노는 것을 힘들어 했다. 지금은 친구들과 잘 어울려 놀며 주로 지도자 역할을 하는 편이며 자신이 리드하지 않으면 놀이에 흥미를 느끼지 못한다.
• 아동이 혼자서나 다른 사람과 함께 있는 동안 스스로 놀이를 시작하는가?
– 또래들에게 무슨 놀이를 하자고 먼저 말하는 편이며 스스로 놀이를 시작하기도 한다.
• 아동이 놀이에 참가할 때 얼마나 잘 지내는가?
– ○○는 재미있게 잘 놀기는 하나 집중 시간이 짧은 편이다.

C. 정서 발달

• 아동은 감정을 잘 표현할 수 있는가?
– ○○는 좋고 싫고가 분명한 아이다. 그래서 좋으면, 엄청 좋아하고, 싫은 때는 인상을 쓰고 있다.
• 아동의 전반적인 기질은 어떠한가?
– ○○는 매우 까탈스런 기질이다.
• 아동의 자기 자신에 대한 느낌은 어떠한가?
– 자기 자신이 최고라고 생각하는 아이다.
• 가족, 친구, 선생님들에 대한 아동의 느낌은 어떠한가?
– 아빠를 가장 좋아한다고 하지만 엄마를 가장 많이 찾고 따르며 위의 누나도 잘 따르며 이겨먹으려 한다. 어디를 가든 여자 친구가 있고 선생님들을 좋아하는 편은 아니다.

D. 언어 발달

- 어휘 사용이 적절한가?
  - ○○는 어려서부터 자신이 좋다고 느낄 때는 "천국이 따로 없네"라는 말을 하여 어른들을 놀라게 하기도 했고 어디서 이런 어휘를 배웠을까 싶을 정도의 어휘를 사용하기도 했다.
- 의사소통 능력은 어느 정도인가?
  - 의사소통 능력은 자신이 원하는 것을 해야 하는 아이다. 그래서 말로 의사소통이 안 되면 울어버린다.

4. 식사 습관

A. 아동은 잘 먹는가?

- 거의 먹지 않는다.

B. 식사에 문제는 없는가?

- 식사할 때 주위를 돌아다니며 잘 씹지 않고 입에 담고 다물고 있을 때도 있고 식사를 할 때 시간이 오래 걸린다.

C. 아동은 충분한 양의 단백질, 지방, 탄수화물과 녹색채소를 먹는가?

- ○○는 음식을 많이 가리는 편이다. 단백질과 지방, 탄수화물을 그나마 잘 섭취하는 편이나 채소는 거의 먹지 않고 요즘 들어 고추를 조금씩 먹는다.

5. 가족 배경과 가족관계

A. 부모

- 부모는 함께 사는가, 별거하는가, 아니면 이혼했는가?
  - ○○는 엄마와 함께 살고 아빠의 직장이 타 지역인 관계로 아빠와 주말에만 만난다.
- 부모들은 건강한가, 혹은 돌아가셨는가?
  - 모두 살아 있으며 건강하다.
- 부모들은 고질적이거나 치명적인 질병을 갖고 있는가?
  - 고질적이거나 치명적인 질병은 없다.
- 부모들은 정신 건강상의 문제를 가지고 있는가?
  - 정신 건강상의 문제는 없다.

B. 직업, 교육 수준, 부모의 수입은 어떠한가?

- 아빠의 직업은 회사원이며 교육 수준은 대졸이다.
- 엄마의 직업은 초등학교 선생님이며 교육 수준은 대졸이다.
- 부모의 수입은 넉넉한 편이다.

C. 형제자매

- 나이와 성별은 어떠한가?
  - ○○에게는 세 살 위의 누나가 있다.
- 형제자매 간의 유사점과 차이점은 무엇인가?
  - 유사점을 거의 찾아보기 힘들다.
  - ○○는 양보를 잘 하지 않지만 누나는 동생에게 거의 양보한다.
- 형제자매들의 장점과 단점은 무엇인가?
  - ○○의 장점은 기억력이 매우 좋다는 것이며 단점은 지는 것을 싫어하며 양보를 잘 하지 않고 누나를 때린다.
  - 누나는 착하고 동생을 잘 돌봐주는 것이 장점이지만 단점은 가끔 동생을 미워하기도 하고 때린다는 것이다.
- 형제자매들이 집에서 맡고 있는 책임이나 역할은 무엇인가?
  - 집에서 맡고 있는 책임이나 역할은 딱히 정해져 있지 않으나 누나가 샤워할 때 동생을 씻겨 준다.

D. 부모-자녀 관계

- 아동은 부모 중 누구를 동일시하는가?
  - ○○는 아빠를 동일시한다.
- 아동이 아버지나 어머니 혹은 부모와 함께 하는 일은 무엇인가?
  - 엄마와는 그날 있었던 이야기를 나누고 아빠와는 놀이를 주로 하는 편이다.
- 아동이 부모를 특별히 기쁘게 하는 것은 무엇인가?
  - 혼자 책을 읽고 있을 때이다.
- 부모가 아동을 특별히 기쁘게 하는 것은 무엇인가?
  - 함께 데이트하는 것이다. 데이트할 때는 장난감도 사주고 맛있는 것도 먹고 영화도 본다.
- 가정에서의 규칙에는 어떠한 것이 있는가?

- 매일매일 책을 읽어야 한다.
- 아동은 훈육에 대해서 어떻게 반응하는가?
  - 혼났을 때는 입을 삐쭉거리거나 운다.
- 부모의 훈육 방식은 어떠한가?
  - 누나와 싸웠을 때 싸움노트에 왜 싸웠는지 적게 한다. 매를 드는 일은 거의 없다.
- 부모가 아동에 대해 가장 난처하게 여기는 것은 무엇인가?
  - 누나랑 싸우다가 누나 얼굴을 꼬집는 게 난처하다.

6. 학교(유아교육기관) 생활

A. 학교에 대한 아동의 반응은 현재 어떠하며 과거에는 어떠했는가?

- ○○는 유치원 가는 것을 좋아하긴 하지만 예전에는 점심 시간에 밥 먹는 것이 스트레스였다. 유치원에서는 혼합연령인데 동생들이 반말하는 것에 대해 기분이 나빠한다. 키가 작아 더 콤플렉스가 있다.

B. 교사와의 관계는 어떠한가?

- ○○는 교사와의 관계가 나쁘지도 좋지도 않다.

C. 아동이 잘하는 활동과 못하는 활동은 무엇인가?

- ○○가 잘하는 활동은 음악 활동이다. 예술적 재능이 있어 무엇이든 금방 배운다. ○○가 책을 읽고 자신의 생각을 말하는 것을 꺼려한다.

D. 아동이 재미있어 하는 활동은 무엇인가?

- 닌텐도 하거나 놀 때 가장 재미있어 한다.

E. 아동의 각종 검사 점수는 어떠한가? (지능검사, 적성검사 등)

- ○○는 머리가 좋으며 지능검사나 적성검사의 점수가 상위권으로 나온다.

아동 상담 신청서(실제 2 : 만 4세)

유아 성명 :	생년월일 :
의뢰 일시 :	상담일시 :

1. 문제가 무엇인가? (의뢰 경위)

A. 부모의 입장

– 유아가 성에 관심을 보이기 시작함

B. 아동의 입장

– 부모의 맞벌이로 인한 불안정한 정서

2. 출생 당시의 배경

A. 출생 시에 특별한 문제가 있었는가?

① 임신 전

• 임신계획 : 임신계획 후 두 번의 유산 경험 후 생긴 아이라 더욱 기쁘게 받아들임

• 주변의 반응 : 모두 축하해 주는 분위기였음

• 산모의 정신건강과 질병 : 건강함

② 임신 중

• 임신기간(예정일 전후)

• 분만상태 : 양호함

• 체중

• 아기의 건강상태 : 건강함

B. 부모들은 모두 생존하였는가?

– 네

C. 치료를 받은 적이 있었는가?

– 아니요

D. 아동의 성장 발달에 영향을 주었을 만한 출생 전 부모의 행동에는 어떠한 것이 있는가?

– 특별히 없음

E. 기타

- 5년 정도 차이가 있는 동생이 있음(○○년도에 태어남, ○○가 5세 때)
- 동생을 임신했을 때 엄마가 많이 힘이 드셔서 "하지 마!"라는 말을 자주 사용했었음

3. 발달 단계

A. 운동 발달

- 아동이 걷고, 말하고, 대소변을 가린 시기는?
  - 걷기 시작한 것은 12개월 정도, 24개월 전후로부터 언어 사용이 증가함 대소변은 20개월 이후에 가리기 시작함
- 아동은 뛰어다닐 수 있는가?
  - 네
- 현재 배변의 상태는?
  - 소변 3~5회 정도, 대변 1회 정도로 건강함
- 기타
  - 시력교정을 위해 눈교정 운동을 함
    하루에 2시간씩 5시부터 7시까지 눈에 교정 밴드를 부착하고 있음. 왼쪽을 교정하다가 4월부터는 오른쪽 교정에 들어감

B. 사회성 발달

- 아동이 또래들과 놀 때 지도자 역할을 하는가, 아니면 어떤 역할을 주로 하는가?
  - 주도적이기 보다는 놀이를 주도하는 친구를 따라 놀이를 하는 편임
- 아동이 혼자서나 다른 사람과 함께 있는 동안 스스로 놀이를 시작하는가?
  - 네, 소꿉놀이 시 아이의 역할을 자주함

C. 정서 발달

- 아동은 감정을 잘 표현할 수 있는가?
  - 상황에 따라 다르나 감정 표현은 잘 하는 편임
- 아동의 전반적인 기질은 어떠한가?
  - 순한 아이

D. 언어 발달

- 어휘 사용이 적절한가?
  - 네

- 의사소통 능력은 어느 정도인가?
  - 약간의 수줍음을 타기는 하나 친구들과의 의사소통은 원활한 편임

E. Care Taker(돌보는 이)

- 3세 12월경부터 집근처 어린이집에 다니기 시작함
  어린이집 하원 후에는 아주머니께서 보육을 해 주심

F. Temperament(기질)

- 순한 아이

4. 식사습관

A. 아동은 잘 먹는가?

- 골고루 잘 먹음

B. 식사에 문제는 없는가?

- 식사 시간을 즐겁게 생각하고 골고루 잘 먹음

C. 아동은 충분한 양의 단백질, 지방, 탄수화물과 녹색채소를 먹는가?

- 채소, 과일, 고기류를 골고루 좋아함

5. 가족 배경과 가족관계

A. 부모

- 부모는 함께, 별거하는가, 아니면 이혼했는가?
  - 현재 부모는 주말부부로 아빠는 서울에서 근무를 하시고 평소에는 엄마와 함께 지냄
    13개월 된 여동생이 있음
- 부모들은 건강한가, 혹은 돌아가셨는가?
  - 건강함
- 부모들은 고질적이거나 치명적인 질병을 가지고 있는가?
  - 아니요
- 부모들은 정신건강상의 문제를 가지고 있는가?
  - 아니요

B. 직업, 교육 수준, 부모의 수입은 어떠한가?

- 직업 : 은행원
- 교육 수준 : 대졸
- 부모의 수입 : 중산층 수준

C. 형제자매

- 나이와 성별은 어떠한가?
  - 나이 : 만 1세(13개월), 성별 : 여
- 형제자매 간의 유사점과 차이점은 무엇인가?
  - 둘 다 순한 기질을 보임
- 형제자매들의 장점과 단점은 무엇인가?
  - 장점 : 순하고 차분하다
  - 단점 : 약간의 고집이 있는 편이다
- 형제자매들이 집에서 맡고 있는 책임이나 역할은 무엇인가?
  - 현재 함께 살고 있지 않음

D. 부모 · 자녀 관계

- 아동은 부모 중 누구를 동일시하는가?
  - 엄마
- 아동이 아버지나 어머니 혹은 부모와 함께 하는 일은 무엇인가?
  - 엄마는 엄격하신 편이고 아빠는 개방적이고 허용적임
- 아동이 부모를 특별히 기쁘게 하는 것은 무엇인가?
  - 스스로 할 일을 알아서 할 때
- 부모가 아동을 특별히 기쁘게 하는 것은 무엇인가?
  - 함께 놀아줄 때
- 아동은 훈육에 대해서 어떻게 반응하는가?
  - "엄마 그건 아니고, 내 말 좀 들어봐"라고 이야기하며 자신의 의견을 말함
- 부모의 훈육방식은 어떠한가?
  - 엄마는 엄격한 편 아빠는 수용적이고 개방적인 태도를 보임
- 부모가 아동에 대해 가장 난처하게 여기는 것은 무엇인가?
  - 가끔 자기가 하고 싶은 일에 대해 끝까지 고집을 피울 때가 있음

6. 학교(유아교육기관) 생활

A. 유아교육기관에 대한 유아의 반응은 현재 어떠하며, 과거에는 어떠했는가?

- 즐거워 함

B. 교사와의 관계는 어떠한가?

- 비교적 상호작용이 잘 이루어짐

C. 아동이 잘하는 활동과 못하는 활동은 무엇인가?

- 조형놀이, 소꿉놀이, 조작놀이 등과 같은 정적인 활동을 많이 하며 동적인 활동이 부족한 편임

D. 아동이 재미있이 하는 활동은 무엇인가?

- 소꿉놀이, 조형놀이(그리기, 만들기, 색종이 접기 활동)

E. 아동의 각종 검사 점수는 어떠한가?(지능검사, 적성검사 등)

- 아직 검사를 실시해 보지 않음

7. 의학적 정보

A. 신체 발달 및 신체적 결함

- 특별히 없음

B. 정신적 질병

- 특별히 없음

C. 투약하고 있는 약이나 영양제 있는지?

- 없음

D. 기타

- 눈교정 운동을 하고 있음

8. 상담, 정신치료, 정신과적 처치 경험이 있는지? (무)

부록 2 : 문장완성 검사와 실제

문장완성 검사 (양식 1)

1. 내가 가장 행복한 때는 ________________
2. 내가 좀 더 어렸다면 ________________
3. 나는 친구가 ________________
4. 다른 사람들은 나를 ________________
5. 우리 엄마는 ________________
6. 나는 ________________
7. 나에게 가장 좋았던 일은 ________________
8. 내가 제일 걱정하는 것은 ________________
9. 대부분의 아이들은 ________________
10. 내가 좀 더 나이가 많았다면 ________________
11. 내가 가장 좋아하는 사람은 ________________
12. 내가 가장 싫어하는 사람은 ________________
13. 우리 아빠는 ________________
14. 내가 가장 무서워하는 것은 ________________
15. 내가 가장 좋아하는 놀이는 ________________
16. 내가 가지고 있는 것 중에서 제일 아끼는 것은 ________________

17. 내가 가장 가지고 싶은 것은 ____________________
18. 여자 애들은 ____________________
19. 나의 좋은 점은 ____________________
20. 나는 때때로 ____________________
21. 내가 꾼 꿈 중에 제일 좋은 꿈은 ____________________
22. 나의 나쁜 점은 ____________________
23. 나를 가장 슬프게 하는 것은 ____________________
24. 남자 애들은 ____________________
25. 선생님들은 ____________________
26. 나를 가장 화나게 하는 것은 ____________________
27. 나는 공부를 ____________________
28. 내가 꾼 꿈 중에 제일 무서운 꿈은 ____________________
29. 우리 엄마, 아빠는 ____________________
30. 나는 커서 __________ 가(이) 되고 싶다.
    왜냐하면 ____________________
31. 내 소원이 마음대로 이루어진다면
    첫째 소원은 ____________________
    둘째 소원은 ____________________
    셋째 소원은 ____________________
32. 내가 만일 먼 외딴 곳에 혼자 살게 된다면 ________와 제일 같이 살고 싶다.
    왜냐하면 ____________________
33. 내가 만일 동물로 변할 수 있다면 ________가 되고 싶다.
    왜냐하면 ____________________

문장완성 검사 (양식 2)

1. 내가 가장 행복한 때는 ______________________
2. 내가 좀 더 어렸다면 ______________________
3. 나는 친구가 ______________________
4. 다른 사람들은 나를 ______________________
5. 우리 엄마는 ______________________
6. 나는 ______________________
7. 나에게 가장 좋았던 일은 ______________________
8. 내가 제일 걱정하는 것은 ______________________
9. 대부분의 아이들은 ______________________
10. 내가 좀 더 나이가 많았다면 ______________________
11. 내가 가장 좋아하는 사람은 ______________________
12. 내가 가장 싫어하는 사람은 ______________________
13. 우리 아빠는 ______________________

문장완성 검사 (실제 1)—13번까지 인용

1. 내가 가장 행복한 때는 현난이와 공부했던일.
2. 내가 좀더 어렸다면 좋겠다. 왜냐하면 아가는 귀엽으니까
3. 나는 친구가 많다. 인기가 있으니까.
4. 다른 사람들은 나를 이렇게 예쁘다고 한다.
5. 우리 엄마는 새엄마다. 지금엄마는 착하다. [illegible]
6. 나는 이하늘이다
7. 나에게 가장 좋았던 일은 성모원에서 공부한 일
8. 내가 제일 걱정하는 것은 우리아빠가 아플까
9. 대부분의 아이들은 재미있다.
10. 내가 좀더 나이가 많았다면 아빠를 도와준다
11. 내가 가장 좋아하는 사람은 [illegible]
12. 내가 가장 싫어하는 사람은 엄청아
13. 우리 아빠는 착하다.

문장완성 검사 (실제 2)–13번까지 인용

1. 내가 가장 행복한 때는 아빠 오빠 2. 고모 만날때.
2. 내가 좀더 어렸다면 언니들한테 안대들기
3. 나는 친구가 좋다.
4. 다른 사람들은 나를 좋다.
5. 우리 엄마는 새엄마.
6. 나는 새엄마가 없으면 좋겠다.
7. 나에게 가장 좋았던 일은 ①과 동이
8. 내가 제일 걱정하는 것은 새엄마가 때린다.
9. 대부분의 아이들은 나를 좋아한다.
10. 내가 좀더 나이가 많았다면 욕 울어 주기
11. 내가 사장 좋아하는 사람은 새엄마빼고 우리가족
12. 내가 가장 싫어하는 사람은 새엄마
13. 우리 아빠는 좋다.

부록 3 : 검사 해석을 위한 실제(만 4세 유아)

<table>
<tr><td>이름 :</td><td>나이 :</td><td>성별 : 여</td><td>생년월일 :</td></tr>
<tr><td>검사일시 :</td><td>검사장소 :</td><td colspan="2">검사자 :</td></tr>
<tr><td>가족 배경
및
개인력</td><td colspan="3">가족 구성원은 아빠, 엄마, ○○, 10개월 된 여동생이 있다.
현재 엄마 아빠는 맞벌이 부부로 3주 전에 아빠는 서울로 발령이 나서 주말부부로 지내고 계시다.
동생은 태어나서부터 엄마가 일하시는 관계로 서울 이모댁에서 지내고 있으며 ○○는 방학이나 휴일에 동생을 보러 엄마와 함께 가끔 서울에 가곤 한다.
또한 엄마가 늦게 퇴근하셔서 귀가 시간은 9시~9시 30분 정도에 귀가한다.
밝고 명랑한 성격이나 친구들과의 놀이에서 내성적인 면을 보이기도 한다.
역할놀이를 좋아하며 색종이, 신문지, 이면지 등을 가위를 이용해 잘라보는 것을 좋아하며 인형을 좋아한다.</td></tr>
<tr><td rowspan="5">▶그림3(집)
소요 시간 :
45초</td><td>질문(상담자)</td><td colspan="2">대답(유아)</td></tr>
<tr><td>1. 누구의 집이에요?</td><td colspan="2">– 엄마 집</td></tr>
<tr><td>2. 이 집의 분위기는 어떠한가요?</td><td colspan="2">– 좋아요</td></tr>
<tr><td>3. 무엇으로 만들어졌나요?</td><td colspan="2">– 벽돌</td></tr>
<tr><td>4. 다음에 이 집은 어떻게 될 것 같아요?</td><td colspan="2">– 좋은 집으로 변신할 것 같아요</td></tr>
<tr><td rowspan="8">▶그림4(나무)
소요 시간 :
1분 22초</td><td>1. 이 나무는 어떤 종류인가요?</td><td colspan="2">– 소나무</td></tr>
<tr><td>2. 나무의 나이는 몇 살인가요?</td><td colspan="2">– 여섯 살</td></tr>
<tr><td>3. 나무가 죽었나요, 살았나요?</td><td colspan="2">–</td></tr>
<tr><td>4. 나무의 건강은 어떤가요?</td><td colspan="2">– 건강해요</td></tr>
<tr><td>5. 나무 주변에는 어떤 것들이 있나요?</td><td colspan="2">– 생쥐, 매미, 사람이 앉아 있어요</td></tr>
<tr><td>6. 나무의 소원은 무엇인가요?</td><td colspan="2">– 예쁘게 변하고 싶어요</td></tr>
<tr><td>7. 나중에 이 나무는 어떻게 될 것인가요?</td><td colspan="2">– 그냥 계속 나무일 것 같아요</td></tr>
<tr><td>8. 나무를 그리면서 생각나는 사람이 누구인가요?</td><td colspan="2">– 엄마</td></tr>
</table>

	질문	대답
▶그림1(사람) 소요 시간 : 40초	1. 이 사람은 누구인가요?	– 엄마(여성)
	2. 무엇을 하고 있나요?	– 윙크
	3. 이 사람의 기분은 어떠한가요?	– 좋아요
	4. 이 사람의 소원은 무엇일까요?	– 청소하는 것
	5. 이 다음에 어떻게 될 것 같아요?	– 이모로 변할 것 같아요
▶그림2(사람) 소요 시간 : 1분 10초	1. 이 사람은 누구인가요?	– 아빠(남성)
	2. 무엇을 하고 있나요?	– 웃고 있어요
	3. 이 사람의 기분은 어떠한가요?	– 좋아요
	4. 이 사람의 소원은 무엇일까요?	– 일하는 것

집-나무-사람 그림 검사 해석(실제 1)

집 그림 분석

<table>
<tr><td colspan="2">전체적 인상</td><td></td><td>인물화와 함께 그림의 위치가 종이의 위쪽에 배치되어 있다.</td></tr>
<tr><td colspan="2">체크 항목</td><td>표현의 특징</td><td>해 석</td></tr>
<tr><td>형식적 분석</td><td>소요 시간, 그린 순서, 위치, 크기, 생략과 왜곡, 기타의 표시</td><td>45초 정도 시간이 소요되었으며 비교적 빠른 시간에 그림을 완성함.
그림을 위쪽에 위치하게 그렸다.</td><td>그림의 위치가 위쪽에 배치하여 그림을 그린 것으로 보아 인물화와 비슷하게 불안정한 모습으로 해석해 볼 수 있겠다.</td></tr>
<tr><td>내용적 분석</td><td>주제
지붕
벽
문과 창문
굴뚝과 연기
방, 울타리
길,
계단
기타</td><td>창문은 작게 표현했으며 문이 없다.
굴뚝과 연기를 표현하였다.</td><td>기본적으로 문, 창문, 벽, 지붕, 굴뚝을 표현하였다. 굴뚝의 표현을 친밀한 관계를 상징하면 때때로 남성의 성기를 상징하기도 한다.
굴뚝의 연기를 내적인 긴장상태를 표현하기도 하면 불가능한 상태이거나 부끄럼을 나타낸다고 해석할 수 있겠다.
문의 생략은 타인에게 자신을 개방하는 능력이 부족한 것으로 볼 수 있다.</td></tr>
</table>

나무 그림 분석

<table>
<tr><td colspan="2">전체적 인상</td><td colspan="2">
열매가 많으며 줄기에 있는 줄무늬로 다소 나무라는 느낌보다는 다른 느낌이 든다.</td></tr>
<tr><td colspan="2">체크 항목</td><td>표현의 특징</td><td>해 석</td></tr>
<tr><td>형식적 분석</td><td>소요 시간, 그린 순서, 위치, 크기, 생략과 왜곡, 기타의 표시</td><td>소요시간은 1분 22초로 인물화와 집 그림에 비해 시간이 조금 더 걸렸다.
별 어려움 없이 그렸으며 위치는 약간 위쪽으로 그림을 그렸으나 인물화에 비해 크기는 크게 그렸다.</td><td>열매가 있는 나무 그림은 아동에게 있어서는 강한 의존 욕구와 지속성의 결여를 나타낸다.</td></tr>
<tr><td>내용적 분석</td><td>주제, 줄기, 가지, 수관, 뿌리, 꽃, 열매, 잎, 옹이구멍, 나무껍질, 숲, 기타</td><td>줄기에 줄무늬(뱀 모양)를 그렸으며 나무에 열매를 많이 그렸다. 뿌리를 그리지 않았다.</td><td>뿌리가 없는 나무는 억제된 정서를 나타내며 물결 모양의 줄기선은 생동감이 있고 건강한 생명력을 표현할 수도 있으며 뱀 모양의 선은 어려움을 회피하는 경향으로도 해석할 수 있다. 과일의 표현은 여러 가지로 해석할 수 있다. (해석 부분 참고)
–열매를 그리고 어떤 나무냐는 질문에는 소나무라고 대답을 하였다.</td></tr>
</table>

사람 그림 분석 : 여자상

<table>
<tr><td colspan="2">전체적 인상</td><td colspan="2">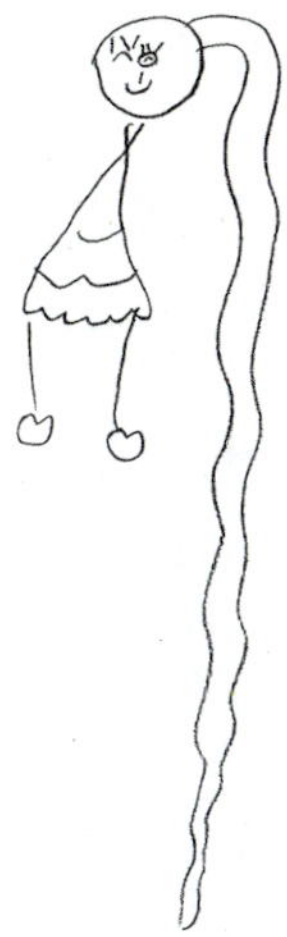
머리가 길고 팔이 없으며 다리가 불안정해 보인다.</td></tr>
<tr><th colspan="2">체크 항목</th><th>표현의 특징</th><th>해 석</th></tr>
<tr><td>형식적 분석</td><td>소요 시간, 그린 순서, 위치, 크기, 생략과 왜곡, 기타의 표시</td><td>여자를 먼저 그렸으며 40초 정도 시간이 걸렸다.
비교적 빠르게 그림을 그렸으며, 그림을 종이보다 위쪽에 그렸다.</td><td>그림이 위쪽에 배치된 것으로 보아 보호 욕구가 높은 상태라고 생각된다.</td></tr>
<tr><td>내용적 분석</td><td>행동, 성차의 표시, 머리, 눈, 코, 입, 표정, 몸통, 팔, 다리, 손, 발, 손가락, 발가락, 의복, 모자, 단추 등</td><td>서 있는 사람이며 여자를 상징하기 위해 머리카락을 길게 표현하였다. 눈을 윙크를 하는 모습이라 대답하였으며 팔을 표현하지 않았고 가늘고 불안정한 느낌으로 다리 부분을 표현하였다.</td><td>머리카락을 길게 표현한 것으로 보아 성적인 것이나 성적 역할에 대해 양가감정을 가지며 갈등을 느끼고 있는 경우로 보이며 또한 팔의 생략은 적개심이나 성적 충동에 의한 죄책감을 나타내고 있다고 생각된다.</td></tr>
</table>

<table>
<tr><th colspan="4">사람 그림 분석 : 남자상</th></tr>
<tr><td colspan="2">전체적 인상</td><td colspan="2">
발이 없어 불안정해 보인다</td></tr>
<tr><td colspan="2">체크 항목</td><td>표현의 특징</td><td>해 석</td></tr>
<tr><td>형식적 분석</td><td>소요 시간, 그린 순서, 위치, 크기, 생략과 왜곡, 기타의 표시</td><td>소요 시간은 1분 10초로 여성을 그린 때보다 조금 더 소요됐으며, 위치나 크기 면에서는 여성의 그림과 비슷하다.</td><td>누구냐는 질문에 아빠라는 대답을 하였으며, 그림의 위치나 크기로 보아 역시 보호에 대한 욕구가 나타나는 것으로 보인다.</td></tr>
<tr><td>내용적 분석</td><td>행동, 성차의 표시, 머리, 눈, 코, 입, 표정, 몸통, 팔, 다리, 손, 발, 손가락, 발가락, 의복, 모자, 단추 등</td><td>발을 생략하여 그림을 그렸다. 팔 역시 가늘고 불안하게 표현하였다.</td><td>발의 생략은 독립성의 결여라는 측면으로 분석해 볼 수 있다.</td></tr>
</table>

집-나무-사람 그림 검사 해석(실제 1-1) – 해설 참조 –

▶ 집(H) 그림 검사 해석

-그린 사람 자신의 인물상과 혹은 집안 상황에 대한 아동의 이해와 가족 상호 간의 역동을 살펴볼 수 있다.

① 세부묘사

- 기본적 묘사 : 문, 창문, 벽, 지붕, 굴뚝
- 중요하지 않은 묘사 : 꽃, 보도 등 이러한 묘사는 불안정이나 상호 인간관계에서 자제 욕구를 나타내는 주변환경을 더 강력하게 조직화하려는 욕구를 반영함

② 굴뚝

- 친밀한 관계를 상징, 때때로 남성의 성기를 상징함
- 매우 큰 굴뚝 : 성적 관심의 강조나 성적 표출 경향, 힘에 대한 관심, 따뜻한 가정을 위한 지나친 걱정
- 연기가 많은 굴뚝 : 내적 긴장

③ 문

-문의 생략 : 타인에게 자신을 개방하는 능력이 매우 부족

④ 창문

-작은 창문 : 심리적 접근 불가능, 부끄럼

▶ 나무(T) 그림 검사 해석

- 나무는 정신과 자기 확장의 은유를 나타내고 있으며 검사자의 기본적인 자기상을 나타내며 정신적 성숙도를 표시하고 있다.

① 뿌리가 없는 나무 :

- 억제된 정서

② 물결 모양의 줄기선 :

- 생동감이 있고 건강한 생명력을 표현, 활력, 적응력, 뱀 모양의 선은 어려움을 회피하는 경향
- 나무껍질의 선이 둥글고 곡선적인 선으로 그려짐 : 타인과의 접촉을 원활히 하며 외부

에 적응하려고 하는 욕구를 나타낸다.

③ 줄기표면 : 곡선, 둥근 혹은 활 형태가 그려진 표면

– 접촉이 용이한, 접촉 욕구, 적응 의지, 매력적인

④ 과일

– 성숙, 관찰력과 묘사력, 자기 능력 과시, 성공과 명예욕, 자아도취, 일시적 판단에 의존하는, 기회주의자, 높은 보상을 추구하는 생각이 짧은, 근시안적 현실주의, 이해력이 짧은, 현실 과대평가, 편안하고자 하는, 영향을 쉽게 받는, 감동을 잘하는, 장난스러운, 피상적, 빈둥거리는, 즉흥적, 성급한, 하루살이 생활을 하는, 불안정한, 단순한, 미성숙한

⑤ 열매가 있는 나무 그림

– 아동에게 있어서는 강한 의존 욕구와 지속성의 결여를 나타낸다.
성인에 있어서는 유아기에의 고착이나 미성숙성을 나타내며 자기 현시적이며 과시적인 경우가 많다.

▶ 인물화(P) 진단 및 해석

– 사람 그림은 그린 사람의 신체의식과 자아감을 투영한다.

(1) 신체도식과 자의식으로써의 인물화 특징

① 크기 : 자의식과 주도성

– 소심한 아동, 작은 형상

② 신체 형상의 배치

– 위쪽 배치 : 상승된 욕구, 운동성 조정 미숙, 계획성의 미비, 보호 욕구가 높아짐

– 종이의 중심보다 위쪽에 위치하는 경우 : 높은 수준의 열망으로 어려운 목표를 향해 열심히 노력하는 태도 및 종종 부적합한 낙천주의, 또한 공상 중에 만족을 구하며 자신의 존재가 불확실하여 공중에 떠 있는 것 같은 느낌을 가지고 있으며 자신이 다른 사람으로부터 멀리 떨어져 있도록 하여 다른 사람이 가까이 하기 어렵게 하려 한다고 말해진다.

③ 생략

– 방어와 후퇴의 척도로 팔의 생략은 적개심이나 성적 충동에 의한 죄책감을 나타냄
죄의식, 극단적인 우울증, 일반적인 무력감, 환경에 대한 불만, 강한 철회 경향을 나타냄

④ 머리카락

- 길고 음영이 없는 머리털 : 성적인 것이나 성적 역할에 대해 양가감정을 가지며 갈등을 느끼고 있는 경우

⑤ 다리와 발

- 다리와 발은 성격의 안정성과 성에 대한 태도를 상징하는 경우가 많음
- 가늘고 불안정한 느낌을 주는 다리 : 신체적인 쇠약함을 나타냄
- 치마의 끝부분에서 나온 다리 : 성에 대한 갈등을 나타내는 경우가 많음
- 발의 생략 : 독립성의 결여

(2) 인물화의 인성 영역과 정서적 측정

① 불안정, 부족감

- 팔과 다리의 생략

② 불안을 나타내는 척도

- 손, 팔, 손가락, 눈, 입, 목덜미, 다리, 발, 신의 생략

③ 처음에 그리는 성

- 보통 자신과 동성인 인물을 먼저 그림, 인물화에서 이성상을 먼저 그리는 사람은 이성에 대한 성적 관심이 강한 사람, 의미 있는 사람이 이성이며 그 사람과 심리적으로 밀착된 경우, 성의 동일시에 혼란이 있고 자신의 성적 역할을 심리적으로 받아들이지 못하거나 동성애 등의 가능성이 있다.

▶ 성적인 놀이를 하는 아이

(1) 특징

교사나 여자 아이의 스커트를 들어 올리면서 와하고 소리 지르는 아이, 또 의사놀이 등을 하는 아이, 어른이 사용하는 정도는 아니지만 속된 말을 하는 아이가 있다. 또한 교사가 어깨에 손을 좀 대면 "징그러워"라고 말하는 아이도 있다.

다소 부끄럽거나 싫거나 쑥스러운 것에 관련된 말이다.

자위는 어른스런 아이나 눈에 띄지 않는 아이에게 많다. 보육 중에 아래로 깔고 있거나 책상의 끝이 움직이는 때가 있다.

(2) 관점

어린 시절, 이 같은 놀이의 경험은 놀라운 것이다.

이런 의미에서 성적인 놀이를 하는 아이는 이상한 아이, 징그러운 아이로 취급된다. 확실히 유아기에도 성에 대한 관심이 있을 것이다. 이것은 자아의 싹을 수반한다.

자신과 남을 구별하고 여자아이와 남자아이가 다르다는 것을 알아차리는 것이다. 또 자기의 몸이 다른 사람과 다른 것에 관심이 가는 것은 자연스런 현상이다.

그런데 이것 이상으로 흥미를 갖는다면 어떨까?

이런 성적 놀이를 목격하면 어른들은 한순간 아연실색한다.

어른의 이런 반응을 아이는 재미있어 한다. 또는 지나치게 반응을 보이는 어른도 있다.

그러면 여기에 스릴이 생겨서 하게 되고 이런 즐거움이 성적 흥미를 부추기게 된다.

특히 현대와 같이 성적 자극이 강하고 성적인 놀이 도구들이 판매되는 시기에는 아이들이 유행 현상을 보기 쉽다. 또 불만이 있거나 주목을 끌기 위해 성적인 놀이를 하는 아이도 있다.

동적 가족화 그림(실제 2) – 그림 p. 369 참조 –

	질문	대답
▶그림5 (가족화) 소요 시간 : 2분 10초	1. 무엇을 하고 있나요?	– 식탁에서 밥을 먹고 있어요
	2. 그림을 그린 순서	– 엄마, 승교, 승유(동생), 아빠
	3. 내가 가장 좋아하는 사람은?	– "난 우리 가족 다 좋아요"라며 모두 화살표를 그림
	4. 화살표를 받은 사람이 좋아하는 사람은?	– "나"라고 이야기를 하며 엄마, 동생, 아빠 그림에서 모두 자기 쪽으로 화살표를 그림
	〈엄마〉	*각 인물에 대한 질문
	① 이 사람은 지금 무엇을 하고 있는가요? 어떤 일을 하고 계신지 이야기 해 줄 수 있어요?	– 일을 하고 계세요
	② 이 사람의 좋은 점은 어떤 것이 있나요?	– 엄마 눈이 예뻐요. 눈이 좋아요
	③ 이 사람의 나쁜 점은 어떤 것이 있나요?	– 없어요
	〈동생〉	
	① 이 사람은 지금 무엇을 하고 있는가요?	– 승유가 아빠를 돌봐요, 동생이 아빠를 부끄러워해요, 아빠가 울어요
	② 이 사람의 좋은 점은 어떤 것이 있나요?	– 안아줄 때가 좋아요
	③ 이 사람의 나쁜 점은 어떤 것이 있나요?	– 없어요
	〈아빠〉	
	① 이 사람은 지금 무엇을 하고 있는가요?	– 일을 하고 있고 또 밖에서 청소를 하고 있어요
	② 이 사람의 좋은 점은 어떤 것이 있나요?	– 안아주고 같이 놀아줄 때가 좋아요
	③ 이 사람의 나쁜 점은 어떤 것이 있나요?	– 없어요
	5. 이 그림을 그리면서 무슨 생각을 했나요?	– 엄마 생각이 나요

	질문	대답
▶그림5 (가족화) 소요 시간 : 2분 10초	6. 다음에 또는 앞으로 이 가족은 어떻게 될 것 같나요?	- 좋아질 것 같아요("하늘만큼 땅만큼"이라고 말하며 양손을 크게 들어 원을 그린다. 그리고 크게 소리 내어 웃는다.)
	7. 만일 이 그림에 무엇인가를 바꿀 수 있다면 무엇을 바꾸고 싶나요?	- 바꾸고 싶은 것은 없어요
▶가족화 검사 시 행동 및 대화 내용	*(엄마를 그리면서) "엄마는 예전에 머리가 길었어요" *(○○는 그리면서) "나는 엄마보다 머리가 더 길어요" *(동생을 그리면서) "동생은 작게 그릴 거야!" *(아빠를 그리면서) "아빠는 서울 갔어요", "금요일은 아빠 오는 날이에요", "아빠는 작게 그려야지", "우리 아빠는 꼴찌야!!", "아빠는 남자야 혼자만", "아빠 윙크 하는 모습을 그릴 거야", "아빠가 머리가 길었어요, 아빠가 여자가 되어 버렸네. 하하~", *(머리를 그린 후 다시 지우개를 찾아 머리를 지우면서) "내가 왜 머리를 길게 그렸지? 지워야겠다!" 하면서 머리를 지움 *이야기 도중에 "여기 줄무늬도 그려줘야지" 하며 옷에 줄무늬를 그려 넣음	

동적 가족화 그림 분석(실제 2-1)

<table>
<tr><td colspan="2">전체적 인상</td><td>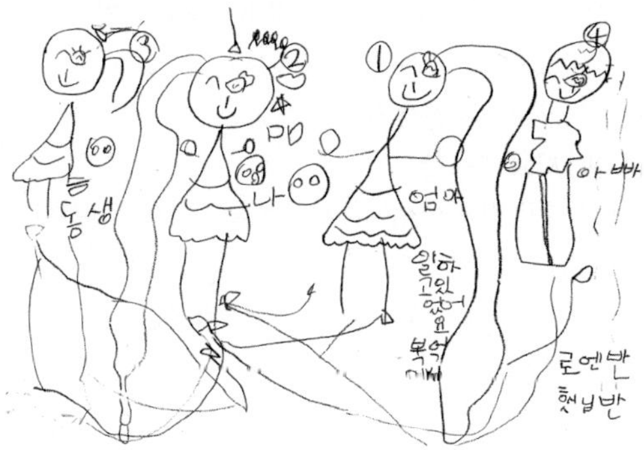

식탁에서 밥을 먹고 있는 모습이라 이야기하면서 그림을 그렸다.</td></tr>
<tr><td colspan="2">체크 항목</td><td>표현의 특징</td></tr>
<tr><td>형식적 분석</td><td>소요 시간, 그린 순서, 위치, 크기, 생략과 왜곡, 기타의 표시</td><td>활동적인 그림을 그리기를 원했으나 엄마를 그린 후에 ○○, △△(동생), 아빠를 그렸다.</td></tr>
<tr><td>내용적 분석</td><td>그림의 주제 및 내용
좋아하는 사람</td><td>“우리 가족은 모두 다 좋아요”라고 이야기를 하면서 모두에게 화살표를 한 후 ○○를 중심으로 가족 구성원들(엄마, 동생, 아빠)이 모두 자신을 좋아한다며 화살표를 모두 자기에게로 표시함.</td></tr>
</table>

저 자 소 개

차 영 희

전남대학교 문리과대학 및 동 대학원 석사 · 박사(교육심리학 및 상담심리 전공)

현) 광주여자대학교 유아교육과 교수
한국심리학회 공인 상담심리전문가
한국 모래상자 놀이치료전문가
한국상담학회 공인 수련감독 전문상담사(아동 · 청소년 상담)
한국놀이치료학회 이사
AP(Active Parenting Today) 한국본부 Trainer
한국상담학회 이사 역임
한국유아교육학회 광주 · 전남지회 운영위원(이사)
광주 · 전남상담학회장 역임

저서 『부모교육』,
『유 · 아동을 위한 상담의 기초』

역서 『이혼 별거 가정의 부모 역할』
『부모 코칭 프로그램–적극적인 부모 역할』
(지도자용 지침서, 부모용 지침서)

논문 한국상담학회 학술부 우수논문 발표(2013년 한국상담학회 연차대회)
「협력적 공동 부모 역할훈련이 이혼 의향 · 정서 조절 · 심리적 안녕감에 미치는 영향」

증보

유 · 아동 상담의 기초

-아동 상담의 실제 준비를 위하여-

초판 1쇄 발행 2010년 12월 25일
증보 2쇄 발행 2017년 2월 22일

지은이 | 차영희
펴낸이 | 김기섭
편집인 | 박연순
펴낸곳 | 창지사 www.changjisa.com
153-802 서울특별시 금천구 가산디지털 1로 83 파트너스타워 9층
전화 (02) 719-2211~3
팩스 (02) 701-9386
등 록 | 1977년 4월 28일 · 제1-421호

ISBN 978-89-426-0749-5 (93370)

값 19,000원